RECURSOS DA ESPERANÇA

FUNDAÇÃO EDITORA DA UNESP

Presidente do Conselho Curador
Mário Sérgio Vasconcelos

Diretor-Presidente
José Castilho Marques Neto

Editor-Executivo
Jézio Hernani Bomfim Gutierre

Superintendente Administrativo e Financeiro
William de Souza Agostinho

Assessores Editoriais
João Luís Ceccantini
Maria Candida Soares Del Masso

Conselho Editorial Acadêmico
Áureo Busetto
Carlos Magno Castelo Branco Fortaleza
Elisabete Maniglia
Henrique Nunes de Oliveira
João Francisco Galera Monico
José Leonardo do Nascimento
Lourenço Chacon Jurado Filho
Maria de Lourdes Ortiz Gandini Baldan
Paula da Cruz Landim
Rogério Rosenfeld

Editores-Assistentes
Anderson Nobara
Jorge Pereira Filho
Leandro Rodrigues

RAYMOND WILLIAMS

RECURSOS DA ESPERANÇA

CULTURA, DEMOCRACIA, SOCIALISMO

Editado por Robin Gable
Introdução de Robin Blackburn

Tradução
Nair Fonseca
João Alexandre Peschanski

editora
unesp

© 1989 Verso
© 1989 Raymond Williams
© 2014 Editora Unesp

Título original: *Resources of Hope: Culture, Democracy, Socialism*

Fundação Editora da Unesp (FEU)
Praça da Sé, 108
01001-900 – São Paulo – SP
Tel.: (0xx11) 3242-7171
Fax: (0xx11) 3242-7172
www.editoraunesp.com.br
www.livrariaunesp.com.br
feu@editora.unesp.br

CIP – Brasil. Catalogação na publicação
Sindicato Nacional dos Editores de Livros, RJ

W691r

Williams, Raymond
  Recursos da esperança: cultura, democracia, socialismo / Raymond Williams; editado por Robin Gable; introdução de Robin Blackburn; tradução Nair Fonseca; João Alexandre Peschanski. – 1. ed. – São Paulo: Editora Unesp, 2015.

  Tradução de: Resources of Hope: Culture, Democracy, Socialism
  ISBN 978-85-393-0558-2

  1. Comunicação – Aspectos sociais. 2. Sociologia urbana. 3. Cultura. I. Gable, Robin. II. Blackburn, Robin. III. Título.

15-18993
CDD: 302.2
CDU: 007:316.4

Editora afiliada:

SUMÁRIO

VII	Agradecimentos
XI	Introdução

1	**1. DEFININDO UMA CULTURA DEMOCRÁTICA**
3	A cultura é algo comum
29	Comunicações e comunidade
49	A ideia de uma cultura comum

59	**2. ESTADO, ADMINISTRAÇÃO E ARTES**
61	O Conselho das Artes

85	**3. SOLIDARIEDADE E ENGAJAMENTO**
87	Por que me manifesto?
97	Você é marxista, não é?
115	O escritor: engajamento e alinhamento
131	Arte: liberdade como dever

143	**4. RECURSOS DE CLASSE E COMUNIDADE**
145	Cultura galesa
155	A significância social de 1926

163	A importância da comunidade
177	Garimpando o significado: palavras-chave na greve dos mineiros

189	**5. Além do trabalhismo**
191	A esquerda britânica
207	Ideias e o movimento trabalhista
221	Uma política alternativa
237	Problemas do próximo período
257	Socialistas e coalizacionistas

273	**6. O desafio dos novos movimentos sociais**
275	A política do desarmamento nuclear
307	Socialismo e ecologia
331	Entre o campo e a cidade
349	Descentralismo e a política do lugar

361	**7. Redefinindo a democracia socialista**
363	Interrompeu-se a marcha para frente do trabalho?
377	Democracia e Parlamento
415	Caminhando de costas para o futuro
425	Hesitações ante o socialismo
435	Rumo a muitos socialismos
463	A prática da possibilidade

477	Raymond Williams: obras selecionadas
481	Índice remissivo

AGRADECIMENTOS

Os ensaios reunidos neste livro foram inicialmente apresentados como conferências ou publicados como se segue: "Culture is Ordinary" [A cultura é de todos], in: Mackenzie, N.; MacGibbon; Gee (eds.), *Convictions*, 1958; "Communications and Community" [Comunicações e comunidade] é o texto da aula magna William F. Harvey, ministrada em Bedford College, Universidade de Londres, em 8 de abril de 1961; "The Idea of a Common Culture" [A ideia de uma cultura comum] (originalmente intitulado "Cultura e revolução: um comentário"), in: Eagleton, T.; Wicker, B.; Sheed; Ward (eds.), *From Culture to Revolution: The Slant Symposium*, 1968; "The Arts Council" [O Conselho das Artes], *Political Quarterly*, n.50, 1979; "Why Do I Demonstrate?" [Por que me manifesto?], *The Listener*, n.79, 25 de abril de 1968; "You're a Marxist, Aren't You?" [Você é marxista, não é?], in: Parekh, B.; Helm, C. *The Concept of Socialism*, 1975; "The Writer: Commitment and Alignment" [O escritor: engajamento e alinhamento], *Marxism Today*, junho de 1980; "Art: Freedom as Duty" [Arte: liberdade como dever], *Planet 68*, abril/maio de 1988, originalmente uma contribuição ao simpósio "Art: Duties and Freedoms", em Gregynog Hall, Newtown,

Powys, de 8-10 de setembro de 1978, e inicialmente publicada pelo Departamento de Estudos de Extensão, The University College of Wales, Aberystwyth, em conjunto com The Welsh Arts Council, 1979; "Welsh Culture" [Cultura galesa], *Culture and Politics: Plaid Cymru's Challenge to Wales*, Plaid Cymru, 1975, originalmente uma palestra na Rádio BBC 3, 27 de setembro de 1975; "The Social Significance of 1926" [A significância social de 1926], *Llafur* 2:2, 1977, originalmente um discurso na conferência comemorativa "The General Strike and the Miners' Lockout of 1926", organizada em conjunto pela Llafur e o Sindicato Nacional dos Trabalhadores das Minas, em Pontypridd, 9-11 de abril de 1976; "The Importance of Community" [A importância da comunidade], *Radical Wales*, n.18, verão de 1988, originalmente uma conferência ministrada na Plaid Cymru Summer School, em Llandudno, em 13 de julho de 1977; "Mining the Meaning: Key Words in the Miners' Strike" [Garimpando o significado: palavras-chave na greve dos mineiros], *New Socialist*, n.25, março de 1985; "The British Left" [A esquerda britânica], *New Left Review*, n.30, março/abril de 1965, uma versão modificada de um artigo escrito para a revista francesa *Esprit*, n.32, 1964; "Ideas and the Labour Movement" [Ideias e o movimento trabalhista], *New Socialist*, n.2, novembro/dezembro de 1981; "An Alternative Politics" [Uma política alternativa], *The Socialist Register 1981*, Merlin Press, 1981; "Problems of the Coming Period" [Problemas do próximo período], *New Left Review*, n.140, julho/agosto de 1983, originalmente uma palestra na Sociedade Socialista, em 11 de maio de 1983; "Socialists and Coalitionists" [Socialistas e coalizacionistas], in: Curran, J. (ed.), *The Future of the Left*, Polity Press e New Socialist, 1984, originalmente publicada como "Splits, Pacts and Coalitions", *New Socialist*, n.16, março/abril de 1984; "The Politics of Nuclear Disarmament" [A política do desarmamento nuclear], *New Left Review*, n.124, novembro/dezembro de 1980, e subsequentemente in: Thompson, E. P. et al., *Exterminism and Cold War*,

Verso, 1982; "Socialism and Ecology" [Socialismo e ecologia], em panfleto da SERA, 1982, originalmente uma palestra na Socialist Environment and Resources Association; "Between Country and City" [Entre o campo e a cidade], in: Mabey, R. et al. (eds.), *Second Nature*, Jonathan Cape, 1982; "Decentralism and the Politics of Place" [Descentralismo e a política do lugar], *Society and Space*, v.2, 1984, uma entrevista conduzida por Philip Cooke, do Plaid Cymru, inicialmente publicada em forma ligeiramente mais curta como "Nationalisms and Popular Socialisms", *Radical Wales*, n.2, verão de 1984; "The Forward March of Labour Halted?" [Interrompeu-se a marcha para frente do trabalho?], in: Martin, J.; Mulhern, F. *The Forward March of Labour Halted?*, Verso, 1981; "Democracy and Parliament" [Democracia e Parlamento], panfleto da Sociedade Socialista, 1982, e em seguida em *Marxism Today*, junho de 1982; "Walking Backwards into the Future" [Caminhando de costas para o futuro], *New Socialist*, n.27, maio de 1985; "Hesitations before Socialism" [Hesitações ante o socialismo], *New Socialist*, n.41, setembro de 1986; "Towards Many Socialisms" [Rumo a muitos socialismos], in: Nikolíc, M. (ed.), *Socialism on the Threshold of the Twenty-first Century*, originalmente uma contribuição a The Tenth Round Table International Conference, "Socialism in the World", em Cavtat, Iugoslávia, 21-26 de outubro de 1985; "The Practice of Possibility" [A prática da possibilidade], uma entrevista conduzida por Terry Eagleton, *New Statement*, 7 de agosto de 1987.

Os textos reeditados neste livro receberam apenas uma intervenção editorial mínima. Erros e omissões óbvios foram corrigidos; a pontuação foi padronizada apenas quando exigido pelo sentido; títulos supérfluos foram omitidos e corrigidos. Como uma coletânea de conferências, artigos, ensaios e entrevistas cobrindo trinta anos e originalmente voltados a ouvintes e leitores específicos, existe inevitavelmente um certo grau de superposição e repetição no livro. Em particular, foi tomada a decisão de publicar toda a obra disponível sobre a estratégia do

Partido Trabalhista e da democracia socialista em vez de introduzir critérios arbitrários de edição ou exclusão. O título *Recursos da esperança* adota uma frase usada em inúmeras ocasiões por Raymond Williams, mais significativamente no capítulo final de *Towards 2000* [Rumo a 2000], "Resources for a Journey of Hope". Agradecemos a Joy Williams por sua ajuda e conselho na preparação deste livro.

Robin Gable
outubro de 1988

INTRODUÇÃO

Raymond Williams, morto em 26 de janeiro de 1988, foi o pensador socialista mais competente, consistente e original do mundo anglófono. Sente-se profundamente na esquerda britânica a perda de um porta-voz no apogeu de sua capacidade. Publicaram-se homenagens a Williams em muitos jornais e periódicos, comprovando o sentimento generalizado de que a cultura institucionalizada perdeu seu crítico mais contundente.[1] Williams abordou literatura, estudos culturais, comunicações e educação para adultos de maneira tão radicalmente inovadora que revolucionou seu estudo e prática. Embora esse trabalho

---

1 Entre as homenagens prestadas a Williams houve as de Bill Webb, *The Guardian*, 27/1/1988; Terry Eagleton e Frank Kermode, *The Independent*, 28/1/1988; Francis Mulhern, *The Guardian*, 29/1/1988; Blake Morrison, *The Observer*, 31/1/1988; Anthony Barnett, *The Listener*, 3/1/1988; Tony Benn, *The Morning Star*, 4/2/1988; Fred Inglis, *The Times Higher Education Supplement*, 5/2/1988; Anthony Arblaster, *Tribune*, 5/2/1988; Stuart Hall, *The New Statesman*, 5/2/1988; Patrick Parrinder, *London Review of Books*, 12/2/1988; Judith Williamson, Anthony Barnett, Stuart Hall e Dafydd Elis-Thomas, Canal 4, 28/2/1988; Margot Heinemann, *Marxism Today*, mar. 1988; Kevin Davey, *Interlink*, mar. 1988. Em abril, o semanário de Nova York *The Nation* também publicou homenagens de Edward Thompson e Edward Said.

cultural estivesse vinculado a sua concepção de uma "longa revolução" democrática, sua solidez e importância foram, no entanto, reconhecidas por muitos que não tinham compromisso prévio com sua política anticapitalista. Do mesmo modo, as peças teatrais e os romances de Williams exploram temas profundamente políticos, mas, como todos os seus textos, são redigidos em uma linguagem muito diferente do discurso político habitual. Parte do valor da obra de Williams para a esquerda é não pertencer apenas à esquerda.

Porém, para uma compreensão plena da obra de Williams, é indispensável prestar atenção em seus significados políticos. Compreender e engajar-se em uma ordem social radicalmente transformada fizeram parte de sua visão e de sua atuação. As intervenções diretamente políticas de Williams foram uma consequência natural de seu interesse por uma cultura democrática, assim como a experiência e os engajamentos de sua reflexão ajudaram a dar forma a seus principais estudos críticos. As conferências e os textos reunidos neste livro compartilham uma temática política, mesmo quando não se ocupam diretamente da política como tal – podem todos ser vistos como a expressão e o desenvolvimento de sua concepção dessa "longa revolução", pela qual a igualdade e a cidadania plenas poderão ser estendidas a toda a população.

A noção de que as sociedades ocidentais não encarnam os valores democráticos que proclamam certamente não é exclusiva de Williams, mas poucos perseguiram esse tema com tal detalhamento rigoroso e em tantas dimensões da vida. Escrevendo sobre os meios de comunicação de massas ou sobre o sistema educacional, o Estado britânico ou a estrutura do Partido Trabalhista, ou ainda sobre o desempenho da economia, Williams empenha-se em especificar as condições institucionais e materiais necessárias à participação democrática. Os ensaios reunidos aqui dizem respeito a questões tão díspares quanto a cultura de consumo e a política da cultura, as raízes e a natureza do engajamento político, os valores da comunidade e da resistência, comunicações de massa e o desafio da ecologia e do antimilitarismo. Muitos não estavam antes amplamente disponíveis e de várias maneiras projetam uma luz fascinante sobre a vida e a obra de Williams. Foram incluídas conversas informais diante de um público variado em conjunto com reações deliberadas a assuntos da ordem do dia. O livro pretende espelhar tanto a extensão quanto a intensidade da obra de Williams como um intelectual público – sua insistência em enfrentar as questões mais prementes e sua habilidade em reunir o pessoal e o político. Curiosamente, a insistência de Williams em fundamentar suas ideias políticas na experiência pessoal significa que há muitas passagens autobiográficas aqui, quando reflete sobre sua infância na fronteira do País de Gales, seus dias de estudante comunista em Cambridge, seu papel na guerra como comandante de tanque, seu trabalho como tutor na Associação Educacional de Trabalhadores (WEA) ou como professor de Dramaturgia em uma universidade tradicional.

Portanto, este livro pode ser visto como um complemento às entrevistas de A política e as letras, que esquadrinharam a sua vida e obra até a data de publicação (1979), e ainda a duas coletâneas prévias dos escritos de Williams, publicadas pela Verso – *Problems in Materialism and Culture* e *Writing in Society*.[2] Um próximo livro reunirá os textos de Williams sobre modernismo e teoria cultural, incluindo trabalhos não publicados anteriormente. As notas prefaciais que se seguem procuram simplesmente assinalar alguns dos temas analisados nesta coletânea e sugerir alguns vínculos com a obra completa. Alguns leitores preferirão ler antes o próprio Williams, e o melhor a fazer é começar com o primeiro ensaio, que por muito tempo esteve fora de catálogo – com grande eloquência e presteza, introduz temas que Williams viria a

---

2 Publicados, pela Editora Unesp, com os títulos *Cultura e materialismo* (2011) e *A produção social da escrita* (2014). (N. E.)

aprimorar de maneira diversa e fecunda em seus textos culturais e políticos, inclusive nos que se podem encontrar aqui.

Pessoais, programáticos ou polêmicos, os textos contidos neste livro refletem o já antigo envolvimento de Williams com o projeto de construção de uma "Nova Esquerda"; uma esquerda que contestaria o paternalismo, a insularidade, a falta de visão e o filistinismo do movimento trabalhista britânico no pós-guerra, embora apoiasse suas capacidades críticas e educacionais. Seu trabalho foi uma inspiração para a primeira vaga da Nova Esquerda, nos anos 1950; ele ajudou a fundar a *New Left Review*, em 1960; principal articulador do *May Day Manifesto*, publicado pela Penguin em 1968, foi um dos fundadores da Society Socialist, em 1981. De várias maneiras menos formais, Williams apoiou, colaborou e conduziu inúmeras aventuras radicais no campo educacional, cultural e político, durante mais de três décadas, que procuraram ir além das conjecturas estreitas e elitistas do *establishment* trabalhista.

Embora a cultura e a política britânicas fornecessem a ocasião para muitas reflexões, iniciativas e proposições compiladas aqui, com frequência a obra propiciou inspirações e aplicações mais vastas, na medida em que Williams via o projeto de uma Nova Esquerda ser absorvido e modificado de maneira específica pelo movimento antiguerra e pela revolta estudantil dos anos 1960, pelo renascimento de movimentos feministas, pelos verdes nos anos 1970 e pelo surgimento de uma oposição socialista na Europa Oriental. Em "A cultura é de todos" (1958), Williams presta homenagem a Marx e a Leavis e, daí em diante, sua crítica e sua política sustentam-se reciprocamente e aproximam-se de uma gama cada vez mais diversificada de fontes históricas e nacionais: Strindberg e Brecht, Lukács e Timpanaro, Goldmann e Bahro. O compromisso profundo e permanente de Williams com a cultura britânica foi auxiliado por sua capacidade de vê-la tal como é, tanto do lado de fora quanto do lado de dentro, e discernir, dentro do padrão britânico, problemas gerais da civilização do final do século XX. Nos anos 1960 e 1970, Williams escreveu regularmente para o hebdomadário nova-iorquino *The Nation*, embora seu ensaio sobre "A esquerda britânica" (1965), reimpresso aqui, tenha sido inicialmente escrito para a revista francesa mensal *Esprit*.

A transição natural entre *Cultura e sociedade* (1968) e *The Long Revolution* [A longa revolução] (1961) já mostrou a recusa de Williams em respeitar uma fronteira, dividindo cultura erudita e popular ou separando arte e política – para ele, as duas últimas eram interesses humanos gerais, em vez de apanágio especial de minorias privilegiadas. A obra de Williams sempre foi controversa dentro da esquerda, mas essas controvérsias foram invariavelmente construtivas e bem-humoradas, uma vez que seus críticos se mostravam gratos por sua rara combinação de integridade e ousadia, originalidade e sofisticação.[3]

A generosa abordagem de Williams em relação às tradições pré-socialistas ou mesmo antissocialistas foi desconcertante para os críticos de esquerda. Porém, permitiu-lhe atingir fontes esquecidas de crítica social e construir um engajamento socialista que se mostrou sólido e resistente às intempéries ao longo de várias mudanças do clima político. Sua observação inovadora sobre a formação da hegemonia da classe dominante e a habilidade de sua própria obra em desafiá-la originaram-se da decisão de examinar a formação da cultura institucionalizada em seus pontos mais fortes e não se contentar com o conforto de uma tradição puramente radical. O principal estímulo da obra de Williams nos anos 1950 foi (re)construir a crítica do capitalismo industrial como uma ordem humana, em vez de procurar especificamente seus fracassos econômicos, ou pretensos fracassos, no

---

3 Há avaliações demais da obra de Williams, críticas ou não, para que se justifique uma bibliografia aqui. Mas eu gostaria de mencionar a importante discussão da obra de Williams a ser publicada na *New Left Review*. Ver, em particular, os artigos de E. P. Thompson na *NLR* n.9, 10 e 99; Terry Eagleton na *NLR* n.98; Anthony Barnett na *NLR* n.99; Francis Mulhern na *NLR* n.148.

campo da produtividade. Apesar de sua obra ter desenvolvido subsequentemente muitos outros interesses, esse tema nunca foi abandonado, como o leitor prontamente verá em ensaios como "A esquerda britânica" (1965) e "Socialismo e ecologia" (1982).

Em *The Long Revolution*, Williams manteve a linha de aperfeiçoar novas ferramentas conceituais capazes de identificar dimensões ocultas da transformação política e estruturas profundas da formação social. A insistência em afirmar que instituições políticas e econômicas excluíram áreas vitais de experiência e de prática social, a atenção dedicada a todas as formas de vida e *longue durée* sugeriram, no mínimo, o título e, talvez, parte do método global da análise feminista pioneira de Juliet Mitchell, "Mulheres: a revolução mais longa", publicada na *New Left Review*, n.40 (1966). Tanto em sua obra teórica quanto em seus romances, Williams interessou-se pelos padrões de "geração e criação", bem como pelos de produção e comunicação.[4]

A consideração respeitosa de Williams até mesmo em relação à tradição conservadora caminhou ao lado da adesão mais ousada a novas práticas e instituições. Os padrões nos quais a cultura é produzida e reproduzida foram uma preocupação primordial para ele, assim como as possibilidades democráticas abertas pelas transformações da tecnologia da comunicação. O trabalho de Williams sobre educação e comunicações criou um clima de discussão e de expectativa que não pôde ser completamente ignorado até mesmo pela burocracia. Em seu livro *Communications* [Comunicações], publicado pela primeira vez em 1962 pela Penguin Special e inúmeras vezes reimpresso, ele fez propostas detalhadas a respeito da administração pública dos meios de comunicação. Os responsáveis pela criação da Universidade

---

4 Williams ficaria mais tarde desconcertado e autocrítico ao considerar o paradoxo de que, embora tenha dado uma aprovação conceitual a respeito de "geração e criação" em seus primeiros trabalhos, deixou, no entanto, de tratar de muitos assuntos vitais levantados mais tarde pelo movimento das mulheres. Ver *Politics and Letters*, na versão original, p.147-50.

Aberta ou do Canal 4 não incluíram diretamente Williams; porém, o poder de suas ideias permanece visível nos melhores aspectos dessas instituições. Na conclusão de *Communications*, ele também esboçou a necessidade de uma nova política para as artes e para a educação, destinada à difusão de competências cívicas e ao acesso democrático aos recursos culturais o mais extensamente possível. Por causa dessas preocupações, Williams concordou em integrar o Conselho das Artes no final dos anos 1970; mas viu-se fundamentalmente em desacordo com uma estrutura cujo modo de "consenso administrado por cooptação" efetivamente impede uma participação democrática genuína e, dessa forma, reforça interesses dominantes. O leitor encontrará suas reflexões críticas sobre essa experiência na Seção 2.

A oposição de Williams à tutelagem, seja comercial, seja burocrática, da cultura permanece inconfundível e exemplar. Em *A política e as letras*, Williams explicou a abordagem que tinha adotado em seu trabalho sobre as comunicações da seguinte maneira:

> A resposta tradicional da esquerda a tudo era propriedade pública. Mas ninguém resolveu o que propriedade pública significaria em um campo tão sensível quanto esse. A perspectiva de monopólio burocrático foi temida corretamente, tendo em vista os exemplos de mídia controlada pelo Estado justamente irem de mal a pior. O resultado foi induzir as pessoas que trabalham na mídia à aceitação resignada dos acordos capitalistas existentes. A essência de minhas propostas foi que a propriedade pública dos meios básicos de produção fosse combinada com o arrendamento de seu uso a grupos autoadministrados, de forma a assegurar uma variedade máxima de métodos e opiniões políticas e garantir-se contra qualquer controle burocrático. O princípio é perfeitamente praticável em cada setor da imprensa escrita até as instalações de radiodifusão e cinema.[5]

---

5 Ibid., p.377.

Encontrar-se-á uma acusação veemente contra a organização capitalista dos jornais em "Por que me manifesto?", escrito para *The Listener* em abril de 1968 e reimpresso na Seção 3. Williams havia participado recentemente de manifestações contra a Guerra do Vietnã e de uma manifestação diante da embaixada alemã para protestar contra a tentativa de assassinato de Rudi Dutschke, o líder estudantil alemão; nas semanas antes de ser perpetrado o atentado à sua vida, o império editorial Springer havia vilipendiado Dutschke de um modo muito provocador. Esse artigo exemplifica a habilidade de Williams de fazer intervenções muito aguçadas, situar problemas atuais em um contexto novo e inesperado e explicar à nova geração de radicais o pleno sentido de suas ações.

Williams inferiu alguns valores fundamentais de sua própria trajetória e de suas primeiras experiências, que lhe permitiram compartilhar uma profunda solidariedade com a luta anticolonial e com a resistência pacífica. Embora o pai de Williams fosse trabalhador ferroviário, sua família pertencia a uma comunidade agrícola na fronteira galesa, próxima de Pandy, que incluía agricultores, trabalhadores rurais, professores e religiosos, além de uns poucos sindicalistas. Quando Williams falou de suas primeiras experiências políticas, evocou o grupo do Left Book Club existente em Pandy e suas campanhas de solidariedade à China e à Espanha e mencionou a forte impressão que lhe causaram *Estrela vermelha sobre a China*, de Edgar Snow, e uma conversa com Konni Zilliacus.[6] Tem-se uma percepção da "estrutura do sentimento" nascente – internacionalismo reforçado por vínculos locais e um modelo discursivo de cultura política – que estava

---

6 Ibid., p.31. O Left Book Club, que parece ter sido formador para muitos socialistas e marxistas britânicos notáveis nos anos pós-guerra, não deve certamente ser assimilado ao estereótipo de uma Frente Popular conciliadora – Williams relembra aqui como, aos 18 ou 19 anos, recém-chegado do Left Club de Pandy, pediu ao primeiro organizador comunista que encontrou em Cambridge: "Quero estar entre os mais vermelhos dos vermelhos" (Ibid., p.41).

destinada a durar. Em "Você é marxista, não é?", reimpresso aqui na Seção 3, Williams explica como sua experiência de guerra na Normandia, enfrentando a SS, também moldou sua resposta posterior à revolta popular no Terceiro Mundo. Regime militar, latifúndio e imperialismo exigiam resistência e revolução: "Nunca fui capaz de dizer que sou contra o uso do poder militar para defender uma revolução".

Williams sabia o suficiente sobre revolução no século XX para que esta não fosse uma afirmação fácil. Como explica no "Posfácio" (1979) a uma nova edição da *Tragédia moderna*, ele particularmente detestava os que tinham transformado o sofrimento evitável e inevitável da revolução em uma horripilante pantomima, enquanto permaneciam cegos diante da violência do imperialismo. Na *Tragédia moderna*, ele refletiu sobre esses temas e sobre o sofrimento causado pela "luta desordenada contra essa desordem" no século XX:

> Temos de reconhecer o sofrimento em uma experiência imediata e próxima, e não encobri-lo por meio de uma busca de nomes e definições. Nós, no entanto, seguimos a ação em sua totalidade: não apenas o mal, mas os homens que lutam contra o mal; não apenas a crise, mas a energia que ela libera, o espírito que nela nos é dado conhecer.[7]

Em "Você é marxista, não é?", Williams opôs-se categoricamente a qualquer recurso à violência em "sociedades com democracias políticas em funcionamento". Essa violência, a menos que em defesa da própria democracia, frustraria por ela mesma a aspiração de construir formas mais generosas de solidariedade humana. Mas manifestações e greves, ocupações e boicotes, dependendo de seus objetivos precisos e da extensão da participação popular, poderiam todos ajudar a expandir uma democracia que se atrofiava no centro.

---

7 Williams, *Modern Tragedy*, p.83.

É característico que se encontrem reflexões notoriamente políticas sobre temas atuais no corpo principal da obra crítica de Williams, de uma maneira que talvez não teria sido adequada para um historiador. Todos os livros de Williams têm uma dimensão histórica. Mas essa história transporta ao presente; e essa experiência simultânea é caracteristicamente invocada como um teste crucial da teoria cultural. Nas mãos de Williams, os critérios de autenticidade e experiência influenciados por Leavis libertam um mundo que anteriormente a crítica mal reconhecia. Consequentemente, em uma obra como *Tragédia moderna*, Williams pode observar: "Escrevo em um dia em que o poder militar britânico está sendo usado contra 'membros dissidentes de uma tribo' na Arábia Saudita". Essas eram as ações de um governo do Partido Trabalhista e levaram à conclusão:

> conheço esse modelo e aquilo que o encobre bem demais, em repetidos exemplos ao longo de minha vida, para ser capaz de aquiescer na ilusão comum. Muitos dos meus conterrâneos se opuseram a essas práticas e, em muitos casos específicos, puseram fim a elas. Mas não é possível acreditar que, enquanto sociedade, tenhamos nos dedicado à libertação humana, ou mesmo ao simples reconhecimento da irrestrita humanidade de todos os outros homens – o que é o impulso de qualquer revolução genuína. Dizer que reconhecemos esse fato nos assuntos domésticos seria também demasiado em uma sociedade marcada por grandes desigualdades sociais e por uma manipulação organizada. Mesmo que o reconhecêssemos entre nós, isso ainda seria uma caricatura de qualquer crença revolucionária verdadeira. O conhecimento precisa ser geral para ser autêntico, porque, na prática, qualquer objeção, em um mundo que se comunica de forma ampla, tende a degenerar em uma oposição real.[8]

Williams não apenas apareceu nos palanques da Campanha de Solidariedade ao Vietnã; ele também estudou as implicações

---

8 Ibid., p.79.

gerais da resistência rural e da agressão no além-mar para a compreensão socialista da cultura e da civilização. *O campo e a cidade* (1973) mostra o processo de espoliação capitalista na metrópole e a escravidão colonial no exterior, por trás da cultura da "aristocracia rural" inglesa e das convenções de estilo bucólico que as exorcizaram. Igualmente, ao estabelecer um contexto social preciso, Williams situou, mas não depreciou, o trabalho de escritores cuja sensibilidade moral crítica transcendeu o bucolismo. Ele incitou seus leitores ingleses a estudarem autores contemporâneos do Terceiro Mundo, como Wilson Harris e Ngũgĩ, se quisessem entender o passado de sua própria sociedade. Contra a "nova metrópole", causticada em termos que prenunciavam debates sobre a "cidade pós-moderna", Williams discerniu uma nova "noção de sociedade", preparada para assumir a responsabilidade de toda a "ecologia humana".[9]

Em uma conversa em 1987, sobre a enxurrada recente de distopias fictícias – livros como *O-Zone*, de Paul Theroux, e *A última eleição*, de Pete Davies –, Williams observou sardonicamente que essas profecias e sátiras fatídicas não eram mais previstas dentro de uma ou duas gerações no futuro, mas apenas alguns anos à frente. Se a *Tragédia moderna* situou-se em um mundo controlado por imperialismo e revolução, *O campo e a cidade* preparou o terreno para uma crítica ecológica detalhada do capitalismo e das distorções "produtivistas" do socialismo. No final dos anos 1970, Williams tornou-se um patrocinador da Socialist Environment and Resources Association. Esteve também entre os primeiros a encampar as teses de Edward Thompson sobre a perigosa escalada da corrida nuclear. Em "A política de desarmamento nuclear", reimpresso na Seção 6, argumentou que "para construir a paz, agora mais do que nunca, é preciso construir mais do que a paz"; uma vez que havia vínculos essenciais entre o militarismo nuclear e as alienações dos Estados-nação modernos, com seus meios de

---

9 Williams, *The Country and the City*, p.329.

comunicação corruptos, suas assembleias representativas cada vez mais isoladas e incompetentes e sua concentração de poder econômico inescrupulosa e irresponsável. Na visão de Williams, a ameaça permanente dos sistemas de armas modernas advém de sua incrustação dentro de relações sociais antagonistas.

Embora Williams consistentemente atacasse a frágil irrealidade de uma cultura bucólica ou consumista, que dissimulava o trabalho que a sustentava, ele não poderia endossar a tese de um desenvolvimento progressivo do sujeito de classe histórico. Sua busca pelo significado social centrou-se na intersubjetividade e em suas precondições materiais, e ele sempre argumentou que a consciência social formou-se dentro das classes e fragmentos de classes, e entre elas. O legado internacional ambíguo dos anos 1960, a conjuntura britânica profundamente contestada dos anos 1970 ou o *trompe l'oeil* dos anos 1980 pós-modernos foram todos iluminados por essa abordagem relacional, com atenção a uma totalidade social complexa, às transformações geracionais e aos vínculos de vizinhança.

O modo característico de Williams de empilhar qualificações sobre a complexidade, encontrado em muitos ensaios e conferências neste livro, não foi inspirado por algum reflexo de moderação, mas por uma busca de exatidão e realismo, e por sua consciência de que as faculdades sociais humanas são cumulativas e evolutivas. Por um lado, sua obra tratou de uma crise progressiva da civilização capitalista e das principais forças arregimentadas contra ela; por outro lado, foi animada por um senso agudo da variedade de formas de cultura e associação, que seriam necessárias para asseverar o controle humano sobre a ensandecida competição econômica e militar. As referências de Williams à crise ecológica foram desapaixonadas e empíricas, pois quis fomentar formas deliberadas e eficazes de oposição. Se o seu socialismo parecia às vezes repercutir e renovar as terríveis acusações de Morris sobre desperdício e destruição capitalistas, ele nunca sucumbiu às tentadoras simplificações deste último, tanto sobre o problema quanto sobre as suas soluções. O socialismo não era uma escapatória pré-fabricada, nem fácil, ao impasse do capitalismo e do imperialismo. Ao absorver as implicações das críticas ecológicas para o socialismo, ele viu imediatamente que isso tornou mais urgente e mais difícil a construção de uma "consciência coletiva" global. O cerne político das preocupações de Williams é atualmente mais evidente do que em *Towards 2000* (1983), em que ele procurou reconciliar o legado da política baseada em classes com as necessárias correções propostas pelos "novos movimentos sociais". Ele viu estes últimos como essenciais à reconstrução de um senso de "interesse geral" que se erguesse acima dos interesses corporativistas de classe. Por outro lado, insistiu que os temas vitais incluídos na agenda dos movimentos sociais, se seguidos à risca, "teriam nos conduzido ao sistema fundamental do modo capitalista de produção e [...] seu sistema de classes".[10]

Embora atento à relevância do modo de produção, Williams chamou a atenção para seu vínculo com um "modo de consumo" específico. Sua crítica não foi de forma alguma um lamento disfarçado de que a gente trabalhadora agora pudesse pagar os bens de consumo duráveis, que antes definiam o estilo de vida da classe média. Pelo contrário, quis dizer que na sociedade capitalista a esfera de consumo foi dominada por um sistema de acumulação esbanjador, destrutivo e irresponsável. O consumo em si era mal informado ou desinformado e, em muitos aspectos, manipulado, subordinado e passivo. Embora desfavorável ao *ethos* prevalente de "consumismo", Williams insistiu na necessidade de organizações que informassem e protegessem o consumidor de uma forma bastante inovadora. Na realidade, as ideias de Williams sobre

---

10 Williams, *Towards 2000*, p.172-3. Uma reflexão política de significância fundamental também pode ser encontrada em *Cultura e materialismo*; observe especialmente, nesse contexto, o ensaio sobre a obra do dissidente alemão oriental Rudolf Bahro, "Beyond Actually Existing Socialism".

esse assunto equivalem a uma nova concepção da "soberania do consumidor" coletiva e individual. E caracteristicamente acompanharam-se de propostas institucionais específicas, planejadas para assegurar que as famílias não fossem atomizadas diante de grandes empresas produtoras. Assim, antecipou-se às preocupações dos economistas socialistas da era da *perestroika* e delineou amplas bases culturais para rejeitar a unilateralidade dos socialismos centrados na produção, no modelo de mercado ou no modelo planejado.[11]

Embora Williams seja mais extensivamente conhecido por sua veemência inconfundível na política da prática cultural, convém notar que ele estava particularmente preocupado com a eficácia e a adequação da organização do partido e do Estado – e especialmente se tais organizações seriam capazes de promover a democracia da "longa revolução". Em sua visão, a ascensão do movimento trabalhista modificou, mas não contestou, nem muito menos transformou, a estrutura oligárquica do Estado britânico.

Em muitos trechos da obra de Williams encontra-se o tema da necessidade, dentro do movimento trabalhista, de fomentar seu próprio funcionamento democrático, além de promover uma reforma democrática da educação e das comunicações. As instituições do movimento trabalhista são corporificações de memória e inteligência coletivas, mas isso não significa que sejam adequadas às tarefas que lhes cabem. Em seu estudo sobre "A esquerda britânica", em meados dos anos 1960, Williams assinalou que a própria estrutura do Partido Trabalhista, dominada, como sempre o foi, por votos não democráticos em bloco, confinou a esquerda socialista em uma coalizão dominada por políticas de interesse

---

11 Ver, por exemplo, Diane Elson, "Socializing the Market", *New Left Review*, n.172, 1988. Para uma crítica de Williams à passividade do capitalismo consumista, ver *The Long Revolution*, p.286-8; um tema retomado em vários aspectos em *Towards 2000*.

corporativo de curto prazo e pelo gradualismo fabianista. "O fato de o Partido Trabalhista ser uma coalizão levou a um evidente depauperamento da teoria: qualquer tentativa de ultrapassar definições muito genéricas imediatamente provoca tensões nessa aliança complicada." Mesmo as reformas sociais mais positivas promovidas pelo Partido Trabalhista foram instiladas por um espírito de "paternalismo moral", ao mesmo tempo que, em política externa, os governos trabalhistas foram "corrompidos pela [...] Guerra Fria", por um "chauvinismo mesquinho e perigoso" e por um "imperialismo ao estilo de Kipling". A subserviência estrutural da esquerda dentro do Partido Trabalhista atribuiu um papel vital à esquerda fora do Partido – Campanha de Desarmamento Nuclear (CND), o Partido Comunista "com sua garantia de uma medida de vigilância militante" e a "Nova Esquerda", mais difusamente cultural e política. Já nos primeiros meses de 1965, Williams pôde escrever em "A esquerda britânica":

> O som dos jovens na Grã-Bretanha, tão assustador para todos os que aceitaram essas rotinas (isto é, as tristes rotinas de uma sociedade alienada), é um som profundo e vivaz e, ao tornar-se político, é significativo que seja contrário a toda a estrutura da sociedade, em vez de manifestar-se a favor, ou contra, um grupo particular de políticas parlamentares.

Apesar de suas profundas críticas ao trabalhismo e ao Partido Trabalhista, Williams entendeu as lealdades de classe que conquistaram como potencialmente abertas a uma transformação para além de sua estrutura e ideologia estabelecidas. Ele saudou o aparecimento de uma esquerda mais radical dentro do Partido Trabalhista no final dos anos 1970 e no início dos anos 1980, porque tentou mudar em vez de simplesmente absorver o sistema existente. Ele veio a ser editor-patrocinador do *New Socialist*, uma publicação mensal fundada pela Executiva Nacional do Partido Trabalhista em 1981, em um momento em que a ascendência da direita dentro do Partido foi momentaneamente interrompida após o fracasso do governo Wilson-Callaghan de 1974-1979. A *New Socialist*, editada com talento e convicção por James Curran, publicou numerosas colaborações de Williams, que estão reimpressas aqui. Incluem ataques à desumanidade do "capitalismo nômade" e a seu instrumento, o governo Thatcher, louvando a extraordinária tenacidade das comunidades de trabalhadores das minas durante a greve do carvão; e, ao mesmo tempo, investindo contra a constante submissão da esquerda à peculiar estrutura federal do Partido Trabalhista. Ao se debater se o Partido Trabalhista deveria propor uma coalizão contra Thatcher ao centro político, Williams adotou uma posição que trespassou a grande hipocrisia que circundava o assunto, assinalando que o Partido Trabalhista sempre havia sido uma coalizão entre alguns socialistas e a direita trabalhista atlanticista e pró-capitalista: "Seja uma versão maior ou menor [da coalizão], os defensores de cada uma delas na verdade abandonaram a luta para transformar convicção e opinião". Na visão de Williams, o engajamento tanto em uma coalizão com o centro quanto em uma coalizão constante com a linha de frente do partido significava reagrupar-se em torno de um programa que era conhecido por ser desesperadoramente frágil e incoerente, além de abjurar o trabalho essencial de renovação e expansão da política socialista. Em uma entrevista a Terry Eagleton em julho de 1987, encontrada na Seção 7, Williams preveniu a esquerda sobre as implicações comprometedoras da coalizão trabalhista. Argumentou que a experiência da eleição de 1987 apontava o início de um realinhamento do centro com a linha de frente do partido. Embora insistisse que "tal realinhamento do centro não tinha nada a ver com a esquerda", pensava que, se levasse à reforma eleitoral, poderia abrir caminho para "uma espécie de federação entre as forças socialistas, ecologistas e nacionalistas radicais". Williams acreditava que a "conversão no atacado" do Partido Trabalhista em um partido socialista fosse um objetivo ilusório, que muitíssimas vezes levou a esquerda a calar-se. Mas sabia que qualquer nova formação socialista deveria implantar-se sobre as correntes de resistência da classe trabalhadora e da comunidade, que se desenvolveram dentro e fora do movimento trabalhista durante os anos Thatcher.

Em contraste com uma política tradicional de esquerda no Partido Trabalhista, Williams recusou-se a aceitar a estrutura de Estado do Reino Unido como o horizonte necessário da ação socialista. Firmemente empenhado em unir-se a socialistas de outros países da Europa, tinha a expectativa de uma objeção socialista aos próprios princípios sobre os quais estava edificado o Estado britânico. Em meados dos anos 1970, tornou-se um orador assíduo nos eventos organizados pelo Plaid Cymru, atestando tanto uma radicalização do Partido Nacionalista Galês quanto o questionamento mais profundo de Williams sobre o funcionamento do Estado britânico centralizado.

Em 1982, escreveu uma declaração programática audaciosa intitulada "Democracia e Parlamento", incluída na Seção 7 deste livro. Publicada como um panfleto pela Sociedade Socialista, esse texto não apenas denunciou os princípios secretos e hierárquicos do aparato britânico de administração pública, mas também criticou o caráter centralizado, oligárquico e discriminatório do sistema de representação no Reino Unido. Para Williams, era uma necessidade básica um sistema eleitoral que representasse acurada e honestamente o espectro de opinião política do eleitorado. Portanto, a representação proporcional, assim como o desmembramento do insustentável sistema de Westminster, era um complemento essencial da sensibilização socialista. O panfleto termina com um programa abrangente de democratização do Estado, concebido como um prelúdio necessário para assegurar controle democrático dos processos econômicos e culturais.

Uma das razões pelas quais a influência de Williams como socialista será duradoura encontra-se em contribuições como essa, em sua atenção paciente às concomitâncias culturais e políticas de uma sociedade verdadeiramente democrática e em sua disposição para falar dos problemas práticos de inovação institucional que seriam necessários. E embora a referência específica de Williams aqui seja a necessidade de transformações democráticas nas instituições britânicas e no Estado britânico, suas considerações têm aplicação e relevância mais extensiva. Assim, toda a representação política do mundo anglófono está organizada sobre a base de maioria simples (*first-past-the-post*) e pluralidade simples (*winner-takes-all*); isso necessariamente produz coalizões estranhas, impede o aparecimento de novas forças políticas radicais e reduz o desenvolvimento do debate público democrático.

O leitor desta coletânea logo perceberá que o pensamento político de Williams não foi estático nem isento de suas próprias tensões. Mas é admirável a constância das preocupações centrais. Duas décadas após "A cultura é algo comum", Williams redefine sua relação com o marxismo e com a "longa revolução" em "Você é marxista, não é?". Diz que prefere se considerar um socialista revolucionário, um comunista ou um materialista histórico, em vez de um marxista. A palavra "marxista" foi adotada porque soava "mais polida do que comunista", mas foi um erro, ele insiste, reduzir toda a tradição, de que milhões participaram, a um "único, embora grande, pensador". Por outro lado, Williams não hesitou em aceitar proposições fundamentais do materialismo histórico e em dar a elas suas próprias e inconfundíveis contribuições, sob a forma de um conjunto de trabalhos que viria a chamar de "materialismo cultural". O materialismo histórico ajuda os socialistas a identificar o que se ergue no caminho do crescimento dos poderes humanos liberados: "Não apenas um inimigo eleitoral ou um inimigo tradicional, mas uma formação social organizada e hostil". Essa formação social hostil só poderia ser enfrentada pelo fomento de uma autonomia popular diferente das tradições fabianistas e stalinistas – e isso teria inevitavelmente de contestar as raízes da hegemonia burguesa sobre os oprimidos e explorados:

aprendi a realidade da hegemonia, aprendi o poder concentrado das estruturas de sentimento de uma dada sociedade, tanto por mim mesmo e por minha própria experiência, quanto observando a vida dos outros. Ao longo de toda a nossa vida, se nos esforçarmos, descobriremos fases desse tipo de formação estranha em nós mesmos, e no fundo de nós mesmos.

Williams não contrapõe aqui a construção cultural do significado às urgentes pressões de sobrevivência material, que pesam mesmo sobre os trabalhadores relativamente felizardos de uma sociedade capitalista avançada:

> Acredito na necessária luta econômica da classe trabalhadora organizada. Acredito que ainda seja a atividade mais criativa de nossa sociedade, como indiquei há alguns anos, ao chamar as grandes instituições da classe trabalhadora de grandes empreendimentos criativos, bem como de o primeiro meio de luta política indispensável. Mas eu sei que há um trabalho fundamental a ser feito em relação à hegemonia cultural. Acredito que o sistema de significados e valores que a sociedade capitalista gera tem de ser derrotado no geral e no detalhe por meio de um trabalho intelectual e educacional contínuo. Esse é um processo cultural a que denominei a "revolução longa" e, ao fazê-lo, eu queria assinalar que era uma luta genuína, parte das batalhas necessárias da democracia e da vitória econômica da classe trabalhadora organizada. Pessoas mudam, é verdade, na luta e pela ação. Algo tão profundo quanto uma estrutura dominante de sentimento só é mudado por novas experiências vividas. Mas a tarefa de um movimento socialista bem-sucedido será de sentimento e imaginação, tanto quanto de ação e organização.

Mesmo antes da segunda vitória eleitoral de Margaret Thatcher, era aparente uma discrepância alarmante entre o progresso de uma esquerda construída de modo amplo na cultura acadêmica e as incursões de uma "Nova Direita" na cultura popular. A própria ascensão de Williams a uma posição proeminente nos estudos culturais nos anos 1960 e 1970 acompanhou-se, nessas mesmas décadas, de um notável florescimento da historiografia marxista e de obras marxistas relevantes em filosofia, política, sociologia e ciências humanas em geral. Mas ao mesmo tempo que marxismo e socialismo se tornavam academicamente respeitados, a ideologia de Thatcher consolidava sua influência, inicialmente no Partido Conservador e em seguida na política nacional. Em "Problemas do próximo período", Williams demonstra que a natureza peculiar do Estado britânico trouxe vantagens especiais ao Partido Conservador de Thatcher, apesar de nunca ter tido apoio majoritário. Além disso, as pressões econômicas e ideológicas, características da Grã-Bretanha no final dos anos 1980, provieram dos fracassos do trabalhismo nos anos 1970 e da miragem da "privatização móvel" do thatcherismo, com suas satisfações consumistas míopes e desiguais obtidas a um custo social espantoso. O questionamento de Williams sobre o crédito e o desemprego fácil, sobre a miríade de meios intricados de fraturar e individualizar uma consciência que permanece socialmente determinada já trouxe em si o discernimento de maiorias diferentes e princípios organizacionais alternativos.

Williams nunca se contentou simplesmente em chegar a conclusões para si mesmo ou com garantia de reconhecimento acadêmico. A publicação de *Palavras-chave* (1976) permitiu-lhe aprofundar sua argumentação referente à construção cultural de significados e tornar suas descobertas mais acessíveis. A história das palavras "indivíduo", "socialismo" ou "burguês" permite que Williams enfatize problemas nessas palavras mesmo – ou talvez especialmente – para quem não encontra nenhuma dificuldade em utilizá-las. Em "Garimpando o significado", Williams argumenta que os socialistas devem elucidar as palavras-chave do conflito dos trabalhadores das minas, aprendendo com a extraordinária experiência dos homens e mulheres que sustentaram a greve:

O ponto de crescimento de um socialismo ressurgente está agora em todas essas comunidades dominadas pela crise: não como casos especiais, mas como um caso geral. É aqui, na diversidade e no respeito à diversidade, que novas forças populares formam-se e procuram uma articulação política eficiente. Será longo e difícil nos detalhes, mas ao desafiar o lema destrutivo de *administração, econômico* e *lei e ordem*, que atualmente esconde as operações reais de um estágio novo e temerário do capitalismo, os mineiros, procurando proteger seus próprios interesses, esboçaram uma nova forma de interesse geral.

Em uma conferência publicada na *New Left Review*, em 1986, Williams expôs os progressos reais fomentados pela esquerda na educação, especialmente na educação de adultos, mas também a adoção de alguns métodos teóricos e de alguns lemas políticos excludentes. Procurando os meios de romper o cerco e a subordinação culturais, Williams foi levado a perguntar:

> Não deveríamos considerar implacavelmente essas numerosas formações, suas teorias e suas obras, que praticamente só se fundamentam em suas negações e formas de confinamento contra uma cultura indiferenciada para além delas? É apenas um acidente que uma forma da teoria da ideologia tenha produzido esse diagnóstico em bloqueio ao thatcherismo, que provocou a desesperança e o desarme político em uma situação social que sempre foi mais multiforme, mais volátil e mais temporária? Ou nunca haverá fim para os teóricos pequeno-burgueses que fazem ajustes de longo prazo a situações de curto prazo? Ou, no caso de vários tipos de arte recente, poderíamos voltar a perguntar se mostrar os explorados como degradados não prolonga simplesmente a vigência do explorador? [...] O principal problema das relações de classe reais e possíveis, pelas quais uma nova arte e uma nova teoria podem ser propostas, tem uma complexidade nova e de certa forma sem precedente [...] em uma busca compartilhada da emancipação.[12]

---

12 Williams, "The Uses of Cultural Theory", *New Left Review*, n.158, 1986.

Williams deixa-nos com muitas perguntas, algumas delas desconfortáveis, outras mais profundamente concebidas do que uma primeira leitura poderia supor. Ele deixa-nos também muitas indicações de onde poderiam estar as respostas – em seus grandes trabalhos sobre crítica cultural, em seu próprio senso de responsabilidade exemplar com as gerações passadas e futuras, como demonstrado nos vários ensaios e declarações neste livro.

Robin Blackburn
New Left Review, 1988

1
DEFININDO UMA CULTURA DEMOCRÁTICA

A CULTURA É ALGO COMUM[1]
1958

O ponto do ônibus era em frente à catedral. Eu tinha ido ver o mapa-múndi, com seus rios saindo do paraíso, e a biblioteca acorrentada. Um grupo de religiosos conseguiu entrar sem problemas, mas eu tive que esperar uma hora e bajular o sacristão antes de conseguir entrar e dar uma espiada nas correntes. Agora, do outro lado da rua, um cartaz no cinema anunciava o *Six-Five Special* e um desenho animado das *Viagens de Gulliver*. O ônibus chegou, o motorista e a cobradora totalmente absortos um no outro. Saímos da cidade, atravessamos a ponte velha e seguimos em frente, passando pelos pomares e pastos e pelos campos com a terra vermelha sob o arado. Adiante estavam as montanhas negras e começamos a subir, observando os campos escarpados chegando até os muros cinza, e mais além, as partes onde a urze, o torgo e os fetos ainda não tinham sido arrancados. A leste, ao longo do cume, estava a linha cinzenta dos castelos normandos; a oeste, a fortaleza formada pela encosta das montanhas. Então, enquanto continuávamos a subir, o tipo da rocha foi mudando a nossos pés. Aqui, agora, havia calcário, e a marca das antigas

---
[1] Tradução e notas: Maria Elisa Cevasco.

fundições junto à escarpa. Os vales cultivados com suas casas brancas esparsas foram ficando para trás. Mais adiante, estavam os vales estreitos: o laminador de aço, o gasômetro, os socalcos acinzentados, as bocas das minas. O ônibus parou, e o motorista e a cobradora desceram, ainda absortos. Eles já tinham feito esse caminho tantas vezes, e percorrido todas as suas etapas. Trata-se, de fato, de uma viagem que, de um modo ou de outro, todos nós já fizemos.

Nasci e fui criado no meio desse trajeto do ônibus. O lugar em que morei ainda é um vale de fazendas, embora a estrada que o corta esteja sendo alargada e retificada para aguentar os caminhões pesados que vão rumo ao norte. Não muito longe, meu avô, assim como seus antecessores há várias gerações, trabalhava no campo, até que foi expulso da casa em que morava e, com mais de 50 anos, virou um trabalhador das estradas de rodagem. Seus filhos, aos 13 ou 14 anos, iam ser roceiros nas fazendas e suas filhas, empregadas domésticas. Meu pai, seu terceiro filho, deixou a fazenda com 15 anos e foi trabalhar como carregador na estação ferroviária, e, depois, como sinaleiro. Trabalhou em uma sinaleira neste vale até sua morte. Eu estudei na escola da vila, logo adiante da minha casa. Na escola, uma cortina dividia as duas classes – a Segunda, até os 8 ou 9 anos, a Primeira até os 14. Com 11 anos fui para a escola secundária local e, mais tarde, para a Universidade de Cambridge.

A cultura é algo comum, ordinário: devemos começar por aí. Crescer naquele lugar era observar a configuração de uma cultura e seus modos de transformação. Eu podia ir para o alto das montanhas e olhar para o norte, observando as fazendas e a catedral, ou para o sul, e ver a fumaça e o clarão da combustão na fornalha fazerem um segundo pôr do sol. Crescer naquela família era constatar a formação de modos de pensar: o aprendizado de novas habilidades, as mudanças de relacionamentos, o surgimento de linguagens e ideias diferentes. Meu avô, um trabalhador vigoroso, chorou ao falar, com precisão e emoção, em uma reunião de paroquianos, sobre como tinha sido expulso da casa onde vivia e da fazenda em que trabalhava. Meu pai, um pouco antes de morrer, falava com calma e contentamento do tempo em que tinha fundado uma seção do sindicato e um diretório do Partido Trabalhista na cidadezinha em que morava, e, sem amargor, dos homens de "rabo preso" da nova política. Eu uso uma linguagem diferente, mas penso nessas mesmas coisas.

A cultura é algo comum a todos: este o fato primordial. Toda sociedade humana tem sua própria forma, seus próprios propósitos, seus próprios significados. Toda sociedade humana expressa isso nas instituições, nas artes e no conhecimento. A formação de uma sociedade é a descoberta de significados e direções comuns, e seu desenvolvimento se dá no debate ativo e no seu aperfeiçoamento, sob a pressão da experiência, do contato e das invenções, inscrevendo-se na própria terra. A sociedade em desenvolvimento é um dado e, no entanto, ela se constrói e se reconstrói em cada modo de pensar individual. A formação desse modo individual é, a princípio, o lento aprendizado das formas, dos propósitos e dos significados de modo a possibilitar o trabalho, a observação e a comunicação. Depois, em segundo lugar, mas de igual importância, está a comprovação destes na experiência, a construção de novas observações, comparações e significados. Uma cultura tem dois aspectos: os significados e direções conhecidos, em que seus integrantes são treinados; e as novas observações e os significados que são apresentados e testados. Esses são os processos ordinários das sociedades humanas e das mentes humanas, e observamos através deles a natureza de uma cultura: que é sempre tanto tradicional quanto criativa; que é tanto os mais ordinários significados comuns quanto os mais refinados significados individuais. Usamos a palavra cultura nesses dois sentidos: para designar todo um modo de vida – os significados comuns –; e para designar as artes e o aprendizado – os processos especiais de descoberta e esforço criativo. Alguns escritores usam essa palavra para um ou para o outro sentido, mas insisto nos dois, e na importância de sua conjunção. As perguntas que faço sobre nossa cultura são perguntas referentes aos nossos propósitos gerais e comuns e, mesmo assim, são perguntas sobre sentidos pessoais profundos. A cultura é algo comum, em todas as sociedades e em todos os modos de pensar.

Há, no entanto, outros dois sentidos da palavra cultura, duas acepções relacionadas a esta palavra, que conheço, mas que simplesmente me recuso a aprender. A primeira eu descobri em Cambridge, em uma casa de chá. Eu não me senti, vale lembrar, oprimido por Cambridge. Não me senti diminuído pelas construções históricas, porque venho de um país com vinte séculos de história visivelmente inscritos na própria terra. Eu apreciava andar em um pátio da era Tudor, mas o ambiente não me fazia sentir um inepto. Não fiquei embasbacado com a existência de um lugar dedicado ao aprendizado; eu conhecia a catedral desde pequeno, e as estantes que uso para trabalhar em Oxford são do mesmo tipo das que estão na biblioteca acorrentada. E aprendizado não era, na minha família, algo novo, estranho ou excêntrico; eu, estudante bolsista em Cambridge, não era uma nova espécie de animal que havia galgado uma posição única. Aprender era uma experiência comum, aprendíamos onde podíamos. Sempre havia feito sentido sair daquelas casas brancas esparsas e tornar-se um erudito, um poeta ou um professor. Mas poucos podiam ser dispensados do trabalho mais imediato; tinham fixado um preço alto para esse tipo de aprendizado, um preço muito mais alto do que podíamos pagar individualmente. Agora, quando podíamos pagar em comum, tratava-se de uma vida boa e ordinária.

Não me senti oprimido pela universidade, mas a casa de chá, algo como se fosse um de seus departamentos mais antigos e respeitáveis, era um caso diferente. Lá estava a cultura em nenhuma das acepções que eu conhecia, mas em uma acepção especial: como um sinal externo e enfaticamente visível de um tipo especial de pessoa, as pessoas cultivadas. Não eram, em sua grande maioria, particularmente eruditos, praticavam poucas artes, mas tinham essa coisa, e mostravam a você que a tinham. Acho que ainda estão lá, ainda se exibindo, mas até eles devem estar ouvindo os grosseiros ruídos que vêm de fora, de alguns eruditos e escritores a quem chamam – que conveniente pode ser um rótulo – de jovens irados.² Na verdade, não é preciso ser grosseiro. Trata-se simplesmente de que, se cultura é isso, não a queremos; vimos outras pessoas efetivamente vivendo a vida.

Mas claro que essa coisa não é a cultura, e estão enganados meus colegas que, por odiar a casa de chá, transformam a cultura, por causa dela, em um palavrão. Se as pessoas da casa de chá continuam insistindo que cultura consiste em diferenças triviais de comportamento, em sua variedade trivial de modos de falar, não podemos fazer nada para impedi-las, mas podemos ignorá--las. Elas não têm tanta importância assim para tirar a cultura do lugar a que pertence.

No entanto, provavelmente porque eu também não gosto da casa de chá, há escritores que li na época e que acabei inserindo na mesma categoria em minha mente. Quando hoje leio um livro como o *Civilization*, de Clive Bell,³ sinto, mais do que desacordo, estarrecimento. Pergunto-me que espécie de vida pode produzir essa minudência, essa decisão extraordinária de definir certas coisas como "cultura" e então isolá-las, como se construindo um muro em volta de um jardim, das pessoas comuns e do trabalho comum. Na minha casa, nós nos reuníamos para tocar e escutar música, para recitar e ouvir poemas, apreciávamos a beleza da linguagem. Conheci músicas e poemas melhores desde então; há todo um mundo a ser explorado. Mas sei, pela mais ordinária das

---

2 Alusão a um grupo de artistas atuantes nos anos 1950 – nos quais se incluem os romancistas Kinsgley Amis e Allan Sillitoe e o dramaturgo John Osborne – cujas obras criticavam as distinções sociais. (N. T.)
3 Clive Bell (1881-1964), crítico de arte. Foi membro atuante do grupo de Bloomsbury. No livro *Civilization* (1928) defendia a ideia de que a civilização depende da existência de uma elite ociosa. (N. T.)

experiências, que o interesse e a capacidade estão lá. Claro que, mais além do trajeto daquele ônibus, a antiga organização social em que essas coisas aconteciam foi desfeita. As pessoas foram forçadas a partir, a se concentrar em novos tipos de trabalho, novos tipos de relações sociais; foi este trabalho, diga-se de passagem, que construiu os muros em volta dos jardins e das casas, o mesmo trabalho que agora está finalmente trazendo, para horror da casa de chá, condições de uma vida limpa, decente e confortável para essas pessoas do povo. A cultura é comum: em meio a todas as mudanças, vamos sempre nos ater a isso.

O outro sentido, ou acepção, que me recuso a aprender, é bem diferente. Na língua inglesa há apenas duas palavras que rimam com *"culture"*, e são *"sepulture"* (sepultura) e *"vulture"* (abutre). Ainda não começamos a chamar os museus, as galerias ou até as universidades de "sepulturas da cultura", mas tenho ouvido muitos se referirem aos "abutres da cultura", e escutado, no mesmo linguajar característico do Atlântico Norte, invectivas contra os "beneméritos da cultura", os "pseudointelectuais", os pedantes com complexo de superioridade. Bom, não gosto da casa de chá, mas também não gosto desse boteco. Sei que tem muita gente que não liga para as artes e para o conhecimento, e também sei que existe uma diferença entre ser bom e ser carola. Mas rejeito totalmente as inferências e alusões dessa linguagem cada vez mais comum – o jargão de um patife de última geração. Pois, honestamente, como se pode usar uma palavra como "benemérito" nesse novo tom complacente? Como alguém pode se diminuir o bastante para designar, com estes novos termos insolentes, a apreciação da arte e do conhecimento? Está claro que o que pode ter começado como uma reação à hipocrisia, ou à pretensão (esta uma palavra com pelo menos duas acepções), está se transformando em uma reação automática e de consciência pesada à menção de qualquer tipo de padrão sério. E a palavra "cultura" ficou muito comprometida por esse condicionamento: Goering sacava seu revólver, muitos sacam seu talão de cheques, e, agora, um número crescente de pessoas sacam esse novo tipo de linguajar. O sentido de fazer o "bem" se perdeu, nesses círculos, devido à exclusão de seu conteúdo ético e à ênfase em um padrão exclusivamente técnico: fazer um bom trabalho é melhor do que ser bom. Mas será preciso lembrar que qualquer vigarista é capaz, em seus próprios termos, de fazer um "bom trabalho"? A garantia de eficiência técnica não substitui a referência humana positiva. No entanto, pessoas que antes estabeleciam essa referência, que queriam ser eruditos ou escritores, são hoje, e aparentemente com grande satisfação, homens da propaganda, geniozinhos da publicidade, autores de tiras em jornais. E esses homens aprenderam habilidades, desenvolveram qualidades e agora as colocam a serviço da mais descarada e gananciosa exploração da falta de experiência das pessoas comuns. E são esses homens – essa nova classe perigosa – que inventaram e disseminam o tal linguajar, em uma tentativa de influenciar as pessoas comuns – as quais, porque trabalham de verdade, têm padrões de verdade nos seus próprios campos – contra os padrões reais no campo que estes homens conheceram e agora abandonaram. O velho mascate ainda está lá no mercado, contando os tostões que ganhou dos moleques da zona rural, com seus anéis e relógios de ouro falsificados. Ele pensa que suas vítimas são lerdas e ignorantes, mas elas estão vivas, e cultivam a terra enquanto ele tosse atrás de sua barraquinha. O novo mascate está em escritórios bem decorados, usando resíduos da linguística, da psicologia e da sociologia para influenciar os modos de pensar dos que ele chama de "a massa". Ele também, no entanto, vai ter que desmontar sua barraquinha e ir embora, e enquanto isso não acontece, não devemos nos influenciar por seu linguajar: podemos simplesmente nos recusar a aprendê-lo. A cultura é comum. O interesse em aprender ou nas artes é algo simples, agradável e natural. O desejo de conhecer o melhor, fazer o que é bom, é parte principal da natureza positiva do ser humano. Não devemos nos afastar dessas coisas, assustados pelo barulho dessa gente. Há muitas versões do que vai mal com nossa cultura. Até agora, estou apenas tentando nos livrar dos detritos que nos impedem de pensar seriamente sobre tudo isso. Quando fui para Cambridge, encontrei duas influências sérias que causaram uma impressão funda na minha maneira de pensar. A primeira foi o marxismo, e a segunda, os ensinamentos de Leavis.[4] Mesmo ao longo de minhas discordâncias posteriores, sempre mantive o respeito por ambas as posições.

Os marxistas diziam muitas coisas, mas as que importavam eram três. Primeiro, diziam que a cultura deve ser, no fim das contas, interpretada em relação ao sistema de produção subjacente. Já desenvolvi a discussão teórica dessa proposição em outro trabalho – é uma ideia mais difícil do que parece –, mas ainda estou de acordo com essa ênfase. Tudo que eu tinha visto, crescendo naquela região de fronteira, tinha me levado à mesma ênfase: a cultura é todo um modo de vida, e as artes são partes de uma organização social que é claramente afetada de forma radical por mudanças econômicas. Não precisava que me ensinassem a insatisfação com o sistema econômico vigente, mas as questões subsequentes sobre nossa cultura ficavam, nesses termos, desfocadas. Dizia-se que se tratava de uma cultura de dominação de classe, restringindo, desse modo, deliberadamente, uma herança comum a uma classe pequena, e, ao mesmo tempo, deixando para as massas a pecha de ignorantes. Eu aceitava o fato da restrição: ainda é óbvio que apenas os "pobres dignos" conseguem ter algum acesso à educação, e, enquanto andava por Cambridge, não me sentia nem um pouco contente por ter sido considerado "digno", não sou nem pior nem melhor que as pessoas de meu lugar de origem. Por outro lado, justamente por causa disso,

---

4 F. R. Leavis (1895-1978), o mais influente crítico literário inglês do século XX. Foi editor da revista *Scrutiny* (1932-56) e inspirador do projeto educacional do Cambridge English, a forma de ler e ensinar literatura predominante até a década de 1960 na Inglaterra. (N. T.)

ficava indignado quando meus amigos falavam das "massas ignorantes": um certo tipo de comunista sempre vinha com esta conversa, e recebeu o troco em Poznam e em Budapeste, assim como os imperialistas, partindo da mesma premissa, receberam o seu na Índia, na Indochina e na África. Há uma cultura inglesa burguesa, com suas poderosas instituições educacionais, literárias e sociais, em conexão estreita com os centros reais de poder. Dizer que a maioria dos trabalhadores é excluída de tudo isso é dizer o óbvio, embora, sob pressão contínua, essas portas estejam lentamente se abrindo. Mas daí dizer que os trabalhadores estão excluídos da cultura inglesa é bobagem; eles têm suas próprias instituições em expansão e, em todo caso, muito da cultura estritamente burguesa eles não iriam mesmo querer. Uma grande parte do modo de vida inglês, de suas artes e aprendizado não é burguesa em nenhum sentido dado. Há instituições, e significados comuns, que não são, de modo algum, produtos exclusivos da classe média comercial: e há obras de arte e conhecimento, partes de uma herança inglesa comum, que foram produzidos por muitos tipos diferentes de pessoas, incluindo muitas que detestavam a mesma classe e sistema cuja produção hoje se orgulham em consumir. A burguesia nos legou muito, inclusive um sistema moral restrito, porém real; isso é pelo menos algo mais do que nos deram seus predecessores cortesãos. O tempo livre conquistado pela burguesia nos legou muitas coisas de valor cultural. Mas isso não equivale a dizer que cultura contemporânea é cultura burguesa, um erro que todos, de conservadores a marxistas, costumam cometer. Há um modo distinto de vida da classe trabalhadora a que, eu, pelo menos, dou muito valor – não porque fui criado nesse modo, uma vez que, de certa forma, agora vivo de um jeito diferente. Penso que esse modo de vida, com sua ênfase na vizinhança, obrigações mútuas e progresso comum, como expresso nas grandes instituições políticas e industriais da classe trabalhadora, é de fato a melhor base para uma sociedade inglesa futura. Quanto às artes e ao aprendizado, são, em um sentido real, uma herança nacional que está, ou deveria estar, disponível para todos. Então, quando os marxistas dizem que estamos vivendo em uma cultura moribunda, e que as massas são ignorantes, eu tenho que perguntar, como já o fiz, de que lugar do mundo eles vêm. Uma cultura moribunda,[5] massas ignorantes, não foi isso que aprendi, nem o que vejo.

Então, o que até agora me veio dos marxistas foi a relação entre cultura e produção, e a constatação de que a educação é restrita. As outras coisas rejeitei, do mesmo modo que rejeito sua terceira proposição, ou seja, a de que, como a cultura e a produção estão relacionadas, a defesa de um modo diferente de produção é, de algum modo, uma diretriz cultural, indicando não apenas um modo de vida, mas novas artes e aprendizado. Uma das minhas tarefas, quando fui, por 18 meses, membro do Partido Comunista, era escrever, e descobri, de forma trivial, o que outros escritores, aqui e na Europa, descobriram de formas mais graves: as consequências práticas desse tipo de erro teórico. Nesse aspecto, vi o futuro e não funcionou. A interpretação marxista da cultura nunca poderá ser aceita enquanto mantiver, e não é necessário que mantenha, esse elemento de diretriz, essa insistência de que se você honestamente quer o socialismo, você tem que escrever, pensar e aprender seguindo os modos prescritos. Uma cultura são significados comuns, o produto de todo um povo, e os significados individuais disponibilizados, o produto de uma experiência pessoal e social empenhada de um indivíduo. É estúpido e arrogante presumir que qualquer um desses significados pode chegar a ser prescrito: eles se constituem na vida, são feitos e refeitos, de modos que não podemos conhecer de antemão. Tentar pular o futuro, imaginar que, de algum modo, você *é* o futuro é, estritamente falando, uma insanidade. Fazer

---

5 Alusão a dois livros do crítico marxista ortodoxo inglês Christopher Caudwell (1907-1937), *Studies in a Dying Culture* (1938) e *Further Studies in a Dying Culture* (1949). (N. T.)

previsões é outra questão, trata-se de disponibilizar um sentido, mas a única coisa que podemos dizer sobre a cultura em uma Inglaterra que socializasse seus meios de produção é que todos os canais de expressão e comunicação deveriam ser abertos e acessíveis, de forma que toda a vida real, a qual não podemos conhecer de antemão, e que conhecemos apenas em parte enquanto está sendo vivida, possa estar disponível para a consciência e para a significação.

Leavis nunca gostou dos marxistas, o que de certo modo é uma pena, pois estes sabem muito mais do que ele sobre a sociedade inglesa e sobre sua história recente. Por outro lado, ele sabe muito mais do que qualquer marxista que conheço sobre as relações efetivas entre a arte e a experiência. Todos aprendemos isso com ele, e também aprendemos sua versão do que há de errado com a cultura inglesa. O diagnóstico é radical e está se tornando, muito rapidamente, ortodoxo. Havia uma velha Inglaterra, predominantemente agrária, com uma cultura tradicional de alto valor. Ela foi substituída pelo estado industrial moderno, cujas instituições características deliberadamente barateiam nossas reações humanas naturais, transformando a arte e a literatura em sobreviventes e testemunhas terminais, enquanto uma nova vulgaridade mecanizada toma de assalto os centros de poder. A única forma de defesa está na educação, que pelo menos mantém vivas algumas coisas e que também, pelo menos em uma minoria, desenvolve modos de pensar e sentimentos capazes de entender o que está acontecendo, e de manter os mais requintados valores individuais. Nem preciso acrescentar o quanto esse diagnóstico está se disseminando, ainda que pouco se reconheça o valor do próprio Leavis. De minha parte, fiquei muito impressionado com isso, tanto que minha rejeição definitiva dessa visão se transformou em uma crise pessoal que durou muitos anos.

Isso porque esse diagnóstico parecia explicar muito de minha experiência. Não me dizia que meu pai e meu avô eram escravos ignorantes de seus baixos salários; tampouco me dizia que eu precisava me manter atualizado com a cultura comercial, agitada e esperta (com que tinha travado os primeiros contatos como alguém totalmente alheio, tanto assim que durante muitos anos, tinha dores de cabeça violentas toda vez que passava por Londres e via anúncios no metrô e jornais vespertinos). Eu até banquei o bobo, ou assim me fizeram pensar, quando, depois de uma conferência na qual vieram com a conversa de sempre de que "vizinho" hoje não queria dizer o mesmo que no tempo de Shakespeare, eu disse – imaginem só – que para mim significava exatamente o mesmo.(Quando meu pai estava à beira da morte este ano, um homem veio e cuidou do seu jardim, um outro entregou na nossa casa um carregamento de dormentes de madeira para serem usados como lenha, veio um outro e rachou os dormentes em pedaços menores; ainda outro – não sei quem foi, nunca disseram nada – deixou um saco de batatas na porta dos fundos, veio uma mulher e levou um cesto de roupas para lavar.) Mas até isso era facilmente explicável: eu viria de um setor da velha sociedade, mas meu futuro era Surbiton (demorei anos para achar Surbiton, e para conhecê-la de perto, mas é usada a torto e a direito como um símbolo – sem ter morado lá, não sei se o uso é adequado). Então lá estava eu, e tudo parecia se encaixar.

 Bem, nem tudo. Quando saí de Cambridge e pensei sobre o assunto, vi que nem tudo se encaixava. Para começar, eu sabia o seguinte: em casa, estávamos todos muito satisfeitos com a Revolução Industrial e com as mudanças sociais e políticas que ela trouxera. É verdade que vivíamos em um lindo vale agrícola e víamos que os vales que ficavam para além das reservas de calcário eram feios. Mas havia uma conquista que se sobrepujava a tudo, uma conquista por que pagaríamos qualquer preço, ou seja, a conquista da força motriz, que significa muito para homens que trabalham com as mãos. Demorou para que todas as suas possibilidades chegassem até nós, mas a máquina a vapor, o motor a óleo, a eletricidade, estes e mais um sem número de produtos, de mercadorias e de serviços associados, nós os aceitávamos assim que nos eram oferecidos, e estávamos bem satisfeitos. Vi todas essas coisas sendo usadas e vi o que elas substituíam. Não tenho paciência para ouvir a cantilena de sempre contra tudo isso, a saber, o desprezo com que muitos se referem ao encanamento, aos minicarros, à aspirina, aos contraceptivos, à comida enlatada. Mas respondo a esses fariseus: água suja, latrina, andar cerca de quilômetros todos os dias para chegar ao trabalho, dores de cabeça, mulheres desgastadas, fome e uma dieta monótona. Os trabalhadores, tanto do campo como da cidade, não vão dar ouvidos (e têm todo meu apoio), a qualquer versão de nossa sociedade que parta do pressuposto de que essas coisas não representam um progresso, e não apenas um progresso mecânico, extrínseco, mas um avanço real da própria vida. Além disso, nessa nova situação, havia uma liberdade maior de dispor de nossas vidas, uma compreensão maior dos pontos mais relevantes, uma maior possibilidade de opinar. Qualquer versão da nossa cultura que de forma implícita ou explícita negue o valor de uma sociedade industrial é totalmente irrelevante: nem em um milhão de anos conseguiriam nos fazer desistir dessa força.

Vê-se, assim, que a base social dessa versão era inaceitável, mas será que era possível, para alguém que queria ser um escritor, um professor, ou um erudito, ignorar a condenação da nova vulgaridade cultural? Em troca do encanamento, dos tratores e dos remédios, será que era possível ignorar as tiras nos jornais, a multiplicação dos mascates, a trivialidade estridente? Em termos de prioridades, sim, se fosse necessário, mas será que o barateamento da sensibilidade é mesmo uma consequência do barateamento da energia? Parece que sim, eu sei, mas será que isso é tudo que se pode concluir? Acredito que o problema central de nossa sociedade, nos próximos cinquenta anos, é o uso de nossos novos recursos para construir uma cultura em comum; os meios para se atingir uma economia abundante nós já os conhecemos. Penso que uma boa cultura em comum pode ser construída, mas antes que seja possível discutir isso com seriedade, é preciso que nos livremos de um legado de nossos críticos mais interessantes: um legado que consiste em duas falsas equações, uma falsa analogia, e uma falsa proposição.

É fácil descartar a falsa proposição. É fato que os novos usos de energia facilitaram o aparecimento de muitas coisas feias: o carvão trouxe sujeira, as fábricas trouxeram amontoamento de pessoas, as comunicações, um emaranhado de fios. Mas a proposição de que a feiura é o preço que pagamos, ou que nos recusamos a pagar, pela pujança econômica não precisa mais ser verdadeira. Novas fontes de energia, novos métodos de produção, melhores sistemas de transporte e de comunicação podem, e trata-se de uma possibilidade prática, fazer que a Inglaterra volte a ser limpa e agradável, e com muito mais energia, não com menos. Qualquer adição à feiura é resultante da indiferença, da estupidez ou da simples falta de coordenação, e vai ser mais fácil lidar com esse tipo de coisas do que era quando a energia tinha que ser barulhenta, suja e desfiguradora.

As falsas equações são mais difíceis. Uma é a equação entre a educação popular e a nova cultura comercial: esta última sendo consequência inevitável da primeira. Facilitem o acesso das massas, e é isso o que se ganha. É óbvio que se trata de uma questão difícil, mas não posso aceitar essa equação por duas razões. Antes, por uma questão de fé: não acredito que as pessoas comuns se pareçam de fato com a descrição corriqueira das massas, com hábitos e gostos vulgares e triviais. Dizendo de outro modo: as massas não existem de fato, o que existem são modos de ver pessoas como massas. Com o advento da industrialização, grande parte da antiga organização social desapareceu, e o fato de ver o tempo todo gente que não conhecemos se tornou uma experiência pessoal complicada, daí é um passo para classificar essas pessoas em massa como "os outros". Além disso, as pessoas foram fisicamente massificadas nas cidades industrializadas e uma nova estrutura de classes (a denominação de nossas classes sociais e mesmo a palavra "classe", nesse sentido específico, remontam somente à época da Revolução Industrial) foi imposta na prática. O progresso nas comunicações, em especial o desenvolvimento de novas formas de transmissão múltipla de notícias e de diversão, criou divisões incomensuráveis entre o transmissor e a audiência, o que por sua vez levou à interpretação da audiência como as massas desconhecidas. Massa tornou-se a nova palavra para substituir turba: os outros, o desconhecido, os sujos, a multidão que não me inclui. Como uma maneira de chegar a compreender outras pessoas, essa fórmula é obviamente ridícula, mas, nas novas condições, se apresentava como uma fórmula efetiva, a única possível. Certamente foi essa a fórmula utilizada por aqueles cujo poder econômico possibilitou o acesso às novas técnicas de comunicação; a vulgaridade do gosto e dos hábitos, algo que seres humanos imputam com facilidade a outros seres humanos, foi tomada como pressuposto, como uma forma de estabelecer contato. A nova cultura foi construída a partir dessa fórmula, e se rejeito essa fórmula, se insisto em dizer que esta vulgaridade não é inerente às pessoas comuns, você pode desconsiderar minha insistência, mas vou continuar a me pautar por ela. Uma fórmula diferente, sei por experiência própria, obtém uma resposta radicalmente diferente.

Minha segunda razão é histórica: discordo, e posso provar minha discordância, que educação popular e cultura comercial sejam causa e efeito. Demonstrei em outro trabalho que o mito de 1870 – o ano do Ato da Educação que dizem ter produzido, na medida em que as suas novas gerações cresciam, uma nova imprensa vulgar e embrutecida – é efetivamente um mito. Havia, muito antes de 1870, um grande contingente de alfabetizados, mais do que suficiente para sustentar uma imprensa vulgar, e de fato havia jornais baratos e realmente muito ruins circulando em grandes quantidades bem antes de que se tenha ouvido falar do Ato de 1870. A cultura comercial de má qualidade vem do caos social da industrialização e do sucesso, nesse caos, da fórmula das "massas", e não da educação popular. Northcliffe[6] fez poucas coisas piores do que dar início a esse mito, pois ao passo que a conexão entre a cultura de má qualidade e o caos social da industrialização é significativa, a conexão entre essa cultura e a educação popular é perversa. A "Revolução de Northcliffe", diga-se de passagem, foi uma mudança radical na estrutura financeira da imprensa, que passou a ser sustentada por um novo tipo de receita – os novos anúncios de massa dos anos 1890 –, e não a fundação de uma imprensa marrom e de baixo custo: nisso ele tinha tido muitos e bem-sucedidos antecessores. No entanto, será que ninguém, nem mesmo um Comitê Real, se dá ao trabalho de ler uma história da imprensa que é de tão fácil acesso? Quando as pessoas começarem a ler essa história, a falsa equação entre educação popular e cultura comercial irá desaparecer para sempre. A educação popular veio do outro time, e teve efeitos completamente diferentes.

A segunda equação é a seguinte: a evidente má qualidade da cultura popular tão amplamente difundida seria um guia seguro das ideias e dos sentimentos, enfim, das características essenciais da vida de seus consumidores. Um número expressivo de homens de bem já chegou a esta conclusão e por isso não devo tratá-la com frivolidade. Mesmo assim, baseando-me nas evidências, não posso aceitá-la. É fácil encontrar, na imprensa, na televisão e no cinema, uma quantidade assustadora de baixos sentimentos e de argumentos estúpidos. É fácil partir daí e chegar a esta versão degradante da vida real de nossos contemporâneos. Mas será que isso se confirma quando nos encontramos com pessoas reais? É aí que voltam, é claro, a aparecer as massas: as pessoas que nós conhecemos não são vulgares, mas pense em Bootle, Surbiton e Aston! Eu nunca morei nesses lugares, e você? Mas há pouco tempo eu estava em uma casa com um representante comercial,

---

6 Alfred C.W. Harmsworth, Lord Northcliffe (1865-1922), fundador do *Daily Mail* e da imprensa popular na Inglaterra. (N. T.)

um motorista de caminhão, um pedreiro, uma comerciária, um montador, um sinaleiro, um operário da indústria do nylon, uma doméstica (talvez, queridinha, ela seja a sua própria preciosidade). Detesto descrever pessoas desse jeito, pois se trata na verdade de minha família e de nossos amigos. Ora, eles leem, eles assistem a essa produção cultural a que estamos nos referindo; alguns o fazem criticamente, outros, com muito prazer. Muito bem. Leio coisas diferentes, assisto a outros tipos de programas, e tenho certeza absoluta de por que são melhores. Mas será que eu seria capaz de me sentar naquela casa e produzir a tal equação costumeira? Não se trata, entenda bem, de ter vergonha de fazê-lo, já sei, muito obrigado, como me comportar. Mas conversando com minha família, com meus amigos, conversando, como estávamos, sobre nossas vidas, sobre pessoas, sentimentos, será que eu efetivamente encontrava essa baixa qualidade que estamos discutindo? Vou ser honesto: procurei, minha formação profissional faz isso por mim. Posso apenas dizer que encontrei tanta delicadeza de sentimentos, tanta rapidez de discriminação, tanto entendimento claro de ideias quanto em qualquer outro lugar. Não consigo entender bem tudo isso, mas também não me surpreendo. Certamente há algo na psicologia das imagens e da imprensa que nenhum de nós até hoje conseguiu entender bem. Pois a equação parece fazer sentido, e, no entanto, quando é testada na prática, e não há nenhum outro lugar onde possa ser testada, ela não funciona. Entendo facilmente a necessidade de se promover a leitura inteligente e crítica: meu pai, um leitor satisfeito do *Daily Herald*, percebeu, simplesmente através da leitura dos nomes nos balancetes, o rápido desenvolvimento da propriedade combinada e entrosada na indústria britânica, o mesmo fenômeno que me foi esclarecido através da leitura de um par de ensaios acadêmicos. Além disso, ele também tinha confrontado esta informação com as opiniões expressas em uma série de artigos de jornal sobre a propriedade industrial. Isso eu entendo: trata-se simplesmente de inteligência, mesmo que apenas parcialmente formada. Mas existe ainda este outro fato surpreendente: pessoas com alta qualidade de vida pessoal que, ainda assim, estão aparentemente satisfeitas com a baixa qualidade de sentimento e de opiniões da imprensa. Muitas dessas pessoas ainda vivem, é verdade, em um mundo particular surpreendentemente restrito, muito mais fechado do que o meu, e algumas das suas observações pessoais são mais acuradas justamente por isso. Talvez esta seja uma explicação suficiente, mas, mesmo assim, proponho que precisamos de uma nova equação que seja adequada aos fatos que observamos.

Agora, precisamos rejeitar a falsa analogia. Ela é conhecida, em discussões sobre a cultura, como uma espécie de lei de Gresham. Do mesmo modo que o dinheiro podre afasta o dinheiro bom, a má cultura afasta a boa, e isso, dizem, é exatamente o que vem acontecendo. Se você não percebe de imediato o problema com essa analogia, a resposta efetiva terá de ser histórica. Pois, de fato, não é isso que vem acontecendo. Há, em nossos dias mais, muito mais, cultura de baixa qualidade, hoje é mais fácil transmiti-la e há mais tempo livre para recebê-la. Mas teste essa proposição em qualquer campo que você queira, e verifique se essa expansão vem sendo acompanhada pela diminuição do consumo das coisas que todos concordamos que são boas. As tiragens de literatura de qualidade são muito maiores do que antes, os que podem ouvir boa música são muito mais numerosos do que eram, o número de pessoas que vai a exposições de arte de qualidade nunca foi maior. Se os jornais ruins afastam os bons, devido a uma espécie de lei de Gresham, por que o jornal *The Times*, levando em conta o crescimento da população, vende quase o triplo do número de cópias que vendia nos tempos de monopólio virtual da imprensa, em 1850? Estou questionando a lei, não a gravidade dos fatos. Em vez de uma espécie de lei de Gresham, deixando todo mundo preocupado, tendo pesadelos com a nova ortodoxia de um futuro distópico, vamos colocar a questão em outros termos, para nos ajustar aos fatos reais:

vivemos em uma cultural em expansão, e todos os elementos constituintes dessa cultura também estão em expansão. Se começarmos por aí, podemos então levantar as questões reais, sobre taxas relativas de expansão, sobre os problemas sociais e econômicos decorrentes, sobre respostas econômicas e sociais. Estou trabalhando agora em um livro para dar sequência a meu *Cultura e sociedade*,[7] e tentando interpretar, histórica e teoricamente, a natureza e as condições de uma cultura em expansão como a nossa. Não poderia ter começado esse trabalho se não tivesse aprendido com os marxistas e com Leavis; não posso completá-lo se não fizer correções drásticas em algumas das ideias que eles, e outros, nos legaram.

Concedo-me três desejos, um para cada um dos cisnes que acabei de ver nadando no lago. Peço coisas que são parte do *ethos* de nosso movimento da classe trabalhadora. Peço que sejamos fortes e humanos o suficiente para realizá-las. E peço, como é natural, nos meus próprios campos de interesse.

Desejo, em primeiro lugar, que todos reconheçamos que a educação é algo comum, ordinário: trata-se, antes de mais nada, do processo de dotar todos os membros da sociedade com a totalidade de seus significados comuns e com as habilidades que lhes possibilitarão retificar esses significados, à luz de suas próprias experiências pessoais e comuns. Se começarmos por aí, podemos nos livrar das restrições remanescentes e fazer as mudanças necessárias. Não me refiro apenas às restrições monetárias, ainda que estas sejam ridículas e devam desaparecer. Penso também nas restrições mentais: a insistência, por exemplo, de que há um número máximo inegociável – uma fração da população como um todo – capaz de fazer bom proveito da educação universitária, ou da educação preparatória para a universidade, ou de um curso de humanidades. Dizem-nos que não se trata de uma questão de preferência pessoal, mas simplesmente de um fato objetivo da

---

7 Referência a *The Long Revolution* (1961). (N. T.)

inteligência humana, comprovado pela biologia e pela psicologia. Mas vamos falar francamente: será que a psicologia e a biologia são diferentes nos Estados Unidos e na União Soviética (ambos empenhados na expansão e não em qualquer restrição de classe), onde um número muito maior de estudantes, de frações de classe muito mais amplas, passa por estágios equivalentes de educação? Ou será que os ingleses chegaram tarde na fila da inteligência? De minha parte, acredito que nosso sistema educacional, com suas frações de ouro, é demasiado parecido com nosso sistema social – uma camada superior de líderes, uma média de supervisores e uma grande camada de baixo, dos operadores – para ser uma coincidência. Não aceito que a educação seja um treinamento para um emprego, para se formar cidadãos úteis (ou seja, que se adaptem a este sistema). A educação é a confirmação dos significados comuns de uma sociedade e das habilidades necessárias para corrigi-los. Os empregos são consequência dessa confirmação: a finalidade e depois a habilidade dos ofícios. Estamos nos encaminhando para uma economia em que precisaremos de muito mais especialistas altamente treinados. É exatamente por isso que estou pedindo uma educação comum, que dará coesão à nossa sociedade, e impedirá que ela se desintegre em uma série de departamentos especializados, a nação transformada em uma firma.

Mas não estou pensando apenas na reorganização do acesso a tipos específicos de educação, ainda que estes sejam bem-vindos e que eu esteja acompanhando com atenção as novas experiências do gênero. Acho que mais do que isso, é preciso repensar os conteúdos, isso é ainda mais importante. Tenho a honra de trabalhar para uma organização[8] através da qual, de forma bem prática, os trabalhadores reformularam o currículo das universidades inglesas. Trata-se hoje da mesma questão de antes: o defeito não é o que está sendo dado, mas o que é deixado de

---

8 Williams era instrutor no programa de educação para adultos da Workers's Education Association. (N. T.)

fora. Vai ser um teste da nossa seriedade em assuntos de cultura ver se conseguimos, na próxima geração, planejar novamente o currículo escolar de forma a levá-lo a um ponto máximo de controle e relevância humana. Gostaria de ver um grupo de trabalho dedicando-se a essa tarefa e apresentando suas conclusões. Pois não é preciso temer mudanças: o estabelecido pode ou não ser relevante. Venho de um lugar muito antigo: se alguém me diz que sua família veio para cá com os normandos, respondo: "Claro, que interessante, vocês estão se adaptando bem?". Antiguidade é algo relativo, muitas tradições inglesas "imemoriais" foram inventadas sem muita dificuldade no século XIX. O que este século vital fez para suas próprias necessidades, podemos fazer para as nossas: podemos estabelecer, na nossa vez, um currículo escolar do século XX. E não penso apenas em mais tecnologia, a ideia é dar uma educação humanística para todos em nossa sociedade, e depois uma formação especializada completa para podermos ganhar dinheiro nos termos do que quisermos fazer de nossas vidas. Nossas especialidades serão muito melhores se vierem de uma cultura comum, ao invés de serem distintas dessa cultura comum. E precisamos, a qualquer preço, evitar a cada vez mais evidente polarização de nossa cultura. A instrução de alto nível está se expandindo cada vez mais, na razão direta de oportunidades educacionais excepcionais, e a distância entre esta e a instrução comum pode aumentar, para prejuízo de ambas, e com uma potencialização consequente de tensões. Temos que enfatizar não a escada, mas o caminho comum, pois a ignorância de qualquer ser humano me diminui, e a habilitação de todo ser humano é um ganho comum de horizontes.

 Meu segundo desejo é complementar: mais e mais subsídio público eficiente para as artes e para a educação de adultos. Atualmente, gastamos 20 milhões de libras por ano em nossas bibliotecas, museus, galerias, orquestras, nos Arts Council e em todas as modalidades de educação para adultos. Ao mesmo tempo, gastamos 365 milhões de libras em propaganda. Quando revertermos esses números, podemos começar a dizer que temos algum senso de valores ou de proporção. E até que sejam revertidos, que não venham sermões do *establishment* sobre materialismo: este é o modo de vida deles, e eles que cuidem disso. (Mas eles não criam vergonha: durante anos, com seus próprios filhos em colégios internos, eles davam lições de moral às mães da classe trabalhadora sobre as virtudes da vida familiar, trata-se de um caso parecido.)

Peço pelo aumento do subsídio sob três condições. Não deve ser uma forma disfarçada de manter o consumo, mas de algo feito em benefício próprio. Um ministro do último governo trabalhista disse que não queríamos gênios na nossa indústria cinematográfica, ele queria, é provável, apenas manter os cinemas cheios. Uma resposta curta para isso é dizer que não queremos pensadores de Wardour Street[9] na liderança do Partido Trabalhista. Queremos líderes de uma sociedade, e não consertadores deste tipo de economia cultural. A segunda condição é que mesmo que seja necessário, é óbvio, preservar e estender as grandes instituições nacionais, é preciso fazer alguma coisa para mudar a concentração desse aspecto de nossa cultura. Devemos aplaudir, encorajar e estimular a tendência a se construírem centros de recreação regionais, pois a cultura é ordinária, não deveríamos ter que ir a Londres para isso.

A terceira condição é controversa. Não deveríamos buscar propagar uma cultura pronta para a massa ignara. Devemos aceitar, com franqueza, que se propagarmos nossa cultura, nós a estaremos modificando: parte do que oferecermos será rejeitado, outra será objeto de crítica radical. E é assim que deve ser, pois nossas artes, agora, não estão em condições de continuar incontestadas até a eternidade. Há muito trabalho de boa qualidade, há muito trabalho de má qualidade e trabalhos baseados em valores que não serão aceitos se postos à luz de toda a Inglaterra.

---

9 Rua de Londres onde estão concentradas as companhias de cinema. (N. T.)

Levar nossas artes a novos públicos é estar certo de que essas artes serão modificadas. A mim, por exemplo, isso não assusta. Eu não espero que os trabalhadores ingleses deem seu apoio a obras que, depois de uma preparação paciente e adequada, não consigam aceitar. O verdadeiro crescimento será lento e desigual, mas a provisão estatal, francamente, deveria crescer nessa direção, ao invés de ser um meio de desviar dinheiro público para a preservação de uma cultura fixa, fechada e parcial. Ao mesmo tempo, se entendemos o processo de desenvolvimento cultural, sabemos que este é feito de ofertas contínuas para uma aceitação comum; e que, portanto, não devemos tentar determinar de antemão o que deve ser oferecido, mas desobstruir os canais e permitir todos os tipos de oferta, tendo o cuidado de abrir bem o espaço para o que for difícil, dar tempo suficiente para o que for original, de modo que o que se tenha seja desenvolvimento real, e não apenas a confirmação ampliada de antigas regras.

Nessa altura vão surgir as vozes de sempre, dizendo que não se deve apoiar o que não gera lucro. De novo, isso aqui é uma nação e não uma firma. O parlamento não dá lucro, e o mantemos porque ele é necessário, e se funcionasse melhor com perdas financeiras ainda maiores, eu, e muitos outros, arcaríamos com o prejuízo. Mas por que, diz o Sir George Mamon, eu deveria sustentar um bando de artistas de valor duvidoso? Por que, reitera Mrs. Mink, eu deveria pagar para educar, às minhas custas, tantos estudiosos irresponsáveis e ingratos? A resposta, meu caro senhor, minha cara senhora, é que vocês não sustentam tudo isso. Sozinhos, aprendam o que valem, vocês não poderiam fazer quase nada. Estamos nos referindo a um método de pagamento comum: nós também vamos pagar.

Meu terceiro desejo é em um campo relacionado: o campo agora dominado pelas instituições da "cultura de massa". Normalmente, são as pessoas que dirigem essas instituições que reclamam da falta de lucros. Mas os grandes jornais populares, enquanto jornais, não geram lucro. As companhias de televisão independentes são planejadas para funcionar com perdas. Não me refiro a subsídios temporários, mas à base geral de financiamento de tais instituições. Os jornais funcionam com perdas pesadas, que são compensadas, com o dinheiro dos anúncios, ou seja, trata-se do uso privado de parte do produto de nossa indústria comum. Funcionar com perdas, e depois cobrir o prejuízo com esse tipo de aporte, é elemento essencial desse tipo de instituição cultural, e é uma característica típica de uma sociedade capitalista como a nossa. Todo o impressionante conjunto de instituições culturais de massa repousa em uma pedra fundamental: o dinheiro dos anúncios. É bom que parem de ser complacentes ao falar dessas outras instituições culturais que funcionam com perdas, e comecem a fechar seus balanços com outros elementos do produto comum.

Mas o que exatamente é meu desejo? Retirar essa pedra fundamental? Não. Não, nada tão simples assim. Apenas estou mostrando que a organização de nossa cultura de massas atual está firmemente entrelaçada com a organização da sociedade capitalista e que o futuro de uma não pode ser discutido a não ser nos termos do futuro da outra. Penso que muitos dos anúncios de hoje são necessários apenas em termos do tipo de economia que temos agora: um estímulo do consumo em direção de determinados produtos e firmas, na maior parte das vezes através de artifícios irrelevantes ao invés de através de anúncios reais, que são uma forma nada extraordinária de anunciar, de tornar algo público. Em uma economia socialista, que eu e outros desejamos, toda essa forma de pseudoanúncios seria irrelevante. Mas então o quê? Meu desejo é que possamos resolver os problemas que surgiriam aí, quando coisas necessárias como jornais funcionariam com seus prejuízos reais, sem nem aumentar seus preços para além das possibilidades comuns, nem expô-los aos perigos do controle e da padronização (pois, desejamos uma imprensa mais e não menos livre e variada). Vai ser bem difícil, mas não acredito que sejamos tão pouco inventivos que tenhamos apenas duas alternativas ruins: ou a continuação dessa mamata de mascates, nas quais as notícias e as opiniões estão inextricavelmente ligadas às barganhas do mercado, que trazem consigo a nova escravidão e prostituição da venda de personalidades; ou então um sistema mesquinho, monolítico e controlado no qual as notícias e opiniões são um presente do partido no poder. Deveríamos estar pensando agora em maneiras de arcar com nossos serviços em comum que garantissem uma liberdade adequada àqueles que efetivamente são os provedores desses serviços e, ao mesmo tempo, os protegesse, e a nós também, da dominação de uma minoria, seja financeira, seja política. Penso que essas maneiras existem se nós realmente acreditamos em democracia.

Mas esta é a questão central: quantos de nós realmente acreditam nela? Os capitalistas não acreditam, estão consolidando um poder que possa sobreviver a mudanças parlamentares. Muitos líderes do Partido Trabalhista também não acreditam nela: eles interpretam democracia como uma sociedade governada por especialistas, em nome de uma abstração chamada interesse público. As pessoas da casa de chá também não acreditam, têm certeza de que não será aprazível. E os outros, os novos dissidentes? Nada contribuiu mais para azedar a ideia da democracia entre os que naturalmente a apoiariam, e para isolá-los em um autoexílio rancoroso, do que as questões simples e espantosas da cultura: a aparente divisão da nossa cultura entre, de um lado, uma sofisticação remota e complacente e, de outro, uma massa entorpecida. Quem então acreditaria na democracia? A resposta é bem simples: as milhões de pessoas na Inglaterra que ainda não têm acesso à democracia, onde trabalham e vivem. Como sempre, há uma energia transformadora e o negócio do intelectual socialista é o que sempre foi: atacar as travas da energia – nas relações industriais, na administração pública, na educação, para começar; e trabalhar para o seu próprio campo para que essa energia, como dissemos, possa ser concentrada e fertilizada. Os meios técnicos são difíceis o bastante, mas a maior dificuldade é aceitar, profundamente em nossas concepções, os valores de que eles dependem: que as pessoas comuns possam governar; que cultura e educação são questões comuns, ordinárias; que não há massas para salvar, capturar ou dirigir, e sim, em vez disso, uma multidão de pessoas que expandem suas vidas de maneira extraordinariamente rápida e confusa. A tarefa do escritor é entrelaçada com significados individuais e com a difusão de tais significados, tornando-os comuns. Eu encontro esses significados em sua disseminação, jornada em que as necessárias transformações inscrevem-se na terra e onde a linguagem muda, mas a voz permanece a mesma.

COMUNICAÇÕES E COMUNIDADE
1961

Nos últimos anos, houve um movimento muito atuante de protesto radical contra certas falhas de comunicação em nossa sociedade, determinados abusos de comunicações e algumas distorções bastante evidentes em nossa cultura. Foram discutidos e documentados com amplidão, e eu particularmente não gostaria de mencioná-los outra vez. Pois tenho a impressão de que esse movimento de protesto esbarrou agora em uma sólida muralha. Após o regozijo inicial de que absolutamente nada acontecia, de que todos estavam entediados demais até para protestar, após a exultação das primeiras escaramuças, chegamos agora mais perto da realidade, compreendendo que, para que esse protesto tenha algum significado, deve levar em conta a muralha.

Simplesmente examinar a muralha já tem algum interesse. Suas pedras são essencialmente o poder. É impossível discutir comunicação ou cultura em nossa sociedade sem chegar, em última instância, a uma discussão sobre poder. Há o poder das instituições estabelecidas e há cada vez mais o poder do dinheiro, que impõe alguns padrões de comunicação, os quais são muito fortes na sociedade como um todo. Em certo sentido, a muralha confia tanto em si mesma que pode olhar com algum divertimento para as fanfarronices de alguns dentre nós que escaramuçam à sua frente.

O presidente da conferência foi extremamente gentil ao dizer que meu amigo Richard Hoggart e alguns outros, inclusive eu mesmo, somos figuras importantes da cultura inglesa, mas bem sabemos que isso nada representa de fato, que as figuras importantes da cultura inglesa são o sr. Roy Thomson, o sr. Cecil King e o sr. Norman Collins,[1] que terão uma influência muito maior do que teremos na cultura inglesa em um futuro próximo. Colocar-se no pé da muralha, perceber sua altura, significa lembrar-se muito rapidamente de seu próprio tamanho, de onde se está e do que se deixou de fazer.

Mas agora não se trata apenas dessa muralha curiosa, as pedras do poder. Pois é muito curioso mantê-las unidas, numa curiosa atmosfera inglesa, a qual é contrária ao esperado em teoria. Recentemente, fiquei bastante impressionado com esse fato: existe um medo da teoria interiorizado na mentalidade inglesa moderna – um medo que é extremamente perigoso, porque as pessoas estão muito complacentes, até contentes de senti-lo, um medo da teoria que é racionalizado como um desmedido amor inglês pelo prático e pelo concreto. Ora, minha experiência sobre esse apego inglês ao concreto diz-me que, na maioria dos casos, as pessoas estão presas nele. Pois até certo ponto, ao considerar questões desse tipo, deve-se ir além do tipo de comentário superficial aleatório, da observação incidental e da crítica, que até agora esse movimento de crítica cultural tem representado. Deve-se ir além, em busca de algum tipo de compreensão teórica, tanto para

---

[1] Em 1961, respectivamente: presidente da Organização Thomson (participações: *Sunday Times*, vários jornais escoceses e provinciais, uma cadeia de revistas e 55% da Televisão Escocesa); presidente do Mirror Group Newspapers Ltd (participações: três jornais nacionais, uma parcela dominante do mercado de revistas do Reino Unido e 30% da Associated Television); presidente em exercício da Associated Television Corporation e diretor da ATV Network Ltd e da Independent Television News. (N. E. I.)

entender o que acontece quanto certamente para ter algum senso de direção no futuro.

Sinto que, durante cerca de uma geração, muitas pessoas se tranquilizaram, muito satisfeitas em criticar o que chamavam de cultura de massa. É quase um tipo de profissão, uma ocupação que, se desaparecesse, de certo modo deixá-las-ia desconsoladas. Suponha que não existissem nem *Daily Mirror* nem Independent Television (ITV), contra os quais costumam dirigir a sua crítica mordaz e aleatória. É muito fácil alcançar e manter a posição delas, e eu considero essa atitude e essas pessoas como a argamassa entre as pedras do poder, porque, enquanto se prenderem a essa atitude, nada mudará. A crítica incidental, o comentário aleatório, não removerá nenhuma das dificuldades à nossa frente. Precisamos absolutamente chegar a uma teoria da comunicação e ter alguma ideia da maneira como a comunicação se relaciona com a comunidade e com a sociedade, de que tipo de sistemas de comunicação temos agora, o que nos informam sobre nossa sociedade e quais nos parecem ser os rumos racionais para o futuro. E só podemos fazê-lo pela teoria. Só podemos fazê-lo, até certo ponto, pela abstração, uma dessas outras coisas estranhas que a mentalidade inglesa moderna decidiu eliminar – abstração, uma palavra que basta ser pronunciada para se ver que é má. Sinto-me muito comprometido com os detalhes do que acontece, os detalhes da experiência. Mas experiência inclui pensamento, e pensamento inclui abstração, e abstração é de fato uma das glórias da mente humana. Sem ela, o concreto, o detalhe imediato, sobre o qual se pode fazer uma observação perspicaz, permanece para sempre uma cena em primeiro plano que não se pode verdadeiramente interpretar, nem realmente modificar.

Atingimos o ponto em que devemos entrar na teoria, entrar na abstração. Podemos nos contentar que o outro trabalho haja sido feito. Esperemos que continue a ser feito e que as pessoas continuem a praticar a crítica incidental, que tem sido popular. Mas se pretendemos ser sérios, temos agora de ultrapassá-la. E, acho, estamos muito mal aparelhados para fazê-lo. Pois compreender a comunicação é de fato muito difícil. Crescemos com algumas ideias a respeito de comunicação que, a meu ver, geralmente nos iludem. Nós a imaginamos como uma atividade que tem lugar após ocorrerem os fatos importantes. A comunicação, por assim dizer, é a notícia depois do evento, a transmissão dos fatos após haver ocorrido um acontecimento importante. A comunicação é secundária, da mesma forma que as pessoas pensam na arte como sendo secundária, como uma atividade marginal, porque antes há a vida real e em seguida há a arte. Antes há a realidade e em seguida há a comunicação da realidade. Mas isso é tão cabalmente enganoso que, a menos que possamos corrigi-lo nesse nível, nada mais poderemos corrigir. Em primeiro lugar, temos de tentar entender que há certos padrões de comunicação profundamente arraigados em nossos espíritos e na configuração de nossa sociedade, dos quais temos consciência apenas parcialmente. Esses padrões de comunicação não são inexoráveis; são feitos pelo homem, sujeitos a mudanças e o tempo todo sujeitos à crítica. Além do mais, devem ser reaprendidos por toda nova geração.

Estou muito impressionado com o trabalho recente de alguns neurologistas sobre comunicação nesse nível fundamental. Mostraram-nos que é preciso aprender a ver: até que tenhamos algumas regras de interpretação, desenvolvidas em nossos cérebros, não se pode efetuar a mera atividade de ver tal como a entendemos, simplesmente abrir nossos olhos e eis que aparece o mundo. O olho não é uma câmera, ou se for uma câmera, é uma câmera cujos resultados devem ser desenvolvidos. Esse desenvolvimento se faz em um cérebro humano, que evoluiu durante incontáveis gerações, mas que, ao mesmo tempo, se desenvolveu em nosso crescimento da infância à maturidade, a partir de conjuntos de regras de nossa sociedade, a partir das conexões que efetivamente integramos. Essas regras, em grande parte, determinarão o que vemos e o que podemos descrever.

É nesse nível fundamental que devemos principiar qualquer estudo de comunicação. As pessoas presumem muito facilmente que nascem em um mundo pré-fabricado, com relações normais, e que tudo o que disserem decorre inteiramente de uma escolha pessoal, pois acima de tudo quem se comunica é o indivíduo. É absolutamente certo que algumas das comunicações mais valiosas do mundo são o resultado de indivíduos excepcionais. Mas todos aprendemos maneiras de pensar sobre isso que nos impedem de ver nitidamente o problema. Pois de fato todos nós, como indivíduos, crescemos em uma sociedade, dentro das regras de uma sociedade, e essas regras se enraízam muito profundamente e incluem certas maneiras de ver o mundo, certas maneiras de falar sobre o mundo. O tempo todo, pessoas nascem em uma sociedade, que se mostra como deve ser vista, como se deve falar dela. Mas em seguida – e isso também é fundamental –, à medida que nos desenvolvemos, somos capazes de comparar uma regra a outra, comparar o resultado de um fato presenciado a outro. Somos capazes de crítica independente. Também somos capazes – e este é um dos aspectos mais difíceis, mas também mais interessantes – de novas percepções. Aprendemos a perceber as coisas de maneiras diferentes e a comunicá-las aos outros. Não poderíamos desencadear esse processo se não tivéssemos adquirido previamente uma grande parte de nosso aparelhamento intelectual no condicionamento de nossa sociedade. Mas este último detalhe essencial, quando podemos como indivíduos ir novamente aos fatos, tentar perceber o mundo de uma nova maneira, explicá-lo de uma nova maneira, essa parte de aprendizado e comunicação é igualmente importante.

Toda sociedade tem sistemas de comunicação e eles podem ser de um tipo que a princípio em nada nos sugere serem sistemas de comunicação. Um ótimo exemplo seria um atributo marcante do lugar onde vivemos. Pense o quanto nossa percepção do local onde vivemos pode ser expressa por uma edificação imponente, uma colina, um atributo natural ou feito pelo homem. De algum modo o que sentimos exprime o significado de viver nesse lugar, junto a essa edificação, junto a essa colina, a esse atributo distintivo a que frequentemente sentimos pertencer. Algumas das emoções mais profundas que os seres humanos podem sentir são emoções referentes a esse lugar, que de certa forma tem sido sua comunidade, sua sociedade. Mas a colina não diz nada. Com certeza a edificação foi especialmente criada: com frequência foi erguida para exprimir a percepção que a comunidade tem de si mesma, algum valor que haja em comum. Como continua lá, continua a exprimir esse valor, e quando novas pessoas a veem, podem inferir o mesmo valor que seus construtores haviam depositado nela. Ou às vezes obtêm um novo valor e veem-na de uma maneira diferente. Mas lá estão as coisas, construídas diretamente na estrutura do que parece pertencer a um grupo, pertencer a uma comunidade, pertencer a uma sociedade.

Depois destes, sem dúvida, há os sistemas de comunicação mais formais: o idioma do grupo e todas as instituições – instituições religiosas, instituições de informação, às vezes de autoridade, instituições de persuasão, instituições de entretenimento, instituições de arte –, todos os sistemas de comunicação que, de forma muito semelhante – pode-se observá-los facilmente em sociedades simples –, estão no âmago do que se ressente como um membro dessa sociedade. As relações entre pessoas nessa sociedade muitas vezes são mais facilmente percebidas quando se olham as instituições de comunicação – como as pessoas se veem reciprocamente, o que pensam ser importante, o que escolhem enfatizar, o que escolhem omitir.

E assim, desde o princípio, não podemos realmente entender a comunicação como secundária. Não podemos entendê-la como marginal, ou como algo que ocorre depois que a realidade tenha acontecido. Pois é através dos sistemas de comunicação que se forma e se interpreta a realidade de nós mesmos, a realidade de nossa sociedade. É por isso que agora quem escreve sobre comunicação, de certa forma, sem nunca ter tido essa intenção, torna-se um crítico social. Começa a escrever sobre o uso da linguagem, ou sobre a imprensa ou o cinema, ou sobre a novela popular moderna, ou sobre teatro ou televisão. E percebe-se, ao escutá-lo, que evidentemente não fala de atividades secundárias. Fala da sociedade, observa a sociedade de uma maneira diferente e pode revelar aspectos da sociedade que simplesmente não teriam sido notados pelas velhas formas de descrição política e econômica. Não quero depreciar a importância da descrição política e econômica, mas ela pode deixar de lado muitas coisas. Como as pessoas conversam entre si, que convenções utilizam para o que é importante e o que não o é, como as exprimem em instituições pelas quais se mantêm em contato: essas coisas são fundamentais. São fundamentais para os indivíduos e fundamentais para a sociedade. Sem dúvida, em uma sociedade complexa como a nossa, é muito fácil perdê-las de vista e debater a imprensa, a televisão ou a radiodifusão como coisas separadas. Foi essa a razão de minha crítica inicial – que muito desse trabalho tem sido aleatório, disperso e incompleto. Pois, ao final, olhamos para o sistema de comunicação não apenas para apresentar argumentos contrários, mas para ver de um modo inovador que espécie de relações temos nessa sociedade complexa, como essas relações se desenvolvem, qual é seu futuro possível.

Para descrever o que penso desses padrões em nossa sociedade, gostaria de introduzir e descrever alguns termos que, a meu ver, irão nos ajudar. Há algumas maneiras radicalmente diferentes de organizar a comunicação e pode ser útil que eu tente descrevê-las e registrá-las com alguns termos específicos, aos quais possa mais tarde me referir. Parece-me que em geral há quatro maneiras de organizar as comunicações em uma sociedade – autoritária, paternalista, comercial e democrática.

A maneira autoritária talvez seja a mais fácil de descrever. Em um sistema autoritário, presume-se que um grupo dominante – inevitavelmente uma minoria – controle a sociedade e que se sirva de todo canal aberto para permanecer no controle da sociedade, levando o povo a agir e a pensar da maneira mais conveniente para esse sistema. Verificará se todas as instituições de comunicação estão sob seu controle. Eliminará ideias que possam perturbar esse sistema. Reagirá energicamente às tentativas feitas por indivíduos ou grupos de instituir sistemas de comunicação próprios. A essência do sistema autoritário de comunicação é esse tipo de monopólio – não o único tipo de monopólio, mas esse tipo –, um monopólio de controle, mas também um monopólio do que passa pelo controle: uma maneira de ver o mundo, um conjunto de valores.

A maioria das sociedades atravessou essa fase autoritária; algumas sociedades ainda a atravessam. Frequentemente implementam uma cultura muito metódica; é fácil descrevê-la, porque a enorme ênfase em um modo único de pensar e sentir torna-a comparativamente fácil de reconhecer. Com frequência ganham – e digo isso como um profundo opositor desses sistemas – alguma força por causa dessa grande concentração. Fundamentalmente é um sistema diabólico, porque rejeita alguns fatos sobre os seres humanos e o modo como vivem. Afinal, baseia-se sempre na presunção arrogante de que a verdade é conhecida, apenas deve ser comunicada aos outros; que ameaças a essa verdade são tão perigosas, críticas a essa verdade, tão perigosas, que é do interesse geral que sejam eliminadas. Quase todo sistema autoritário justifica a si mesmo nesses termos. Não apenas "nós somos poucos, vocês são muitos, nós decidimos o que vocês podem ler", mas "nós somos poucos, sabemos o que é bom para a sociedade inteira e assim a protegemos contra o mal". Temos alguns vestígios disso em nossa própria sociedade, mas não muitos. Porém, ao se olhar ao redor do mundo, encontram-se muitos sistemas, inclusive muitos sistemas poderosos, que são fundamentalmente autoritários dessa forma.

Em muitos aspectos bem semelhantes ao sistema autoritário, está o tipo seguinte, que chamo de paternalista. O sistema paternalista é o sistema autoritário com uma consciência. A diferença está unicamente na atitude do grupo dominante em relação à maioria. No sistema autoritário, diga-se o que se quiser, o grupo dominante considera a maioria do povo na sociedade como seus vassalos. No sistema paternalista, o grupo dominante considera a maioria como atrasada, como se tivessem características infantis, como sendo carentes, em muitos aspectos desafortunados e despreparados. Mas esse grupo dominante tem, ou diz ter, uma atitude essencialmente benevolente em relação à maioria e sempre espera, embora invariavelmente em ritmo muito lento, o desaparecimento de sua própria superioridade. Tem muitas virtudes esse sistema paternalista. É invariavelmente um sistema responsável, e as pessoas que o administram são no geral bastante conscientes de conceitos como dever e responsabilidade, além de certamente o de serviço público. E é exatamente porque são tão conscientes dessas coisas, e exatamente porque dariam suas vidas por elas, ficam furiosos quando alguém diz que não é o sistema ideal. Pois, como já existem essas pessoas atrasadas, eles planejaram tudo que deve meticulosamente orientá-las. E se uma das pessoas atrasadas levanta-se e diz "Estou pronto", adota-se um tom paternal, sábio, mas firme: "Não, não ainda; leia isso um pouco mais tarde, em nossa publicação; você está atravessando uma fase difícil, mas certamente no futuro compreenderá o nosso modo de pensar; somos sempre um pouquinho afoitos quando jovens", ou algo parecido.

Dar-lhes-ei um exemplo do sistema paternalista; deve ser mais simples do que uma descrição geral. Acho que a BBC, em seu primeiro formato, foi um dos melhores sistemas paternais que podemos encontrar, com todos os seus pontos fortes e fracos. Ao se retroceder ainda mais, está profundamente arraigado em toda a tradição aristocrática britânica, que considerava o resto do mundo, inclusive a maioria de seus compatriotas, como carentes. Sentiam-se culpados por essa pobreza, o que não aconteceria em um sistema autoritário, mas eram muito claros sobre o que os outros deveriam ser quando crescessem. Tinham muita clareza de que os outros deveriam crescer para ser como eles. E isso, que afinal acontece em toda família, assim como em toda sociedade, cria tensões no sistema paternalista. Os paternalistas estão mais expostos, mais vulneráveis, do que os autoritários, que afinal têm uma visão eminentemente rígida do mundo e são sempre mais duros em relação ao povo. Os autoritários dizem "como sabemos mais, vocês escutem", e não "espere um pouco e então você entenderá, tente primeiro isso e depois aquilo, então volte e pergunte-nos o que deve ler em seguida". Se sou atraído pela fraqueza do paternalismo, é quase contra a vontade de meu espírito, porque devo mais uma vez enfatizar seus pontos fortes. Ele produz devoções, produz muito trabalho árduo e frequentemente leva as pessoas a alguns progressos definidos. Porém, inevitavelmente, em alguma etapa, acontece o tipo de crise que tentei descrever.

Agora, bem diferente dos dois sistemas anteriores, o autoritário e o paternalista, está o comercial. É o que devemos entender mais a fundo, porque é o que temos como um todo. Se eu tivesse nascido há duzentos anos, teria sido um defensor do sistema comercial contra os dois outros. Pois o sistema comercial diz: por que um grupo de pessoas tem o direito de decidir o que os outros podem ler, o que os outros podem ver ou pensar? Pouco importa que suas intenções sejam simplesmente manter o poder ou propor algum tipo de orientação benevolente para o tipo de futuro que eles próprios desejam. Por que uma minoria teria essa espécie de poder? Deixe o povo ser livre como um todo. Em vez de monopólio, deixe-nos ter o mercado. Deixe um homem escrever o que quiser, e quem quiser ler, basta comprar. Deixe um homem falar como puder e deixe as pessoas decidirem se vão escutá-lo. Deixe a situação aberta. Deixe-a livre nesse sentido. Deixe-nos longe dessa ideia de uma minoria controlando todo o sistema.

Toda a história da comunicação na Grã-Bretanha até este século foi essencialmente a luta de interesses comerciais desse tipo, ou melhor, de interesses usando meios comerciais para acabar com ambos os sistemas, autoritário e paternalista. A história da imprensa neste país é a história de uma longa luta contra todo tipo de controle do Estado. Desde o monopólio da Coroa sobre a prensa, nos primeiros tempos, até a imposição de taxas sobre papel e anúncios, passando por suborno, corrupção, banimento, perseguição: essa é a história da imprensa britânica. Ela só foi realmente libertada há cerca de um século, em 1855, quando caíram os últimos impostos. Houve quem dissesse que "o mercado é um sistema melhor do que qualquer espécie de sistema autoritário ou paternalista; o mercado, afinal, é o melhor guia", e que de fato abriu caminho, erigiu nossas instituições e nossa maneira de pensar sobre comunicação.

Hoje em dia, onde quer que eu participe de um debate sobre comunicações, sinto-me em uma máquina do tempo, escutando argumentos que haviam sido exatamente tão bem articulados – talvez até mais articulados – por volta de 1870. As pessoas aprenderam essas regras muito conscienciosamente: que o controle do Estado é ruim; que devemos deixar o mercado decidir. Importune qualquer cidadão inglês com esse assunto e é o que ele dirá. Então por que não o transformo no clímax da minha explanação? Por que não digo que o sistema atingiu a perfeição? Bem, teria sido de fato uma proeza de abstração chegar a essa conclusão, e em seguida ter de olhar para os exemplos. Mas o que acontece com a coisa em si, em seu modo de organização, que a transmuta afinal em um mau sistema, o mau sistema que temos atualmente? É um mau sistema no sentido que, embora estabeleça a liberdade de publicar e a liberdade de ler, em oposição aos sistemas autoritário e paternalista, no final impõe um novo controle. Como é limitado pela lei do mercado, não se trata agora do que é permitido dizer, mas do que pode ser dito de forma lucrativa.

É o ponto que atingimos neste século, quando, apesar de um sistema de mercado aberto de comunicações, assistimos ao efetivo definhamento de órgãos independentes de comunicação e à diminuição do número de mãos que controlam as comunicações.

Vimos de fato uma concentração de poder nas comunicações que ainda não chegou ao fim, mesmo que tenha começado a alarmar as pessoas. Há a muralha, é bem verdade, pois mesmo quando as pessoas veem essa concentração, não sabem o que dizer. Pois sentadas alegremente no topo da muralha estão as pessoas a que me referi antes, que dizem: "Afinal, a única maneira de ter um sistema de comunicação decente é no jogo livre do mercado; você não quer voltar, não é mesmo, aos dias autoritários e paternais?". E até que haja uma resposta, não iremos a parte alguma.

Ainda não há uma resposta geral, mesmo agora que se tornou ridículo, pois pouquíssimas pessoas controlam a maioria de nossos jornais, pouquíssimas pessoas controlam nossa radiodifusão e televisão, e é provável que se tornem ainda menos numerosas. Já se podia encontrar as pessoas que realmente decidem, não apenas o que estará em nossos jornais e revistas, mas quais jornais e revistas sobreviverão; podia-se encontrá-las não apenas nesta plateia, mas na primeira fileira. E, quando assim acontece no sistema de comunicações de um país com cinquenta milhões de habitantes, pode-se estar seguro da superioridade do sistema, como inicialmente se argumentava? Soava como um bom sistema, um sistema livre, em oposição ao sistema autoritário e ao sistema paternalista, mas agora, por métodos diferentes, chegou-se a um resultado muito parecido. Pois agora estamos, afinal, diante da situação prática de que um jornal, comprado por mais de um milhão de pessoas, pode ser fechado durante a noite e seus leitores e autores nunca serão sequer consultados. É um dos fatos mais tristes que essa ideia de mercado, no início de certa maneira tão sedutora, com todos os seus lemas de individualismo, empreendedorismo e liberdade, tenha atingido essa crise, que não está exatamente restrita à imprensa, mas dissemina-se a todas as nossas instituições culturais.

Agora, na Grã-Bretanha, acho plausível dizer que temos relíquias do sistema autoritário, temos um bom exemplo do sistema paternalista e temos, como tendência principal, vencedor inconteste, o sistema comercial. As relíquias do sistema autoritário foram visíveis na Corte Criminal Central, em Old Bailey, no outono passado;[2] são visíveis no gabinete de Lorde Chamberlain – mas há inegavelmente um ranço, há algo inquestionavelmente antiquado; sabemos que são herança de família, sentimos que não são um modelo 1961. Isso não significa que irão embora facilmente. As coisas não acontecem assim na Grã-Bretanha. Mas não poderíamos honestamente apanhar esses exemplos e dizer: veja só, a Grã-Bretanha tem um sistema autoritário de comunicações. Esses fatos estão lá, não devem ser esquecidos, mas são raros, incaracterísticos e de certa forma estão diminuindo.

O sistema paternalista? Bem, apenas observe a BBC novamente. Eu me lembro de uma fotografia de uma aula para um grupo de alunos de Balliol, em 1908, na qual um jovem com um chapéu de palha, que era o tutor, está de pé sobre a relva, enquanto em um banco abaixo dele – desculpem-me se reproduzo a geografia desta conferência – sentam-se três trabalhadores bem-vestidos, não tão bem-vestidos quanto ele, mas no banco, lápis na mão, olhando para cima. Frequentemente lembro-me desse retrato quando perambulo por Balliol, cuidando de grupos de adultos agora, conhecendo em primeira mão a completa impossibilidade de diferenciar os alunos dos tutores, exceto talvez pelo critério oposto, e sabendo também o que aconteceria em uma classe padrão de educação de adultos se física ou espiritualmente esse relacionamento fosse intentado ou durasse muito tempo. Até agora, a BBC tem sido claramente assim – um homem com grande poder em Reith que sentiu que, com esse sistema novo e poderoso, a virtude e o caráter da Grã-Bretanha

---

2 Referência ao malogrado processo da Coroa, proposto nos termos da lei contra a pornografia (Obscene Publications Act), de 1959, contra a Penguin Books, por publicar uma versão integral do romance de D. H. Lawrence, *O amante de Lady Chatterley*. O julgamento ocorreu em Old Bailey, de 20 de outubro a 2 de novembro de 1960. Williams, assim como muitos autores, críticos e figuras públicas, compareceu como testemunha de defesa.

estariam sob sua guarda. Logo, tivemos altíssimos ideais de serviço público, altíssimos ideais de moralidade, altíssimos ideais do English Sunday: em geral, um tom bastante inconfundível, o tom que recentemente foi indelicadamente descrito pelo pessoal da televisão comercial como típico dos meninos de ouro, os aristocratas, que educarão e iluminarão o povo inglês, mas em seus próprios termos.

Agora, o ponto a que quero chegar é que a BBC foi uma grande e, apesar de tudo, auspiciosa exceção ao processo normal de desenvolvimento cultural na Grã-Bretanha moderna. Foi uma exceção porque as pessoas a consideravam importante para a defesa e a segurança nacionais e, ao tocar nessas questões, exceções podem ser feitas. Mas foi bem contrária à tendência de todas as outras instituições durante os últimos cem anos. Foi uma ilha; e quem poderia pensar, dez anos atrás, que fosse uma ilha que o mar um dia recobriria ou que estivesse ameaçada pela erosão? O povo sentia: bem, é a Grã-Bretanha. Tem suas desvantagens, mas aqui está, esta sólida instituição pública, com uma política de serviço público. Haviam esquecido quão rápida é a mudança, pois de fato quando se propôs a televisão comercial, quando ativamente se fez campanha a seu favor, parecia que o paternalismo britânico havia morrido, junto com a velha ideia do Império. Talvez não fosse uma tragédia. Pelo menos, mostrou-nos onde realmente estávamos. Mostrou-nos que o paternalismo havia sido inventado nessa fraqueza fatal, a fraqueza fatal de que ele sabia o que seria melhor para o povo. Pois foi assim que se justificou a televisão comercial; é assim que é agora invariavelmente defendida: "Deixem o povo ter o que quiser", "Por que um grupo deveria decidir por eles?", "Por que *eles* decidem por nós?", e assim chegamos a um impasse, refletindo entre as pessoas que se opunham aos sistemas paternais, certamente também aos sistemas autoritários, e perceberam a força de alguns argumentos do sistema comercial, sem, entretanto, entender claramente onde o sistema comercial iria nos conduzir. O impasse continuou.

É aqui que eu quero apresentar minha quarta categoria. Ainda não vimos no mundo um sistema democrático de comunicações, mas a menos que o idealizemos, a menos que comecemos a imaginá-lo detalhadamente, a situação atual vai perdurar; os princípios bons do paternalismo de qualquer forma desaparecerão; os princípios ruins do comercialismo continuarão a florescer. Jornais começarão a fechar suas portas. O controle efetivo do que as pessoas veem e escutam e leem continuará em muito poucas mãos. Invadirão novas searas – penso que devemos estar atentos aos livros, pois os livros estão chegando ao patamar alcançado pelos jornais há cinquenta anos, em que são lidos por grande parte da população pela primeira vez e assim representam dinheiro, principalmente com o crescimento do livro de bolso.

Não surpreende ninguém que conheça a história da imprensa escrita ver o que acontece atualmente com a editoração – fusões, aquisições, concentração de poder, a entrada de um novo tipo de capital, que antes não estava absolutamente interessado em livros, aliás que não está interessado em livros agora, pois não é esse o motivo pelo qual se investe. Todas essas coisas, longe de serem acontecimentos passageiros, estranhos desastres que, esperamos, não se reproduzirão, são tendências tão profundas dessa sociedade que nada poderá detê-las, nada a não ser uma concepção melhor e um sistema melhor. E vejam, não estou certo de que o sistema paternalista não seja melhor e, de qualquer forma, penso que vai longe o tempo em que, na Grã-Bretanha, ainda seria possível encontrar uma concepção paternalista; as pressões vindas de todos os lados são fortes demais para permiti--lo. Então, devemos procurar um novo sistema; um sistema democrático.

Ora, em um sistema democrático de comunicação, qual é o princípio básico? Certamente, a comunicação pertence a toda a sociedade, é algo que depende, para ser sadio, da participação máxima de todos os indivíduos da sociedade. Como comunicação é o registro do desenvolvimento humano, deve ser muito diversificada. Deve dispersar-se em muitos sistemas diferentes e independentes, os quais devem todos ser suficientemente protegidos para se sustentarem. É preciso repelir a ideia de que comunicação seja a função de uma minoria que comanda, instrui e dirige a maioria. É preciso finalmente repelir a falsa ideologia da comunicação, tal como a recebemos: a ideologia de pessoas que estão interessadas em comunicações apenas para controlar o povo ou para ganhar dinheiro.

Pois é uma percepção terrível que a maior parte do verdadeiro trabalho em comunicação seja agora feita por anunciantes, para descobrir a maneira mais eficiente de vender produtos de quem quer que os contrate. É quase tão terrível que todos os nossos termos para falar de comunicação venham dos Estados Unidos, onde existe, em meio à boa sociologia, uma sociologia muito corrompida e alugada. Lá, nada é uma intuição ou uma impressão, sempre é um impacto. Pessoas não são pessoas, são audiência de massa, são grupos socioeconômicos, são alvos. E a agressão dessas palavras, a agressão de "impacto", a agressão de "alvo", é a expressão de pessoas que querem controlar. Mas a base de um sistema democrático é que pessoas comuns detenham o controle em suas próprias mãos, não sejam alvos de ninguém.

Ora, penso que devamos encontrar um sistema que seja certamente o oposto do comercialismo, mas que certamente também seja o oposto do controle do Estado. O socialismo, que deveria apresentar respostas, tristemente não as tem, pois está associado no espírito das pessoas, nesse campo, à centralização e à censura. E não é apenas o resultado de propaganda hostil; também é um fato. Temos de pensar em maneiras de verdadeiramente dispersar o controle das comunicações, e verdadeiramente abrir os canais de participação. Em minha própria visão, deveríamos parar de pensar em termos de sistemas nacionais. Deveríamos parar de pensar em termos de um sistema nacional ideal. Em contrapartida, poderíamos aplicar esse critério simples: os meios de expressão, em qualquer caso individual, são de um tipo que poderia ser propriedade das pessoas que o utilizam? Alguns meios de expressão, sim. Se um escritor economizar por tempo suficiente, poderia ter uma máquina de escrever; um pintor que economize por tempo suficiente, ou viva sem comer, poderia possuir seus pincéis, poderia esmolar suas telas. Para muitos trabalhadores individuais, muitos artistas individuais, os meios podem ser propriedade individual, e, quando for assim, penso que seja responsabilidade pública verificar que estejam disponíveis todos os meios adicionais necessários – autoridades locais construindo estúdios para pintores, ou exposições e festivais de todos os tipos, nos quais, por exemplo, o movimento de educação de adultos poderia fazer muito mais, permitindo que artistas trouxessem suas obras diretamente ao público, sem intervenção da comercialização. Mas aplique aquele critério – poderiam os meios de comunicação ser propriedade individual? – e imediatamente perceberá que na maioria dos setores há meios que as pessoas que os utilizam jamais poderiam possuir, seja individualmente, seja coletivamente: um jornal, uma estação de rádio, uma estação de televisão, mesmo um teatro ou um estúdio de produção cinematográfica, ou uma rede de cinemas. Jamais poderiam ser propriedade direta das pessoas que os utilizam. Pelo menos, não vejo como. Onde possam ser, ótimo. Onde não possam ser, deveríamos experimentar esse novo sistema, no qual os meios de comunicação seriam propriedade da sociedade, em nome dos verdadeiros produtores. Dessa forma, em vez de instituir uma vasta organização central em torno da propriedade pública, seria uma questão de política pública incentivar a formação de grupos independentes de todos os tipos, aos quais seria autorizado o uso dos meios de propriedade pública. Falo de companhias de teatro a quem um teatro de propriedade pública seria entregue durante um período de anos. Falo de estações de rádio, provavelmente com prestígio local, que poderiam ser arrendadas a companhias de produtores profissionais. Falo de jornais, que afinal eu penso que deveriam ser de alguma forma propriedade pública de diferentes tipos de organização, mas em seguida licenciados para grupos de trabalho de jornalistas, que teriam garantido o controle sobre as diretrizes do jornal. Ou estúdios cinematográficos que poderiam ser arrendados a longo prazo para grupos independentes de cineastas. Em todas essas modalidades, uma política pública de descentralização, onde fosse necessária a propriedade pública, em que a decisão do que se deveria produzir permanecesse firmemente nas mãos das pessoas que de fato devessem produzir. Pois fale com qualquer pessoa agora, em qualquer um dos nossos sistemas de comunicação; pergunte-lhes por que isso foi publicado desse jeito, e dirão: "Não me pergunte, meu velho, eu disse exatamente isso antes de ser publicado". As pessoas dentro do sistema estão perfeitamente conscientes do fato de que, entre elas e o que elas querem fazer, existe algo, algo a que estão sujeitas, algo que é completamente antagônico a qualquer tipo de liberdade.

Entendo todas as dificuldades que aparecerão nesse novo tipo de concepção, mas sou bastante claro sobre o seguinte: que é impossível um retorno do sistema paternalista, que o sistema comercial manifestamente não funciona a contento e não pode ser reformulado enquanto se agarra, como lhe convém, a seus princípios: pode-se dizer o que se pode dizer com lucro. E assim, por mais difícil que seja, penso que é preciso tentar definir os contornos precisos dessa nova concepção, tentar elaborar os detalhes de um sistema democrático de comunicações. Honestamente, eu não espero que isso aconteça antes de um prazo considerável. Tiveram a gentileza de dizer que alguns dentre nós abrimos uma brecha, uma ruptura daquela muralha. Não sou o único a dizer, mas ainda tenho simplesmente a impressão de ferimentos nos dedos. E quero dizer o seguinte: quando olho em torno e vejo de onde vem a resistência, vejo que não vem somente dos que têm muito a perder – os especuladores atuantes –, mas também dos que têm tudo a ganhar, embora tenham aprendido certos dogmas sobre comunicação que aplicam mecanicamente, que de algum modo não enfrentam a situação real em que nos encontramos e que esperam de alguma forma um passe de mágica. Sei que fiz as pessoas se sentirem infelizes nos anos 1950 ao dizer que a imprensa escrita definharia, que grandes jornais fechariam as portas. Quando o *News Chronicle* fechou e começou uma súbita série de fechamento de jornais, tive este sentimento profundamente ambivalente: tristeza ao ver o que acontecia e também certo alívio ao ver que vinha à tona o que já era óbvio há muito tempo, o que aconteceria, o que agora é bastante óbvio que continuará a acontecer, de forma suficientemente clara para que as pessoas vejam e reflitam. Subitamente, diante de nós, está a muralha: bem evidente, pelo menos. Penso que é tempo de começar a demoli-la. Podemos fazer muito melhor, se tivermos a coragem de tentar.

A IDEIA DE UMA CULTURA COMUM
1968

Começamos a refletir onde vivemos e, portanto, não é surpreendente que, neste momento e neste lugar, eu tente refletir sobre a cultura, como uma experiência particular que compartilho com muitos outros e que é, de certa forma, a preocupação de uma geração. Cultura foi a maneira pela qual se revelaram o processo da educação, a experiência da literatura e – para alguém que se transferiu de uma família da classe trabalhadora para o Ensino Superior – a desigualdade. Tudo o que outras pessoas, em situações diferentes, podem sentir mais objetivamente como desigualdade econômica ou política, em meu itinerário pessoal foi principalmente ressentido como uma desigualdade de cultura: uma desigualdade que também era, em um sentido óbvio, uma não comunidade. A meu ver, ainda é o modo mais pertinente de continuar o debate sobre cultura, porque em toda parte, mas muito especificamente na Inglaterra, cultura é a maneira pela qual se revela a classe, o fato de existirem grandes divisões entre os homens.

Entretanto, penso que me custou um longo tempo (olhando para trás, um tempo absurdamente longo) entender que há significados muito diferentes na própria ideia de cultura, aos quais se reage simultaneamente, mas que claramente deveriam ser diferençados. Durante um longo período de tempo, pareceu-me que o problema da cultura era principalmente um da inter-relação entre escritor e público – o problema de se inter-relacionar ao escrever – e acho que o modo inicial pelo qual tentei discutir cultura tenha sido, nesse contexto, determinado por ideias de relação entre escritor e público que agora me parecem limitadas. As palavras que usei naquela época foram "comunidade de sensibilidade", "comunidade de processo": a ideia de uma conexão entre um escritor e seu público, que de certa forma precedia o próprio ato de escrever, a partir da qual florescia o ato de escrever e dentro da qual permanecia a reação a esse ato. Essas palavras não me parecem agora uma maneira particularmente satisfatória de falar sobre cultura; tiveram inevitavelmente de ser desenvolvidas em reflexão sobre uma sociedade específica e sobre a cultura como a maneira mais diretamente acessível de refletir sobre a própria sociedade.

O caráter pessoal dessa evolução não deveria ser exagerado; entretanto, é fato que a mobilidade entre classes, entre condições de vida e estilos de vida, com pelo menos algum impacto característico do Ensino Superior, pôs o foco em questões que pareciam centradas na ideia de cultura e por si mesmas uma maneira de reunir todos esses outros aspectos da vida, que se acredita ser a experiência em geral. É verdade que provavelmente se teria pensado mais diretamente nos percalços e fracassos sociais, políticos e econômicos se não houvesse calhado que uma tradição inglesa peculiar de pensamento social contivesse uma vertente fundamental, que era de fato um debate sobre a natureza da própria cultura. Tudo o que se imiscuía nesse debate era intrincado, inclusive pessoas e atitudes vindas de tradições sociais e políticas muito diferentes; mas a noção de cultura, desde o final do século XIX – desde a geração subsequente à Revolução Industrial –, havia sido uma tentativa de enfocar questões sobre a qualidade de vida possível em uma comunidade específica, como uma forma de levantar questões sobre o mero progresso material ou a mera segurança social do tipo dominante de sociedade. O debate sobre o alcance da noção de cultura na natureza da comunidade em geral fez-se muito na linha de um pensamento social essencialmente inglês; para todo estudante de literatura, seria inevitavelmente o seu primeiro contato relevante com o processo de pensamento sobre a sociedade contemporânea e seus problemas – essa tradição estaria mais facilmente a seu alcance.

Entre os contemporâneos imediatos, estava-se muito atento a três escritores que deram ênfase a esse debate sobre cultura: Eliot, Leavis e (não se deveria chamá-lo de contemporâneo, embora ele próprio se sentisse assim) Marx. Viu-se Eliot assumir uma posição conservadora, temendo que a expansão de um tipo diferente de sociedade e educação, talvez também de vida urbana e industrial, certamente também de democracia, inevitavelmente diluísse e destruísse o significado da cultura. Leavis engajou-se, não com a mesma veemência, mas inegavelmente com ênfase nos valores de uma cultura minoritária herdada, que caberia ao estudante de literatura o mister de defender, antes que fosse questão de expandi-la. Não havia aqui a mesma firme oposição à ideia de expandir uma tradição cultural que se encontrava em Eliot; mas havia um profundo ceticismo acerca de sua viabilidade e uma convicção de que aconteceria algo antes. E então havia Marx, de fato a princípio os marxistas, insistindo que cultura é inseparável da natureza de nossa vida em geral, que, em uma sociedade dividida em classes, a cultura teria inevitavelmente um conteúdo de classe e uma posição de classe e que, na evolução histórica de uma sociedade, uma cultura necessariamente mudaria à medida que mudassem as relações entre homens e classes.

Esse conjunto de ideias foi válido para uma vasta gama de questões, que poderiam ser condensadas no que se chama agora o debate sobre cultura. Pareceu-me, ao observar essas questões, que conviria decerto enfatizar as diferenças entre essas três interpretações. Foi-me impossível aceitar a posição de Eliot, tanto porque parecia essencialmente ratificar uma sociedade cabalmente censurável por outros motivos, por suas intoleráveis desigualdades sociais e econômicas, quanto porque a tentativa de preservar uma sociedade de classes no controle de instituições tradicionais era muito irreal em um mundo que passava por uma transformação dessa cultura tradicional pelo capitalismo avançado. Em termos simples, Eliot pedia algo inconcebível. A interpretação de Leavis era imediatamente mais atraente ao propor uma ênfase na primazia da literatura, o que se poderia aceitar de imediato; concitava a fazer algum trabalho (incidentalmente ler, não escrever) e tinha uma aparência radical que encorajava um interesse crítico e uma participação nos problemas da civilização contemporânea. Mas pareceu-me finalmente que, se esse argumento se generalizasse, a sua ênfase em uma cultura minoritária mereceria as mesmas objeções feitas a Eliot. Na verdade, se Eliot pareceu mais sombrio, deveu-se simplesmente, em última análise, ao fato de ser mais consistente, porque enfrentou e aceitou as implicações do que dizia. A posição de Leavis pareceu-me conduzir diretamente à mesma posição social, mas havia uma certa hesitação compreensível em dar o último passo: foi dito que essa posição social não seria necessária e fez-se virtude do fato de não ser necessária, mas pareceu-me que a posição cultural inevitavelmente a sugeria, o que se confirmou, como testemunhamos, à medida que os anos passaram. Em relação a Marx, aceitou-se a ênfase na história, na mudança, nas relações inevitavelmente próximas entre classe e cultura, mas a maneira como irrompia era inaceitável em outro patamar. Havia nessa posição uma polarização e uma abstração da vida econômica, por um lado, e da cultura, por outro, que não me pareceram corresponder à experiência social da cultura como outros a tinham vivido e como se tentava vivê-la.

Então, como uma forma de explorar uma ênfase alternativa, de descobrir uma perspectiva nesse território complexo, tentou-se falar de uma cultura comum ou (a frase agora me parece diferente) de uma cultura em comum. Relacionada a esse esforço estava a asserção de que a cultura é de todos: que não existe uma classe específica, ou um grupo de homens, que esteja envolvido na criação de significados e valores, seja em um sentido geral, seja especificamente em arte e crença. Essa criação não pode ser restrita a uma minoria, ainda que talentosa, e na prática não foi de fato restrita: os significados de uma forma particular de vida de um povo em um momento particular pareciam provir do conjunto de sua experiência comum e de sua complexa articulação coletiva. E se for de fato assim, esses significados e valores são criados extensivamente, não em compartimentos (e o exemplo que se usou em primeira instância foi a língua, que não é a criação de um indivíduo, embora alguns indivíduos ampliem e aprofundem suas possibilidades), e consequentemente devia-se abordar o caso geral de uma comunidade de cultura e asseverar a necessidade de uma cultura comum, como uma crítica a tudo o que foi imposto, ao que foi feito contra essa condição geral da estrutura das sociedades específicas. Assim, falando-se de uma cultura comum, falava-se primeiramente que a cultura era o modo de vida de um povo, bem como as contribuições essenciais e indispensáveis de pessoas talentosas e identificáveis, e utilizava-se a noção do elemento *comum* da cultura – sua comunalidade – como uma maneira de criticar essa cultura dividida e fragmentada que efetivamente temos.

Se fosse inteiramente verdade que a criação de significados é uma atividade da qual participam todos os homens, certamente ficar-se-ia horrorizado com qualquer sociedade que em sua cultura mais explícita ou suprimisse os significados e os valores de grupos inteiros, ou deixasse de estender a esses grupos a possibilidade de articular e comunicar esses significados. Isso era precisamente o que se queria demonstrar na Grã-Bretanha contemporânea, no exato momento em que éramos persuadidos, na forma habitual de retrospectivas auspiciosas, de que a maior parte dos problemas sociais havia sido resolvida. Ao contrário, estava perfeitamente claro que a maioria do povo, embora vivesse *como* povo, criando seus próprios valores, era excluída, pela natureza do sistema educacional, do acesso à gama completa de significados de seus predecessores nesse lugar e, por toda a estrutura das comunicações – a condição de sua propriedade material, suas presunções sociais limitantes –, de qualquer participação adequada no processo de mudança e evolução de significados, que de qualquer forma prosseguia. Portanto, afirmava-se uma verdade geral, que eu gostaria de manter independente de qualquer período histórico particular, que é de certa forma a comunidade de cultura, e criticava-se uma sociedade específica porque limitava, e em muitos sentidos impedia, a autorrealização dessa comunidade.

Nesse ponto, uma crítica que começou como cultural amplia-se ao que é propriamente uma crítica social e política. É bom que isso fique claro, pois não acho que exista qualquer possibilidade de uma cultura comum como a entendo, provindo de um ato de expansão dos valores minoritários de um grupo específico – provavelmente, em tal caso, um grupo dominante – a outras pessoas. Não seria uma cultura comum (embora seja possível chamá-la de cultura em comum) se alguns segmentos existentes de experiência, organizados de uma maneira particular, fossem simplesmente propagados – e ensinados – a outros, de modo que então os tivessem como um domínio comum. Segue-se, a partir da ênfase original, que a cultura de um povo só pode ser o que todos os seus membros se empenham em criar no ato de viver: que a cultura comum não é a disseminação geral do que uma minoria queira dizer e crer, mas a criação de uma condição na qual o povo como um todo participe da articulação de significados e valores e das consequentes decisões entre este e aquele significado, entre este e aquele valor. Envolveria, em qualquer universo real, a remoção de todos os obstáculos materiais a essa forma precisa de participação: esse foi o fundamento do interesse ulterior nas instituições de comunicação que, dominadas pelo capital e pelo poder do

Estado, conceberam o plano de poucos comunicarem a muitos, desconsiderando as contribuições dos que não são vistos como comunicadores, mas meramente como aqueles a quem se pode comunicar. Da mesma forma, significaria mudar o sistema educacional a partir de seu padrão dominante de classificar pessoas, desde a mais tenra idade, em pessoas "educadas" e as outras, ou, em outras palavras, aquelas que emitem e as que recebem, para uma compreensão dos processos entrelaçados de determinação de significados e valores, envolvendo a contribuição e a aceitação de todos.

Quando se havia examinado as instituições de comunicação e os métodos segregadores de educação, percebeu-se muito claramente que eles de fato se apoiavam em uma estrutura social sólida de propriedade privada precisamente desses meios de troca de informação; percebeu-se também que esse tipo de propriedade privada, que impede o pleno acesso do povo como um todo a suas instituições governamentais, também comanda os rumos da atividade da comunidade, principalmente nas formas de controle sobre o trabalho. Propriedade privada dos meios de trabalho resultou em uma situação na qual as atividades da maioria das pessoas, sob pressão rigorosa e geralmente insustentável, acabam por ser decididas por uma minoria; se isso é assim, em uma parte tão fundamental de nossas vidas, há certamente um impacto nos processos pelos quais significados e valores poderiam ser criados e permutados.

Dessa forma, falando de uma cultura comum, falava-se criticamente do que poderia ser resumido como sociedade de classes; mas falava-se positivamente de uma noção de sociedade que parecia no mínimo soar diferente de algumas definições atuais de socialismo. Não tive dúvidas, em nenhum momento, de que os meios de mudar esse tipo de sociedade seriam meios socialistas, ou que as instituições que conduziriam a uma sociedade diferente seriam instituições socialistas. Mas, em razão do que se falava, em primeiro lugar, sobre a natureza da sociedade e da comunidade em geral, o primeiro questionamento que se fez à ideia de uma sociedade diferente colocava-se em termos de sua capacidade de participação, justamente nesse processo fundamental de um povo vivendo junto. Eu o defini em uma frase que tem sido muitíssimo utilizada em alguns lugares de que não gosto, mas que ainda me parece importante: a noção de uma *democracia educada e participativa*. Participativa, pelas razões que expusemos; educada, porque é preciso que toda a tradição do que se pensou e se respeitou, uma tradição que foi abstraída como propriedade de uma minoria, seja de fato uma herança humana comum, sem a qual a participação de cada homem seria mutilada e empobrecida. Nesse sentido de educação, um homem não se vê simplesmente continuando uma tradição particular, educado em um modo de pensamento particular, da maneira como a educação é entendida tantas vezes no presente; a questão simplesmente é que ninguém estará plenamente qualificado para participar ativamente desse processo, a menos que a educação, que provê os meios imediatos – fala, escrita e leitura desenvolvidas – e que até agora permite acesso aos termos da discussão, tenha sido extensamente disponibilizada. Assim, uma cultura comum é uma democracia educada e participativa, e a noção de uma democracia socialista fundamenta-se muito solidamente nesses valores. O debate sobre a cultura nunca passa de uma maneira simples para um debate sobre política; mas quando é criado um caso político nesses termos, ele tenta sempre se fundamentar nos valores de origem.

Penso que é a ênfase em uma determinação mútua de valores e significados que se deve ter em mente ao considerar o sentido possível de uma cultura comum. Existe um certo perigo em conceber uma cultura comum como uma situação na qual todas as pessoas deem à mesma coisa o mesmo significado e o mesmo valor, ou, nessa abstração usual de cultura, tenham igual domínio da mesma propriedade cultural. É possível entender a necessidade de uma cultura comum de qualquer uma dessas formas, mas sinceramente não me parece possível quando se acompanhou o desenrolar da argumentação. Talvez seja melhor descrever esse tipo de concepção de uma cultura comum pela expressão "uma cultura em comum", mas em qualquer um dos casos o argumento é irreal. Qualquer sociedade rumo à qual possamos nos mover terá, antes de tudo, uma complexidade tão considerável que nesse sentido ninguém poderá "possuir propriedade cultural" da mesma forma; inevitavelmente, as pessoas alcançarão aspectos diferentes da cultura, escolherão aquele em vez deste, prestarão atenção neste e esquecerão aquele. Se for um ato de escolha, é inteiramente bem-vindo; se a decisão do que é acessível e do que é omitido for um ato de escolha alheia, então com certeza desaprova-se. Mas não apenas a sociedade será complexa: as pessoas não vão e não podem compartilhá-la de uma maneira invariável e uniforme. Além disso, a ideia de uma cultura comum não é, em nenhum sentido, a de uma sociedade simplesmente aquiescente e certamente muito menos meramente conformista. Voltamos, uma vez mais, ao enfoque original de uma determinação comum de significados feita por todo o povo, agindo às vezes como indivíduos, às vezes como grupos, em um processo no qual não há um término especificado, que não se pode imaginar em nenhum momento que tenha finalmente se consumado, que tenha se completado. Nesse processo comum, só tem valor absoluto a preservação de canais e instituições de comunicação transparentes, de modo que todos contribuam e sejam ajudados a contribuir. Se for assim, então não parece cabível o desvario que alguns críticos tiveram de que uma cultura comum seria uma cultura uniforme e conformista, nem o temor que alguns amigos exprimiram de que uma cultura comum seria evidentemente inatingível porque é impossível que um grande número de pessoas esteja de acordo. Falando de uma cultura comum, reivindica-se precisamente esse *processo* livre, contributivo e comum de participação na criação de significados e valores, como tentei defini-lo.

2
ESTADO, ADMINISTRAÇÃO E ARTES

O CONSELHO DAS ARTES
1979

O Conselho das Artes tem enfrentado momentos difíceis. Como muitas outras instituições britânicas, está sob séria pressão financeira; sua subvenção governamental tem sido aumentada em proporção, ou um pouco acima da inflação geral, mas há indícios fidedignos de que a inflação, nas instituições de artes, é muito maior do que o índice geral. Além disso, tem ocorrido uma sequência de propaganda negativa sobre alguns eventos secundários, que ele apoiou indiretamente; qualquer leitor apressado de partes da imprensa quase poderia ser perdoado se concluísse que ele subsidia muito pouco, exceto arte performática, do tipo varrer folhas ou dar cabeçadas nas paredes, ou ainda pseudoartistas obscenos ou subversivos. Nesse mesmo período, suas importantíssimas subvenções para diversas companhias de ópera e balé e para orquestras foram mascaradas da atenção geral por uma campanha publicitária de patrocinadores comerciais, que contribuíram com muito menos dinheiro, mas foram capazes de ter produções blasonadas como "em associação com a Imperial Tobacco Limited" e assim por diante. Quando o Conselho insistiu que suas próprias subvenções deveriam ser proporcionalmente reconhecidas, foi-lhe dito, por esse grupo de pressão, que era função do Conselho prover dinheiro público para as artes, enquanto as companhias comerciais poderiam ou não doar, como preferissem. Aceitar esse argumento significaria concordar, em primeiro lugar, com qualquer propaganda deliberadamente enganosa voltada a prestigiar a imagem do anunciante; em segundo lugar, com a imagem de que o Conselho patrocina apenas excentricidades bizarras, enquanto as atividades principais seriam substancialmente financiadas pelos outros; e, em terceiro lugar, com a forte tendência atual, em ambos os partidos, de segurar ou, em termos reais, reduzir o financiamento público das artes e contar com patrocínios comerciais, encorajados por novas concessões fiscais, para desenvolverem as artes como amenidades de prestígio.

Essa tem sido a base da argumentação da direita. Mas esse tipo de argumento existe também na esquerda. Enquanto a imprensa filisteia transmite uma imagem do Conselho como um financiador degenerado de atos de vagabundos subartísticos, a imprensa radical continua a insistir que ele é a cidadela da arte institucional burocrática. Enquanto isso, tem havido críticas contínuas sobre a composição antidemocrática e irresponsável do Conselho e de suas comissões, além de propostas para sua ampla reforma, inclusive um projeto detalhado do Partido Trabalhista. Percorrendo essa base perigosa, olhando nervosamente à direita e à esquerda, o Conselho corre, obviamente, o risco de sucumbir diante desse clássico tropo político inglês: se você tem sido criticado por ambos os lados, por definição, você deve ocupar algum centro virtuoso. Seria uma conclusão completamente falsa. Com as dificuldades visíveis, e contra óbvias deturpações e algumas mentiras evidentes, o Conselho tem trabalhado cuidadosa e responsavelmente, porém com dificuldades estruturais de natureza mais básica, as quais ainda reluta muito em admitir.

Quero analisar algumas dessas dificuldades, a partir de minha experiência, muito recente, com o trabalho do Conselho. Em dezembro de 1978, completei o mandato de três anos como integrante do Conselho. Nomeado por Hugh Jenkins, a quem expus minhas objeções à constituição do Conselho e que compartilhou meu desejo de vê-lo reformulado, concluí, em seis meses, que uma reforma interna substancial seria impossível e, então, por duas vezes, em momentos críticos, ofereci minha demissão. Enfim, decidi cumprir meu mandato para que pudesse contribuir à necessária discussão pública, com algum conhecimento detalhado dos problemas. Durante meu mandato, defendi e, por fim, consegui uma conferência especial do Conselho para discutir questões gerais de sua composição e política. Um dos resultados dessa conferência é uma investigação interna sobre a organização, que está agora em andamento. Mas isso, embora útil, não pode abordar o problema principal. O percurso, com efeito, deve se tornar ainda mais perigoso. Ao longo de minha permanência no Conselho, sempre fui tratado com muita cortesia e benevolência por todos, e, de fato, é um organismo agradável, descontraído e, em sua própria acepção, eficiente no qual trabalhar. Mas isso, dadas as dificuldades da questão, é um de seus problemas.

Um organismo intermediário?

Em uma perspectiva ampla da teoria das instituições, o Conselho das Artes é uma tentativa importante e relativamente original de se criar uma espécie de organismo intermediário, que distribua o dinheiro público sem estar sob o controle direto de uma organização governamental. Toda a questão desses organismos intermediários suscita atualmente um amplo debate. No caso das artes, e dentro de um contexto que remeta à ordem social vigente, o princípio pode ser veementemente apoiado com o fundamento, em primeiro lugar, de que é impossível que as artes sejam adequadamente sustentadas pelas operações comuns do mercado ou por patrocínios privados ocasionais (como os bancos e as companhias industriais logo descobririam, e de fato já sabem; a propaganda de sua imagem só é exequível, no fim das contas, com base em um substancial financiamento público a longo prazo); e, em segundo lugar, porque, embora seja essencial um financiamento público proveniente do orçamento geral, é indesejável que qualquer órgão governamental, sujeito a mudanças nas prioridades políticas, tenha um controle direto sobre as políticas e as práticas artísticas. Basta comparar o princípio da intermediação com qualquer uma de suas prováveis alternativas – um consórcio de patrocinadores comerciais ou um departamento governamental de artes – para vermos quão desejável é a tentativa real de implementá-la. Um consórcio comercial necessariamente subordinaria sua política a seus próprios interesses; mesmo se houvesse um planejamento global, sustentaria algumas instituições metropolitanas, algumas atividades em suas áreas comercialmente relevantes e alguns espetáculos de variedades. Não poderia empreender o planejamento regional abrangente, a extensão deliberada do acesso, nem a ampla miscelânea de artes consagradas e experimentais que o interesse público exige. Por outro lado, considerando as muitas evidências comparativas que temos, um departamento governamental, mesmo se escapasse à interferência política direta, provavelmente seria radicalmente insensível à prática de tantos tipos de arte, extremamente variados, com frequência desordenados e, por vezes, imprevisíveis. Parece uma proposição muito mais atraente a de um organismo intermediário, que utilize o dinheiro público responsável e judiciosamente e que incorpore profissionais com conhecimento direto e atualizado das artes e de sua administração. Mas o Conselho das Artes não seria tal organismo? No sentido mais genérico de princípio, sim, porém, entre o princípio e a sua realização adequada há vários problemas graves, que discutiremos em ordem crescente de dificuldade.

O primeiro problema é a definição constitucional de "intermediação". Tipicamente, agora é discutida por metáforas, das quais a mais popular é "o princípio do alcance do braço [arm's length]". Mas essa é uma imagem infeliz: com certa pertinência involuntária, descreve uma versão fraca da intermediação. Pois é costume o corpo dirigir o seu braço, e tudo que ganhamos pelo comprimento do braço é certa noção de remoção de um controle diretamente circunscrito. Quando eu disse, na conferência especial, que aquilo que acontecia parecia-me muito mais o comprimento de punho, acharam que fosse meramente um insulto, mas o debate não pode continuar por metáforas. Esse é o ponto primordial. De acordo com a constituição em vigor, o Conselho das Artes é inteiramente nomeado pelos ministros do governo e seu orçamento é determinado anualmente pelos mesmos ministros, sem nenhum critério indicado publicamente. Apesar dessas restrições fundamentais, é-lhe dada certa independência; em caso de falha, está até mesmo protegido contra um questionamento parlamentar pormenorizado. Assim, é preciso um esforço de vontade para descrever tal organismo como intermediário, em qualquer sentido genuíno. Está nas mãos dos ministros e de um departamento do Estado, e sua independência marginal tem tanto desvantagens quanto vantagens. É importante olhar mais de perto como isso de fato funciona.

Consenso administrado por cooptação

O verdadeiro processo social de tais organismos, como o Conselho das Artes, é um consenso administrado por cooptação. A primeira nomeação decisiva é a do presidente. Aqui, de fato, pode haver algum tumulto no processo, quando governos sucessivos pertencem a partidos diferentes. Enquanto fui conselheiro, houve dois presidentes: um nomeado pelo Partido Conservador, outro nomeado pelo Partido Trabalhista. Seus mandatos não puderam ser precisamente ajustados aos períodos governamentais sem um certo rebuliço, porém, em cada caso, não apenas estava claro o caráter amplamente político da nomeação, mas também o caráter perceptível do Conselho mudou de modo sutil, mas significativo. Isso é importante por si só, mas torna-se ainda mais importante quando são escrutinados os processos concretos de nomeação dos integrantes. Eu digo "escrutinado" embora, na verdade, apenas se possa conjecturar; os detalhes são envoltos por uma costumeira e fina névoa. Mas parece ocorrer uma consulta prévia entre ministros e servidores civis do Departamento de Educação e Ciências e o presidente e os integrantes veteranos do Conselho. Então, nomes emergem, sem nenhuma base perceptível de representatividade. Em seguida, há uma complicação que facilita a cooptação. Os conselheiros servem normalmente por três anos, e um certo número se afasta a cada ano. Novos integrantes, portanto, ingressam no Conselho, no qual a maioria estabeleceu ou se acostumou a certo estilo de trabalho. Mas esse processo de continuidade e de fluxo é então interrompido por um procedimento interno específico. Quando eu disse na conferência especial que havia, muito claramente, duas classes de integrantes, uma das quais exercia um mandato de três anos, enquanto a outra permanecia no Conselho por períodos maiores, fui corrigido, no começo pacientemente, depois impacientemente. Entretanto, é uma verdade simples. Se um dos integrantes é nomeado presidente de uma das comissões para artes específicas – mais sobre isso a seguir –, ele pode servir, e de fato serve, além do prazo habitual de três anos. E como ele é nomeado presidente de uma comissão? É a fina névoa de novo. O presidente ou o secretário-geral anuncia ao Conselho que X gentilmente consentiu em assumir essa tarefa penosa; o Conselho se descontrai, visivelmente satisfeito. Testemunhei isso em algumas ocasiões. Houve um caso em que o presidente de uma comissão renunciou ao Conselho; foi necessário encontrar um sucessor. Permaneci na expectativa de a questão ser apresentada ao Conselho, mas o que ouvi na sequência proveio de uma pessoa que eu já conhecia, que parecia negociar o impacto de sua missão, como novo presidente, com o funcionário departamental responsável. Subsequentemente, ele se tornou presidente da comissão e um novo integrante do Conselho. Em outro caso, um integrante no exercício de suas funções se tornou presidente de uma importante comissão por um processo de consulta privada entre o presidente do Conselho e seus funcionários. Como os presidentes de comissões podem servir por períodos maiores do que os integrantes comuns, esse é, obviamente, um caso claro de consenso administrado por cooptação.

O mesmo processo se estabelece no nível do estilo. Os novos integrantes recebem as boas-vindas de um modo bastante especial. "Você está aqui quando se senta a esta mesa", disseram-me de modo genial, quando eu apareci, pela primeira vez, no almoço preparatório. Não suficientemente aceito, na prática, a ponto de ser chamado para ser integrante de uma comissão, como eram todos na reunião, exceto dois de nós, mas isso não me dizia respeito, uma vez que, conforme o acordo peculiar que fiz com o ministro, eu estava presente para observar e tentar uma reforma, e, em todo caso, para resistir às mais gentis propostas de cooptação, se eventualmente surgissem. Mas essa mensagem aos recém-chegados se propõe a ter um efeito particular. Não é exatamente uma questão de privilégio, no sentido comum. Os integrantes servem sem remuneração, embora possam obter reembolso de despesas corriqueiras. Há ingressos gratuitos para os eventos patrocinados pelo Conselho, mas muitos dos que os usam dedicaram longas horas de trabalho não remunerado. A atmosfera importante é política. Com o primeiro presidente, naturalmente houve um certo número de temas contenciosos, mas nenhum deles jamais foi posto em votação. Mesmo com o segundo presidente, só me lembro de uma única votação formal. O clima de benevolência perplexa, que o peso da tarefa complexa já induz, por assim dizer, é consolidado como um clima de consenso de boa vontade. Em uma decisão particularmente controversa, pedi que minha discordância fosse registrada. O vice-presidente em exercício disse, em seguida, que ficou atônito com esse pedido, que lhe pareceu romper todo o espírito do Conselho. Quem estaria interessado em tal registro de uma discordância? Mas, dentro dos procedimentos consensuais, e na escassez de votações, esse é um dos poucos meios de contestação além da renúncia, e a renúncia seletiva apenas estabelece mais cabalmente o consenso.

O procedimento se estende aos organismos dependentes. Portanto, as comissões para cada uma das artes principais são nomeadas por um processo de consulta, tipicamente entre o presidente da comissão, que chegou da maneira descrita, e o funcionário do departamento responsável. Listas de nomes são anunciadas ao Conselho, e eu consegui uma vez, com alguma persistência, adicionar um nome bem diferente. Mas o procedimento geral é, naturalmente, o mesmo modo de cooptação consensual.

Ainda vai mais fundo do que isso, pois as comissões são apenas consultivas e as decisões cruciais de financiamento são tomadas pelos comitês de finanças, para cada arte principal. Esses comitês são nomeados pelo processo habitual de consulta seletiva. Suas minutas e as das comissões chegam, junto com uma grande quantidade de outros papéis, à reunião mensal de três horas do Conselho. Algumas questões são encaminhadas à decisão do Conselho, mas a complexidade e o prazo de tais decisões, com frequência, tornam esses encaminhamentos relativamente formais (algumas, claro, são amplamente discutidas), além de que, de todo modo, seria impossível examinar corretamente todas essas decisões, tomadas por organismos selecionados internamente e de forma desigual. Assim, o clima de consenso perplexo é vigorosamente reforçado.

Então, o papel dos funcionários do Conselho requer uma investigação. São, na maioria, pessoas qualificadas e experientes. Conhecem muito mais sobre a maior parte dos assuntos do que a maioria do Conselho, principalmente os titulares que estão por lá durante três anos. Sentam-se em volta da mesa do Conselho, a princípio indistintamente com os integrantes efetivos. Na prática, eu diria que as diretrizes são determinadas por esses funcionários e pelos presidentes das comissões, em consulta, e, quando necessário, com o presidente do Conselho, e com os seus funcionários mais antigos. O Conselho dos integrantes efetivos credenciados, e ainda mais as comissões efetivas, aparecem como eventuais partes interessadas, embora o clima consensual os encoraje a se verem, e a perspectiva pública habitual permita que geralmente sejam vistos, como um organismo público intermediário inteiramente responsável.

Algumas dessas dificuldades existiriam em qualquer organização atarefada e complexa. Algumas podem ser eliminadas pelas reformas internas, que atualmente são cogitadas. É extraordinário, por exemplo, dois integrantes motivados do Conselho serem informados, quase por acidente, de uma importante proposta de diretrizes em uma das comissões, vários meses após os integrantes da comissão pensarem que ela havia sido encaminhada ao Conselho para discussão em plenário. Mas, por mais que reformas locais desse tipo possam ser feitas – e não serão fáceis –, está claro que os procedimentos do Conselho decorrem de presunções muito elementares, que estão praticamente incorporadas em seu modo de nomeação e constituição. O que começa em um departamento do Estado como um processo de consenso seletivo e administrado não pode se tornar, em nenhum de seus níveis inferiores, um organismo e um procedimento público aberto e democrático.

Definições de "As artes"

Uma característica adicional de um organismo intermediário adequado é ter uma área de responsabilidade claramente definida e eficaz. Esse não é o caso, no momento, do Conselho das Artes. Em sua primeira formulação, na carta de 1946, foi subordinado diretamente ao Tesouro e tratou das "belas artes exclusivamente". Essa categoria notoriamente difícil foi concebida, na prática, para incluir teatro, ópera, balé, música de concerto, pintura e escultura. Na carta de 1967, a categoria se tornou "as artes" em geral e, de certo modo, foram abarcadas literatura, cinema, fotografia, "arte performática" e "arte comunitária"; o Conselho também se deslocou (1964) para ficar sob a tutela do Departamento de Educação e Ciência.

Esta última definição está mais em sintonia com as necessidades reais, mas a primeira, com toda a sua característica inegavelmente residual, de certo modo apenas por causa disso, tinha mais consistência. Socialmente, as artes originalmente incluídas eram os interesses culturais da antiga classe média e média alta: uma iniciativa governamental limitada – uma intervenção mais propriamente financeira do que cultural ou educacional – ajudaria a sustentá-las e a torná-las mais amplamente acessíveis. Porém, a situação cultural já mudava rapidamente. O rádio já era o principal divulgador de música de concerto e obra dramática; a televisão, ainda que de forma desigual, estava prestes a se tornar o maior canal divulgador de todas as artes, em termos de público. Além disso, quando tivesse sido feita a troca para uma política cultural e educacional, em vez de financeira, estariam em pauta relações sociais completamente diferentes; não apenas o acesso ampliado a uma cultura relativamente fechada e continuísta, mas um conjunto complexo e interativo de novas e velhas artes, novas e velhas mídias, novos e velhos públicos. Entretanto, por toda parte, tem ocorrido a relativa exclusão da literatura: não porque estivesse incontestavelmente fora das "belas-artes" – não houve nenhum período, desde 1620, em que tivesse sido sequer plausivelmente argumentado que o teatro contivesse arte mais séria do que os livros impressos –, mas porque o provimento público, em termos de acesso, já era assegurado por bibliotecas gratuitas. No entanto, uma vez que a maior parte do dinheiro do Conselho serviu para sustentar os produtores primários e, somente depois disso, para suprir e desenvolver os meios de distribuição, essa exclusão se tornou, em princípio, insustentável, embora em termos de montantes relativos alocados persista até hoje.

O conjunto complexo de mudanças nas relações sociais e culturais causou problemas graves a todos os tipos de Conselho das Artes. O desenvolvimento da arte social ou formalmente experimental (as apresentações das companhias dramáticas marginais, feitas mais em espaços públicos do que em teatros; a arte performática pública e a área localmente sediada das artes comunitárias) levou a problemas de avaliação que o talismã dos "padrões" (por si só bastante difícil em uma categoria restrita de "artes eruditas") não tinha como resolver. Ainda assim, uma avaliação estrita da qualidade dessas utilizações do dinheiro público foi obviamente necessária. O Conselho se viu encurralado entre noções remanescentes de qualidade (as "artes eruditas" profissionais persistentes), novas noções de qualidade (movimento para além da arte acadêmica e institucional) e novas noções sociais e culturais da relação inevitável entre qualidade e situação: as relações específicas dos trabalhos de arte com seus públicos, que foram relevantes não apenas para as companhias de artes dramáticas fora do teatro e para as artes comunitárias, mas também, em uma guinada crucial, para os objetivos educacionais incorporados nas novas diretrizes e a nova responsabilidade de um departamento governamental educacional, em vez de financeiro. Como se esses problemas de avaliação já não fossem suficientemente complicados, o Conselho se viu outorgado da responsabilidade sobre "as artes" em um período no qual as organizações de radiodifusão e um número significativo de editoras (especialmente de livros de bolso) tinham se tornado provedores importantes.

Não foi o Conselho das Artes que fracassou em solucionar essa progressiva complexidade e a consequente confusão, embora seu tom consensual tivesse levado a tentativas repetidas de aceitar a confusão, de considerá-la como algo com que se deva conviver.

O principal fracasso situa-se em um nível mais público e, especificamente, de no nível da organização governamental. Instituições e problemas relativos às artes, embora, com certeza, muitas vezes também inextricavelmente relacionados a outros assuntos, são repartidos entre as responsabilidades de departamentos governamentais, de uma maneira que parece o trabalho de algum aprendiz de feiticeiro. Não é possível nenhuma política cultural consistente, nem mesmo no simples nível da provisão de dinheiro público, por exemplo, sem uma correlação mínima entre o Conselho das Artes e as organizações de radiodifusão. Porém, a radiodifusão, no contexto original de segurança do início dos anos 1920, está sob a jurisdição do Departamento do Interior. A imprensa e o mundo editorial estão sob a jurisdição do Departamento da Indústria. As relações complicadíssimas com as autoridades locais, elas próprias agora estatutárias e frequentemente provedoras importantes de eventos artísticos, remetem ao Departamento Ambiental. Rastrear qualquer laivo de responsabilidade é adentrar um mundo que parece, repetidamente, uma confusão deliberada.

Ainda não é o principal. O que importa mais é a repercussão política e administrativa incompetente das definições, ambas confusas e contestadas, de cultura e artes. A clara necessidade de um Ministério das Artes e Comunicações, para possibilitar políticas coerentes e interligadas nessas áreas inevitavelmente sobrepostas e interagentes, ainda enfrenta uma resistência obstinada. E, na verdade, eu também me juntarei à resistência, se o princípio dos organismos intermediários genuínos não for o ponto central de qualquer reorganização. Entretanto, da maneira como as coisas estão, e provavelmente sob uma pressão financeira permanente, os organismos intermediários, e especialmente o Conselho das Artes, a BBC e o IBA [Independent Broadcasting Authority], são obrigados a trabalhar de um modo que transmita a impressão de uma responsabilidade pública independente, mas que, ao mesmo tempo, previna ou limite seu exercício claro ou coerente. Um exemplo ilustrará o problema geral. O Conselho das Artes encontra repetidas dificuldades em levar as companhias subsidiadas em turnê: há dificuldades financeiras e físicas, algumas reais, outras manipuladas. Há um tipo de obrigação de manter sua alta qualidade; há outro tipo de obrigação de tornar as melhores obras popularmente acessíveis. Mas, dentro da competência limitada e da complexidade dos ministérios pertinentes, não seria possível propor, para resolver esse problema, algum acordo entre as companhias subsidiadas, da metrópole ou das grandes províncias, e um tempo regulamentado de radiodifusão do seu trabalho? Cada modalidade volta à dependência do dinheiro público e há, em ambas, duplicação e sobreposição dispendiosas, além de, o que é mais grave, uma longa lista de oportunidades perdidas. A confusão deveria continuar, conforme o costume complacente inglês, não fossem as limitações de caixa em todos os pontos dessas atividades complexas, o que tem o efeito de reduzir uniformemente a independência efetiva e evitar soluções colaborativas, já que não há nenhum espaço em que possam ser discutidas e revistas.

O Estado britânico e a sua classe dirigente

Seria ingênuo discutir os princípios e os problemas dos organismos intermediários, sem dedicar alguma atenção à natureza do Estado britânico e de sua classe dirigente. Na verdade, pode-se argumentar que os organismos intermediários, do tipo que conhecemos, tornaram-se possíveis por causa dessa natureza. O Estado britânico tem sido capaz de delegar algumas funções oficiais a todo um conjunto de organismos semioficiais ou nominalmente independentes, porque pode contar com uma classe dirigente compacta e orgânica. Assim, pode dar a lorde X ou *lady* Y dinheiro público e aparente liberdade de decisão com alguma confiança, sujeita aos procedimentos normais de relatórios de gestão e contabilidade, que eles agirão como se fossem de fato agentes do Estado. O Estado britânico tem uma quantidade surpreendentemente grande do seu trabalho público, da Câmara dos Lordes aos diretores da BBC, das comissões reais aos conselhos de consumidores, das comissões de inquérito ao Conselho das Artes, realizado por esses procedimentos de cooptação exteriorizada dirigida. Quando descrevi esses procedimentos na conferência especial e os apliquei ao Conselho das Artes, fui acusado, em tom hilário, pelo vice-presidente em exercício, de não ter entendido o que é uma "democracia participativa" (aliás, uma expressão que, ao que parece, inventei, em 1961, para descrever algo bem diferente), pois teria sido por tal processo que fora alcançada a "essência da democracia", ou seja, – desnecessário adivinhar – o "consenso". E assim, obviamente, essa é a realidade por trás da ligação do Estado com esses processos, e com os procedimentos que os controlam, tais como o consenso administrado por cooptação.

É certo que tem ocorrido alguma tensão entre essa concepção e as concepções mais novas de uma representação mais ampla e de uma seleção pública aberta dos representantes. Algumas nomeações e cooptações são feitas e minuciosamente citadas para dar a impressão de que o processo não é tão restrito quanto na prática ainda o é. Entretanto, agora temos de enfrentar o fato de o princípio de um organismo intermediário, algumas vezes descrito como uma inovação democrática britânica, ser administrado por esse princípio essencialmente diferente, de uma classe dirigente relativamente informal, mas confiável e consensual. Temos de testar a composição em cada caso específico. O Comitê de Bolsas Universitárias, ao distribuir dinheiro público entre as universidades, é formado pelo princípio representativo do povo nas universidades – e parece um organismo intermediário autêntico –, mas os representantes são, na realidade, escolhidos pelo Departamento de Educação e Ciências, conforme a prática corriqueira de intermediação controlada administrativamente. O Conselho das Artes nem sequer é um caso de combinação de elementos. É política e administrativamente nomeado, e seus integrantes não são recrutados por terem experiência em artes e administração, mas por pertencerem à categoria mais vaga das "pessoas com experiência e boa vontade", que é o eufemismo do Estado para a sua classe dirigente informal.

Alternativas

Têm sido publicadas e discutidas várias maneiras de reformar o Conselho das Artes. O princípio fundamental da maioria delas é a democratização: uma representação mais ampla, mais aberta, mais responsável. E, obviamente, esse princípio deveria ser apoiado pela maioria. Mas não é primariamente uma questão de redigir constituições e incorporá-las em programas partidários. É preciso, antes disso, ou pelo menos antes de qualquer tentativa de implementá-las, uma discussão muito mais ampla e necessariamente complexa. Vamos listar quatro tópicos que têm sido, por enquanto, bem insuficientemente examinados.

(i) Organização central e local

A questão das relações entre uma organização central, com a responsabilidade geral de patrocinar as artes, e os diversos tipos de organização nacional, regional e local, interessados na mesma área, é, no momento, urgente e difícil. Já haveria problemas se houvesse uma transferência total para a Escócia e para o País de Gales, embora os Conselhos das Artes escocês e galês, que trabalham com uma independência razoável, dentro de uma quota centralmente determinada do orçamento britânico, tenham sido particularmente bem-sucedidos. Eles compartilharam alguns erros do Conselho central, especialmente o modo de nomeação, mas lucraram muito com a sua habilidade de enfocar uma cultura fisicamente mais próxima e mais específica e, nesse sentido, têm muito a ensinar às autoridades inglesas centrais e regionais. Os problemas realmente difíceis são mais evidentes na Inglaterra, embora também devam se tornar logo aparentes nas organizações descentralizadas escocesas e galesas. O problema mais imediato é que as autoridades locais já estão substancialmente implicadas, mas em proporção muito desigual, no apoio às artes e no planejamento local, e tem sido proposto, especialmente por Redcliffe-Maud,[1] que seja feita uma transferência harmoniosa de responsabilidade para as autoridades locais, como principais patrocinadoras e provedoras. As dificuldades dessa solução decorrem da atual desigualdade de interesses e compreensão. Elas se refletem diretamente nas características muito variadas das associações de artes regionais atuais, algumas delas já em condição de assumir a responsabilidade plena das artes subsidiadas em sua região, enquanto outras, ainda a maioria, não estão, de forma alguma, próximas dessa condição. Pode ser argumentado que nunca estarão preparadas até que lhes deem responsabilidade, mas há dois problemas substanciais.

Em primeiro lugar, as associações de artes existentes combinam, em sua constituição, o modo de cooptação seletiva praticado no centro e a representação direta da autoridade local. E, com frequência, esse é o pior de ambos os mundos. Via de regra, não existe nenhuma organização intermediária transparente, ou sequer parcialmente defensável, capaz de confrontar as reivindicações das autoridades representativas locais diretamente eleitas para todos os fins. A situação da representação para todos os fins merece uma observação, porque é um problema continuamente recorrente nas estruturas eleitas atuais. O conselheiro ou

---

[1] Referência ao Redcliffe-Maud Report, relatório de uma comissão (1966-1969) criada e presidida pelo lorde homônimo para avaliar as estruturas locais e a divisão de funções e poder. (N. T.)

o funcionário, que se torna integrante de uma associação de artes regional, praticamente nunca fora eleito ou nomeado para representar qualquer política de artes, publicamente discutida ou mesmo anunciada. O conselheiro eleito, como em muitos outros setores, é um representante para todos os fins, sem informação, nem obrigação de representar especificamente a visão pública do assunto em debate. Esse modo de representação pública constantemente deslocado e defletido, essa translação sem questionamento e insondável de um voto geral ocasional em uma aparente autoridade para decidir assuntos altamente específicos, obviamente, é um problema central nas formas atuais de democracia representativa, em muitos setores. Mas é particularmente visível e importante na questão da política das artes, na qual tem sido efetivamente a minha experiência, em um caso após o outro, que seja corriqueira a projeção de preferências pessoais ou de preconceitos políticos temporários. É fato que o atual Conselho das Artes, apesar de todas as suas falhas, interferiu, em diversas ocasiões, para restringir ou modificar intervenções autoritárias na política. Qualquer simples transferência de poder para as autoridades locais, que agem para todos os fins no funcionamento atual, correria sérios riscos desse tipo e, de qualquer modo, mesmo que obtivesse alguns méritos da descentralização, seria um abandono explícito do princípio da intermediação. O que é preciso ser feito, com máxima urgência, tanto regional quanto centralmente, é discutir e resolver a questão das autoridades de artes genuinamente intermediárias e locais.

Então, em segundo lugar, há a questão cultural mais ampla. Com frequência, foi considerado que o Conselho das Artes deveria desafiar as autoridades locais a fazerem provisões mais adequadas em suas regiões, restringindo as verbas alocadas centralmente a proporções pareadas. É uma política tentadora, mas poderia causar, em certas regiões, uma escassez permanente de provisões para as artes, e mesmo que isso possa eventualmente ser revertido por protestos locais, a falta de continuidade poderia ser muito grave para várias instituições. Quem acredita seriamente nas virtudes da descentralização, como eu, deve analisar seriamente todo esse processo. Com a atual centralização dominante da receita nacional global, uma política de desenvolvimento da responsabilidade cultural poderia ser, na prática, uma maneira de reduzir drasticamente o financiamento público das artes, em um número significativo de regiões, sob o falso título de maior democracia regional. Devemos lembrar que, precisamente, a redução dos gastos públicos com artes já é o programa da direita política, e essa pode ser sua ferramenta mais conveniente.

Portanto, é necessária uma discussão pública aberta e ininterrupta sobre as formas de administração regional das artes, para incluir o princípio da intermediação e tentar assegurar alguns critérios mínimos indispensáveis, além de procedimentos de continuidade crucialmente fundamentais.

(ii) Metropolitano e provincial

Esses problemas são acentuados pelas circunstâncias do desenvolvimento histórico da cultura britânica. Entre elas, é fundamental a dominação cultural da metrópole, com imprensa e publicações particularmente centralizadas, e com uma concentração de quase todas as companhias nacionais prestigiosas e caras. Isso já é um problema bastante grave, pois o custo dessas companhias metropolitanas tem crescido tão rapidamente (sem falar da pressão contínua para aumentar seu número) que é fácil antever, nas reuniões para estimativas anuais, dentro da configuração atual, uma necessidade próxima de escolher entre fechar algumas delas ou praticamente reduzir todas as operações regionais e locais. Isso já é bastante difícil nos planos financeiro e administrativo, mas também é uma manifestação aguda do problema cultural britânico em geral. As formas existentes e altamente organizadas do amparo público às artes têm características esmagadoramente metropolitanas e são apoiadas por argumentos sobre o turismo (financeiramente muito relevantes, dada a altíssima proporção de visitantes estrangeiros nos teatros londrinos) e pela preferência dos consórcios comerciais pelos espetáculos de variedades. Nenhum esquema de transferência regional poderá se esquivar desses problemas. Nenhuma operação de deslocamento – artes regionais para as autoridades locais; artes metropolitanas para um organismo governamental – poderia ser tolerado, sequer por um momento. Pois as instituições metropolitanas devem, naturalmente, ser financiadas nacionalmente e mantidas para uso nacional.

Isso indica uma segunda área de discussão pública necessária. É improvável, a meu ver, que isso possa ser negociado satisfatoriamente, sem ampliar a discussão no Conselho das Artes à discussão geral da organização cultural como um todo, incluindo especificamente as autoridades de radiodifusão, com suas próprias modalidades de desenvolvimento regional e local. E isso exigiria, além de uma mera consulta, alguma nova coerência de responsabilidade no nível do governo central. Dentro da atual fragmentação de responsabilidades, a situação não apenas irá à deriva ou aos improvisos; talvez, muito rapidamente, quebrará por completo.

(iii) Políticas culturais

As relações sociais da cultura britânica têm mudado tão depressa, em conjunto com as mudanças na mídia e nas formas de arte, que não são mais adequados nem o modelo residual de patrocínio governamental para as artes eruditas, nem o modelo subsequente de extensão de subsídio às artes consagradas. Portanto, é certo que haverá, naturalmente, uma grande controvérsia sobre novos modelos de política cultural para substituí-los. Isso já está claro nas discussões públicas dos últimos vinte anos.

Na conferência especial, Richard Hoggart, que não compartilha de todas as minhas opiniões sobre o Conselho das Artes e as maneiras de reorganizá-lo, identificou corretamente uma área de escolha: entre um Conselho constituído para representar o modelo vigente (o segundo), com todos os aperfeiçoamentos necessários nesse sentido, e um Conselho no qual as concepções de política cultural, ainda hoje basicamente alternativas, pudessem ser discutidas em detalhe e desenvolvidas na teoria e na prática. O primeiro tipo de Conselho seria consensual, o segundo essencialmente conflituoso. Ele não chegou a declarar sua própria preferência: obviamente, há argumentos práticos para ambos os lados. Mas, se eu estiver certo sobre a natureza dos problemas atuais, e sobre sua origem nas mudanças reais de circunstâncias e demanda, a defesa a favor do segundo tipo de Conselho se faz sozinha. Tem de existir algum organismo nacional específico e permanente, no qual possam ser devidamente discutidos e decididos os méritos das políticas gerais alternativas e, ao mesmo tempo, a praticabilidade das escolhas complexas ou detalhadas que delas decorram. Tal Conselho deveria necessariamente estar aberto à participação e a testemunhos públicos e ao questionamento parlamentar, de preferência por um comitê investigador específico. Até que tenhamos tal Conselho, é urgentemente necessária alguma forma de conferência nacional permanente, aberta a todas as organizações pertinentes.

(iv) Organização

Considerando as falhas manifestas e arraigadas do Conselho das Artes atual e sua perigosa receptividade às acusações de ser irrepresentativo, ademocrático e irresponsável, é quase fácil demais planejar as organizações alternativas. Porém, qualquer novo sistema adequado, em primeiro lugar, seria necessariamente muito complexo e, em segundo lugar, precisaria recorrer à importante experiência de financiamento e administração de artes que o Conselho atual acumulou. Apesar de todas as falhas de seu método geral, esse corpo de conhecimento específico é extremamente impressionante, e qualquer alternativa responsável deveria levá-lo seriamente em conta. Minha própria visão dos elementos de uma organização alternativa é a que segue. Não deveríamos começar pelo organismo central e trabalhar em via descendente; deveríamos começar, pelo contrário, pelas formas de organização apropriadas para as diferentes artes específicas e para as diferentes regiões específicas. Comissões para artes específicas deveriam, desde o início, ser constituídas de maneira muito diferente, segundo um princípio representativo aberto. Em muitas artes, já existem organizações de produtores, e seria um progresso imediato, por exemplo, se a comissão de literatura, em vez de ser selecionada por um departamento central, fosse eleita por integrantes da sociedade dos autores ou do clube dos escritores. Isso seria possível na maioria das artes, e naquelas em que ainda não fosse possível, novas organizações provavelmente se desenvolveriam. Essas comissões elegeriam seus próprios presidentes e secretários, e haveria funcionários diretamente responsáveis por elas no Conselho das Artes. As organizações regionais nunca seriam tão simples, uma vez que deveriam incluir representantes públicos, aliás majoritários, assim como artistas. Esse é o problema, já discutido, de um genuíno organismo intermediário regional ou local. Pelo menos uma parte dos representantes públicos deveria, a meu ver, ser diretamente eleita para o organismo, a fim de representar as várias visões públicas na política das artes. Essas organizações também deveriam eleger seus próprios presidentes e secretários e teriam profissionais regionais responsáveis por elas. Ainda permanece a necessidade de um organismo central, para a função necessária e árdua de alocar e distribuir os fundos globais, e como um tribunal de recursos em algumas questões de política e avaliação. Mas não deveria ser um organismo central imposto ou nomeado. Seria melhor se fosse composto pelos presidentes e secretários das diversas organizações de artes e das organizações regionais, que por sua vez elegeriam seu presidente e secretário, com seu próprio quadro de funcionários. A determinação do financiamento anual, pelo governo central, deveria ser submetida a algum princípio de continuidade, expresso como uma porcentagem da receita geral (como no caso similar da radiodifusão). Relatórios, contabilidade e auditorias públicos seriam apresentados ao ministro das Artes e Comunicações e, como antes descrito, ao Parlamento, que deveria ser encorajado a propor audiências públicas sobre as diretrizes gerais ou pormenorizadas. Dentro das comissões, deve ser acrescentado, os procedimentos normais de declaração de interesse, e de revogação ou exclusão, deveriam ser firmemente aplicados se interesses diretos estivessem envolvidos.

Conclusão

"Isso não é sindicalismo?", perguntou o presidente atual, um antigo ministro trabalhista, quando delineei essas ideias. Na verdade, não é, nem poderia ser. As propostas foram concebidas para serem aplicáveis dentro da ordem social vigente, sem mudanças indispensáveis na propriedade dos meios de produção, e podem de fato ser impraticáveis, apenas pelo seguinte: é muito difícil transformar em realidade uma gestão democrática nesse tipo de sociedade centralizada e controlada pela minoria, e suas propostas são, compreensivelmente, rechaçadas com firmeza. Não é sindicalismo, na verdade, mas um certo grau de autogestão, diversidade e receptividade à representação, além de um debate público vigoroso. Temos de ir além, devemos ir além. Mas, após seus momentos difíceis recentes, seus problemas financeiros quase insolúveis e sua perda, em certos aspectos imerecida, de reputação e de confiança públicas, o Conselho das Artes deve estar amedrontado, e o resto de nós, enquanto esses problemas não forem resolvidos, deveria estar não apenas inquieto, mas sério, ativo e inovando.

3
SOLIDARIEDADE E ENGAJAMENTO

POR QUE ME MANIFESTO?
1968

Na segunda-feira de Páscoa, eu estava em Trafalgar Square: um policial contava-nos à medida que chegávamos, movendo seus lábios rapidamente, números sem som, em seguida olhando para baixo e rabiscando a contagem em um bloco de anotações. Parece que no final chegou a 22 mil. Pela décima segunda-feira de Páscoa consecutiva fui a essa manifestação – uma manifestação com um único tema permanente, contra as armas nucleares britânicas, embora, ao longo dos anos, tenha havido outros temas também e, neste ano, tenha sido dirigida especialmente contra a Guerra do Vietnã. No fim dos anos 1950, esse tipo de manifestação era raro ou ocasional. Hoje, em uma vintena de países, a marcha de protesto se tornou um elemento corriqueiro da atividade política. No passado, na Grã-Bretanha, como em Peterloo e nas passeatas dos cartistas, havia um estilo de manifestação que antecedeu a democracia liberal: a marcha dos homens sem voto, que representavam a maioria excluída das decisões políticas, e uma marcha pelas ruas, com cartazes, porque ainda era o meio de comunicação mais rápido e mais visível. Hoje, os meios de comunicação estão muito mais desenvolvidos. Tecnicamente, por meio da radiodifusão e da televisão, e por meio de jornais e livros baratos, a comunicação da opinião está disponível com muito mais facilidade, e na maior parte dos países em que o povo faz atualmente manifestações, a maioria dos participantes, não todos, tem direito a voto e a outras liberdades civis. Assim, à primeira vista, surpreende aos que trabalham dentro de uma perspectiva ortodoxa da sociedade que esse método político tenha reentrado tão dramaticamente na vida política das sociedades modernas e que seja especialmente atuante em algumas das mais modernas sociedades do mundo. Quero tentar explicar isso, mas do ponto de vista de um participante, não de um observador. Parece-me fundamental, pois a reação a essas passeatas, por parte dos chamados observadores profissionais, é um campo de estudo fértil para qualquer estudante de comunicações.

Há apenas alguns anos, a Marcha de Páscoa da Campanha pelo Desarmamento Nuclear (CND) era uma ocasião para notícias curtas, no estilo vibrante de um trabalho de conclusão de curso, sobre a participação anual dos incautos no ritual da Páscoa. Não vi nenhuma delas neste ano, embora sempre possam reaparecer, se houver um espaço a ser preenchido. Agora, é mais comum a manchete sensacionalista sobre multidões e violência, com *insights* sobre a ideologia e a organização dos novos manifestantes. Homens específicos são erigidos em figuras sinistras, ou entrevistados com malícia, supostamente amigável e imparcial. Descrevem-se dramaticamente redes de conspiração e instigação, a ponto de fazer o primeiro-ministro descobrir "um grupo coeso de homens politicamente motivados".

Com certeza, é apenas a escória das primeiras páginas dos jornais mais ricos, porém o tipo de descrição que oferece, o tipo de explicação que procura, parece-me similar a muitas reações mais sóbrias, que ouvi, por exemplo, em Cambridge. As pessoas vêm e me perguntam – com algum respeito remanescente por esse tipo de excentricidade, habitual nas velhas universidades, mas com uma conotação visivelmente mais desagradável – por que eu, escritor e professor universitário, precisaria me misturar com o que agora se chama vulgarmente "esse tipo de coisa". Quando lhes contei que minha esposa, em uma manifestação ordeira contra a UDI[1] da Rodésia, foi derrubada nos fundos de um auditório, em Cambridge, por um grupo de jovens defensores do regime de Smith, disseram: "É o que vocês têm de esperar se forem às manifestações. Por que não se mantêm na política oficial" – o processo devido e adequado de debate, argumentação e eleição?

É a pura verdade que a maioria dos meus conhecidos que vai às manifestações também gasta mais tempo que os outros em processos políticos convencionais. Escrevem, organizam, fazem campanha e concorrem às eleições. Com certeza, falando por mim, fiz tudo isso repetidamente. Neste inverno, por exemplo, deixei de lado um dos meus próprios livros para preparar a edição do *May Day Manifesto*, que envolveu a colaboração intelectual de homens de várias disciplinas de dez universidades britânicas e que oferece uma visão socialista contemporânea, cuidadosamente discutida, da crise britânica e internacional. Tudo isso, nos termos da reação costumeira às recentes manifestações, é o que se deve fazer – argumentar, descrever, persuadir. E ainda assim, de alguma maneira, há algo além disso.

Nos últimos dez anos – de fato, durante o exato período de retomada das manifestações – renovou-se muito ativamente o pensamento socialista em diversos países, tanto na Grã-Bretanha, quanto em outros lugares. É um socialismo diferente, em vários aspectos, de algumas formas que o precederam. Por enquanto, não é um sistema, mas há algumas posições e alguns destaques identitários que são muito próximos, e às vezes semelhantes, ao espírito e ao propósito das manifestações. Quem participa desses movimentos conhece esse vínculo e essas interações entre teoria

---

1 Referência à Declaração Unilateral de Independência da Rodésia (atual Zimbábue), implementando um governo ditatorial integrado exclusivamente pela minoria branca no país. (N. E.)

e prática, entre ideia e disposição. Quem se der ao trabalho de conversar com um participante habitual, disposto a ouvir, em vez de fazer simplesmente as perguntas costumeiras sobre cabelos compridos e violência, poderá, na verdade, fazer essa descoberta. Até mesmo pessoas normalmente bem informadas ainda dizem: aos manifestantes, que precisam de alguma teoria, de alguma posição política séria; aos teóricos, que está tudo muito bem, mas um tanto remoto e abstrato.

Uma parte disso deve ser atribuída à ignorância, outra parte, de novo, às dificuldades reais, pois naturalmente não há uma linha única entre os manifestantes, como qualquer um que estivesse em Trafalgar Square – ou em Belgrave Square, como eu estava, durante o tumulto diante da embaixada alemã – poderia perceber bem rapidamente. E, da mesma maneira, não há uma linha teórica única. Há ênfases diferentes, inclusive algumas controvérsias ásperas, e, em aspectos importantes, as ideias ainda estão em desenvolvimento. Entretanto, a essa visão geral do mundo, uma visão evoluída da natureza atual do imperialismo, do capitalismo de Estado e da política controlada, relaciona-se praticamente a maior parte das manifestações atuais, sobre o Vietnã, a Rodésia e a Grécia, sobre a luta dos negros norte-americanos, sobre o congelamento salarial e os ataques aos serviços sociais, sobre as consequências do sistema de comunicações, como a manifestação contra a editora Springer, na Alemanha. A partir de certo ponto, seguir dizendo que os manifestantes não têm objetivos políticos sérios, ou que ainda esperamos ver na imprensa imparcial a argumentação detalhada que se encontra atrás dos *slogans*, é incorrer em aclamada suspeita de má-fé.

Má-fé, creio, é o que é – uma forma muito característica de má-fé liberal. Algumas vezes, penso que a ala direita genuína, neste país, os políticos conservadores mais atuantes, entende perfeitamente bem o que esse movimento representa e simplesmente é contrária a ele. Mas a ala direita na Grã-Bretanha é, ela própria, uma minoria, em qualquer sentido. Estou mais interessado nas reações de outras alas – na corrente de opinião que ainda se considera liberal. Foi confundida pela propaganda, que gerou preconceitos contra os manifestantes e contra os estudantes. Porém, isso não aconteceria se não fosse a confusão que vivemos no presente, em que uma tradição política fundamental, a tradição que ensinou a maioria de nós a pensar, está sob pressão e em crise, em vias de desmoronar, e seus hábitos e pensamentos, suas representações, suas categorias, não nos capacitam mais a ver e a responder o que ocorre em um mundo em tão rápida transformação.

Esses dez anos de manifestações britânicas começaram contra os testes nucleares e tiveram o efeito de criar a opinião pública, que levou ao tratado de proibição dos testes. Assim, muito cedo se preocuparam, antes de mais nada, com a própria bomba, e especialmente com o que se chamou dissuasão nuclear britânica independente. É profundamente irônico, e isso talvez possa explicar algum ressentimento nas passeatas, que, ao participarmos da política eleitoral, em apoio ao Partido Trabalhista, em 1964, essa controvérsia fosse justamente uma das demarcações entre os partidos; entretanto, o partido que ganhou, o partido que pediu nosso apoio e que agora forma o governo, tem ao seu dispor, nos submarinos Polaris, justamente o que supúnhamos combater. É semelhante à experiência de nossos colegas norte-americanos, que viram, nas últimas eleições presidenciais, em grande parte, uma escolha entre a política de Johnson e a de Goldwater no Vietnã. Viram Johnson eleito, mas tiveram a política de Goldwater.

Nos primeiros anos, quando começaram as manifestações, a bomba propriamente dita era um fim, mas, atrás dela, havia uma onda de choque política – inicialmente percebida, como sempre, pelos jovens – proveniente do efeito combinado da Hungria e de Suez: uma reação amarga contra o imperialismo e a invasão enganosa do Egito, mas também uma reação amarga contra o comunismo institucionalizado, do tipo associado a Stalin, e persistente, embora de maneira menos terrível, com os seus sucessores. Essa combinação de respostas contra a bomba, contra o imperialismo e contra o comunismo autoritário foi significativa e vital, entretanto comprovadamente muito difícil de ser entendida pelas pessoas, cuja mentalidade havia sido forjada em moldes antigos. Mesmo assim, agora em toda a Europa Ocidental, no Japão, nos Estados Unidos, atingindo de maneira diferente alguns países do leste europeu, surge essa Nova Esquerda atuante, que é ao mesmo tempo libertária e democrática, e contra o capitalismo e o imperialismo.

A história dos anos 1960 trouxe alguns progressos rápidos, ao incluir o novo fator formativo da liberação do Terceiro Mundo, muitas vezes por meios revolucionários. Como a Guerra Fria se fragmentou em lutas reais nesses mesmos países, ocorreu um endurecimento necessário da participação socialista, como na solidariedade com a Frente de Libertação Nacional do Vietnã. As camadas dessa história e dessas respostas ativas ainda estão por vezes separadas, por vezes dispostas em discrepância, ou mesmo "contraditórias", mas o processo de desenvolvimento e esclarecimento, no presente, avança muito rapidamente.

A pergunta ainda pode ser colocada: por que se manifestar? Aqui surge um fator distinto e crucial: a qualidade da resposta, não apenas a essas importantíssimas questões internacionais, mas à experiência de viver em sociedades capitalistas avançadas na forma democrática parlamentar. Pode, no final, ser o fator mais crítico de todos, pois determina não apenas algumas questões importantes, mas também a estratégia e as táticas consequentes. "Isto é uma democracia" ainda é a resposta rotineira aos manifestantes, com a implicação óbvia de que não há nenhuma necessidade de fazer manifestações. Entretanto, a democracia parlamentar tem se tornado progressivamente mais formal, sob a pressão do consenso. É corrupta em alguns casos óbvios, na medida em que a relação entre um programa eleito e as políticas efetivas pode, como atualmente na Grã-Bretanha, ser a tal ponto contraditória que ultrapassa as fronteiras da explicação circunstancial e tende a parecer um conto do vigário. Além disso, a teoria da democracia representativa, com toda a sua força e suas limitações, tem sido ela própria superada, na prática, pela pressão do capitalismo moderno, organizado para canalizar decisões em muitas organizações não eleitas. Nessa substituição da democracia representativa, um papel-chave é desempenhado pelo sistema moderno de comunicações, que não pretende, de forma alguma, ser democrático, exceto por um viés puramente negativo. Quando os estudantes alemães, após Rudi Dutschke ser alvejado, fizeram uma manifestação contra o monopólio da imprensa, levaram às ruas, por suas próprias e boas razões, o que, durante muitos anos, havia sido um ponto central da teoria da Nova Esquerda: que, em uma sociedade grande e complexa, o sistema de comunicações em jornais, radiodifusão e televisão é uma instituição política importantíssima – por fornecer as informações necessárias, por sua capacidade de selecionar, enfatizar ou excluir, por seu poder de influenciar e persuadir.

Porém, essa instituição, especialmente a imprensa escrita, embora também, em grau variável, a televisão, não é de forma alguma representativa, nem sujeita ao controle eleitoral, e, na verdade, está permanentemente à disposição de homens endinheirados, os novos cartéis de comunicações, que reivindicam, então, por simples aquisição, esse imenso poder político. Assim, não é possível considerar o Parlamento e seu processo eleitoral no direito de consumir e dirigir toda a atividade política para seus próprios propósitos. Pois o próprio Parlamento delegou muitas parcelas decisivas do poder, no planejamento econômico e nas comunicações, para instituições totalmente antidemocráticas, as quais, de forma alguma, ele está preparado para combater. A medida do fracasso dos partidos social-democratas na Europa Ocidental consiste em terem se excluído por vontade própria, ao transigirem precisamente sobre esses pontos, da possibilidade de serem considerados seriamente um caminho para a democracia e para o socialismo. Na brecha deixada por esse fracasso, formam-se os novos movimentos.

Assim, manifestações, embora sejam apenas um meio, são a resposta necessária a esse tipo de sociedade, que constrói a opinião oficial por linhas preestabelecidas e que tem reduzido os canais políticos prévios a instrumentos ou passatempos. Ir às ruas e falar com as próprias palavras, diretamente, tornaram-se uma necessidade política básica e, naturalmente, um desafio que o sistema sabe, no final, ser preciso encarar com seriedade. Mas as manifestações precisam ser violentas? Devemos estabelecer algumas distinções. A última manifestação realmente violenta em que estive ocorreu às margens do Reno, em 1945, com o então chamado Exército Britânico de Libertação. Em um mundo recoberto de violência real, como no Vietnã ou nos tiros em líderes radicais, como Martin Luther King e Rudi Dutschke, fica difícil utilizar a mesma palavra para falar do que são principalmente brigas de rua. Penso que devamos lembrar que a violência pode estar presente dentro de uma ordem estabelecida, em que tudo parece superficialmente calmo, apenas porque as reservas de poder absoluto são efetivas.

Não creio que os homens que perturbam semelhante ordem possam ser honestamente acusados de desencadear a violência. Mas nossa sociedade é assim? Talvez, em mais maneiras do que estamos dispostos a admitir. Porém, o que mais notei, nas últimas manifestações, foi a frustração por falta de procedimentos políticos mais racionais irrompendo nas ruas sob a forma de uma militância exaltada, a que se reagiu com estupidez. Podemos aferir o grau pela disciplina da polícia britânica, comparada à de outros países. Mesmo aqui existe uma tensão extrema, em razão das provocações de uma pequena minoria de manifestantes, mas também pela incompreensão de muitas autoridades, que entendem que manter a paz significa manter a sua própria paz, e manter a lei e a ordem significa manter a sua própria lei e ordem, contra o desafio muito significativamente chamado "não oficial".

É preciso dizer, com sobriedade e calma, que o declínio e a corrupção do sistema político, e a violência intolerável atualmente dirigida contra os pobres do mundo, serão combatidos por todos os meios efetivos; e que a luta será terrível, a menos que as manifestações desabrochem em um movimento político novo e aberto. Sob uma tensão como essa, não apenas para aqueles entre nós que são manifestantes, que querem uma nova política democrática, mas para a própria sociedade, uma sociedade cada vez mais baseada em dinheiro e poder, é tempo de mudar ou ser mudado.

VOCÊ É MARXISTA, NÃO É?
1975

Você é marxista, não é? Essa pergunta seria difícil, mas não exageradamente difícil, de responder, se por acaso houvesse alguma vez sido feita. Mas, em minha experiência, em vez de uma pergunta, acontece algo muito diferente. Há uma espécie de rotulagem banalizada com a palavra "marxista" que se tornou paulatinamente comum durante os anos 1960 e agora é tida como natural. Acho, examinando minha própria experiência, que fui descrito como marxista aqui e ali em todos os tipos de contexto e com todos os tipos de implicação. Uma vez, consultei sobre mim mesmo na *Anatomia da Grã-Bretanha* e vi-me descrito como "o professor marxista de Comunicações" e pensei: "Bem, não sou professor, não leciono Comunicações; não sei exatamente se o outro termo da descrição seria mais ou menos exato do que os outros". Em seguida, combino em alguma medida tudo o que se entende na imprensa ortodoxa como extrema-esquerda, atualmente composta de organizações muito diferentes e de certo modo concorrentes. Aí, uma tática de discussão muito comum é dizer que alguém "não é marxista", à semelhança da maneira banalizada que é utilizada pelo outro lado. Ora, há uma expressão que se tornou muito corriqueira (quase tão corriqueira quanto a famosa expressão do entreguerras "não foi por acaso que..."): a declaração incondicional de que "essa posição não tem nada a ver com o marxismo". Nas organizações socialistas militantes, nas organizações socialistas revolucionárias, escuta-se esse tipo de argumento o tempo todo. As pessoas o afirmam umas às outras, a respeito de posições que, vistas do exterior, receberiam o mesmo rótulo incondicional de "marxista".

Ora, já foi muito comum que a posição política e a perspectiva intelectual que eu em geral defendi fossem chamadas de "comunistas", com aproximadamente a mesma banalidade. Qualquer um poderia ser considerado comunista, tivesse ou não uma carta de filiação partidária de membro do Partido Comunista ou de alguma das organizações comunistas rivais. Houve um espectro que foi descrito como comunista. Mas parece que foi substituído por "marxista", como palavra genérica absolutamente banal. Suponho que a mudança, em grande parte, seja um reconhecimento do fato de que o movimento comunista e socialista mundial se tornou cada vez mais intensamente dividido, de que há centros rivais de ortodoxia comunista e marxista, dos quais a oposição entre a União Soviética e a República Popular da China é apenas a mais óbvia, e de que se reconhece então que é possível defender posições muito diferentes e mesmo alternativas na esquerda revolucionária socialista. Mas penso também que seja um modo de acomodação acadêmica. Nos últimos dez ou quinze anos, chegou às universidades algum conhecimento da posição marxista, e julga-se então que marxista seja uma palavra mais polida do que comunista, que poderia nos levar de volta aos dias da Guerra Fria. Porém, eu geralmente prefiro, na descrição de alguma posição particular, que alguém ainda seja chamado de comunista ou socialista revolucionário em vez de simplesmente marxista, com todas as dificuldades que me parece causar essa descrição específica. Quero discutir algumas dessas dificuldades, mas gostaria de indicar inicialmente algumas razões para essa preferência.

Pois devo dizer que, quando observo a evolução do pensamento socialista, quando observo como vários períodos muito criativos do pensamento socialista dependeram de toda a experiência da classe trabalhadora e dos movimentos de liberação democrática e nacional, além disso, quando observo todo o equilíbrio desses pensamentos e ações, e de fato todo o equilíbrio do que conheço como marxismo, parece-me errado, de certa forma fundamentalmente errado, reduzir toda uma tradição, ou toda uma ênfase dentro da tradição, ao nome da obra de um único pensador, ainda que tenha sido excepcional. Quero deixar claro, ao dizer isso, que Marx é para mim, assim como para muitos outros, incomparavelmente o maior pensador da tradição socialista; que sua obra ainda me parece, em muitas partes, completamente viva; e que, nesse sentido, nada seria uma honra excessiva para ele. Entretanto, particularizar uma tradição militante, da qual participaram milhões de homens, ou uma tradição intelectual, da qual participaram milhares de homens, a um único nome tem uma ênfase contrária ao que eu penso ser seu verdadeiro espírito. Além do mais, a transição de Marx ao marxismo é, por si mesma, uma questão de história muito complexa, e temos de recordar sempre da observação do próprio Marx de que ele não era um marxista.

Ora, essa falsa especialização – a redução do movimento de massas moderno a um único nome, como se fosse o de alguns velhos amigos de institutos acadêmicos, religiosos ou intelectuais – é muito importante. Mas jamais tão importante quanto as questões para as quais aponta, as controvérsias que contém e dissimula. Devemos todos tentar esclarecer nossa posição em relação a essas questões e a essas controvérsias, e também percebi há algum tempo a necessidade de esclarecer minha própria posição em relação a esse tipo particular de situação. Em 1959, em Londres, tivemos uma reunião fundadora da *New Left Review*. Naquela época, era uma revista publicada por um grupo diferente do que a publica agora, embora eu veja uma continuidade essencial entre o princípio original e o trabalho presente. Mas aquela reunião de 1959 não tratou apenas da questão de fundar uma revista. Muitas pessoas perceberam que seria necessária uma nova posição política e que em tal revista se encontraria uma nova orientação política. Nas circunstâncias muito específicas do final dos anos 1950, tentávamos todos definir essa posição. Eu falei na reunião e propus a explicação de que as duas maiores tradições do socialismo, a meu ver, haviam fracassado. Era cada vez mais aparente desde o final da guerra, em 1945, e agora era inexorável. O fato de terem fracassado impunha um novo tipo de desafio aos ativistas e pensadores socialistas e, dessa forma, seria razoável falar da necessidade de uma nova esquerda. A expressão "Nova Esquerda", com letras maiúsculas identificadoras, não foi inventada nesse momento. Nem foi inventada no início por aqueles a quem se aplicou em seguida. Foi trazida pelas circunstâncias. Naturalmente há um certo estilo quando um grupo se apresenta como a Nova Esquerda. Há períodos em que tudo é descrito como "novo", de uma maneira quase obrigatória. A década mais conspícua nesse aspecto foi a de 1890. O conceito de autoproclamar-se "novo" ou "moderno" sempre me pareceu muito duvidoso. Mas de que houvesse necessidade de uma nova orientação, de uma orientação completamente nova, nunca duvidei e não duvido.

Ora, as duas tradições que haviam fracassado, eu continuei a defini-las da seguinte maneira. Por um lado, o stalinismo. Por outro lado, essa inevitabilidade do gradualismo, que se poderia chamar sucintamente de fabianismo. Nem o stalinismo, nem o fabianismo, que nos anos 1930 pareciam as duas maiores alternativas da tradição política socialista, ofereceram-nos por muito tempo seja um sistema intelectual aceitável, seja um modo viável de ação política. Portanto, deveria ser encontrada uma orientação completamente inovadora. A razão para considerar que o stalinismo havia fracassado talvez seja a mais óbvia. Representou um choque muito grande para toda uma geração de socialistas ter vivido dos anos 1930 aos 1950 com o acúmulo incessante de evidências esmagadoras de tudo o que havia falhado na Revolução Russa. Mas ainda pior foi a percepção de que se fracassou não apenas por causa de acidentes e circunstâncias históricas, mas que algo na própria degeneração estava relacionado a um sistema político e a uma teoria política, e não simplesmente a um homem. Realmente foi um sinal de que o stalinismo não acabou na sociedade que o havia criado, que foi reduzido nessas discussões ao chamado "culto da personalidade" ou, em algumas outras explicações, às maquinações de uma personalidade particularmente diabólica. Para mim, pelo menos, e acredito que para muitos outros, houve uma progressão real, possivelmente inevitável, de uma interpretação geral da ditadura do proletariado, por meio do controle do partido de vanguarda, até o regime stalinista, que em sua evolução final era uma afronta a tudo aquilo que a tradição socialista e certamente a melhor tradição bolchevique haviam significado. Portanto, não era meramente o caso de abandonar um naufrágio em um período de grande tensão. De fato, muitos haviam perseverado em períodos de tensão – perseverado em nome do que chamavam "uma fé na União Soviética" – porque a questão se colocava dessa maneira, que deveriam perseverar embora o caminho fosse difícil. Apesar de tudo, havia sido uma parte real da história dos movimentos socialistas e trabalhistas. Mas houve atualmente um reconhecimento de algo muito mais geral. Um tipo particular de política se exauriu, com certa integralidade. Em uma situação diferente poderia ter sido limitado, poderia ter evoluído diferentemente, mas houve mesmo assim algo nesse tipo de política que, deve-se admitir, chegou a uma via sem saída.

Mas em seguida, como compreendemos isso, compreendemos com a mesma clareza que a tradição aparentemente alternativa – o fabianismo, o Partido Trabalhista britânico, os partidos social-democratas modernos –, de fato toda a tradição resumida como a inevitabilidade do gradualismo, estava igualmente no fim. Havia sido uma tradição muito plausível para pessoas que tinham vivido em democracias políticas, que estavam bem conscientes das dificuldades de começar uma revolução violenta e das possibilidades de sofrimento excepcional e mesmo de repressão, caso se tivesse de sustentar uma revolução feita em tais circunstâncias. Era sedutora também porque parecia ter uma base pronta em instituições que já estavam disponíveis. No Parlamento, na argumentação popular, pela educação pública, pouco a pouco, gradualmente, mas com uma certa tendência inata inevitável, uma sociedade capitalista seria firmemente rejeitada e substituída por uma sociedade socialista. Poucas pessoas efetivamente duvidaram da inevitabilidade desse tipo de gradualismo. Por que então percebemos que havia acabado?

Bem, em primeiro lugar, houve a história do governo trabalhista de 1945-1951. Mais ainda, houve a reação a essa experiência, nos anos 1950, dentro do movimento trabalhista. Ficou claro que certas reformas sociais importantes haviam se concretizado nos primeiros anos desse governo trabalhista do pós-guerra, principalmente os engajamentos herdados do Partido. Também ficou claro que, ofuscando-as e finalmente as prolongando, houve o período de rearmamento, o envolvimento crescente com a economia política dos Estados Unidos, o movimento em direção à Otan, todas as instituições militares e políticas do pós-guerra nas quais o governo trabalhista teve uma participação entusiasta e protagonista, e contra as quais os protestos de partes do movimento trabalhista foram completamente inócuos. Esse duplo movimento – uma reforma limitada dentro de um tipo de evolução mais poderosa e contrária – levou-me a perceber que falar sobre a inevitabilidade do gradualismo era absurdo e no final vicioso. Subestimou radicalmente o processo histórico. Mudanças graduais podem de fato ser introduzidas pela legislação e ainda mais por mudanças da opinião pública, mudanças na educação, e assim por diante. Mas esse tipo de política realmente presumiu que não havia um inimigo, que havia simplesmente algo antiquado. Na verdade, foi uma interpretação muito popular: que as organizações políticas, econômicas e sociais da Inglaterra eram apenas irremediavelmente antiquadas e deviam ser, como a palavra despontou nos anos 1960, "modernizadas". Como Orwell havia afirmado: a Inglaterra era uma família decente, com alguns integrantes inadequados; quando se livrasse desses integrantes inadequados, livrar-se-ia das velhas instituições antiquadas e em seguida, gradual e inevitavelmente, organizaria uma forma melhor de sociedade. Havia material para ser trabalhado, esperando para ser trabalhado, com uma certa inevitabilidade histórica. Mas isso era uma subestimação radical de toda a situação real. Não apenas havia inimigos diretos, que nos derrotariam e absorveriam: pela violência, pela fraude, por corrupção (e o modo da corrupção foi amplamente utilizado). Mais ainda, houve uma percepção de que as próprias mudanças por si mesmas não pareciam a criação de uma sociedade como havia sido prevista, mas de um híbrido estranho, que poderia ser mais perigoso porque era uma forma de sociedade mais duradoura do que aquela que ele havia tentado mudar. Não se constatou apenas que o gradualismo, por assim dizer, deixou de ser inevitável, mas que também deixou de se dirigir passo a passo, resolutamente, rumo a uma sociedade socialista. As próprias formas de gradualismo assimilaram-se a maneiras de incorporar o movimento, que havia desistido de criar uma sociedade socialista; de fato, formas de preservação consciente de uma sociedade capitalista inalterada ou apenas marginalmente alterada. E nesse ponto a reação dentro do movimento trabalhista nos anos 1950 havia parecido, a pessoas como eu próprio, decisiva. Começamos a buscar definições alternativas de "socialismo" que não previssem a transformação das instituições econômicas e políticas básicas da sociedade. Socialismo significava algo muito diferente, disseram-nos. Significava relações sociais mais bondosas, mais justas e mais generosas. O que havia sido chamado de capitalismo agora era chamado de "empresa privada", "empresa livre". Muitos porta-vozes do trabalhismo concordaram com essa retórica de um "mundo livre". Mas era então a perspectiva e o programa de um Partido Liberal razoavelmente decente, porém também razoavelmente modesto. Havia abandonado a análise de que a propriedade fundamental dos meios de produção, distribuição e troca determinava o caráter da sociedade ou, pelo menos, estabelecia limites para as possibilidades de relações sociais. Como tal, a meu ver, abandonou a possibilidade de compreender ou de mudar o mundo moderno. E assim, certo ou errado, pessoas na minha posição sentiram que, por um lado, o stalinismo como um regime político havia acabado e, depois, o fabianismo como um regime político também acabara. Não havia nenhuma possibilidade de mudar simplesmente de um para o outro, ou mesmo de imaginar que se passasse a própria vida praticamente dedicado a um debate entre ambos. Pelo contrário, tinha de haver alguma base diferente para o movimento socialista e para uma interpretação socialista do mundo.

Ora, nesse ponto, evidentemente, tornaram-se aparentes todas as contradições do próprio movimento trabalhista britânico, na realidade da própria social-democracia ocidental. Bem antes do período pós-guerra, haviam sido articuladas muitas vezes as tendências contraditórias dentro do movimento trabalhista britânico e do Partido Trabalhista. Interessante que os anos 1950 acabaram com um debate sobre a conservação da Cláusula Quatro do Estatuto do Partido – o engajamento socialista –, que, por um lado, o preservou literalmente, representando de certo modo a sobrevivência da tradição verbal, mas, por outro lado, na prática, empenhou-se em um programa concebido em bases muito diferentes, as de tornar o capitalismo mais eficiente, e em partilhar seus benefícios na construção de uma sociedade mais responsável socialmente. Bem antes disso, de fato desde o começo, ao se ler a história, tem havido essa controvérsia sobre os princípios básicos. Eu costumava escutar, como um jovem militante do movimento trabalhista nos anos 1930, que o movimento trabalhista britânico devia muito ao metodismo e, como não gostava disso, preparei-me completamente para acreditar que isso era dito como explicação para as inadequações do Partido Trabalhista. Mas sempre me pareceu, quando examinei de novo, que foi dito como uma forma de autossatisfação e, quanto mais pensei, menos senti que devessem se satisfazer. Aqui, havia uma nação na qual dois terços da população era da classe trabalhadora e ainda viciosamente dominada por uma classe dominante capitalista estúpida e perversa, com pretensões aristocráticas remanescentes. A verdade era que o Partido Trabalhista devia muito ao método de auto-organização dos trabalhadores britânicos, do qual simplesmente faziam parte alguns aspectos de organização não conformista. E, nesse sentido, como um movimento, foi eminentemente prático. Foi a auto-organização de pessoas altamente pressionadas para sustentar suas vidas, melhorar suas condições e por fim, quando pudessem olhar para além disso, transformar a sua sociedade.

A omissão de Marx teve de ser assimilada. A exclusão positiva e complacente foi uma questão mais séria, pois foi uma exclusão deliberada da teoria: não tanto dessa teoria quanto de qualquer teoria; e o motivo real, na prática, decorreu do fato de a liderança trabalhista compartilhar a visão de mundo da classe dominante. Não precisavam de teoria; tinham seu mundo e só havia argumentos práticos sobre a posição que ocupavam nele. Mas a teoria específica e desafiadora que excluíram foi o marxismo. Ora, aqui temos de reconhecer que o que Marx representou, que o que o marxismo é, é rigorosamente assunto de uma intensa controvérsia. Nos últimos dez anos, especialmente na Europa Ocidental e na América do Norte, houve um extraordinário renascimento do estudo sério de Marx. Não foi simplesmente uma exposição popular, mas é a pesquisa mais minuciosa e ao mesmo tempo mais acadêmica que aconteceu desde antes da Primeira Guerra Mundial. Os benefícios no longo prazo serão muito consideráveis. Mas na posição em que estivemos desde a guerra, quando tentamos identificar a obra de Marx e a tradição marxista, de modo, por exemplo, a entender o contraste entre marxismo e metodismo nas origens do Partido Trabalhista britânico, houve uma competição de ênfase, uma competição na seleção do que Marx disse, do que o marxismo realmente é, e isso certamente não quis dizer que houvesse concisão e clareza na demonstração ou na argumentação. Certamente, ainda há uma grande base comum. E em relação a essa base comum, eu não encontro nenhuma dificuldade em me filiar a esse movimento como um todo. A abordagem principal do materialismo histórico, como Marx o definiu, parece-me profundamente verdadeira. Os homens fazem sua própria história dentro de certos limites que são estabelecidos pelas condições de seu desenvolvimento social, condições que são elas próprias profundamente afetadas pelo estado das relações econômicas, por sua vez relacionadas a uma etapa específica do modo de produção. Mas a cada ponto de um resumo como esse, existe na prática uma divergência minuciosa e importante sobre o que exatamente se quis dizer e se inferiu. Entretanto, se você mantiver essa posição geral, chegará a uma visão global importante da história e especialmente da evolução da sociedade capitalista. Encontrará uma perspectiva nas relações entre capitalismo e sociedade industrial, e nas relações entre capitalismo e imperialismo. Além do mais, descobrirá que é preciso acreditar que a consecução de uma sociedade socialista significa a transformação da sociedade, o movimento de uma ordem social total para uma outra.

Em seguida, e decisivamente, verá que tem de acreditar – e quanto a isso, por toda a minha experiência, eu estava bem preparado – que essa transformação da sociedade tem um inimigo. Não exatamente um inimigo eleitoral ou um inimigo tradicional, mas uma estrutura social hostil e organizada que tentará ativamente derrotá-lo e destruí-lo. Ora, esse reconhecimento de um inimigo é algo que a inevitabilidade do gradualismo não havia admitido, a menos que devamos supor – e tais fantasias complacentes ocorreram ocasionalmente – que sua política de astuciosa permeação fosse uma maneira de desagregar um inimigo, sem que ele percebesse. Mas a verdadeira questão sobre um inimigo sempre foi essa. Seria o tipo de inimigo que poderia ser derrotado pelos processos normais da sociedade civil; quer dizer, pelos processos de democracia política, democracia parlamentar, ação sindical, organização social e assim por diante? Ou seria um inimigo que teria de ser derrotado pela força, ou em última instância, se necessário, por uma efetiva derrota violenta? Se olharmos para a história, é evidente que no próprio movimento marxista, e no movimento socialista muito mais comumente, essa foi uma das causas mais férteis de disputa, divisão, rupturas e hostilidades entre os diversos membros do movimento. E essa não é, como poderia parecer, simplesmente uma questão de estratégia e tática. Em certo ponto necessariamente retrocede a algumas das formulações originais sobre a natureza da sociedade, a natureza do capitalismo, a natureza da transição para o imperialismo, todas as quais poderiam ser interpretadas desse ou daquele modo, para indicar que uma estratégia particular contemporânea está correta. Foi dito que qualquer solução que deixe de incluir a tomada violenta do poder do Estado não seria razoável, nem honesta. Ou foi dito que qualquer solução que inclua a tomada violenta do poder do Estado é inaceitável porque é antidemocrática. Em torno dessas posições, mobilizou-se abstratamente grande parte do debate. Abstratamente porque o debate frequentemente floresce com grande intensidade quando nenhuma possibilidade parece estar à vista.

Ora, como eu penso pelos preceitos básicos do materialismo histórico, a definição básica de sociedade capitalista e de sua evolução, e consequentemente da necessidade de superá-la, de ir além da sociedade capitalista, rumo a uma sociedade socialista, distinta de medidas isoladas de uma tendência socialista, exige a destruição da sociedade capitalista; como eu penso através dessas três proposições e tento me definir em relação a elas, não tenho nenhuma hesitação real. Esses são todos os preceitos pelos quais atualmente vejo o mundo e em cujos termos procuro ordenar a minha vida e a minha atividade. Alguém poderia dizer: "É a posição em que você se coloca no terceiro ponto, a respeito dos meios de transformação, que define se você é marxista ou não, se você é comunista por um lado, ou socialista democrático, social--democrata, pelo outro". Bem, seria realmente assim? É onde examino a minha experiência tanto quanto a teoria. Eu cresci em uma família da classe trabalhadora, com um pai que lutou na Primeira Guerra Mundial, em um ambiente no qual sindicalismo militante e um ódio à guerra, que quase equivalia a um pacifismo consciente, estavam quase igualmente mesclados. Quando olho para trás, posso observar que essa foi a história de grande parte da esquerda nos anos 1930, fomos ao mesmo tempo militantes quanto à transformação da sociedade e pacifistas quanto à guerra. Mas não nos permitiram viver com essas contradições. Em 1944, eu, que havia chamado a mim mesmo de pacifista em 1938, estava na Normandia. Lembro-me do dia em que houve um contra-ataque de um regimento de tanques SS e pareceu-me, mesmo nesse momento, mesmo nesse tipo de circunstância, que um ponto particular de minha vida de certa maneira se esclareceu e de outra maneira foi esclarecido para mim. Achei importante que fossem os SS, e não simplesmente soldados alemães, ainda menos ucranianos ou outros conscritos variados do império de Hitler, geralmente postos no *front* para amortecer o nosso ataque. O fato de que se tratava dos SS teve uma enorme significância. Deu um sentido do tipo que eu já conhecia desde a guerra na Espanha. Desde aquela época, nunca fui capaz de dizer que seria contra o uso do poder militar para defender uma revolução. Pelo contrário, eu acredito que não faça sentido uma revolução que não esteja preparada para se defender por meio do poder militar. Mas pode-se dizer que isso foge à questão. Você concorda em *fazer* uma revolução pelo poder militar? Ainda aqui, mais uma vez, tendo visto a violência com a qual é mantido um sistema repressivo, quando é importante, eu não consigo encontrar nenhum princípio em nome do qual eu possa excluir essa possibilidade. Quando eu olho para a história das revoluções chinesa, cubana e vietnamita, sinto uma solidariedade fundamental, não meramente com seus objetivos, mas com seus métodos e com os caminhos pelos quais chegaram ao poder. Se eu próprio me encontrasse na Grã-Bretanha em uma situação social e política comparável, saberia onde ficam minhas lealdades.

Mas evidentemente não apenas nos encontramos em situações, também criamos situações. Se encarássemos essa questão com seriedade, teríamos de relacionar nossa compreensão da sociedade e da natureza de nossas atividades à situação que queremos criar e na qual pretendemos agir. E, então, estou muito próximo dos acontecimentos do final dos anos 1960 e início dos anos 1970 na América do Norte e na Europa, onde, com a clareza de uma nova geração, tantas pessoas se mobilizaram rumo à ação direta e, além dos significados iniciais da ação direta, a certos tipos de confrontações decididas contra o poder do Estado. Acho muito difícil dizer que seja errado em um sentido absoluto. Vejo hipocrisia na condenação fácil e ortodoxa da "violência" em Estados que se estabeleceram ou se mantiveram pela violência e que a utilizam, sem pensar duas vezes, contra tantas pessoas no mundo. E também não acredito que em sociedades com democracias políticas atuantes, em sociedades com tipos muito complexos de organização social, essas sejam as únicas, ou mesmo as principais, formas de atividade revolucionária. Acredito que a política de confrontação seja uma resposta inevitável, dentro de um equilíbrio particular de forças, ao autoritarismo do Estado moderno típico. E ainda geralmente não é uma atividade revolucionária. De fato, em algumas formas extremas, insere-se muito claramente em uma tradição diferente. Insere-se na tradição de um tipo de anarquismo ou de terrorismo, e, em momentos definidos, à medida que evolui nessa direção, tenho de me apartar, porque penso que seja uma incompreensão da natureza da luta social existente.

À medida que a Nova Esquerda se desenvolvia em várias partes do mundo, e particularmente quando se desenvolveu na América do Norte, esse tipo de política foi frequentemente tomado pelo aspecto que mais o identificava: a política da ação direta. A meu ver, nesse ponto deve ser feita uma distinção muito necessária. Na América do Norte, a política de ação direta promovida por estudantes e outros participantes, como a política de trabalho na comunidade, estava ligada a uma tendência teórica, que tem sido amplamente assimilada à Nova Esquerda, mas com a qual, desde o começo, eu nunca compartilhei e com a qual compartilham pouquíssimos membros da Nova Esquerda britânica. Essa posição teórica dizia que o potencial da classe trabalhadora industrial para mudar a sociedade, pelo menos nas sociedades capitalistas modernas, havia se exaurido; na verdade, diziam, nunca havia realmente existido. E uma vez que era assim, outros meios de transformação do Estado capitalista deveriam ser procurados – outras "ações conscientes" [*agencies*], para utilizar a palavra que se tornou popular nos anos 1960, outros "eleitorados", outros modos de mudança social. Mas, como disse, nunca acreditei nisso. Acredito que na Grã-Bretanha, desde a guerra, a resistência fundamental ao poder do Estado capitalista, seja o executante desse poder um governo conservador ou trabalhista, venha da classe trabalhadora industrial. Como escrevi há alguns anos, haveria pouca resistência à sociedade capitalista contemporânea se não fosse a militância operária em todas as suas formas de pressão, e certamente nas greves oficiais ou não oficiais. Aliás, foi sempre verdade na Nova Esquerda britânica, e não na norte-americana, que a classe trabalhadora industrial e suas atividades sempre permaneceram essenciais. Estou certo que isso hoje é ainda mais verdadeiro. Entretanto, há uma combinação desse tipo de crença na atividade da classe trabalhadora industrial com os métodos de pressão parlamentar e de ação em prol de uma maioria parlamentar, e isso, a meu ver, não é a posição da Nova Esquerda, mas é sobretudo a posição da ala esquerda da social-democracia ou da esquerda do Partido Trabalhista. E é nesse ponto que distinções se fazem necessárias – embora nas noções de marxismo.

O que pensamos ter visto surgir nos anos 1960 era uma nova forma de Estado corporativista; e a ênfase na cultura, que frequentemente foi considerada como identificadora de nossa posição, era, pelo menos em meu próprio caso, uma ênfase no processo de incorporação social e cultural, de acordo com a qual algo mais do que a simples propriedade ou poder mantém as estruturas da sociedade capitalista. De fato, procurando definir isso, foi possível olhar de novo para certos aspectos importantes da tradição marxista, principalmente a obra de Gramsci, que enfatizou a hegemonia. Então, poderíamos dizer que o predomínio essencial de uma classe particular na sociedade não se mantinha somente, embora se necessário, pela força, e não somente, embora sempre presente, pela propriedade. Mantinha-se também, e inevitavelmente, por uma cultura vivida: essa saturação de hábitos, de experiências, de perspectivas desde a mais tenra idade e permanentemente renovada em vários estágios da vida, sob pressões definidas e dentro de limites definidos, de tal modo que o que as pessoas venham a pensar e a sentir represente em ampla medida uma reprodução da ordem social profundamente arraigada, a que pensam se opor em certos aspectos e a que de fato realmente se opõem. E, se for assim, então novamente a tradição do stalinismo e a tradição do fabianismo são igualmente irrelevantes. Simplesmente tomar o poder do Estado e promover mudanças nessa hegemonia por um redirecionamento e uma manipulação autoritários envolve ou uma repressão inevitável ou, de qualquer modo, uma subestimação radical dos processos reais de mudança humana que têm de ocorrer. E o fabianismo, com suas medidas administrativas, suas reconstruções institucionais, sequer parece atento a esse problema ou, se estiver, considera-o um problema do "baixo nível de consciência" dos que chama de "ignorantes" ou, como o stalinismo, de "massas". Mas essa é a subestimação mais crucial do inimigo. Posso colocar dessa maneira? Aprendi a experiência da incorporação, aprendi a realidade da hegemonia, aprendi o poder saturador das estruturas de sentimento de uma dada sociedade, tanto em minha mente e em minha experiência quanto observando a vida dos outros. Ao longo de nossas vidas, se fizermos algum esforço, descobriremos camadas desse tipo de formação insólita dentro de nós mesmos, profundamente dentro de nós. Logo, esse reconhecimento é o reconhecimento de grandes elementos de *nossa própria* experiência que teriam de ser – deveríamos dizê-lo? – derrotados. Mas derrotar algo assim em você mesmo, em sua família, em seus vizinhos, em seus amigos, envolveria algo muito diferente, a meu ver, das estratégias políticas mais tradicionais.

Logo, cheguei a uma posição que me parece, nesse estágio, muito diferente do marxismo, ou pelo menos do que a maioria chamou de marxismo, inclusive muitos marxistas ortodoxos. E como eu desenvolvi essa posição, disseram que eu não seria marxista. Realmente não importa, como disse no começo, qual seja o rótulo adotado. Mas, ao entender a hegemonia cultural e ao vê-la como a dimensão crucial do tipo de sociedade que emergiu desde a guerra sob o capitalismo avançado, percebi a ruptura com o marxismo e ainda mais com as tradições da social-democracia, do liberalismo e do fabianismo, que haviam sido minha herança imediata.

Portanto, se me pedissem afinal para definir a minha própria posição, diria o seguinte. Acredito na necessária luta econômica da classe trabalhadora organizada. Acredito que seja a atividade mais criativa de nossa sociedade, como indiquei há alguns anos ao chamar as grandes instituições da classe trabalhadora de realizações culturais criativas, bem como de os primeiros instrumentos indispensáveis da luta política. Acredito que não seja necessário abandonar uma perspectiva parlamentar como uma questão de princípio, mas como uma questão prática estou inteiramente seguro de que devamos começar a olhar além dela. Por razões que descrevi em *The Long Revolution* e em *The May Day Manifesto*, penso que nenhuma maioria parlamentar previsível instaurará o socialismo, a menos que haja um tipo de apoio político completamente diferente, atividade essa que está inteiramente fora do escopo do Partido Trabalhista britânico ou de qualquer outro candidato provável a esse tipo de ofício. Tal atividade envolve os elementos mais ativos da política na comunidade, campanhas locais, campanhas com interesses específicos: todas foram realizações reais da política dos anos 1960 e ainda estão especialmente ativas. Mas finalmente, pois esse é o terreno em que estive mais intimamente envolvido, sei que existe um trabalho a ser feito profundamente necessário em relação aos próprios processos de hegemonia cultural. Acredito que o sistema de significados e valores que uma sociedade capitalista criou deva ser derrotado no geral e nos detalhes por tipos mais sustentados de trabalho intelectual e educacional. Esse é um processo cultural que chamei "a longa revolução" e, ao chamá-lo assim, quis dizer que era uma luta verdadeira, a qual era parte das indispensáveis batalhas da democracia e da vitória econômica para a classe trabalhadora organizada. As pessoas mudam, é verdade, na luta e pela ação. Algo tão profundo quanto a estrutura de sentimento dominante só será mudado por uma nova experiência ativa. Mas isso não quer dizer que a mudança possa ser remetida à ação concebida de outro modo. Pelo contrário, a tarefa de um movimento socialista bem-sucedido incluirá sentimento e imaginação tanto quanto fato e organização. Não imaginação e sentimento em seus sentidos fracos – "imaginando o futuro" (o que é uma perda de tempo) ou "o lado emocional das coisas". Pelo contrário, devemos aprender e ensinar uns aos outros as conexões entre uma instituição política e econômica, uma instituição cultural e educacional, e talvez a mais difícil de todas, as instituições de sentimento e relações, que são nossos recursos imediatos em qualquer luta. O marxismo contemporâneo, estendendo seu escopo a essa área mais ampla, aprendendo novamente os significados reais de totalidade, seria então um movimento ao qual eu sentiria que pertenço e ao qual fico feliz de pertencer.

O ESCRITOR: ENGAJAMENTO E ALINHAMENTO
1980

Algumas pessoas, ao se depararem com uma ideia, acham que a primeira coisa a fazer é debatê-la. Mas, embora faça passar o tempo e tenha a vantagem de animá-las, de nada mais lhes serve. Se há algo que deveríamos ter assimilado da tradição marxista é que ideias são sempre representações de coisas que as pessoas realmente fazem ou se sentem impedidas de fazer. Portanto, a primeira maneira de encarar a ideia de engajamento não é vê-la como uma noção geral que podemos imediatamente debater, citando este ou aquele exemplo histórico, mas de preferência ver por que a noção de engajamento se desenvolveu e contra quais ideias alternativas se direcionou.

Na realidade, os assuntos em pauta têm sido debatidos em muitos termos. Engajamento se tornou a palavra habitual em nossa época, por causa da famosa intervenção de Jean-Paul Sartre no final da guerra, quando disse:

> Se a literatura não for tudo, não vale a pena sequer por um minuto. É o que chamo de engajamento. Ela fenece se for reduzida à inocência, às canções. Se cada frase escrita não ressoar em todos os níveis do homem e

da sociedade, ela não significa nada. A literatura de uma época é a época digerida pela literatura?[1]

Foi nesse sentido que se concentrou uma discussão de longa data em torno da noção de engajamento, mas com alguma dificuldade, de imediato. Em primeiro lugar, porque Sartre, a meu ver bem equivocadamente, disse que isso se aplicaria apenas à prosa; a poesia seria uma outra coisa. Porém, é muito difícil defender essa causa para um só gênero de escrita, de modo que fique claro por que se deve excluir da mesma exigência outro gênero. A distinção entre prosa e poesia, que Sartre tentou fazer, conturbou o debate desde o início. Em segundo lugar, e muito mais significativamente, o cenário não dito da intervenção de Sartre foi um contexto histórico e político muito específico. Foi no ambiente da Resistência. Além disso, foi em um tempo de possibilidades concretas de movimentos significativos na França e em outras regiões da Europa Ocidental, em direção a um novo tipo de democracia. A participação de intelectuais de todos os tipos, e especialmente escritores, nesses grandes movimentos coletivos, originários da guerra antifascista e da Resistência, teve uma ressonância social imediata, focalizada e urgente. Por outro lado, no momento em que a ideia completou seu tempo costumeiro e exorbitante para cruzar o canal (porque deve ter sido uma das viagens culturais mais longas da história, em comparação com a distância física), aportou na Inglaterra em tempos mais difíceis.

Aí, soou, e sem dúvida soou corretamente, como uma posição bem conhecida nos anos 1930. As posições dos escritores britânicos de esquerda nos anos 1930, embora não estivessem normalmente agrupados em torno da palavra "engajamento", estavam orientadas em direção à mesma ideia essencial. Mas o final dos anos 1940 e o início dos anos 1950 foram uma outra

---

1 Sartre, *Between Existentialism and Marxism*, p.13-14.

época. Foi o começo da Guerra Fria. Houve, então, três tipos de reação contrária à ideia.

Em primeiro lugar, e não deveríamos esquecê-la, houve uma reação contrária à causa em relação à qual aqueles escritores haviam se engajado. Foi a época em que se teve de olhar a outra face da geração dos anos 1930. É bem verdade que muitos entre os melhores haviam morrido na Espanha ou na guerra europeia generalizada. Mas tivemos também o começo daquele período extraordinário e terrível, em que os escritores dos anos 1930, um após o outro, renunciaram ao que haviam outrora defendido e explicaram, de uma maneira pretensamente cativante e patética – em todo caso com tom de pedido de desculpas –, como haviam sido enganados ou iludidos ou coisas do tipo. Alguns escritores não enveredaram por esse caminho, mas suas opiniões tenderam a ser menos divulgadas. No começo dos anos 1950, poder-se-ia enfileirar uma longa série de escritores que disseram: "Sim, claro, fui assim em minha juventude tola, mas agora compreendo melhor". E, a partir desse ponto, não houve absolutamente nenhuma distância até ser dito que os escritores deveriam se manter afastados da coisa política, especialmente da coisa política de esquerda. Essa foi a primeira razão pela qual a argumentação teve um péssimo começo no pós-guerra.

Em segundo lugar, houve um problema muito grave, que deveria ter sido intelectualmente diferenciado do primeiro, mas, com certeza, não o foi. Pois houve fases, inclusive a fase stalinista na União Soviética, em que a noção de engajamento poderia facilmente ser relacionada à prática de uma autoridade acima do escritor, que lhe dizia o que escrever e como escrever. "Sabemos o que você entende por engajamento. Você não quer ser um escritor de verdade, você e os outros querem ser escribas do partido." E o fato de alguns – demasiados – exemplos históricos verídicos poderem ser citados como prova tornou muito difícil manter a clareza. Porém, nos melhores momentos, sempre houve uma disputa no *interior* do movimento socialista. Ainda não há declaração melhor sobre esse assunto do que a de Brecht, um escritor comunista, ao responder a um artigo do marxista húngaro Georg Lukács, à época em Moscou. Brecht disse a propósito de toda essa tendência:

> Falando francamente, são inimigos da produção. A produção os torna desconfortáveis. Nunca se sabe onde se está na produção; a produção é imprevisível. Nunca se sabe o que vai acontecer. E eles próprios não querem produzir. Eles querem representar o *apparatchik* e exercer controle sobre as pessoas. Todas as suas críticas contêm uma ameaça.[2]

Portanto, houve uma posição de princípio no interior do movimento socialista que permitiu a um escritor integralmente engajado, como Brecht, fazer a necessária distinção entre um engajamento de produção vinculado a uma causa e, por outro lado, uma subserviência a alguma versão de produção conveniente, arbitrariamente decidida por um partido e seus ideólogos. Continua a ser uma distinção crucial, mas foi muito difícil defendê-la no período da Guerra Fria e nesse clima de confissão de erros que enfraquecia a confiança de toda uma geração de escritores. Na prática, as duas ideias muito distintas – engajamento e subserviência – assimilaram-se e pareceram sustentar-se reciprocamente.

Em terceiro lugar, houve uma certa reação entre aqueles poucos escritores de esquerda que mantiveram a razão durante esse período difícil. E foi um período terrivelmente difícil, porque era muito complexo. Houve uma cautela compreensível em relação ao que se poderia muito bem chamar de oportunismo. À época, como hoje, essa não foi a realidade do engajamento, mas a sua versão carreirista. Engajamento ainda significava, na sua melhor acepção, considerar a realidade social, a realidade histórica, a evolução da realidade social e histórica como os centros

---

2 Apud Benjamin, Talking to Brecht, *New Left Review*, n.77, jan.-fev. 1973.

de atenção e encontrar em seguida as centenas de maneiras de escrever sobre esses processos. Por outro lado, no pior caso, poderia ser um tipo superficial de escrita, que houvesse tido o cuidado de incluir as referências políticas adequadas à reivindicação do momento. Se quisermos uma autoridade no assunto, encontraremos, em um de seus momentos mal-humorados, nada menos do que a autoridade de Engels, que disse:

> Tornou-se cada vez mais hábito, particularmente das espécies inferiores de *literati*, disfarçar a falta de esperteza das suas produções com alusões políticas que estavam seguras de atrair a atenção. A poesia, os romances, as recensões, o drama, toda a produção literária abundava naquilo a que se chamava "tendência".[3]

Isso aconteceu poucos anos após Marx ter se referido a obras como as de Eugène Sue como "os mais tristes despojos da literatura socialista".[4] E Engels, cada vez mais irritadiço, trinta anos depois, falou de "um camarada sem valor que, devido à falta de talento, chegou a extremos, com um lixo tendencioso, para mostrar suas convicções, mas na realidade para angariar público".[5] Ora, não cito essas observações porque tenhamos de acreditar em tudo o que Marx ou Engels disseram. Na verdade, pouco a pouco, a apreciação de Engels mudava, como frequentemente aconteceu com o seu gosto literário, rumo a uma posição burguesa ligeiramente mal-humorada, mais do que propriamente marxista. Mas é muito importante, se quisermos honestidade na esquerda, que fique bem claro que existe uma espécie de oportunismo, capaz de usurpar a ideia de engajamento, apropriando-se da reivindicação política do momento, quer seja ou não referência significativa

---

3 Engels, F. *New York Daily Tribune*, 28 out. 1851.
4 Marx, K. "The Holy Family". In: Baxandall, L.; Marawski, S. (orgs.). *Marx and Engles on Literatura and Art*, St. Louis, 1973, p.121.
5 Engels, Letter to Eduard Bernstein, 17 ago. 1881. In: Baxandall; Morawski, op. cit., p.125.

à experiência central ou à integridade da escrita. Esse é o falso engajamento da referência política anexada. Não é o que Sartre, ou quem quer que haja levado a ideia a sério, entenderia por engajamento.

De qualquer modo, essa terceira reação, essa cautela, evoluiu e, em meio a isso tudo, descobriu-se mais um fato, memoravelmente expresso pelo marxista alemão Adorno. Ele ressaltou que, ao se propor um engajamento, é preciso reconhecer que ele é, conforme suas palavras, "politicamente polivalente".[6] Ou seja, ao se solicitar aos escritores que se engajem, nunca se poderá ter certeza da causa específica com a qual se engajarão. Seria mais simples se fosse verdade que escritores importantes nunca pudessem se engajar com o fascismo ou com as formas mais arcaicas do conservadorismo ou com as formas mais suaves do liberalismo. Entretanto, se a ideia de engajamento está de fato presente, mas indefinida, como é frequente na retórica, tais escritores dão-se a conhecer, tomam posição sobre a realidade social, participam da luta política. Na realidade, isso tem acontecido à direita todas as vezes. Logo, se é assim em todos os níveis, na própria escrita ou em alguma capacidade mais genérica, naturalmente não há nenhuma garantia de que o engajamento seja intrinsecamente progressista, como alguns presumiram. Em si mesma, quer dizer, a ideia habitual de engajamento está fadada a ser polivalente. Costumávamos discutir, no final dos anos 1930, se um bom escritor poderia ser fascista. Pareceu-nos então que se fosse assim haveria algo errado, e algumas pessoas se viram em situações bem insólitas, ao dizerem ou "sim, ele é fascista, mas não é um escritor muito bom" ou "ele pode ser um bom escritor, mas, com certeza, ele é politicamente ingênuo". É melhor reconhecer a realidade social que em nossa época, como em outras, tem produzido bons e até mesmos grandes escritores reacionários, além de todos os outros que preferimos, por diferentes razões, homenagear e recordar.

---

6 Adorno, T. Commitment, *New Left Review*, n.87-8, set.-dez. 1974.

Foram tempos ruins e conturbados. Porém, pode acontecer que os tempos ruins nos ensinem tanto quanto os tempos bons. Quando há confusão intelectual, quando se suporta uma grande quantidade de retórica política, quando se veem todos os tipos de recriminações e divisões dentro do próprio movimento, ainda existe uma possibilidade de aprender com essa evolução. No caso de uma ideia genérica, existe a possibilidade de aprender o que ela tem de significante e o que, por outro lado, é insignificante ou espúrio. E, embora as pessoas ainda estejam preocupadas, penso que isso tenha ocorrido nas reflexões mais recentes.

Houve uma mudança a partir dos anos 1960, após o final daquele período conturbado e assustador. Na realidade, "engajamento" ainda não é a palavra mais comumente utilizada porque, considerando o passado, ainda provoca muita inquietude. Penso que conseguimos entender que engajamento não foi, na maioria das vezes, uma proposição positiva. Foi principalmente uma resposta a uma outra proposição, que se tornou muito comum, e à qual pretendia contrapor-se. Tratava-se da proposição de que o artista, por definição, deveria ser um indivíduo livre; de que ser um artista é ser um indivíduo livre. Com certeza, há uma versão de engajamento que pode abrangê-la, pois um indivíduo livre pode fazer a escolha de se engajar. Foi o que Sartre efetivamente disse. Mas, para outros, tal engajamento seria uma supressão da liberdade. Como se engajar em alguma coisa que não seja a prática de sua própria alma? Então o artista não é necessariamente o próprio modelo de indivíduo livre?

Ora, é um caso geral importante. E uma das vantagens de examiná-lo nos limites do pensamento marxista é esta: pode-se perceber quando surgiu a ideia do artista como um indivíduo livre, o que, por sua vez, lança uma luz importante sobre a história da prática da escrita e de suas relações sociais sempre conturbadas. Pois a ideia do artista como modelo do indivíduo livre nasceu, na realidade, no final do século XVIII e início do século XIX; quer dizer, no período de duas mudanças muito importantes. Por um lado, houve a emergência de um novo libertarismo na literatura, principalmente no movimento romântico. Por outro, as condições de escrita e publicação mudavam de maneira sem precedentes, o que deu uma nova independência profissional aos escritores de sucesso, porém, em contrapartida, marginalizou alguns setores, a tal ponto que a impossibilidade de sentir-se integrado ou desejado pela sociedade – ou como um todo ou por uma parte dela – tornou esse tipo de escritor efetivamente marginalizado.

Ora, não devemos reduzir essa evolução a nenhum desses três fatores. Os três são fundamentais para a noção em desenvolvimento do artista livre. O artista livre do movimento romântico defendia um modo de liberdade que se identificava, em muitos casos, com a libertação humana mais geral. Ele argumentava contra a tirania da Igreja e do Estado, na verdade, contra qualquer autoridade que tentasse impor ao artista o que ele deveria pensar ou escrever. Também argumentava contra a tirania das regras artísticas. Há um descontentamento romântico padrão contra o que definiram e renegaram como sendo uma imitação classicista: regras para escrever bem; regras sobre o que escrever; regras para tratar qualquer assunto; regras levadas ao ponto de serem consideradas, pelo menos teoricamente, definitivas, de tal forma que a prova da boa escrita fosse a capacidade de demonstrar qualidades nesse ofício conhecido, com todas as suas regras e técnicas. A nova reivindicação de que um escritor deve ser livre para quebrar as regras, livre para inovar, livre para criar obras que a experiência exigir, correspondam ou não às noções preexistentes: essa foi a reivindicação essencial do movimento romântico e foi acompanhada de uma revolta consciente contra qualquer autoridade que tentasse usurpar, suprimir ou discriminar essa nova forma de escrever.

Por outro lado, o mercado literário, que então se tornava mais organizado, tinha um efeito de dois gumes muito curioso.

Por volta dos anos 1830, se você fosse um determinado tipo de autor, poderia tornar-se um profissional bem-sucedido, em um nível que pouquíssimos escritores atingiram anteriormente. E embora obviamente mais evidente para os muito bem-sucedidos, ainda assim, em razão da extraordinária expansão da publicação de revistas, do barateamento dos livros e do enorme crescimento dos jornais e periódicos, as oportunidades para um número muito grande de escritores eram bem mais amplas do que em qualquer período precedente. Mas com certeza era uma liberdade para expor-se e competir nesse mercado. Portanto, apareceu nesse nível a ideologia profissional do artista independente, definindo a liberdade nesse sentido muito especial, que ele deveria ser livre para competir no mercado. Assim, na realidade, ele entendia o mercado como a definição de seu bastião social, as suas relações sociais reais. E como a sociedade era representada pelo mercado, não seria o caso de quaisquer outros engajamentos sociais significativos. Essa é uma definição burguesa clássica de liberdade.

Em outras áreas da escrita, no entanto, especialmente na poesia, a situação econômica dos escritores caminhava em uma direção bem diferente. Certos tipos de escrita foram marginalizados, pois o mercado substituía os sistemas precedentes de patronagem e, no mercado, escritos como a poesia eram, no melhor dos casos, um produto marginal e, no pior, bastante indesejáveis. Assim, em paralelo ao novo profissional literário bem-sucedido, que reivindicava a sua liberdade profissional, mas a reivindicava para entrar no mercado (que lhe diria o que a sociedade desejava), havia o escritor indesejável, logo mistificado como o gênio famélico. Viam-se alguns efetivamente; e também viam-se alguns gênios famélicos por vir. De todo modo, tornou-se um modelo do que um escritor idôneo deveria ser. Encontram--se ainda pessoas que pensam que é prova de que se trata de um verdadeiro escritor. É um mito que pareceu a todos muito atraente nessa sociedade de mercado, na qual os escritores mais importantes se tornam cada vez mais cidadãos prósperos profissionalmente estabelecidos.

Agora, podemos ver que ideia complexa exprime essa proposição de que um artista deve ser livre. De certa forma, quem gostaria de discordar? Quem poderia supor que teríamos escritores melhores se alguma autoridade constituída estiver ao lado do escritor, olhando por cima do seu ombro, aconselhando o que deve fazer? Não que o escritor não se beneficie de conselhos; mas há o problema quase insolúvel de encontrar juntos o conselho certo e o escritor certo: é sempre mais provável chegar ao escritor errado com o conselho errado. Cabe-nos, evidentemente, entender o conjunto de ideias que se fundia nessa noção de independência livre, que precisamos efetivamente decompor novamente se quisermos entender a situação real. Pois a aceitação do mercado como garantia de liberdade é totalmente ilusória. Embora seja verdade que, no momento do sucesso, o escritor profissional independente possa operar muito livremente no mercado, ao tornar-se ele próprio um vendedor com uma certa independência autêntica, o escritor mediano, e nessas condições estava a grande maioria, era dependente do mercado de uma maneira pelo menos tão rígida, e às vezes mais rígida do que a antiga dependência dos escritores em relação aos patronos.

A própria patronagem passou por vários estágios, dos quais apenas alguns foram profundamente restritivos. Nas suas formas muito primitivas, ela era uma obrigação. Na sociedade feudal, por exemplo, era a obrigação de uma família digna amparar e acolher, prover o sustento de artistas, poetas, pintores, músicos. Mais tarde, surgiu um novo tipo de patronagem, no qual as cortes, as famílias e as autoridades contratavam artistas para incumbências específicas. Durante essa contratação, sobrevieram todos os tipos de queixa subsequentemente ouvidas no mercado, mas nas condições mais favoráveis havia uma certa diversidade; se houvesse problema com este patrono, era possível trabalhar para outro, como, aliás, no mercado capitalista incipiente. Não era uma situação confortável, não era uma boa situação, mas não necessariamente se compara desfavoravelmente ao mercado. Há também uma outra fase de patronagem, que em nada dependia de recompensa monetária, mas era simplesmente a oferta de amparo social, proteção social e incentivo inicial, quando necessário. Sem dúvida, frequentemente amparo e proteção eram propostos apenas a certos tipos de produção literária, em decorrência da opinião de que aquele era um bom tipo de produção. Mas foi sempre uma avaliação potencialmente diferente – deixemos de lado se era uma avaliação melhor – do que se tornou o critério primordial do mercado, o de saber se essa obra vai *vender*. À medida que o mercado evoluiu, tornou-se, e está se tornando, o único critério. De fato, atravessamos agora a maior mudança no mercado da escrita e da publicação desde o início do século XIX. O critério da desejabilidade é a promessa de vender e, cada vez mais, atualmente, de vender rápido para que não haja custos elevados de armazenamento ou de outras considerações contábeis. Essa evolução, nas próprias condições que pareciam garantir liberdade para os bem-sucedidos, estabeleceu coações de um novo tipo, que não puderam, entretanto, ser reconhecidas como obstáculos à liberdade, porque justamente eram o terreno extremamente competitivo que muitos escritores haviam procurado. Um escritor burguês não poderia dizer "é o mercado que restringe a minha liberdade", porque para ele o mercado era a sua liberdade. Apesar disso, sempre esteve claro que o mercado guia os escritores, restringe-os e impele-os para uma ou outra direção. Pode ser um processo muito simples ou muito complexo. É extraordinariamente difícil para qualquer um de nós, como escritores, sermos honestos sobre isso.

Por exemplo, agora, em um estágio tardio e muito organizado do mercado, a situação com frequência é assim: você quer escrever uma obra específica, que por acaso tem uma extensão inconveniente, sendo essa extensão a melhor estimativa da difusão do material. Você consulta um coordenador editorial ou um editor sobre o assunto e ele frequentemente diz: "Bem, é uma pena essa extensão. Mas temos uma ideia para um livro em uma de nossas coleções. Claro, você pode escrevê-lo por enquanto". E suponha que seja por sorte alguma coisa que você tenha cogitado escrever um dia, mas que ainda não tenha escrito; quando decidir fazê-lo – e muitos o fazem –, terá se transformado no que *você* quer. Na realidade, a menos que você seja absolutamente implacável consigo mesmo, implacável no exame de seus motivos e especialmente de suas adaptações mais complexas, essas decisões impingidas assumem a plausibilidade de seus desejos naturais, de seu livre desenvolvimento como um escritor. E, naturalmente, dizem: "Por que você deveria ser uma prima-dona?", "Por que não escrever o que o público quer?". Na verdade, as frases familiares de compromisso voltam na retórica do brilhante editor comercial: "Você não quer escrever o que interessa ao público?", "Qual a vantagem de escrever para si próprio e para alguns amigos?". Portanto, o mercado chega a parecer uma definição de dever social, embora geralmente editores saibam muito menos do que escritores o que o público desejaria ler, independentemente do que *já* desejaram. Estão pelo menos tão frequentemente errados quanto certos, mas de qualquer modo a noção do que o público deseja, que dominou o mercado, volta como uma espécie estranha de liberdade. Porém, muitos escritores receiam que se disserem "o mercado não é realmente livre", reneguem a base acessível de sua própria liberdade. Então, o que dizem alternativamente, em relação à liberdade, não pertence ao lugar onde estão. Falam de outras situações, em que as coerções são diferentes: em que existe apoio de Estado aos escritores, por exemplo, mas certamente não o apoio de Estado a toda literatura, decerto a recusa de publicar alguns tipos de livro, e isso é totalitarismo. De fato, frequentemente é assim. Devemos todos reconhecer os erros e deformações – às vezes os crimes – de tais sistemas. Muitos estão restritos pelo fato de que o apoio público opera apenas como um apoio do *Estado*; isso terá de ser alterado por novos procedimentos mais abertos. De todo modo, devemos também vigiar a liberdade e seus inimigos, onde nós mesmos estivermos. Ora, eu disse no começo que é um erro, ao se deparar com uma ideia, pôr-se imediatamente a debatê-la. O transtorno de muitas discussões sobre engajamento é confundirem dois pares de alternativas. Ou confundem a noção do artista tendo sua própria autonomia, que o engajamento tende a debilitar, com a noção de ser comandado por uma autoridade central. Ou confundem ambas com a ideia de independência profissional, que tem sido a situação histórica dos escritores afortunados em nosso próprio modelo de sociedade. E, nesse ponto, devemos tentar mais um esclarecimento. Coloquei no título desta conferência não apenas a palavra "engajamento", mas também a palavra "alinhamento". Sem dúvida no sentido fraco, "alinhamento" é apenas uma outra palavra para "engajamento". Mas há um outro sentido de alinhamento, que levo muito a sério, pelo qual deveria começar toda argumentação contemporânea séria sobre engajamento.

O marxismo, mais notoriamente do que qualquer outro tipo de pensamento, mostrou-nos que estamos de fato alinhados muito antes de percebermos que estamos alinhados. Pois nascemos em uma situação social, em relações sociais, em uma família, que juntas formaram o que, elevando o nível de abstração, poderíamos ver como sendo nós mesmos enquanto indivíduos. Muito dessa formação ocorre antes de termos consciência de qualquer individualidade. De fato, a consciência da individualidade é frequentemente a de todos esses elementos de nossa formação, mesmo que nunca possa ser completada. Os alinhamentos são certamente profundos. São nossa maneira normal de viver no mundo, nossa maneira normal de ver o mundo. Sem dúvida, podemos nos tornar intelectualmente cônscios de que não são normais, no sentido de serem universais. Chegamos a reconhecer que outras pessoas vivem diferentemente, nasceram em relações sociais diferentes, veem o mundo diferentemente. Ainda assim, em certos níveis profundos – e isso é muito importante ao escrever –, o nosso alinhamento real é tão inseparável da constituição de nossa própria individualidade que seria bastante artificial separá-los. E depois, para um escritor, há algo ainda mais específico: ele nasceu em uma língua; seu próprio meio de comunicação é algo que aprendeu como se fosse natural, embora, sem dúvida, saiba que existem outras línguas muito diferentes. Mas ainda assim é o instrumento com o qual trabalhará, o instrumento que compartilha com seu próprio povo, que entrou em sua própria constituição muito antes de começar a escrever. É inevitável, se quiser verdadeiramente escrever, que esteja alinhado a essa língua, através dessa língua, com algumas de suas qualidades marcantes. Portanto, nascido em uma situação social, com todas as suas perspectivas específicas, e em uma língua, o escritor está alinhado desde o início.

Porém, o alinhamento aprofunda-se ainda mais nos gêneros reais e disponíveis de escrita. Quando ouço falar de literatura, descrevendo o que fulano fez nesse gênero – como ele conduziu o conto? –, imagino frequentemente que deveríamos inverter a questão e perguntar como o conto o conduziu. Pois quem observou cuidadosamente a sua própria prática de escrita sabe que em algum momento atinge um ponto em que, embora segure a caneta ou datilografe, o que está sendo escrito, mesmo sem estar separado dele, também não é apenas ele, é a indubitável força do gênero literário. Muito poucos, se é que existe alguém entre nós, poderiam escrever se alguns gêneros não estivessem disponíveis. E então poderemos ter sorte, poderemos encontrar gêneros que correspondam à nossa experiência. Mas tomemos o exemplo dos escritores da classe trabalhadora do século XIX, que desejavam escrever sobre suas vidas trabalhadoras. O gênero mais popular era o romance, porém, embora tivessem um material maravilhoso que poderia ser incluído nos romances, pouquíssimos conseguiram escrevê-los bem, ou mesmo simplesmente escrevê-los. No entanto, escreveram autobiografias maravilhosas. Por quê? Porque o gênero que fluía através da tradição religiosa era o relato da testemunha confessando a história da própria vida, ou o discurso de defesa no tribunal, em que um homem conta ao juiz quem é e o que fez, ou possivelmente outras formas de discurso. Esses gêneros orais eram mais acessíveis, gêneros centrados no "eu", na própria pessoa. O romance, com suas formas narrativas tão diferentes, foi praticamente impenetrável aos escritores da classe trabalhadora por três ou quatro gerações, e ainda há muitos problemas em utilizar os gêneros que nos são legados para tarefas bastante diferentes no fim das contas. Na verdade, os padrões de consciência da classe trabalhadora estão fadados a serem diferentes dos padrões literários das outras classes, e será longa a luta para encontrar novos padrões adequados.

Ora, estes são alinhamentos de um tipo íntimo, e realmente penso que o aspecto mais importante do engajamento é engajarmo--nos suficientemente com a realidade social, para tornarmo-nos conscientes desse nível de socialização. Quer dizer, tornarmo--nos conscientes de nossos próprios alinhamentos reais. Isso pode levar-nos a confirmá-los em algumas situações. Ou, frequentemente, pode levar-nos a mudá-los, desviá-los, corrigi-los, um processo mais doloroso do que parece. Alguns dos casos mais divulgados de "engajamento" ocorrem quando as pessoas mudam de um conjunto de crenças e suposições para outro, o que pode representar na prática uma mudança bastante radical. Na realidade, mesmo quando confirmamos nossos alinhamentos mais íntimos, mesmo consciente e deliberadamente, algo estranho aconteceu, e sentimo-nos engajados de um modo diferente. Porque, efetivamente, ao termos entendido a pressão social sobre nosso próprio pensamento ou ao alcançarmos a compreensão maravilhosa, embora inicialmente terrível, de que pensamos o que muitos outros pensaram, de que vemos o que muitos outros viram, estamos diante de uma experiência extraordinária. Podemos encará-la negativamente contra todas as pessoas que apelam à liberdade do artista individual em seus próprios termos isolados. Um fato surpreendente sobre os que dizem "Só escrevo como um indivíduo livre, só escrevo o que quero escrever" é que na realidade a maior parte do que escrevem já foi escrita e todos já a conhecem. Essa é certamente uma ilusão de liberdade. Mas, para além dela, sob pressão, há um tipo muito elevado de liberdade. Aparece quando se é livre para escolher, ou escolher tentar mudar, o que realmente o pressiona, em toda a sua formação social, em seu entendimento das possibilidades da escrita.

Ter esse engajamento nada tem a ver com submissão. É a descoberta dessas relações sociais que estão de todo modo aí. Penso ser o que Sartre chamou de reverberação, ressonância: a consciência ativa dessas relações sociais que incluem nós mesmos e nossas práticas. Provavelmente, nunca será uma descoberta conveniente em nossa espécie de mundo. Pouco acrescenta à maneira de estar imediatamente inscrito no mercado ou na orientação política de outra pessoa. Mas, quando acontece, nas muitas maneiras diferentes e possíveis, seu som é inconfundível: o som dessa voz que, ao falar por si mesma, fala necessariamente para mais do que para si mesma. Quer encontremos ou não essas vozes, vale a pena engajar-se na tentativa.

ARTE: LIBERDADE COMO DEVER
1978

Podemos pensar na questão da liberdade e do dever na arte como um problema de equilíbrio – um quinhão de liberdade contra um quinhão de dever –, um diálogo perpétuo das relações entre essas duas condições aparentemente opostas. Não gostaria de contestar a utilidade desse tipo de discussão; em muitas situações específicas, ele é necessário. Mas gostaria de dizer, antes de tudo, e não meramente em um espírito paradoxal, que o primeiro dever do artista, em um sentido importante, é ser livre, e o primeiro dever do provimento social das artes é assegurar a liberdade. É preciso dizer isso porque, em condições muito diferentes, essa liberdade sofre atualmente uma ameaça bastante considerável. De maneira geral, o tipo de ameaça citado é característico de sociedades distintas da nossa. Nesse sentido, no Ocidente capitalista estamos bem atentos, correta e necessariamente atentos, às ameaças à liberdade do artista em sistemas políticos autoritários: medidas administrativas e censura, além de várias modalidades de controle legal e policial. Acredito firmemente, como os outros, que devamos denunciar essas formas de interferência e demonstrar solidariedade com todos os que suportam tal interferência.

Mas, exatamente porque tenho essa firme convicção, também estou atento às limitações à liberdade em um tipo de sociedade muito diferente, como a nossa, em que os problemas são os da viabilidade comercial. Evidentemente, há uma área não desprezível de dificuldades de um tipo mais propriamente político ou legal, mas penso, sobretudo, nas restrições comerciais, em razão das quais se pode dizer às vezes que liberdade, em nosso modelo de sociedade, equivale à liberdade de dizer o que se queira, desde que possa ser dito com lucro. Ou seja, não há nenhum problema em se dizer qualquer coisa ou em se escrever qualquer coisa, exceto no sentido de encontrar distribuição normal, condições normais de trabalho. Há uma correlação profunda com o lucro, e isso impõe alguns tipos de restrição. Em nenhuma dessas situações, nem sob pressão política autoritária, nem sob pressão comercial, o artista quer ouvir falar de dever, porque dever é frequentemente o nome dado ao exercício dessa pressão: o dever de servir ao Estado ou à causa, o dever de entreter o público, ou de escrever o que queiram ler, o que geralmente significa algo que se ajuste à previsão mercadológica de alguém sobre o que os outros querem ler. Contra todas essas restrições à liberdade do artista, devemos ser muito firmes.

A defesa filosófica da liberdade do artista pode ser feita em termos de seus direitos como indivíduo, ou de seus direitos como artista. Não quero contestar quaisquer dessas defesas, embora não sejam o modo pelo qual eu próprio efetivamente colocaria a questão. Penso que a necessidade de liberdade nas artes seja, acima de tudo, uma necessidade *social*. Penso que o próprio processo de escrever seja tão fundamental para o pleno desenvolvimento de nossa vida social que precisamos de todas as vozes, em um sentido importante. A extrema complexidade de qualquer processo histórico e social, vivido em um lugar específico, em um momento específico, a extrema complexidade da interação entre as vidas individuais e todas essas condições gerais significa que nunca se poderá dizer que há vozes suficientes, ou que há vozes representativas, ou que alguém pode dizer de antemão quais são as coisas significativas, tanto a serem ditas quanto a serem escritas. Essa necessidade de muitas vozes é uma condição de saúde cultural de qualquer sociedade complexa e, assim, a criação de condições para a liberdade do artista, nesse sentido, é dever da sociedade, não para o bem de qualquer artista individual, nem em termos de discussões abstratas sobre direitos, mas simplesmente porque a sociedade precisa de toda a experiência articulada e de todas as criações específicas que puder obter.

Por isso, entre outras razões, recuso-me a aderir a um modo de falar sobre a produção cultural em nosso modelo de sociedade que considero talvez muito disseminado, especialmente nos círculos universitários, profissionais, literários e culturais. Isto é, esse modo de falar em que se pode dizer que em cada esquina alguém escreve um romance, em cada cozinha ou em cada domingo suburbano alguém pinta um quadro, realmente uma sensação de que o mundo está coalhado de escritores, pintores e artistas de toda espécie, com um forte tom de condescendência face a esses amadores pululantes, que facilmente se transmuda em um tom profissional. Ora, eu vi, pessoalmente, uma grande quantidade desse trabalho, como orientador educacional de adultos, e não pretendo dizer que todo ele merece imediatamente o respeito ou o interesse dos outros. Não vou aventar a hipótese do Milton inglório e mudo, mas afirmar que esse tipo de produção, extremamente difundido, corresponde de perto ao modo como eu penso que devem ser vistos os processos de escrever e o desejo de criar. Em razão dessa correspondência, sempre quero falar da produção multifária, no mínimo com neutralidade, pois, afinal, não é possível dizer, de antemão, em qual dessas ruelas será escrito um romance de grande interesse geral. Não há garantia – na verdade, quase sempre é o oposto – de que a obra significativa venha dos centros reconhecidos ou nos modos reconhecidos ou, sob quaisquer outros auspícios, de alguma maneira autenticados ou considerados estilosos. Acredito que talvez seja mesmo necessário que muitos tentem e fracassem para que uns poucos tenham sucesso – a hipótese que se aventou um dia de que, para se conseguir um único pintor, é preciso mil pessoas pintarem, e não há jeito de saber por antecipação, nem mesmo de saber precocemente, qual delas será.

Logo, como não há nenhuma necessidade de uma pessoa sensata se sentir ameaçada por essa grande atividade de produção, deveríamos aceitá-la – em termos gerais, e também porque acho que nos ensina algo sobre o caráter de nossa própria sociedade, agora que certos recursos, talentos e energias começam a ser liberados mais facilmente, uma condição de sociedade que, apesar de tudo, provavelmente se torna ainda mais favorável nesse aspecto. Então, em contrapartida, também se deve dizer que, nessas condições, surge um consumo ou uma utilização sem precedentes das obras de arte de todos os gêneros. O caso de que sempre me lembro, pois é muito preocupante, é o da obra dramática em nossa época. Ao longo de quase toda a história humana, desde que a obra dramática existe, ela tem sido tipicamente ocasional – nos grandes festivais ou em um momento específico do ano. Para algumas minorias metropolitanas, bem no final do período pós-medieval, passou a ser apresentada com uma certa regularidade para um pequeno número de pessoas, e esse tipo de público regular se expandiu em nosso próprio século. Mas, de repente, no século XX, no cinema e, mais tarde, no rádio e na televisão, não apenas o público de uma determinada obra pode chegar a milhões, mas, pela televisão, mais gente poderia assistir a uma peça de Shakespeare, em uma única noite, do que a soma de todos os que já haviam assistido a ela antes. Foi muito mais o caso que, de forma regular e com intensidade e diversidade absolutamente extraordinárias, se tinha acesso e se utilizava muitíssimo mais do que antes. É difícil fazer cálculos exatos, mas muita gente, em nosso modelo de sociedade, assiste, com frequência, a dez ou doze horas de obras dramáticas por semana, às vezes três ou quatro horas por noite, o que é bem fácil de fazer. Isso significaria que, frequentemente, assistem, no mês, a mais espetáculos do que os frequentadores de teatro mais assíduos teriam antigamente assistido ao longo da vida, e que se banalizou esse aporte de quantidades consideráveis de arte dramática de todos os gêneros, de peças clássicas a séries policiais e comédias de costumes. Não é visto como algo excepcional. Não é classificado como atividade "cultural". Tornou-se uma parte normal da vida, e é relevante observar que, para muita gente, deve constar no topo de sua listagem de atividades. Muitos, em nossa sociedade, certamente passam mais tempo assistindo a obras dramáticas do que, por exemplo, comendo, e a situação de uma sociedade, na qual surgiu essa necessidade fundamental aparentemente básica desse tipo de arte, requer uma reflexão muito diferente sobre o papel da arte na sociedade. E isso sem falar daquele tipo de produção, frequentemente distinto da obra dramática, embora utilize muitos métodos semelhantes – a apresentação do chamado noticiário, que muita gente chega a considerar que tem o dever de assistir. Essa exposição deliberada e regular não apenas a resumos objetivos dos fatos ou relatos de acontecimentos de interesse imediato, mas também a notícias diretamente filmadas, algumas vezes dramatizadas – no sentido de seleção e edição –, é, de certo modo, parte da mesma dimensão. Dentro desse contexto, transformou-se o antigo problema do artista individual relativamente isolado e uma sociedade um tanto distante, que poderia impor-lhe alguns deveres.

Logo, quando venho a considerar o que a liberdade representa de maneira específica para um artista particular, faço a tentativa de imaginar suas condições dentro do nosso modelo de sociedade e além dos termos do debate herdado e ainda importante, que inclui várias das opiniões mais notáveis sobre liberdade e dever. Sou bem consciente do fato de a liberdade ser sempre um produto social e penso que o tipo de liberdade que se opõe à sociedade, por princípio e desde o começo, é simplesmente uma falha de concepção. Muitas discussões desse tipo pressupõem, como ponto de partida, um indivíduo bem formado, que pode, consequentemente, por assim dizer, decidir se quer ser influenciado pela sociedade ou resistir à sua influência, ser arremetido nesta ou naquela direção. Ora, sem dúvida, todos nos tornamos, ou esperamos nos tornar, indivíduos bem formados, e estamos, de fato, diante de escolhas reais – permitir que sejamos arremetidos nesta ou naquela direção, ou resistir a esse tipo de arremetida. Nada do que digo diminui a importância desse tipo de escolha amadurecida. Na verdade, espero que ela seja exercida mais extensamente. Mas só posso pensar em liberdade em termos de sua produção social específica. Quero dizer que, antes que eu possa me reconhecer como livre, em qualquer situação, para fazer um ou outro tipo de obra ou me recusar a fazê-lo, tenho de reconhecer o espaço daquilo que se poderia chamar "a personalidade que está escolhendo". Nascemos no seio de relacionamentos específicos de uma família, de uma sociedade, de um período histórico, bem antes que pudessem surgir quaisquer perguntas sobre escolha consciente, ou qualquer compreensão da possibilidade de liberdade. E isso não deve ser visto meramente pelo lado negativo. Caracteristicamente, penso em termos de formação e de alinhamento, e penso que todo artista que reflita sobre a sua experiência e o seu desenvolvimento se torna profundamente consciente do grau em que esses fatores de formação e alinhamento foram decisivos em sua própria história específica, para o sentido do que ele é, e, logo, do que é livre para fazer. Enfatizar esse caminho é também indicar que os relacionamentos com os outros, ou, mais abstratamente, com a sociedade, já são parte da formação e alinhamento originais; não é apenas um desses assuntos que mais tarde pode ser isolado.

Ora, gostaria de continuar essa discussão, mais especificamente no caso da escrita, porque, nesse caso, o tema da formação e do alinhamento é muito específico e, a meu ver, esclarecedor. Em primeiro lugar, e muito obviamente para o escritor, ele nasceu em uma língua. Podemos todos pensar nos casos excepcionais, em que o escritor tenha adotado mais tarde uma outra língua como seu material básico, mas a situação normal é que o escritor tenha crescido com uma língua, antes de descobrir que essa coisa inevitável, na qual cresceu, é precisamente o meio com o qual deve tentar fazer a sua arte particular. Isso não deve ser visto somente como uma restrição; para a maioria dos escritores, os recursos da sua própria língua são seus recursos imprescindíveis, e para a maioria dos escritores a riqueza de sua língua materna é um estímulo constante. Porém, isso não pode ser apenas descrito dessa maneira positiva, porque uma língua específica sempre é também, significativamente, um conjunto de limitações, de restrições, de direcionamentos para cá e não para lá, e a maior parte dos escritores o descobre durante a sua experiência, mesmo que não esteja consciente ou especialmente atenta. A questão pode ser colocada em termos ainda mais gerais, porque não é somente uma questão da relação do escritor com a sua língua materna; é a questão da relação de qualquer escritor com a linguagem, entendida como aquilo que é comumente chamado um meio.

Aqui, em grande medida, um escritor não é livre, e reconhece, no decurso da sua experiência, que não é livre. Há essa maneira muito comum, mas muito extraordinária, de se pensar em escritores e em literatura como se fosse uma questão de ter ideias. Certamente, acho que os escritores são encorajados a falar dessa maneira, e os leitores inevitavelmente adquirem o hábito de falar dessa maneira sobre as obras. Mas, ao se observar a experiência conhecida de tipos muito diferentes de escritores, descobre-se que ter uma ideia é uma coisa, e escrever, às vezes muito dolorosamente, é outra bem diferente. Quero dizer que, entre a concepção, tal qual vem à mente – seja a criação de um personagem, o esboço de uma ideia, a percepção de um lugar, o sentido de uma ação –, entre tais concepções e a sua realização propriamente material em palavras, há um processo muito complexo, que muitíssimos escritores passam a vida tentando entender, e talvez nunca entendam totalmente. É um processo material. O contraste costumeiro entre as atividades materiais (que se supunham relacionadas meramente ao trabalho industrial ou comercial) e as chamadas atividades criativas (que se supunham acontecer simplesmente na cabeça ou na alma) é bastante ilusório, pois embora seja verdade que a fonte da maioria das escritas criativas – e, aliás, da maioria das artes – é evidentemente, em grande medida, um processo mental, a atividade efetiva de quase todas as artes, na realidade, é um processo necessariamente material. Ele é mais óbvio em algumas artes, como pintura e escultura. Em algumas artes, equivale a conhecer alguns sistemas notacionais, que eventualmente tenham um resultado material correspondente. No caso da linguagem, trata-se da experiência de descobrir, dentro de um meio bastante protegido (na realidade, o que não é propriamente um meio – uma falsa impressão), descobrir, dentro de uma área muito protegida da linguagem armazenada, as possibilidades de dizer alguma coisa muito específica, que não será necessariamente realizada, independentemente da liberdade do escritor, até que esse processo tenha sido completado.

Vamos considerar um caso interessante, descrito por muitos escritores, particularmente os de romance. Pode-se dizer que um autor de romance começa com um personagem, uma ideia de um personagem. Algumas vezes, é um personagem baseado em uma pessoa, uma combinação de pessoas ou um aspecto de alguém que o escritor tenha diretamente conhecido e observado. Então, diz-se que o escritor começa a concretizar esse personagem nos primeiros capítulos e descobre, após algum tempo – tenho visto cinquenta ou sessenta páginas como uma especificação bastante comum –, que o personagem toma posse, o personagem assume o comando, começa a criar a sua própria vida. Ora, é sempre muito bonito dizer coisas assim em almoços literários – impressiona pelo mistério do processo. Mas o que se descreve, talvez de maneira inadequada, é indubitavelmente uma experiência bastante comum, ou seja, que em um determinado ponto não é apenas a concepção original: alguma coisa mais aconteceu. Parte disso pode ser explicada de uma maneira muito simples, mencionando-se os resultados de uma nova reflexão: colocar o personagem em uma situação nova, de modo que ele se desenvolva; pô-lo em relação com um outro personagem, de modo que algum novo aspecto deva ser necessariamente criado. Mas isso evidentemente não abrange todo o caso, pois acho que muitos escritores mencionaram acertadamente um momento de surpresa, quando a criação parece enveredar por um caminho que não haviam inteiramente planejado. E embora isso possa ser diagnosticado, em alguns exemplos, como uma falha, em outros casos é algo diferente, pois o que acontece nesse estágio passa a ser considerado mais importante, como se fosse mais consistente.

É importante tentar encontrar uma maneira acessível de explicar esse processo, que em si mesmo é só um exemplo de algo muito mais geral. Acho que seja o resultado do próprio processo de escrever. Pode-se dizer que as ideias são livres precisamente porque não precisam ser especificadas ou forjadas, mas que escrever, personagens escritos, ideias escritas, ações escritas não são livres no mesmo sentido, porque estão engajados em seu próprio processo com algo que é maior do que a operação do espírito livre, da imaginação livre sobre um material sem resistência. Agora, há um envolvimento com os recursos de uma linguagem específica. Há o processo de contato com o que é ao mesmo tempo um recurso facilitador e resistente.

Então, o que é liberdade? Ou o que é dever? Certamente, nesse importante sentido geral em que habitualmente a entendemos, a liberdade é essencial para a continuidade desse processo, desvencilhado de interferências arbitrárias. Na verdade, uma das maiores pressões sobre os escritores, nos pontos precisos em que estão envolvidos nesse processo (que são obrigados a sentir em termos locais, relativamente misteriosos), é estarem sujeitos a uma tentação interna, que pode se tornar opressora se for apoiada por uma pressão externa. Quero dizer, a tentação de incorrer, nos pontos difíceis de trabalhar a língua, no hábito que Orwell descreveu tão bem quando falou de muitos discursos políticos como simples arranjos de tiras de palavras gomadas, que outras pessoas haviam posto em ordem, grudando essas tiras até obter um comprimento suficiente de palavras que caíssem em um padrão conhecido, que parecesse fazer algum tipo de sentido. Em muitos escritos importantes, é a hesitação em algum ponto, em que as palavras surgem todas muito facilmente – em que as palavras são, por assim dizer, pré-fabricadas –, a condição decisiva: uma hesitação da qual, nos piores casos, eles nunca emergem, da qual suponho que nenhum escritor possa emergir completamente, mas uma hesitação de enormes consequências para a produção significativa da escrita, porque, nesse momento, algo acontece na própria linguagem. Assim, é essencial ser livre para prolongar esse momento, em vez de ser dirigido rumo ao que uma causa ou um diretor de *marketing* já escolheu como resultado. Ou, posto em outras palavras: manter-se nesse ponto como um escritor, reconhecer a necessidade de se manter nesse ponto como uma obrigação e, de fato, mais do que isso, manter-se com alguma esperança de ir além – esse é o único tipo de obrigação que, a meu ver, escritores devem, em primeira instância, reconhecer. O que mais quero dizer é que essas situações, com frequência inseridas em uma retórica do "deixe-me só, eu sou um artista", podem ser relacionadas a algo muito mais fundamental no processo social geral. É crucial que o maior número possível de pessoas entenda esse processo nos outros e tente desenvolver essas condições, pois são relevantes para elas mesmas, porque nesses conflitos algo de uso social geral pode acontecer, independentemente do valor de qualquer produto particular em um momento particular. Por isso, a reivindicação pela liberdade do artista é necessariamente, para muitos tipos de liberdade diferentes, um reconhecimento da necessidade de liberdade para todos na sociedade. Esse sentido se vincula às mais profundas noções de que uma democracia instruída, em regime de autogestão, é o melhor modelo cultural e político, distinto dos modelos herdados a que tão comumente se associam outras ideias de arte.

Em vez de assumir posições retóricas de um lado ou de outro do debate liberdade *versus* dever, ou mesmo no assim chamado ponto virtuoso do centro do debate, deveríamos tentar entender, com muito mais detalhes, o que realmente está envolvido no conceito de formação, de formação da capacidade de ser livre. Deveríamos tentar entender os alinhamentos não apenas como escolha consciente ou compromisso ou tendência, embora essas coisas ocorram em alguns estágios importantes da vida, mas também em termos dessas coisas, por assim dizer, inatas, que são o terreno de nossas conexões reais com o nosso próprio povo e nossa própria época.

Com certeza, não estou dizendo que devamos tomar qualquer termo de uma formação ou um alinhamento como dados. Estou dizendo apenas que eles atingem muito mais profundamente todo indivíduo criativo do que a discussão habitual sobre liberdade admite. É como a discussão sobre a originalidade – penso que foi Empson que disse que ser 1% original é muito difícil, mas ser 5% original é estar na categoria dos gênios. É claro que isso não pode ser quantificado, mas penso que números como esses conferem algum sentido ao que realmente envolve a liberdade de criar de seu próprio modo. Carregamos necessariamente – não como uma limitação, ou não somente como uma limitação – um grande conjunto de experiência formada, atenção dirigida. Temos à nossa disposição certos canais de energia que, em alguns pontos, se transformam em canais bloqueados, e nesses pontos todos os recursos, os propriamente nossos e os de nossas sociedades, devem se congregar, caso deva existir alguma esperança de desobstruí-los. E essa desobstrução, obviamente, é sempre um dever. Portanto, devemos considerar que as liberdades mais significativas podem ser descobertas na consciência de nossas verdadeiras condições, inclusive em condições que certamente nos impõem limites. Não limites arbitrários, que sempre devemos recusar, mas o posicionamento em um povo, em uma língua e em uma época, que não é a negação da liberdade, mas, usado adequadamente, são os meios de sua realização.

4
RECURSOS DE CLASSE E COMUNIDADE

CULTURA GALESA
1975

Quando ouvimos a palavra "cultura", alguns de nós saem a buscar as vestimentas sofisticadas. A vida real é casa, família e trabalho; salários e preços; política e crise. Então, cultura é para os dias de festa e feriados: não uma engrenagem comum, mas uma sobremarcha. Logo, se você disser "cultura galesa", em que pensará? Em *bara brith* e Eisteddfod? Em coros e Cardiff Arms Park? Em *lovespoons* e poemas célticos? Em trajes nacionais e no agressivo dragão vermelho? Todas essas coisas fazem parte disso, mesmo se em níveis e de maneiras diferentes. Mas, além e acima delas, há uma outra cultura. Não a saxã incomum que casa bem, na verdade, com as vestimentas sofisticadas. Nem mesmo, de um modo mais simples, a inglesa incomum, ou pelo menos diferente. Considerando a cultura em seu sentido pleno, você falaria de algo muito diferente: de um modo de vida que impuseram o National Coal Board, a British Steel Corporation, a Milk Marketing Board, a Co-op e a Marks & Spencer, a BBC, o Partido Trabalhista, a Comunidade Econômica Europeia, a Otan. Mas essa não é a cultura galesa. Talvez sim, talvez não. Diz respeito a como e onde a maioria das pessoas vive no País de Gales, e em relação ao que, na prática, é percebida a maioria dos significados e valores. Despovoamento, desemprego, exploração, pobreza: se não fizerem parte da cultura galesa, renegaríamos grande parte de nossa experiência social. E se nós tivermos compartilhado essas coisas com os outros, isso refina a questão. Onde está agora essa Gales? Qual é a identidade real, a cultura real? Vale a pena caminhar com essa pergunta em torno do Folk Museum, em St. Fagans. É um lugar adorável. Ao longo das trilhas e sob as árvores, estão reconstruídas as casas de fazenda e os casebres de épocas e regiões de Gales. No interior das casas, estão os velhos móveis, os velhos utensílios, as velhas ferramentas. Você pode tocar o cabo de uma pá e, ao fechar os olhos, sentir uma vida se conectar a você: a vida dos homens e mulheres cujos genes ainda carregamos; o trabalho dissipado agora no que pode parecer uma paisagem natural de campos elevados e galerias e veredas. E, para além deles, o curtume e a tecelagem, a capela e o posto de pedágio e o rinhadeiro. Está tudo lá, diz você, a Gales real. E então você ergue os olhos para a grande casa na colina, em cujo parque essa imagem, tão precisamente material, foi reconstruída, restaurada. Não que ela suprima a decência ou a dignidade das fazendas e casebres, mas está lá o tempo todo, como uma outra parte da cultura.

Os castelos do País de Gales, a maioria deles monumentos de um sistema político invasor e ocupante: são eles também parte da cultura de Gales, para serem registrados em tom indiferente na literatura turística? Talvez, de novo. Qualquer coisa suficientemente velha sê-lo-ia, pode parecer às vezes. Até mesmo as locomotivas a vapor, quando pararam de rodar, tornaram-se uma atração cultural. É muito difícil pôr isso em equilíbrio. A sensibilidade ao passado é mais do que uma moda, mas o que importa em uma cultura é o modo pelo qual o passado e o presente se relacionam. Você sai do parque, seu espírito ainda impregnado pela serenidade dos interiores daquelas casas de fazenda – sem dúvida, uma paz irreal; nunca há sujeira nas ferramentas, nem no chão; os empregados nos prepararam uma volta ao lar limpa –, e subitamente, você está no estacionamento, entre carros Cortina e Allegro, e, em seguida, os semáforos e as placas de trânsito. O Welsh Folk Museum: um lugar adorável. Mas o que acontece a um povo quando se autodenomina, mesmo temporariamente, *folk*? Esse som alemão rude se suavizou e se distanciou em inglês, mas é na suavidade e no distanciamento que você seleciona as suas memórias. Pois é significativo, não é, o momento em que o Folk Museum chega ao fim. Imediatamente antes, precisamente antes da Revolução Industrial. E você contempla todos esses lugares e esses instrumentos de trabalho, e se lembra, na estrada, da região industrial do sul do País de Gales: carvão e aço e seus derivados; os vales densamente povoados, as fileiras de casas, os montes de lixo; o lugar onde vivem e trabalham a maioria dos galeses.

Uma vez, tive uma fantasia, ao olhar em torno de uma das mais antigas casas de fazenda. Dar liberdade de ação à presente geração de burocratas industriais, parar de combatê-los, e o Folk Museum cresceria extraordinariamente. Um nostálgico elevador de mina erguer-se-ia além do curtume. Um ferreiro antiquado compartilharia um riacho com o tecelão. Um país depreciado e devastado, atravessando rapidamente a condição de uma região marginal, encontraria sua reencarnação cultural nas relíquias materiais amorosamente preservadas em um museu a céu aberto. Não é somente a indústria, quando você pensa bem. Lembro-me de um jovem burocrata, recém-chegado da Califórnia, que descrevia a região rural do centro do País de Gales como uma "área despovoada" para as provisões de assistência das cidades da Inglaterra. Ele nunca entendeu por que fiquei tão grosseiramente furioso. No continente norte-americano, ainda há regiões realmente despovoadas: intocadas e algumas delas intocáveis. E aqui estava ele, com o conceito na bagagem de mão, olhando um mapa do País de Gales rural: campos e colinas impregnados de trabalho, o lugar onde vivem famílias de agricultores, sem nem ao menos vê-los, vendo somente um lugar para o seu despovoamento. Ele tinha um amigo, um economista, que costumava me provar, uma vez por semana, que o carneiro, por natureza, é um animal antieconômico, e que toda essa exploração agrícola marginal, com retorno de capital que causaria um suicídio instantâneo em Barbican, deveria simplesmente ser proscrita. "E as pessoas com os carneiros?", aventurei-me a perguntar. "É claro, nessa função", replicou, sem hesitação.

Se você esquecer o passado e pensar no futuro, por um minuto, poderá observar todo esse modelo: as minas de carvão antieconômicas, a indústria pesada obsoleta, a agricultura marginal. Preserve alguns pontos brilhantes – Port Talbot, Milford Haven –, onde as condições se equiparam aos padrões planejados, e o que você tem? O pobre e velho País de Gales. E como viverão os galeses, os que, ao menos, não seguiram seus pais, Montanhas Negras abaixo, rumo à Inglaterra? "A região", disseram, "tem um óbvio potencial para o turismo e o lazer". E, então, suponho, é onde a cultura volta à cena: como um local de veraneio e um festival, ambos meticulosa e caracteristicamente galeses.

Mas esse é o problema: o verdadeiro problema da identidade cultural. Gostaria de vê-lo em uma de suas formas populares: em uma espécie de entusiasmo por uma identidade galesa própria contra uma cultura estrangeira e invasora; e um consequente entusiasmo pela cultura como tradição, e pela tradição como preservação. Aqui há uma língua falada e escrita desde o século VI, ainda a língua materna para uma minoria significativa, e desejar preservá-la, insistir em preservá-la é tão natural quanto respirar. Com a língua vai uma literatura, e com a literatura uma história, e com a história uma cultura.

É um modelo bastante real, até onde se vê. A língua não foi rechaçada apenas pela Revolução Industrial e seu movimento de pessoas. Foi também rechaçada pela repressão consciente, pela punição e pelo desprezo e, em uma fase tardia, por uma política deliberada nas escolas. Você ainda pode ver, cuidadosamente preservadas como as ferramentas antigas, as pequenas placas, os

"Welsh Nots", que as crianças surpreendidas falando sua língua natal tinham de pendurar no pescoço, como constrangimento. Não há como não ser errado esquecer ou perdoar isso. Tem de estar certo usar e ensinar uma língua ainda viva, após tantos ataques. Mas o resto segue: a história, a cultura? Apenas parte, na verdade. É fácil falar de um povo orgulhoso e independente. A retórica aquece o coração. Mas você pode ser orgulhoso sem ser independente; frequentemente é obrigado a ser. Nas antigas eras da conquista, e na era moderna do capitalismo industrial, não tem havido muita escolha. O autorrespeito, as aspirações, sempre foram reais e sempre difíceis. Mas você não vive durante séculos sob o comando de outros e permanece o mesmo povo. Isso é sempre tão difícil de admitir, porque pode ser usado de tal modo a parecer traição. E, assim, uma identidade genuína, uma tradição verdadeira, um autorrespeito natural podem ser usados para parecer autossuficientes, como se nada nunca tivesse acontecido.

Aprendi isso tardiamente. Na escola, nunca me ensinaram a história da Inglaterra. Em primeiro lugar, vinha a história do País de Gales, com príncipes valentes e heróis, que pilhavam ouro e gado: os ingleses ou saxões (palavras permutáveis) geralmente exterminados ("exterminados" para as crianças; deixe "mortos" para mais tarde); exterminados em grande número, embora sempre deixassem, lembro-me, algumas jovens beldades, para contraírem alianças nobres. Isso na escola primária, de fato bastante primária. E fui praticamente direto, pelo sistema do programa do Certificado Escolar, à história do Império Britânico e da Comunidade Britânica; mais extermínios e pilhagens, embora agora se chamasse propagação da civilização. Isso me deixou não somente com algumas confusões compreensíveis sobre a identidade do inimigo, para não falar da identidade do nosso próprio lado. Deixou-me também sem muita informação sobre esse estranho mundo, que comecei a observar fora da escola. Havia uma lacuna, quer dizer: uma lacuna na história do País de Gales pelos quatrocentos anos seguintes aos Atos de União; uma lacuna na história inglesa, ou seria também galesa, que trouxe o trem de minério e a estrada de ferro para o nosso vale, e que lá ficou, visível todas as noites, acima de Brynarw, quando limpavam o alto-forno em Blaenavon e as brasas se projetavam no céu. Todas as complicações, todas as verdadeiras dificuldades estão naquelas lacunas e é isso que não somente eu, mas a maioria de nós, achamos tão difícil de entender, de decifrar e de conectar quando tentamos achar sentido na chamada cultura galesa.

Onde há lacunas reais não há simplesmente indagação; também há uma mitificação. Ao tentarmos, sob pressão, definir nossa identidade, inventamos e toleramos muitas ilusões. Por exemplo, que somos fisicamente diferentes: uma raça específica, os últimos velhos bretões remanescentes no Oeste. Mas a mistura física do povo de Gales é essencialmente a de toda a ilha, embora em áreas diferentes, inclusive nas diferentes regiões galesas, as proporções na mistura variem. Outro tipo de ilusão é dizer que somos os celtas, quem quer que sejam. Os altos guerreiros loiros que enfrentaram as legiões romanas, nus, exceto por seus ornamentos de ouro. Não combina muito bem com o tipo físico dominante, para não falar do restante da equiparação cultural. Ou então o temperamento celta, em todas as suas versões. Radicais, dissidentes, não conformistas, rebeldes por natureza? Depende do período que se aborde. Pense no País de Gales católico, monarquista, que perdurou até a Guerra Civil. São as mesmas pessoas não conformistas radicais e depois socialistas e militantes nos séculos XIX e XX. Não foi a raça que mudou; foi a história.

Ou a outra encarnação: a imaginação mágica e cômoda; uma nação de poetas e acadêmicos; ou, na versão inglesa resumida: o povo com o dom da loquacidade sem fim. São histórias também: a literatura galesa, com suas tendências classicistas e românticas tão marcantes e tão distintas, exprimindo qualidades muito diferentes; a fala galesa, em sua escala que vai de uma articulação fluente, vivaz, dinâmica até a verbosidade repetitiva e dominadora. Encarando a nós mesmos como somos, sabemos de todas essas possibilidades. O que aparece, no fundo, é de fato distinto e distintivo, mas contém elementos demasiadamente complexos, demasiadamente resguardados, para serem definidos por imagens simples e tradicionais. Quem não ouviu falar, por exemplo, do celta verboso, instável, derrotando a lerda Inglaterra emudecida? A energia da fala, de fato, não está em dúvida, mas devemos ouvir mais cuidadosamente o que realmente é dito. E, com frequência, é uma vívida exuberância. É simplesmente, muitas vezes, um fluxo exagerado para impedir que outras coisas sejam ditas. E o que essas outras coisas são ouvimos mais comumente entre nós mesmos, uma extraordinária tristeza, que de fato não é surpreendente e, no limite, mais tarde, uma amargura implacável, até mesmo um cinismo acre, que pode se projetar na vida – é o que torna duro de ouvir – como uma orla cômica fantástica ou uma autodepreciação selvagem, como se fosse uma forma de orgulho: uma parede de palavras, de todo modo, para não termos de contemplar constante e sobriamente tudo o que nos aconteceu.

O que foi que aconteceu? Nada surpreendente. Em geral, algo muito bem conhecido. Na medida em que somos um povo, fomos derrotados, colonizados, invadidos, incorporados. Nunca até o fim, sem dúvida. A resiliência viva, de muitas formas, sempre esteve aqui. Mas suas formas são distintas. Não incluem normalmente, por exemplo, o ódio da luta de alguns irlandeses. Há um recuo em direção a alguns de nossos próprios recursos. Há um tipo muito hábil de acomodação, que encontra alguns meios que nos permitem sermos reconhecidos como diferentes, os quais temos ativamente cultivado, sem notarmos, para além deles, a profunda resignação. Há alguns sinais de uma cultura pós-colonial, sempre ciente de sua força e potencial reais, apenas impaciente para ser ela mesma, ser seu próprio mundo, mas com tanto, demasiado peso em suas costas para enfrentar, efetivamente, seu verdadeiro futuro. Isso aconteceu em muitos lugares.

A verdadeira independência é um tempo de nova e ativa criação: pessoas suficientemente seguras de si para descartarem suas bagagens; conhecerem o passado como passado, como uma história formadora, mas com um sentido do presente e do futuro, onde serão feitos os significados e os valores. Mas, em um estágio mais precoce, com esse desejo, mas sendo ainda incapaz de alcançá-lo, há um outro espírito: uma fixação no passado, em parte real, em parte mitificada, porque o passado, de qualquer forma, é algo que não podem tirar de nós, que pode até mesmo interessá-los, obter um aceno de reconhecimento.

Cada uma dessas tendências está atualmente ativa no País de Gales. A complexidade vem do fato de ser muito difícil separá-las, porque vivem frequentemente nos mesmos corpos, nos mesmos espíritos. Há a retirada orgulhosa e digna para a Fortress Wales: os velhos tempos, a velha cultura; o enclave ainda vivo. Há a saída do enclave; o novo trabalho, o novo ensino e o sentido, por aqui, por ali, de uma cultura galesa moderna. Mas também há acomodações, nas suas diversas formas. Há os trajes tradicionais do passado, como atração turística: coisas nunca inegavelmente galesas, os chapéus altos e os adornos, apresentados como relíquias locais, coisas inventadas pela falsa erudição ou pelas fantasias românticas do final do século XVIII e do século XIX – versões do bardismo e do druidismo.

E aquilo que é o mais nocivo de tudo, a tendência evidente de usar a nossa fraqueza para o entretenimento comercial. Se os galeses, como dizem às vezes os ingleses, são puritanos sombrios, enganadores, volúveis e concupiscentes, ache um palco, ache uma personagem, interprete-a na televisão inglesa; admita e exagere a sua fraqueza, antes que eles tenham tempo de mostrá-la. Ou interprete o exílio heroico, suas cores locais se aprofundando a cada milha em direção a Paddington, ou ao longo da ponte Severn até a M4. Seja o que esperam de você, e seja ainda mais. Conte a piada a seu respeito, antes que eles o façam, como o humor judeu no tempo antissemítico. Mostre os trechos e as passagens características, em cujo elenco o puseram. É mais fácil e dá mais certo do que viver com a totalidade de você mesmo. Não sou eu exatamente, nem você exatamente, mas, por Deus, é galês, e por Deus derrotará o inglês. Uma última palavra sobre esses ingleses. São muito mais diversos do que o mito permite. Realmente somos suscetíveis de ter com eles afinidade, assim como antipatia e condescendência claras. Um amigo do Norte da Inglaterra disse-me, recentemente, que os galeses e os escoceses têm sorte de terem essas autodefinições nacionais à mão, para ajudá-los a encontrar seu caminho para longe da dominação da cultura minoritária da classe dirigente inglesa. Ao Norte, ele disse, nós, que somos ingleses, somos da mesma forma renegados; o que o mundo conhece como Inglaterra não são a nossa vida e os nossos sentimentos; nem sequer temos, como os galeses e os escoceses, essa coisa simples, essa diferença nacional para opor-lhes. Então, vocês devem chegar, rapidamente, às verdadeiras diferenças, aos verdadeiros conflitos, disse eu. Não, ele disse, para conseguir a energia você precisa ter o modelo. Eu ainda não concordo inteiramente, mas é como ele enxerga isso.

As pessoas têm, ao final, de dirigir suas próprias vidas, controlar seus próprios territórios, viver pelos seus próprios sentimentos. Quando isso lhes é negado, em qualquer grau, distorções, compensações, mitos, vestimentas sofisticadas podem se alastrar e se tornar epidêmicos. Mas, para definir o que lhes negaram, de modo a vê-lo e mudá-lo: isso é uma coisa diferente e difícil; você precisa de toda a ajuda que puder, e a ajuda dúbia é o problema. Como a cultura galesa muda, e se torna mais forte como um todo, é essa complexidade viva que teremos, talvez estejamos tendo, de entender, dominar e levar em conta.

A SIGNIFICÂNCIA SOCIAL DE 1926
1977

Regressei, nesta manhã, de um vilarejo acima de Abergavenny: percorrendo a bem curta distância até esse centro do vale das minas e percorrendo também, nas lembranças, as conexões e a distância entre um e outro tipo de região. Em 1926, naquele vilarejo, meu pai era um dos três guarda-barreiras na guarita da antiga Great Western Railway. Ele foi um participante fervoroso da Greve Geral; também o foram um dos outros dois guarda-barreiras e o chefe de estação, mais tarde demitido; também foram demitidos os operários de manutenção. Um dos guarda-barreiras não o foi. Nas discussões e debates que se desenrolaram naqueles dias críticos, entre um pequeno grupo de homens em uma situação social muito específica, vieram à tona alguns dos temas mais importantes sobre a significância social de 1926. Foram frequentemente lembrados, nos últimos anos. Eu os ouvi durante a minha infância e voltei a eles de novo com o meu pai, conscientemente, quando me preparava para escrever a passagem sobre a Greve Geral em *Border Country*. De certa maneira, pode parecer sem importância repeti-los aqui, em locais onde as causas diretas, as principais forças e as longas consequências da greve estão tão próximas e tão evidentes. Mas, de volta ao lar, para prestar homenagem àquela ação fundamental, sinto necessidade de considerar a complexa ação social e os complexos problemas de consciência que ocorreram, precisamente a uma distância relativa e em uma situação mais heterogênea. Eles me parecem levantar questões que se tornaram mais, em vez de menos, importantes na história subsequente da indústria britânica e do posterior desenvolvimento da classe trabalhadora.

Em primeiro lugar, considere aquela situação específica. Esses homens, naquela estação ferroviária do interior, eram operários sindicalizados, em um pequeno grupo no seio de uma economia principalmente rural e agrícola. Todos eles, como meu pai, ainda tinham conexões estreitas com a vida agrícola. Um deles estava à frente de uma pequena propriedade, além de trabalhar na ferrovia. A maioria deles tinha parentes no trabalho agrícola. Todos tinham jardins e porcos, ou abelhas, ou pôneis, que eram uma parte importante de seu trabalho e renda. Ao mesmo tempo, pela simples existência da ferrovia, com os trens que a percorriam, vindos das cidades, das fábricas, dos portos, das minas de carvão, e pela existência do telefone e do telégrafo, particularmente importante para os guarda-barreiras, que por seu intermédio mantinham uma comunidade com outros guarda-barreiras, através de uma ampla rede social, conversando, além de seu trabalho, com homens que de fato nunca poderiam encontrar, mas dos quais conheciam muito bem a voz, a opinião e a história, eles eram parte da classe trabalhadora industrial moderna. É um caso especial, sem dúvida, mas significativo no contexto da Greve Geral, que ainda é associada, erroneamente, a outros tipos de greve, com os quais obviamente tem conexões, mas em relação aos quais, em aspectos fundamentais, se estende – extensões essas que evocam problemas centrais de consciência.

Pense apenas, para começar, em nossa virtude tradicional de solidariedade. Ela começa – e como poderíamos esperar que fosse de outro modo? – de maneira puramente local, mesmo física. É a ética de um grupo que já foi decisivamente instituído, é verdade que, muitas vezes, graças à ação inicial dos outros – os empregadores capitalistas que ofereceram trabalho e atraíram homens para esses vales, por exemplo –, mas daí, na experiência imediata do trabalho compartilhado, na experiência em desenvolvimento de uma comunidade, nos laços crescentes de família e de parentesco, está um grupo que já tem o potencial de solidariedade fisicamente incorporado. Não é subestimar a longa luta que ainda deverá ocorrer: a organização, a tomada de consciência, a dura experiência de se recuperar dos desapontamentos e das traições, o aprendizado, igualmente duro, da disciplina coletiva, quando for necessária, por vezes, uma ação contra os fura-greves, essa ação especialmente difícil contra membros do próprio grupo. E também há variações, obviamente, entre lugares e tipos de trabalho, escritas por toda parte na história do movimento sindical: a relativa facilidade ou a dificuldade de organizar e manter a organização. Por essas linhas, com uma necessária desuniformidade e variação, o movimento trabalhista se constrói. Uma das extensões decisivas é a sindicalização da totalidade da indústria, por vastas distâncias físicas. Tantos os mineiros, relativamente concentrados, quanto os ferroviários, relativamente dispersos, atingiram essa extensão, e, sem dúvida, isso foi crucial. Mas há, então, o problema de um outro tipo de extensão: do local de trabalho, da fábrica, à classe.

Ora, com certeza, teoricamente, isso foi conquistado muitas e muitas vezes. É a história do socialismo, distinta da história do sindicalismo na indústria (embora sempre em conexão com ela). Mas ninguém próximo dessa história, em nenhum momento, deixará de reconhecer a dificuldade dessa extensão particular da organização e da consciência: uma extensão que, se estivesse completa – e ainda não o está –, deveria transformar toda a ordem social e respeitar as relações sociais existentes. Já é difícil manter a organização e a consciência quando estão diretamente centradas em um interesse material imediato e local: a luta para melhorar as condições e os salários, em um local de trabalho sistemática ou ostensivamente explorador, ou, como em 1926, nem melhorar nem mesmo manter, mas lutar contra uma piora real. E, então, pense no que é proposto, quando outros homens, em outras situações, talvez recentemente egressos de sua própria luta, feridos e exauridos, ou talvez em calmaria temporária, são chamados, incitados à solidariedade, desta vez com um sentido diferente: não pelo local de trabalho ou pela conexão física, mas, em essência, por uma ideia, uma ideia que talvez contradiga seus interesses materiais imediatos e locais; uma ideia de classe, de solidariedade de classe, e isso frequentemente – como, de forma notável, em 1926 – em contradição com a ideia de uma lealdade maior, na qual fomos todos educados: à chamada nação, ao interesse nacional e, exprimindo isso, às formalidades significativas do contrato e da lei.

O que resta dos eventos de 1926, e tem importância decisiva, é a aquisição dessa consciência. Ainda é uma história controversa; tudo o que posso lhes oferecer é a experiência imediata e local, com um senso do seu significado mais amplo. A teoria da Greve Geral já era importante em algumas tendências socialistas. Tinha havido sucessos e fracassos na sua aplicação prática, em diferentes países. Tinha havido, na Grã-Bretanha, a difícil história das tentativas de aliança consciente entre os principais sindicatos, predominando, entre eles, os mineiros e os ferroviários. Mas ao se chegar a esse ponto, a uma ação desse tipo, que está no extremo da escala de ação coletiva dos burocratas ou dos representantes eleitos, sempre alguns indivíduos e grupos têm de transpor uma barreira em seus espíritos. Toda a história e toda a teoria podem estar lá, mas homens reais, em dificuldade, têm de lutar para fazer suas próprias escolhas úteis.

Ora, sem dúvida, naquela estação rural, houve conexões reais – de vizinhança, de parentesco, de negócio – com os vales mineiros. Não foi uma luta emanada de um espaço vazio, embora outra realidade social – as pequenas fazendas, os vilarejos rurais mistos – estivesse muito mais próxima fisicamente. "Ajudar os mineiros"; "apoiar os mineiros": isso estava lá desde o começo, eram impulsos reais da maioria dos homens conscientes. E então, trabalhando na mesma direção, houve lealdade ao próprio sindicato e ao movimento sindical em geral: a instrução de aderir – ao quê? À Paralisação Nacional. É uma frase extraordinária: deliberadamente limitada e negativa, mas, com certeza, mesmo assim, um desafio suficiente para trazer à tona todo o poder e toda a raiva do Estado e da classe dominante. E quando terminou, como todos sabemos agora, eles haviam feito seus preparativos com eficiência maior do que a do nosso próprio povo. Da ideologia patriótica à Organização pela Manutenção dos Suprimentos (OMS), eles estavam prontos. Também, na prática, eles tinham mais contato com as comunicações sociais modernas. Nosso lado contou com impressos, e mesmo nisso teve grandes dificuldades de distribuição em escala nacional; os jornais locais da greve sempre foram mais significativos. A classe dominante tinha o rádio, e isso foi, de fato, um portento. Mas agora todos conhecemos essas e outras razões da derrota.

Mas também deve ser registrado o elemento de vitória: nada a ser idealizado, pois é importante tirar lições da derrota em geral, mas nos vêm à memória certos avanços, certos esclarecimentos que, de fato, ainda ressoam na consciência, como esse aniversário, que é muito mais do que uma formalidade. Entre os grandes momentos políticos da história nacional, a Greve Geral é rejeitada como algo entre um desastre e um erro: disso decorre ideologicamente uma moderação e um reformismo. Mas a parte da história que mais precisa ser enfatizada, e que ficou realmente muito evidente naquela estação rural, e em milhares de outros lugares, aqui e ali no campo, foi o crescimento da consciência durante a própria ação. O que começou com uma relativa formalidade, dentro de dimensões representativas, tornou-se, durante a sua realização, a confiança, o vigor, a autossuficiência prática, dos quais há tanta evidência local; e isso não foi apenas o espírito de uma luta: foi a autorrealização firme e notável da capacidade de uma classe, em suas próprias e suficientes relações e em seu poder econômico e social potencialmente positivo. A discussão detalhada, na ferrovia, sobre o tráfego prioritário e o tráfego de exceção foi uma experiência de tomada de decisão de um tipo muito novo: não apenas instrumental, dentro de um sistema imposto, mas de baixo para cima, como uma maneira de decidir o que vem primeiro na sociedade, o que é importante, por quais necessidades e valores vivemos e queremos viver. Decerto, naquela estação, a confiança positiva cresceu, lentamente, durante aqueles dias, embora em uma pequena estação, e com as suas outras atividades rurais sempre presentes, sem dúvida houvesse limites para o que poderiam fazer e houvesse alternativas marginais, que tinham muito a ver com seu senso de independência confiante. Ali, como em outros lugares, quando a greve acabou, a reação foi de consternação e, em seguida, de amargura. O apoio tinha crescido, não diminuído. O clima era muito positivo. E então, o trabalho, extraordinário e deplorável, do contra-ataque da companhia ferroviária, sua coleta de assinaturas para um documento impossível, suas demissões seletivas e, ao longo disso, a confusão de telegramas enganosos dos dirigentes sindicais: tudo isso aumentou o nível de ação. Em toda a nação, como se sabe, havia mais homens parados no dia seguinte à suspensão da greve do que durante ela. Na verdade, esse foi o ponto alto, e o fracasso nacional foi um fracasso de avançar a partir dele: a lição completamente oposta à que em geral nos pedem para apresentar.

Mas ainda há outras lições. No meio século após 1926, mudaram, muito significativamente, as localizações físicas, os tipos de comunidade e a distribuição social da classe trabalhadora britânica. Em 1926, os vilarejos mineiros eram comunidades modernas; nosso vilarejo, mesmo com a ferrovia, um tipo mais arcaico. Hoje, temos de lidar com uma distribuição social e física na qual as comunidades mistas, não centradas em uma única indústria, são muito mais características. A luta especial pela consciência de classe tem agora de ser conduzida nesse terreno mais aberto, mais neutro socialmente. Ainda acho impossível, sempre que chego aos vales mineiros, entender, a princípio, por que até agora não há socialismo na Grã-Bretanha: a necessidade e o espírito têm sido tão frequentemente demonstrados nesses lugares duros e orgulhosos. Mas depois lembro-me de todos os outros lugares, tão difíceis de entender a partir dessa experiência mais singular, embora o atual desenvolvimento industrial do Sul do País de Gales, durante o meio século decorrido, tenha sido em outra direção, com uma intersecção complexa com os tipos de comunidade mais arcaicos. Nos estudos locais de 1926, que ultimamente têm sido ampliados com muito proveito, precisamos procurar os diferenciais entre os diferentes tipos de comunidade: diferenciais na ação e no apoio à greve, que foram muito marcantes, mas não deveriam ser superestimados. Pois a significância de 1926, em um tempo tão curto, ainda são o aumento e a amplificação da consciência durante aqueles dias, até atingir uma presença efetiva, em termos de nação e de classe; diferenciais também, embora sejam estudos menos heroicos e mais desagradáveis, no recrutamento contra a greve, na OMS e em outras direções. A imagem lendária de 1926, do ponto de vista da classe dominante, é o estudante conduzindo o trem, a dona de casa de classe média desviando suprimentos. Eles estavam lá, sem dúvida, mas também – e diferencialmente, em diferentes partes do país e em diferentes tipos de comunidade – havia homens trabalhando, assalariados, personagens de classe indeterminada, que a classe dominante contratou; mas isso é só uma maneira de expor a questão, pois eles também foram voluntários. Em nosso vilarejo, o guarda-barreira que se opôs à greve tinha o seu próprio canto: seu pequeno sítio. Nas cidades e nas vilas, foi e é diferente, e dinheiro é dinheiro, como acabamos por entender. Mas também é mais do que isso. Durante a Greve Geral propriamente dita, e durante longos meses depois dela, enquanto os mineiros resistiram, importava, em nosso vilarejo, que tivéssemos uma conexão física e comunal, e não uma conexão abstrata: a alguma distância, é verdade, mas que não anulasse o sentido de vizinhança, em um distrito, talvez em um país. A coleta de dinheiro e o transporte de alimentos, de onde estavam disponíveis para onde fossem necessários, acompanharam a greve pelos mesmos caminhos de conexão social. Não foi assim em todos os lugares. À época, como agora, o esfomeado pode ser simultaneamente reconhecido ou ignorado, a uma distância social efetiva. Esses diferenciais são fundamentais porque vinculam 1926 e 1976, em velhos e novos termos. Uma criança de cinco anos, como eu o era então, pode ganhar de um pai que participou dessa luta complexa pela consciência – um espírito e uma perspectiva que perduraram, frequentemente sob pressão, nos lugares radicalmente diferentes em que mais tarde vivi e trabalhei. Mas parte das perspectivas é a noção da complexidade e da dificuldade, no diferencial social e coletivo, dentro da história e geografia comunais, que à época foram e hoje são o nosso mundo. Minha contribuição breve e insuficiente para esse aniversário histórico é proposta como um lembrete de que, lado a lado com as ações principais, focalizadas e heroicas, há necessariamente cenas menores, marginais, confusas, difusas, nas quais a luta efetiva pela consciência também acontece.

A IMPORTÂNCIA DA COMUNIDADE
1977

Tarde da noite e a televisão zunindo no canto. Um programa, não de um galês, sobre o Festival Nacional de Eisteddfod do último ano. A balança oscilava entre ouvir e cochilar quando escutei uma frase que de início pensei ser uma leitura errada do roteiro. Disse de repente no fim do relato sobre Eisteddfod – que era muito cativante, sentimental, seletivo: "Aqui temos uma nação que tenta se tornar um povo". Imagino que o treinamento em análise verbal seja uma parte inevitável do tipo de educação literária que tive. Pensei: "Bem, ele inverteu as palavras, um erro compreensível". Ele não lia o ponto eletrônico, lia simplesmente um texto. Mas uma *nação* que tenta se tornar um *povo*! Deveria estar escrito "um *povo* que tenta se tornar uma *nação*". Mas então pensei que, se você contrapuser ambas as palavras, verá que cada uma delas é discutível. Esse não é o problema mais difícil entre as palavras com as quais tentamos atualmente criar o nosso pensamento político. Mas "nação" e "povo", apenas para começar com elas, indicam os problemas – de história, de perspectiva – que se situam bem no âmago das próprias palavras que são métodos necessários de intercâmbio nos temas políticos mais prementes.

Antigamente, uma *nação* não era controversa, pois tinha fortes conexões com o fato do nascimento, o fato de a nação representar um grupo de pessoas que compartilhava uma terra *natal*. Esse significado foi superado, mas nunca destruído, pelo desenvolvimento do *Estado-nação*, em que realmente não importa o nascimento comum ou o compartilhamento de uma terra natal, mas um tipo de organização política específica e independente. Por outro lado, um *povo* sempre foi ligeiramente discutível: uma palavra comum para indicar um grupo que em certo ponto apresentou uma evolução muito significativa, passando a haver pessoas do povo e outras, no mesmo lugar, que não eram do povo, e que não eram *o* povo. Houve uma utilização muito significativa na política radical dos séculos XVIII e XIX, em que se pôs *o povo* contra o quê? – contra o sistema, contra a classe dominante, contra *eles*. Essa utilização, muito especificadora, muito unificadora, desapareceu, suponho, ou se tornou muito mais difícil, quando chegou a era da política eleitoral e se viu que todos os partidos reivindicavam essa denominação de povo. Ela perdeu a sua antiga especificação social.

No pensamento político ortodoxo moderno, essas palavras antigas – *nação* e *povo* – foram substituídas, com frequência, pela simples palavra abstrata *sociedade*. Suas utilizações estão disseminadas, embora também não sejam tão simples quanto possam parecer. Ao se examinar a obra de um escritor do século XVIII, por exemplo, e ao se observar como ele usa a palavra "sociedade", verifica-se que, em um parágrafo, significa o que usaríamos hoje para exprimir "companhia" ou simplesmente "estar com outras pessoas" – sociedade como nossas relações ativas com os outros, estar em sociedade como algo distinto de estar sozinho ou estar isolado. No parágrafo seguinte, ele provavelmente usará "sociedade" para exprimir o que eu suponho que hoje geralmente queiramos expressar – um conjunto sistemático de organizações políticas e gerais segundo as quais vive um determinado povo: sociedade como um *sistema* social. E esse uso simultâneo da mesma palavra com significados tão diferentes contém uma página da história que pode ser especialmente relevante para a tentativa de refletir sobre as políticas nacionalistas da nossa geração. A palavra "sociedade" inaugurou uma grande pressão nas relações diretas com as outras pessoas, especificamente nas relações físicas de contiguidade, contato e convivência. Foi uma palavra conscientemente oposta à palavra "Estado" – "Estado" com todas as suas implicações de estrutura de poder, o centro que abrange a decisão e a autoridade. Esta havia sido a contribuição da classe média em desenvolvimento: encontrar, ou tentar encontrar, uma palavra alternativa para Estado, que exprimisse, no entanto, algo que não fosse uma construção privada, e sim uma construção pública. A tentativa de contrapor a sociedade ao Estado, insistir em que havia todo um campo de relações de vida que era distinto desse centro de poder e exposição: essa foi uma fase muito crucial. Mas, então, por sua vez, a palavra "sociedade" se deslocou em direção ao significado a que se opunha originalmente. Durante o século XIX, e hoje de novo, estamos em busca de palavras que representem uma ênfase de certos tipos de relações responsáveis, diretas ou indiretas, contrárias ao centro de poder e exposição.

Atualmente, a palavra que atinge o ponto nevrálgico, a palavra que teve de suportar a maior carga desse sentido dificílimo de relações diretas e responsáveis – a palavra é "comunidade". Quero discorrer sobre alguns significados de comunidade no momento em que, a meu ver, tornam-se extremamente controversos, em que as questões relativas à palavra nunca foram tão importantes. Comunidade não é uma palavra incomum entre as do vocabulário político, penso eu, por ser um termo que nunca foi usado em um sentido negativo. Nunca as pessoas, de qualquer posição política, dirão que são contra a comunidade ou contra uma comunidade. Pode-se ter discussões individualísticas muito sofisticadas sobre a própria esfera da sociedade, mas a comunidade, pelo contrário, está sempre certa. Por um lado, penso que devamos estar felizes com isso; por outro lado, deveríamos ficar receosos. Uma palavra que é compactuada por tanta gente, uma palavra apreciada por todos, uma noção à qual todos são favoráveis – se isso refletir a realidade, então vivemos em um mundo muito diferente desse nosso. Assim, qual é o problema relativo à palavra, o que permite que as pessoas de imediato respondam tão positivamente e ainda exprimam coisas tão distintas com ela? Aqui, devo retroceder a algumas fases de meu próprio entendimento dessa palavra e tentar relacioná-lo a alguns aspectos diretos da experiência social.

Acontece que cresci em uma pequenina comunidade rural bem na fronteira entre o País de Gales e a Inglaterra. Só compreendi muitos anos depois que a maioria das ideias que havia absorvido nessa situação específica, e mais tarde exprimido, representava, em um certo sentido, a característica comum de toda uma ampla área do pensamento social galês. E, para quem viveu nessa fronteira, a dificuldade de entender quem eu era, em termos de um agrupamento *maior*, impediu-me certamente de ver, em uma primeira etapa, que havia uma relação com o pensamento social galês. Foi-me demonstrado que era assim por alguns pensadores galeses; com maior frequência e mais indelicadamente, por pensadores ingleses, que descreveram minhas primeiras definições de comunidade em termos que demonstravam que, de certa forma, sabiam de onde provinham. Um deles as chamou "retórica de capela", com essa imagem peculiar única de Gales. Outro, mais recentemente, as chamou "eisteddfodismo radical". Seria atualmente uma noção muito curiosa: um festival ao mesmo tempo fortemente cultural e nitidamente competitivo no âmbito profissional. Mas deixarei passar.

Essa experiência original foi muito especial por um lado e muito marginal por outros. Significou para mim, em primeiro lugar, a experiência de uma comunidade relativamente estável, que havia adquirido uma certa identidade específica, em oposição a algumas forças externas, principalmente na questão da terra e, em seguida, praticava – e eu senti a grande importância disso –, dentro desse tipo de sociedade rural dispersa, alguns costumes que, eu reconheci ao partir para longe, não poderiam certamente ser presumidos. Deixem-me dar um exemplo. Quando fui para Cambridge, assisti a uma conferência do Professor L. C. Knights sobre o sentido da palavra "vizinho" na obra de Shakespeare. Ele disse que a palavra "vizinho", em Shakespeare, indicava algo que *ninguém* no século XX poderia entender, porque significava toda uma série de obrigações e reconhecimentos além da mera proximidade física. E F. R. Leavis estava encostado à parede e balançava vigorosamente a cabeça (nessa época, era *a* posição vigente em Cambridge), e todos diziam: "Sim, no século XX ninguém entende o significado de 'vizinho'". Bem, então me levantei, por assim dizer, diretamente de Pandy, e disse que eu sabia perfeitamente o que significa "vizinho", nesse sentido pleno. Houve assobios – era um comentário tão contrário ao senso comum, de que existia algo na literatura que não estaria mais socialmente disponível agora: a noção dessa forma de reconhecimento de certos tipos de responsabilidade mútua. Ora, não pretendia idealizar a minha própria posição. Não quero dizer que as pessoas – e, acima de tudo, talvez não precisasse explicar para aquele público –, que todas as pessoas, se apreciam reciprocamente. Não quero dizer que as pessoas, às vezes, não sejam desleais umas com as outras. Não quero dizer que não há brigas. Quero dizer que há, no entanto, um nível de obrigação social que é dado pelo fato de aparentemente viverem no mesmo lugar e, nesse sentido, terem uma identidade comum. E, a partir desse sentido, surgem atos de delicadeza além da conta, formas de reconhecimento mútuo, mesmo se há interpretações errôneas e infundadas do mundo exterior. Meu pai teve de ir ao *pub* local para impedi-los de coletar dinheiro para mim, quando souberam que ganhei uma bolsa de estudos em Cambridge. Teve de explicar-lhes que, tendo ganho uma bolsa, eu tinha dinheiro suficiente para viajar. As pessoas presumiram que ir para um lugar estranho como aquele... Quero dizer que a única coisa que eles puderam identificar em Cambridge foi a necessidade de muito dinheiro. E assim uma coleta foi iniciada para tentar me proteger. Isso aconteceu inteiramente dentro do sentido de vizinho, de comunidade. Mas foi ainda – como logo entendi ao sair de lá – um caso tão marginal, havia tão poucos lugares como esse entre os que mais tarde visitei, que tive de aprender a examinar um amplo leque de outros significados possíveis. E acabei por perceber que havia, na realidade, um tipo muito diferente de comunidade fisicamente bem próxima daquela onde eu havia crescido, mas eu não o havia conhecido tão bem. Uma comunidade que absolutamente não dependia dessa noção de estabilidade relativa, costumes familiares, mas uma comunidade que havia sido forjada em um conflito muito violento, o tipo de comunidade que foi a eventual criação positiva das lutas no interior da industrialização do sul do País de Gales. As interconexões entre esses dois tipos de comunidade muito diferentes – rural e industrial – ainda não foram suficientemente investigadas: quanto uma adotou a outra, os entrelaces muito complexos dentro dessas lutas, os conflitos muito complexos dentro delas, nos primeiros estágios, entre as velhas e as novas tradições. Acredito que provavelmente ainda estejamos em uma fase inicial desse discernimento

Pois há, sem dúvida, um hábito de obrigação mútua, que facilmente se torna o terreno em que é possível a exploração. Quando se tem a percepção desse tipo de dever natural em relação aos outros, pode-se estar muito cruelmente vulnerável, em um sistema de exploração consciente do trabalho. E, durante um longo período de tempo, torna-se um apelo muito poderoso, ainda utilizado repetidamente na política, que se tenha esse tipo de obrigação quase absoluta à "comunidade", que a afirmação de interesse contra ela seja meramente egoísta. Porém, o que aconteceu no sul do País de Gales, tão intensamente quanto em qualquer outro recanto do mundo, ainda me parece uma imensa façanha. Afora algumas lutas terrivelmente implacáveis e brutais, surgiu a vigorosa noção de um tipo diferente de comunidade: a noção de uma comunidade muito mais coletiva do que qualquer outra a que eu estivesse acostumado, que moldou as suas instituições em formas coletivas e que se propôs a mudar a sociedade radicalmente, a mudá-la em uma direção bem particular; tentar estabelecer, a partir dessas noções herdadas e renovadas de mutualidade e fraternidade, uma sociedade total, que parecia possível quando se leem os debates inicias, bem ao alcance da mão. Bastaria simplesmente ir a Londres, anunciá-los, às vezes dava a impressão, e isso aconteceria.

Lembro, a esse respeito, que a proclamação de cooperação de Robert Owen, um século e meio antes, também saiu do País de Gales. Owen tinha essa mesma percepção de que, uma vez proclamada, pareceria tão obviamente correta, um tipo de vida tão obviamente superior, que até mesmo apresentou o seu projeto ao primeiro-ministro, tendo ficado muito surpreso quando responderam: "Bem, não acho que possamos fazer isso agora". Todos tivemos essa sensação de choque, de que essa não era uma mensagem recebida instantaneamente. Mas essa associação entre uma compreensão específica de comunidade em termos de obrigações de vizinhança que se expandem, muito vinculadas a um lugar, passando pela percepção de uma comunidade sob estresse, sob ataque, pela luta, percebendo a sua comunidade e as suas instituições coletivas, e tentando avançar, a partir desse ponto, até um movimento político, que seria a organização de relações mais elevadas desse mesmo tipo e que seriam as relações totais de uma sociedade: essa associação, independentemente de suas dificuldades, foi uma parte muito significativa da história do País de Gales. Mas sobrevém um elemento difícil, e já havia sido difícil com o termo anterior de sociedade, porque tudo havia começado como local e afirmativo, pressupondo uma extensão simples de sua própria experiência local e comunitária a um movimento muito mais geral, sem estar suficientemente atento aos diversos obstáculos sistemáticos que barrariam o caminho. Ao se pensar no passado, por exemplo, nessa mudança de sentido da palavra "sociedade", pode-se ter a impressão de que houve uma perda. Em certo sentido, foi uma perda grave que "sociedade" tivesse perdido sua ideia de relação direta e imediata com os outros e se tornado uma palavra genérica e abstrata para todo um sistema político-social. É indubitavelmente uma perda, mas essa abstração foi uma maneira essencial de entender a natureza de uma fase histórica completamente nova, apresentando problemas que não poderiam ser negociados, muito menos compreendidos, a menos que fosse estabelecido o sentido de algo muito sistemático e distante, algo cujo sentido não fosse acessível por nenhum modo direto local. Essa foi, a meu ver, a experiência que repetimos em nossas tentativas de estender novos significados de comunidade a todo um movimento e, caracteristicamente, um problema que está mesclado à nossa asserção muito específica, que é uma comunidade nacional. Em consequência do que representou a abstração de uma sociedade, tendo em conta as perdas, irrompeu a percepção de que havia, nesse momento, mudanças históricas fundamentais e sistemáticas, sobretudo no modo de produção, mas trazendo com elas praticamente todos os outros tipos de mudança institucional. Havia ocorrido alguma coisa que deslocara certos elementos básicos de nossa vida social para além do alcance tanto da experiência direta, quanto da simples afirmação, afirmação seguida de extensão. Seguiram-se necessariamente a política da negação, a política da diferenciação, a política da análise abstrata. E quer se aprecie ou não, elas são agora necessárias, até para entender o que se passa.

 O fato que sempre me pareceu significativo foi a invenção absolutamente necessária da estatística como um modo de compreensão do nosso ambiente social real, quase contemporânea a esse novo sentido abstrato da palavra "sociedade". Todos conhecem as limitações da estatística – são demasiadamente bem conhecidas para serem debatidas –, mas houve um momento nessa evolução histórica em que, sem estatísticas, teria havido apenas ignorância e teríamos vivido como um povo na escuridão. Como, aliás, ainda viveríamos se não tivéssemos esse tipo de acesso necessário a coisas que na realidade são nossa vida diária, mas que não são diretamente acessíveis à observação e à experiência. Ora, alguns fatos profundamente sistemáticos, que acontecem de formas complexas em áreas muito extensas, e que deveríamos entender por comparação com as afirmativas simples, originárias da experiência da comunidade e que se estendessem à construção de novas sociedades, parecem e de fato estão longínquos e são desumanizados: o oposto aparente de comunidade. O sistema de propriedade, por exemplo, na economia moderna, não pode ser observado; deve ser conscienciosamente descoberto. De certa forma, novas relações sociais características devem ser descobertas, não apenas por uma investigação factual, mas por interpretações muito complexas, desvendando todos os tipos de novos sistemas e modos. E esses fatos, que são as tendências determinantes da história moderna, podem ser postos em conflito com aquelas outras noções afirmativas que sempre estão mais intimamente ligadas à experiência, quer provenham de velhos tipos de comunidades rurais, quer provenham de comunidades da classe trabalhadora militante. E em torno delas focaliza-se ainda a noção de comunidade, agora contraposta ao quê? Frequentemente supus, à medida que esse debate prosseguia, que contraposta às "políticas reais" ou "políticas práticas". Quer dizer, as pessoas mostrariam que a tentativa de construir uma sociedade moderna em termos de valores de comunidades muito simples era um simples *nonsense* idealista. Uma comunidade moderna – expressão de que eles ainda se apropriam às vezes, porque sabem a carga positiva que carrega – simplesmente não pode ser construída conforme o modelo desses modos de vida antigos e muito mais simples. E com certeza isso está correto. Em seguida, novamente houve quem dissesse que a ideia de comunidade sempre reside em suas afirmações e no enfraquecimento de suas crenças, porque se torna menos capaz de perceber o inimigo, menos capaz de identificar o que lhe é realmente hostil. Ela contém em seu âmago complacências que realmente faltam na prática política do mundo moderno, ao mesmo tempo tão extensiva e intricada quanto é a nossa. São estas as objeções feitas nessa fase de ressurgência do pensamento nacionalista e comunitário. Penso que devam ser consideradas em suas justas e adequadas medidas. Devem ser suplantadas, e não descartadas simplesmente como discurso de nossos opositores. Porque se deve levar em conta que a projeção de comunidades simples, mesmo na menor escala de uma nova independência nacional, é a projeção de reduções, em vez de expansões, uma projeção de simplificações, em vez do tipo de liberação complexa, que deveriam representar comunidades genuínas e novas políticas nacionais.

Também é evidente que os elementos hostis e contrários a esse novo tipo de política são muito fortes, muito identificáveis localmente, e que não estão apenas em algum centro de poder longínquo. Essa foi a minha descoberta mais triste: quando descobri que em mim mesmo – e decerto nessa época eu havia me afastado e vivido uma experiência muito diferente – havia acontecido uma forma extremamente crucial de imperialismo. Quer dizer, onde parte do espírito havia sido usurpada por um sistema de ideias, um sistema de sentimentos, que na verdade emana do centro de poder. De volta ao próprio espírito, de volta à comunidade oprimida e desapossada, há elementos reproduzidos do pensamento e do sentimento daquele centro dominante. Tornam-se as complexidades destrutivas dentro do que parecia inicialmente uma disposição afirmativa simples. Nem podemos simplesmente reagir ao dizer que os valores da comunidade, fortes e afirmativos, são superiores àqueles valores dos centros de poder e à identificação dos centros de poder, à identificação das relações destrutivas reais, formas reais de possessão, ideias e sentimentos reais que nos oprimem. Chegamos agora, a meu ver, dentro da política de mudança dos centros dos municípios

A IMPORTÂNCIA DA COMUNIDADE 173

metropolitanos, ao ponto de termos todos aprendido brutal e amargamente a verdade sobre essa última fase, a fase da negação, a fase de saber que se deve ir além da simples comunidade, a fase da identificação rápida dos inimigos, também a fase da abstração política bem consciente e prolongada. Se a isso meramente contrapusermos as formas de uma política mais simples, duvido muitíssimo que devamos nos envolver na luta central. Em contrapartida, se essa política negativa for a única política, então será a vitória final de um modo de pensamento que me parece o produto supremo da sociedade capitalista. Independentemente de seu rótulo político, é um modo de pensamento que realmente transformou as relações entre os homens em relações entre coisas ou relações entre conceitos. E mais, restabelecer a noção de política como relação entre homens, restabelecer as ideias de política de comunidade, significaria suplantar esse tipo de política, ir além dele, em vez de meramente renegá-lo.

Ora, isso é o que me interessa muitíssimo na situação política presente, que, ao atingir o fim desse tipo de política, e estou seguro que disso nos aproximamos, ao atingir também o fim desse tipo de política radical, encontremos alguns sinais da possibilidade de ir além, levando o tipo de afirmativas da comunidade, no decorrer dessas negociações, até um tipo diferente de política. E esses sinais, aqui e agora, são muito especificamente nacionais. Vivo em Cambridge, entre jovens estudantes radicais, que não reconheceriam a maioria das análises que são feitas sobre a condição de uma nação dependente ou desapossada dentro da Grã-Bretanha, ou quaisquer outras nações ou regiões desapossadas da Europa. Entretanto, eles partem de sentimentos muito similares, mas menos negociáveis: sentimentos de distância social, de alienação, de frustração política ou impotência. Mas as etapas que devem transpor em seguida parecem-lhes extremamente difíceis. Tenho a impressão de que ocorre na política nacionalista – e é o que me trouxe um sentimento muito forte de refazer um percurso e achar que voltei ao mesmo lugar, e que o lugar havia mudado – a possibilidade de fazer novas afirmativas, embora enfrentando necessariamente todas as formas de negação, não simplesmente para identificá-las como inimigas, mas para vê-las como o conjunto complexo de forças a que nos opomos à primeira vista, embora sejam parte do que aconteceu entrementes em toda a fase histórica humana que de fato nos inclui.

No momento em que nos deslocamos de uma política nacionalista *meramente retrospectiva* para uma política *verdadeiramente prospectiva*, começamos o pensamento afirmativo que algumas ações políticas de esquerda, desenvolvidas e inteligentes, perderam efetivamente em alguns outros centros da Europa. No entanto, por mais que essas ações sejam sofisticadas, por mais que sejam militantes, perderam algo em seu coração que cada vez mais é identificado pelos que participam: a noção da finalidade de qualquer liberação, a noção do que a luta conseguiria obter, a noção do que seria, fora da mera retórica utópica, essa vida humana que é o objeto de todas as discussões e lutas atormentadas. Essa noção foi tão profundamente perdida em tantas áreas, especialmente pelas dificuldades da história moderna do socialismo, que agora surgem contribuições, a meu ver ainda muito incompletas, mas surgem contribuições provenientes quase unicamente dos novos movimentos nacionalistas, que são uma conexão dentro da luta, incluindo as negações, mas também o sentido de um objetivo no qual haja a possibilidade de afirmação. E se eu interpreto corretamente a ousadia de meus contemporâneos, compreendo como essa ousadia está exaurida, após as políticas extraordinariamente confusas e frustrantes dos últimos trinta anos. A meu ver, o novo momento de afirmação é o ingrediente realmente crucial sem o qual a política somente será a dinâmica interna dos interesses capitalistas, o que seria o fim da política em qualquer sentido que fosse compreensível para mim, desde que comecei a observar a vida política.

E, portanto, o movimento curiosamente tem uma ingenuidade inicial, que lembro muito bem de não ter entendido – e algumas vezes ainda não entender – como é possível que as pessoas não desejem viver em verdadeira comunidade, quero dizer, não é este notoriamente um modo muito melhor de viver? Que diabo nos detém? E também retrocedo um ano, no 50º aniversário da Greve Geral, à conferência da União Nacional dos Mineiros, em Pontypridd. Da maneira como comentaram, parece inacreditável que não tenha surgido o socialismo na Grã-Bretanha nos últimos cinquenta anos. Que diabo nos detém? Descobri; descobrimos todos. Mas enquanto descobríamos, o que foi aprendido é tão negativo de tantas maneiras que a renovação do esforço de volta a esses centros metropolitanos é uma questão de fibra, de força emocional, tanto quanto uma questão de habilidade intelectual ou de capacidade organizacional. Então, isso é o que eu entendo como a importância da renovação da política nacional, e especialmente aqui, no País de Gales. Seria absurdamente lisonjeiro dizer que foi feito mais do que sentir uma amostra do que seria esse novo tipo de política afirmativa e libertadora, mas estamos tão somente na tentativa de alcançá-lo.

GARIMPANDO O SIGNIFICADO: PALAVRAS--CHAVE NA GREVE DOS MINEIROS 1985

No corte do carvão, há ruído, poeira e pedras inúteis. Semelhantemente, na greve do carvão há questões centrais de grande importância para a sociedade, mas, em torno delas, muitas vezes obscurecendo-as, há o ruído, a poeira e a pedra da argumentação equivocada, imediatista ou perniciosa. A grande maioria dos mineiros cumpriu seu dever sindical em uma resistência coletiva de qualidade humana extraordinária. Agora, o dever dos socialistas não é apenas continuar a apoiá-los em quaisquer circunstâncias, mas também esclarecer e abrir campanha em torno das questões centrais, pelas quais será decidido o futuro desta sociedade nas próximas décadas. Essas questões podem ser definidas por quatro palavras-chave da greve: *administração*; *econômico*; *comunidade*; *lei e ordem*. Discutirei cada uma delas separadamente, como um caminho para os temas gerais.

"O direito de administrar"

A greve começou em resposta a uma decisão unilateral da "administração" de fechar alguns poços de minas. Aqui, além das discussões mais imediatas sobre acordos e procedimentos prévios, e também além de questões relevantes sobre o contexto político e a maneira de agir, há um tema que deveria estar no centro de todo projeto socialista. É a reivindicação dos trabalhadores visando controlar não somente os salários e as condições, mas também a própria natureza de seu trabalho. A substância humana dessa reivindicação é absoluta. Negá-la, ou mesmo limitá-la, significa subordinar toda uma classe de homens e mulheres ao desejo de outros. É previsível que capitalistas a neguem. Seu mundo é construído sobre o poder do capital em subordinar maiorias reais de trabalhadores a condições de emprego administrado. Eles encaram qualquer desafio a esse poder com raiva e desdém. Por sua vez, socialistas tentaram, durante várias gerações e com imensas dificuldades práticas, avançar rumo a uma sociedade em que a substância humana da reivindicação começasse a ser reconhecida ou pudesse finalmente ser consumada. De acordo com o pensamento prevalecente em nosso movimento trabalhista, escolheu-se um caminho próprio. As maiores indústrias e serviços seriam nacionalizados, de modo que, em vez de corporificarem um interesse capitalista com lucro privado, corporificassem um interesse nacional ou público. Pareceu um caminho sensato, uma alternativa ao velho capitalismo irresponsável.

Mas essa greve do carvão, mais claramente do que qualquer outro evento isolado, mostrou-nos até onde esse caminho pode levar, e quão longe ele pode estar da reivindicação humana original. A chave para compreendê-la está nessa palavra traiçoeira: *administração*. Pois é fato que no desenvolvimento de toda a indústria moderna tem ocorrido uma confusão grave e por vezes deliberada entre a palavra "administração" e as palavras mais antigas "patrão" e "empregado".

Ao longo da trajetória da nacionalização, um conselho representativo do interesse público e uma administração técnica, supervisionando a produção e a distribuição, foram os elementos adequados à nova estrutura. A reivindicação dos trabalhadores para controlar a sua própria produção foi posta de lado, a pretexto de supostas prioridades de um interesse nacional maior e de uma possível produção mais eficiente. Essas supostas prioridades continuam fundamentais, mas é essencial verificar o que aconteceu ao negarem ou limitarem a reivindicação humana mais abrangente. Em primeiro lugar, o Conselho do Carvão, em vez de representar o interesse público em geral, tornou-se, na prática, um empregador corporativo, com relações políticas e financeiras exclusivamente com o Estado. Em segundo lugar, a distinção entre um conselho público e uma administração técnica foi obscurecida a ponto de "administração" – esse funcionamento supostamente profissional – ter se tornado um simples disfarce para a vontade e a ambição de um patrão *de facto*.

O equívoco é especialmente grave porque, com certeza, praticamente em toda parte, existe uma necessidade genuína de administração. Pesquisa, organização e planejamento são cruciais em qualquer operação complexa. Porém, nos significados atualmente impostos de *administração*, há uma falsa redução desses processos imprescindíveis a elementos do plano corporativo de um empregador que visa unicamente, em seus próprios termos, à sua versão de operação lucrativa. "Administração" significa oferecer um conjunto de decisões técnicas incontestáveis, enquanto a administração real – agora muito claramente o velho patrão e empregador – oferece-as constantemente, em um contexto determinado de cálculos políticos e comerciais de curto prazo.

Portanto, quando os mineiros desafiaram esse "direito de administrar" unilateral e grandes corpos de opinião foram mobilizados para derrotar a sua presunção, tornou-se evidente uma questão-chave em toda a organização moderna do trabalho. Nas decisões imediatas, não lhes foi sequer proposta uma consulta, mas, se os tivessem consultado, chegar-se-ia rapidamente ao ponto essencial. A reivindicação pela qual lutaram é a reivindicação de todo trabalhador para participar, desde o começo, da direção de longo prazo da indústria a que dedicou toda uma vida.

Administração genuína é um processo contínuo e complexo de informação e negociação que evolui até que se alcance algum acordo geral, sempre renegociável.

O suposto "direito de administração" de ignorar, frustrar ou esmagar esse difícil processo é falso desde a raiz. De fato, é uma redundância frente ao direito categórico e arbitrário do *empregador*. Desafiando essa arrogância e esse equívoco em uma fase especialmente aguda de sua asserção, os mineiros lutaram por um princípio que tem uma profunda importância para todo trabalhador empregado em uma série de atividades, desde hospitais e universidades até escritórios e fábricas. Ora, por isso é interesse geral: que as pessoas que trabalham arduamente em seus empregos não sejam expostas a essas operações arbitrárias do capital e do Estado, disfarçadas como "o direito de administrar". Em um período de capital multinacional muito poderoso, movendo seus milhões sob diversas bandeiras de conveniência, e em um período também de aquisições e fusões muito rápidas e frequentemente arbitrárias por diversos tipos de grupos financeiros, todos estão ou estarão suscetíveis ao que os mineiros sofreram.

Por enquanto, nossa proteção consistiu em nossos sindicatos e no conceito de um setor público. Cada tipo de proteção foi atacado, nas condições dessa greve, em um ponto crucial. Seria imperdoável, independentemente do desfecho da ação imediata, que fracassássemos na construção e na ampliação de um movimento para defender e promover essa condição essencial de democracia: que nosso trabalho permaneça nosso e não esteja à disposição arbitrária dos outros.

O que é "econômico"?

"Mas enfrente os fatos", diz um outro tipo de voz de autoridade. Se o seu trabalho não for econômico, você tem o direito de viver dele? Sem dúvida, é uma questão legítima. Mas não nos termos em que foi colocada nessa greve: termos que são verdadeiramente poeira e ruído. Portanto, em princípio está claro que *econômico*, assim como *administração*, não é de modo algum um julgamento necessariamente fundamentado, profissional e neutro. O estudo direto das contas de negociação das minas em funcionamento produziu definições bem diferentes, ou mesmo alternativas, do que é "econômico". O estudo das operações de contabilidade geral do Conselho do Carvão lançou sérias dúvidas profissionais sobre sua transparência e relevância. Todo esse estudo pode ser contestado, assim como os cálculos oficiais dominantes, que não podem ser intelectualmente protegidos por algum "direito de administrar" genérico.

No entanto, por mais que essa argumentação possa avançar – e essa deveria precisamente ser a substância da administração e da negociação genuínas –, há um outro nível no qual *econômico*, como uma palavra-chave, deveria ser examinado. É característico de toda economia capitalista, e mesmo de alguns economistas socialistas atraídos por argumentos localistas desse tipo, o fato de as operações comerciais específicas serem isoladas da economia como um todo. Como uma manobra técnica isso é compreensível. Operações e investimentos específicos requerem um exame apropriado. Mas, em seguida, todo e qualquer resultado deveria retornar ao conjunto da economia de que fazem parte e além disso, à sociedade, cujo sustento é o propósito da economia.

Nesse aspecto, o carvão é ao mesmo tempo um caso muito eloquente e muito especial. É um recurso econômico essencial da ilha, e qualquer estimativa econômica judiciosa de sua mineração deve incluir não apenas estimativas comerciais atuais, mas também estimativas inter-relacionadas de longo prazo sobre a política de energia em geral. Portanto, a concentração da produção em galerias atualmente mais lucrativas e o fechamento de todas as outras que, segundo algum tipo de estimativa, não são lucrativas agora, mesmo como um processo econômico isolado, são questionáveis enquanto deixarem de incluir estimativas econômicas sobre os efeitos nas reservas de longo prazo. Mas o caso completo é muito maior. Na realidade, princípios isolados de contabilidade usurparam as funções gerais da economia. Não se trata apenas, como o sindicato dos mineiros argumentou, de os custos de derrotar a greve e de financiar as demissões serem maiores do que os custos de manter a atividade existente, mas também, e mais genericamente, de haver uma vasta quantidade de capital social e de incessante investimento social nos velhos campos de carvão que, de acordo com o "direito de administrar", propõe-se tornar obsoletos. Casas, escolas, hospitais e estradas nessas áreas compõem um enorme investimento econômico que sobrepuja as estimativas contábeis de qualquer indústria em particular. Aqui, no nível mais fundamental, os mineiros começaram a definir as questões e os problemas reais de uma economia socialista e a expor o caráter destrutivo da economia capitalista no longo prazo. É sobre isso, em áreas muito mais amplas, que devem ser erigidas as diretrizes de um movimento trabalhista redivivo.

Defendendo a comunidade real

A greve dos mineiros tem sido representada como o último pontapé de uma velha ordem. Entendida corretamente, é um dos primeiros passos rumo a uma nova ordem. Especificamente, é o caso da ênfase que deram à proteção de suas *comunidades*. Aqui, há outra palavra-chave que precisa ser compreendida.

Como a maioria de nós, os mineiros entendem como suas comunidades os lugares em que viveram e desejam ainda viver, onde investiram gerações não apenas de esforço econômico, mas também de esforço social e cuidados humanos que as novas gerações herdarão. Sem esse forte tipo de apego integral, não existe uma comunidade significativa.

Entretanto, há outra utilização de *comunidade* para significar não esses lugares e essas pessoas reais, mas um agregado abstrato com um interesse genérico arbitrário. Uma comunidade mais ampla – um povo ou uma nação – deve incluir, se quiser ser legítima, todas as suas comunidades reais e diversificadas. Destruir as comunidades existentes em nome da "comunidade" ou do que é "público" é perverso, assim como falso.

Porém, essa é a lógica implacável da ordem social que agora emerge tão poderosamente: a lógica de um novo capitalismo nômade, que explora lugares e pessoas reais e, em seguida (quando lhe apraz), vai-se embora. Com efeito, os porta-vozes desse novo capitalismo nômade começam a assemelhar-se cada vez menos a seres humanos e cada vez mais parecem e falam como nômades de plástico: oferecendo seus títulos por dinheiro, bem distanciados de qualquer trabalho permanente ou de qualquer atividade produtiva e esperando que lhes digam que terão êxito onde estiverem, sob qualquer bandeira de conveniência. De volta ao rastro de suas operações, das cidades do interior aos vilarejos mineiros abandonados, homens e mulheres reais sabem que enfrentam uma ordem estranha de títulos e dinheiro, que lhes parece todo-poderosa. Merecem honra eterna os mineiros, as mulheres, os idosos e todos aqueles nas comunidades rebeldes que a enfrentaram e desafiaram seu poder.

Porém, qualquer desafio que possa efetivamente derrotá--la terá de ser muito mais vasto. O carvão foi um bom começo, por causa de sua importância geral e duradoura. Mas as maiores lutas terão de adentrar terrenos mais difíceis. Deverá ser cuidadosamente retrabalhada a questão básica das relações entre uma economia e uma sociedade. Pois paira sobre nossas cabeças, dentro dessa ordem estranha, uma longa série de decisões, pelas quais uma empresa após a outra chamará de excedentes um número cada vez maior de pessoas. O discurso secreto dessas forças estranhas – alguns copiados servilmente pela mídia – é uma longa fanfarrice estatística sobre aumentos de produtividade e de lucro, caso se desvencilhem de mais trabalhadores. Ao fim da estrada, não serão apenas comunidades específicas, mas sociedades inteiras – o que era a Grã-Bretanha, e que agora se chama "Yookay", é um dos primeiros candidatos – que serão declaradas antieconômicas e excedentes.

Não precisamos nos preocupar com os nômades de plástico que controlam nossa própria nacionalidade nominal. Seguirão em frente ou recolherão em outro lugar seu lucro solidamente protegido. O restante de nós, aqui e precisando permanecer aqui, terá de encontrar uma ordem econômica alternativa se quiser manter uma sociedade verdadeira; sem essa sociedade verdadeira, nunca haverá, em hipótese alguma, qualquer tipo de socialismo.

Certas adesões nominais ao socialismo não enfrentarão esse desafio. Os aspectos práticos são extremamente difíceis, e por isso deveríamos começar a trabalhá-los com seriedade. Os socialistas sempre reconheceram as desigualdades inerentes à sociedade de classes. Mas com frequência negligenciamos as desigualdades análogas, inerentes à própria terra e aos nossos próprios pedaços de solo. A greve ensinou-nos novamente a encarar o carvão como um recurso natural, e esse tipo de pensamento – uma auditoria prática e específica dos meios de nosso sustento, sejam recursos naturais, sejam competências – capacitar-nos-á a desafiar as definições dominantes vigentes de riqueza e lucro.

Pois, superando todas as categorias exóticas, só existe riqueza nas pessoas e em suas terras e mares. Utilizações dessa riqueza que descartem e abandonem pessoas são tão profundamente contraditórias que se tornam um desastre social, em pé de igualdade com os desastres físicos que decorrem da exploração imprudente das terras e mares. Uma política econômica que emane de pessoas reais em lugares reais e se destine a sustentar a continuidade de suas vidas requer uma grande transformação de nosso pensamento, mas uma transformação que, em suas argumentações sobre poços de minas e comunidades – sua recusa em aceitar separar a economia de um povo e de uma sociedade –, os mineiros começaram a indicar.

A ideia de "ordem"

Nesse contexto, deveríamos examinar a última palavra-
-chave: *lei e ordem*. Eu a considero uma palavra única, como é correntemente utilizada, por exemplo, em oposição a organizar piquetes. Pois a combinação arbitrária do que deveriam ser duas palavras e dois conceitos é a chave de seus efeitos ideológicos atuais. Todas as sociedades precisam de leis e todas as sociedades complexas fazem-nas e refazem-nas. O verdadeiro problema é *ordem*. Ao escutar alguns ministros, fica fácil captar seu verdadeiro conceito de *ordem*, que é comando: obediência à autoridade legal; na realidade, se combinado ao "direito de administrar", obediência a qualquer autoridade. No contexto, torna-se claro que foi a afronta mais acintosa dos mineiros. Porém, a ideia de *ordem* é ainda muito mais importante. Leis são necessariamente os instrumentos de uma ordem social específica. Ninguém pode sobreviver sem elas. Mas, em qualquer conflito sobre uma lei específica, está em apreço a definição implícita da ordem social almejada. Portanto, atualmente há leis especialmente concebidas para limitar os poderes dos sindicatos ou das assembleias de trabalhadores, para intervir no que seria, caso contrário, um mercado livre de trabalho, necessariamente dominado pelo capital. Desafiar essa ordem é desafiar essas leis.

Portanto, tem importância vital para os socialistas, recorrentemente acusados de apoiar a desordem, responder melhor do que negativamente. Pois nas lutas pelos direitos de administração, pelas políticas econômicas alternativas e pelas condições das comunidades, está eminentemente em questão um problema de *ordem*: não de comando, nem de autoridade, mas o modo de vida escolhido por uma maioria substancial dos cidadãos. Em vez de manter a defensiva sobre a desordem, os socialistas deveriam aproveitar todas as oportunidades de mostrar o que realmente acontece: a desarticulação de nossa ordem social habitual e a destruição de comunidades específicas por uma ofensiva política e econômica combinada.

Para os mineiros e suas famílias nos campos de carvão mais ameaçados, isso já está bem claro. Na verdade, defendem diretamente um modo de vida, parte de uma ordem social específica que tem sido cruelmente subjugada por acontecimentos externos. Também nesse caso há lições extensivas para os socialistas. Pelas divisões e diferenças entre os vários campos de carvão e pela maneira como a greve eclodiu, por decisões locais, em vez de por uma votação nacional, já se torna aparente que as desigualdades materiais, literalmente inscritas na terra, têm efeitos muito profundos na possibilidade de qualquer ordem social ampla e consentida.

As jazidas de carvão mais lucrativas e os poços com os filões mais acessíveis podem trazer perspectivas bem diferentes para as comunidades vizinhas. A habilidade teórica de um sindicato nacional ou de um movimento ou partido nacional de compor essas diferenças em um programa de ação único, uma única ordem alternativa, é fortemente limitada por essas diferenças práticas de circunstâncias. Por esse motivo, desde o início, o programa socialista deve se apoiar em bases bem diferentes das do programa capitalista e de qualquer de suas pequenas modificações.

A diretiva capitalista, que ainda consiste em comprar no mercado mais barato e vender no mais custoso, tem sido, nas últimas décadas, profundamente subversiva ao que ainda é a ordem social escolhida livremente pelo nosso povo: quer dizer, a existência como uma nação independente e autossuficiente. A legitimidade perene dos apelos tanto à *lei* quanto à *ordem* repousa principalmente nessa identidade. Portanto, quando as corporações supostamente públicas, sejam do aço ou da eletricidade, seja agora do carvão, abertamente subordinam os verdadeiros interesses nacionais às suas próprias avaliações imediatas de mercado – transportar carvão, por exemplo, através de sete mares para vender barato, reduzir ou encerrar as atividades de qualquer indústria supostamente nacional –, começa uma crise social muito profunda.

Em seu centro, encontra-se essa interpretação de *econômico* e *antieconômico* que, embora conveniente, ignora todas as outras considerações sociais. Mas, se assim continuar, que recurso sobra à nossa suposta ordem social e às suas leis? De fato, o que sobra como *econômico*? Os poucos serviços e indústrias remanescentes, capazes de resistir a qualquer competição internacional de produção em quaisquer condições de trabalho? Mas, conforme esses critérios capitalistas internacionais, não há como manter uma ordem social viável em longo prazo sem demissões forçadas.

A política do governo atual – se merece um nome tão imponente – é deixar ocorrer essa degringolada, de fato acelerá-la, na suposição de que todas as pessoas excedentes e todas as comunidades rejeitadas possam continuar politicamente marginalizadas ou, se agirem em interesse próprio, controladas pelas comunicações centralizadas (a argumentação política, como nessa greve, tendo lugar não no Parlamento, mas no rádio e na televisão) ou por novas formas de policiamento.

Em dois aspectos principais, os mineiros conduziram-nos a um ponto de decisão. Por qualquer critério político futuro para esta ilha, seu carvão e suas competências são um recurso primordial. Não são algum setor questionável do mercado, mas uma chave para a nossa vida econômica sustentável. Mas é no segundo aspecto, conduzindo a argumentação à questão da sobrevivência de todas as nossas comunidades, que eles extrapolaram sua posição econômica geral e convincente, chegando à questão social, na qual será decidido o futuro dessa sociedade, conjuntamente com o de seu movimento trabalhista e de qualquer projeto de socialismo. O ponto de crescimento para um socialismo ressurgente está agora em todas essas comunidades dominadas pela crise: não como casos especiais, mas como um caso geral. É aqui, na diversidade e no respeito à diversidade, que novas forças populares formam-se e procuram uma articulação política eficiente. Será longo e difícil nos detalhes, mas ao desafiar o lema destrutivo de *administração, econômico* e *lei e ordem*, que atualmente esconde as operações reais de um estágio novo e temerário do capitalismo, os mineiros, procurando proteger seus próprios interesses, esboçaram uma nova forma de interesse geral.

Quando a greve acabar, haverá muitos outros assuntos para discutir e defender: tática, *timing* e personalidades, indubitavelmente. Mas é importantíssimo ultrapassá-los de maneira rápida e contundente, rumo às questões gerais decisivas que agora foram tão claramente desveladas.

5
ALÉM DO TRABALHISMO

A ESQUERDA BRITÂNICA
1965

Toda análise do estado da esquerda na Grã-Bretanha deve começar por uma análise da natureza do Partido Trabalhista. Atualmente, é um partido de massas, alicerçado em um movimento sindical essencialmente indiviso. Pelo menos durante os vinte últimos anos, sempre teve potencial para governar e, nos bons tempos da esquerda, para governar sozinho. Desde a sua fundação, tem sido uma coalizão de organizações de esquerda e as principais batalhas políticas da esquerda foram travadas em seu interior. O Partido Trabalhista Independente propôs uma organização política alternativa, até a sua fusão com o Partido Trabalhista, no início dos anos 1930: assim, mais uma vertente foi adicionada à coalizão. O Partido Comunista, desde o início dos anos 1920, comportou-se como uma ala militante do movimento trabalhista: frequentemente envolvido em lutas locais contra o Partido Trabalhista, frequentemente influente em alguns sindicatos, mas nunca pareceu provável que se tornasse um partido de massas. Seu verdadeiro objetivo político tem sido, na prática, um governo trabalhista, com o apoio de uma minoria comunista militante.

Os pontos fortes e fracos dessa dominação da esquerda por um partido de massas capaz de conquistar, em curto prazo, um poder parlamentar decisivo são, portanto, os termos essenciais de qualquer análise realista. Os pontos fracos são fáceis de ver. O fato de o Partido Trabalhista ser uma coalizão levou a um evidente depauperamento da teoria: qualquer tentativa de ir além de definições muito genéricas de imediato provoca tensões nessa aliança complexa. A perspectiva de poder parlamentar, dentro do sistema político em vigor, leva muitas vezes ao silenciamento de debates indispensáveis, e as necessidades do Partido em termos parlamentares e eleitorais ganham, muito frequentemente, prioridade sobre os princípios políticos. A perspectiva de poder, por essa via constitucional, leva a um fortalecimento dos elementos já excessivamente numerosos no Partido que aceitam o sistema político e econômico existente e que, noves fora a substituição deles por conservadores nos ministérios, querem somente fazer reformas relativamente insignificantes. Quando essas tendências de oportunismo ou liberalismo tornam-se muito realçadas, há uma propagação de movimentos dissidentes, e a própria estrutura do Partido Trabalhista é extensivamente vista como a principal fraqueza da esquerda britânica. Entre os intelectuais de esquerda, esse tipo de atitude é extremamente comum. Mas os pontos fortes dessa organização peculiar são quase constantemente subestimados. Por várias vezes e por diferentes razões, nos últimos trinta anos, pareceu que o Partido iria de fato se desintegrar, que suas contradições e tensões seriam demasiadamente profundas para que ele sobrevivesse. A direita, dentro e fora do Partido Trabalhista, propôs um descolamento da identificação de classe com os sindicatos e do compromisso formal com o socialismo. A esquerda, dentro e fora do Partido Trabalhista, propôs um descolamento dos militantes para longe dessa organização sem princípios, amorfa e frequentemente transigente, e a construção de um partido socialista fundamentado em princípios. É preciso enfatizar que a força principal do Partido Trabalhista emergiu relativamente ilesa dessas sucessivas crises diferentes. Por enquanto, a incapacidade da direita de abalar essa força organizada é, na verdade, profundamente encorajadora. Existem aqui alguns insondáveis pontos fortes, além dos óbvios pontos fracos. A incapacidade equivalente da esquerda de descolar uma fatia da classe trabalhadora de sua lealdade ao Partido é uma realidade para a sociedade britânica como um todo. Em certo sentido, essa fidelidade é um obstáculo ao socialismo militante, mas, por um outro, deixa em aberto a possibilidade de incluir o socialismo na agenda política, sem conflito civil nem violência. Há aqui um equilíbrio entre os pontos fortes e fracos, que é o nosso contexto político real.

A existência e a resistência do Partido Trabalhista tenderam a confinar os debates sobre o socialismo a termos parlamentares. São evidentemente insuficientes, mas têm havido, mesmo assim, muitas declarações falaciosas sobre essa questão de força eleitoral e vale a pena corrigi-las. A mais comum é a asserção de que a relativa prosperidade da classe trabalhadora no pós-guerra levou a um enfraquecimento do Partido Trabalhista. As vitórias do Partido Conservador em 1951, 1955 e 1959 foram amplamente interpretadas dessa maneira. Os efeitos do relativo pleno emprego e dos salários reais mais altos são de fato complexos, mas, nessa questão de força eleitoral, o Partido Trabalhista foi incontestavelmente mais forte no período de relativa prosperidade do pós-guerra do que jamais havia sido nos períodos de desemprego em massa e pobreza do pré-guerra. Sua vitória em 1945 foi obtida com 12 milhões de votos. Antes da guerra, sua votação nunca havia sido superior a 8 milhões e meio. A situação após 1945 foi considerada um declínio do número de votos causado pela "prosperidade", mas os números são: 1950, acima de 13 milhões; 1951, cerca de 14 milhões; 1955, acima de 12 milhões; 1959, ainda acima de 12 milhões; 1964, novamente acima de 12 milhões, o que, com um declínio de votos do Partido Conservador, seria suficiente para retomar o poder. O declínio relativo durante os anos 1950, que custou o poder ao Partido Trabalhista, ainda está nos limites de um progresso absoluto e significativo em relação à situação no pré-guerra. A verdade é que, à medida que o governo trabalhista de 1945 implementava o seu programa, ganhou algum apoio da classe trabalhadora, mas também arregimentou contra si um corpo de opiniões formidável e, ao final, decisivo. Quando perdeu o poder, em 1951, ainda tinha, em razão das peculiaridades do sistema eleitoral, uma votação popular mais elevada do que a dos conservadores. O progresso material evidente da Grã-Bretanha, durante os anos 1950, deu aos conservadores uma vantagem relativamente estreita na votação popular, com a qual governaram durante treze anos. Em 1964, essa vantagem foi ligeiramente alterada, e o Partido Trabalhista pôde novamente compor um governo. Ademais, durante todo esse período, o Partido Trabalhista manteve uma indiscutível maioria entre os homens; foi a maioria antitrabalhista entre as mulheres que o derrotou. Nas grandes cidades e nas zonas industriais, inclusive recentemente nas zonas industriais mais prósperas, o Partido Trabalhista tem sido excepcionalmente forte, mesmo sob o poder do Partido Conservador.

Assim, apesar de mudanças no pós-guerra, o Partido Trabalhista permanece um partido de massas e permanentemente um governo em potencial, alicerçado principalmente nos segmentos mais organizados da classe trabalhadora. Entretanto, considerando a sua força, por que parece, com tanta frequência, um instrumento improvável de mudança socialista? Aqui, temos de abandonar a arena limitada da política parlamentar e examinar as complicadas tradições intelectuais e estruturais de outros tipos de crítica social e de oposição.

As origens do movimento britânico das classes trabalhadoras, de 1780 a 1835, mostram uma combinação complicada entre radicalismo político e organização operária defensiva. (O período foi muito bem descrito por Edward Thompson em *A formação da classe operária inglesa*.) O principal desafio do cartismo nos anos 1840 fracassou, mas produziu na classe dominante, nas décadas seguintes, uma série de atitudes e medidas reformistas, no início como o custo explícito de se evitar a revolução. Em meio a essas reformas, um grupo de vanguarda do movimento anterior – artesãos e trabalhadores especializados – tornou-se relativamente adaptado a uma sociedade capitalista, que crescia em riqueza e constantemente ampliava o direito de voto. Quando voltou a depressão econômica, nos anos 1880, houve um renascimento da organização sindical, mas as consequências políticas foram ambíguas. Os líderes sindicais bem-adaptados não viram a necessidade de um novo partido político. A exigência de uma iniciativa política partiu dos líderes dos novos sindicatos. Portanto, já ficou evidente uma ambivalência das atitudes dos "sindicatos" em relação às iniciativas políticas da classe trabalhadora. Em termos práticos, os novos líderes ganharam, mas a ambivalência continuou. Mesmo nas décadas subsequentes, quando o Partido Trabalhista foi aceito como o instrumento político dos sindicatos, houve uma evidente divisão de opinião entre os líderes sindicais sobre qual deveria ser esse papel político.

Por um lado, o Partido Trabalhista foi visto como um instrumento para a transformação da sociedade capitalista e para a sua substituição pelo socialismo: uma aspiração na qual se engajam alguns sindicatos em seus estatutos escritos. Por outro lado, o Partido Trabalhista foi visto por uma maioria de líderes sindicais essencialmente como um representante dos interesses da classe trabalhadora dentro do sistema vigente, de modo que, ao governar, não precisaria ir além de certos tipos limitados de legislação de proteção e bem-estar social. Essas opiniões flutuaram conforme a natureza do conflito na indústria. A Greve Geral de 1926 foi um enorme desafio da classe trabalhadora ao regime político existente, porém é significativo que tenha fracassado, não por falta de apoio popular, mas por uma vontade final de transigência entre os líderes sindicais. Após essa derrota, a corrente escoou rapidamente rumo à acomodação e, em seguida, houve um avanço da burocracia e do controle centralizado na maioria dos sindicatos mais importantes. Esses fatores ainda são perceptíveis e ainda há uma parcela importante de lideranças sindicais que, embora apoiem formalmente o Partido Trabalhista, talvez acolhessem até com simpatia a separação entre os sindicatos e os engajamentos políticos, o que os tornaria os únicos órgãos de negociação e controle. Nesse sentido, a influência norte-americana foi particularmente preponderante.

Ao mesmo tempo, a natureza não democrática da maioria dos grandes sindicatos é, por si mesma, uma fonte de instabilidade. A demonstração recente mais impressionante foi a sucessão de Deakin por Cousins (após uma breve interrupção) como secretário-geral dos Transportes e da União Geral dos Trabalhadores, cujo número de afiliados é maior do que um milhão. Com Deakin, esse sindicato havia sido o principal defensor da liderança da direita. Com Cousins, foi o mais importante defensor de toda uma série de diretrizes de esquerda em assuntos domésticos e internacionais. O fato de um milhão de votos poderem tão completamente oscilar de um lado para o outro da luta política é um sinal flagrante dos extremos a que chegou a burocratização. Entretanto, mostra também como pode ser abalado, ainda que temporariamente, o que em princípio pareceria uma ortodoxia poderosa e monolítica.

Nos anos recentes, interpretaram-se mais satisfatoriamente as opiniões políticas internas do Partido Trabalhista como uma série de lutas entre grupos essencialmente não democráticos. O congresso do Partido é dominado pela votação em bloco dos sindicatos. O eleitorado normalmente representa apenas as minorias militantes dos membros do partido. Quando as diretrizes divergem, o Partido parlamentar reivindica uma independência prática dos outros grupos e, pela natureza de seu envolvimento com o sistema parlamentar, é atraído continuamente pelas ortodoxias da política capitalista contemporânea. Fora dessa situação complexa, invariavelmente tendenciosa a favor de acomodações com o poder político vigente, vem à tona a vocação geral das diretrizes trabalhistas. Portanto, temos o paradoxo de um partido de massas, formalmente engajado com o socialismo, atuando na prática como um herdeiro do Partido Liberal reformista, com o qual as primeiras gerações do movimento da classe trabalhadora haviam ocasionalmente colaborado. Ao mesmo tempo, o engajamento com o socialismo, embora formal, é frequentemente uma fraqueza eleitoral, explorada como tal pela direita, enquanto a permanente lealdade da maioria dos trabalhadores organizados ao Partido impede quaisquer iniciativas relevantes à esquerda. Essa situação é reforçada pela natureza dos sistemas de ideias herdados. Aqui, novamente, há uma composição intricada de força e fraqueza. O elemento ideológico principal do movimento da classe trabalhadora britânica é uma crítica moral. Repetidamente, mesmo durante os períodos de radicalismo político fervoroso, essa crítica moral se revelou a linha decisiva. As ideias de fraternidade e cooperação, em oposição ao individualismo egoísta, sempre foram mais influentes do que as ideias sobre o poder político enquanto tal. A linguagem desenvolvida pelo marxismo, que enfatiza o poder de classe, algumas vezes matizou, mas nunca alterou essa firme orientação. Portanto, frequentemente pareceu que a classe trabalhadora britânica estivesse mais interessada em construir suas próprias instituições fraternas e cooperativas do que em alcançar o poder político global. Isso gerou muitos pontos fracos, pela óbvia razão teórica de que as instituições fraternas e cooperativas foram forçadas a atuar dentro de uma economia individualista, e a margem, com frequência, foi de fato muito estreita. Repetidamente, pareceu aos marxistas que o movimento da classe trabalhadora britânica, nesse sentido, era um caso perdido: que a escolha sob pressão era sempre favorável à manutenção de suas próprias instituições, em vez de ser favorável à transformação da sociedade como um todo. Em muitas circunstâncias, foi de fato um ponto fraco, mas também observadores externos negligenciaram seus pontos fortes. Pois precisamente esse fator tem sido responsável pela sobrevivência de um partido de massas essencialmente indiviso, que é capaz de chegar ao poder parlamentar. Além do mais, como muitos ideólogos da ala direita tristemente admitem, essa lealdade voltada para si mesma da classe trabalhadora britânica criou uma resistência e uma resiliência sempre surpreendentes, sob a pressão da derrota política e econômica.

Na realidade, seria muito difícil imaginar o movimento da classe trabalhadora britânica, ou qualquer parte significativa dele, atraído, ainda que temporariamente, por um oportunismo exterior. Quando é traído, como aconteceu tantas vezes, é pelo lado de dentro, mas é mais uma vez surpreendente como essas traições frequentes afetam relativamente pouco o corpo principal de sua força. Nem é apenas uma questão da resistência de um movimento organizado e indiviso. É também uma questão da resistência de certos valores pré-políticos, que sobrevivem a um grau surpreendente de frustrações e traições políticas. A ala direita do Partido Trabalhista, sem falar da direita do país como um todo, obteve uma sucessão quase permanente de vitórias em um curto espaço de tempo, apenas para descobrir que ainda havia, perfilado diante dela, quase como se as vitórias não houvessem existido, o mesmo complexo de pressões e exigências morais. Mesmo assim, a fraqueza desse caráter social do movimento da classe trabalhadora britânica é muitas vezes evidente. Este pode ser frequentemente limitado ou mesmo corrompido pelo nacionalismo, como foi terrivelmente corrompido pelo imperialismo. O fato de os valores pré-políticos muitas vezes não se tornarem politicamente significativos foi comumente a causa real das frustrações e das derrotas. Porém, persistindo essa tradição autorregeneradora, a opção para o futuro, bem como a organização do presente, está sempre aqui. De certa forma, esse tipo de insularidade (de uma ilha, de fato, dentro de uma ilha) tem de florescer além de suas fronteiras, caso se pretenda chegar ao socialismo na Grã-Bretanha. O processo dessa transformação é o que importa politicamente na Grã-Bretanha. Mas foi significativo, recentemente, que a maioria dos ataques à insularidade tenha surgido à direita. Há uma linha de argumentação muito ardilosa da ala direita, traçada para separar a classe trabalhadora britânica de suas próprias tradições sociais e, não só pelas origens, essa argumentação parece ter dois gumes. Na verdade, se o movimento da classe trabalhadora britânica pudesse ser afastado desse tipo de autoconfiança indolente e pré-política, o caminho estaria totalmente aberto para o triunfo do novo capitalismo. A campanha para "modernizar" a Grã-Bretanha e para torná-la menos "insular", na maioria das vezes, é uma campanha especialmente dirigida contra os pontos fortes característicos da classe trabalhadora britânica.

A crítica moral ao capitalismo industrial, que essencialmente deu forma ao movimento da classe trabalhadora britânica, avançou em paralelo a uma tradição literária de importância comparável. No âmbito das organizações locais, o movimento da classe trabalhadora foi alimentado por uma importante tradição de não conformismo religioso. O puritanismo ensinou-lhe o comedimento e a limitação das exigências humanas e, nesse sentido, foi frustrante e enfraquecedor. O puritanismo ensinou--lhe também a autoconfiança e a persistência, e essas, na mesma medida, foram fortalecedoras. Mas houve uma tradição importante de ideias e sentimentos que não é puritana e que, a meu ver, também se insere profundamente na consciência moral. As reivindicações de Cobbett, Ruskin e William Morris – para nomear três escritores muito influentes – não foram mais puritanas do que as novelas de Dickens. Nessa tradição fica explícita a reivindicação pela vida, em oposição à distorção da humanidade pelas prioridades e doutrinas do capitalismo industrial. D. H. Lawrence pode ser visto como o último escritor nessa tradição importante. Se realmente olharmos para a vida da classe trabalhadora britânica, em vez de olharmos para os estereótipos fornecidos para a análise e exportação política, deparamo-nos inúmeras vezes com a irrupção dessa ênfase novamente pré-política. É geralmente anárquica em suas formas imediatas, mas, pela sua insistência em satisfação e prazer, torna-se um desafio moral de peso equivalente ao do puritanismo. Quem realmente conhece a vida da classe trabalhadora britânica jamais poderia supor que o puritanismo fosse sua descrição completa. Nos últimos anos, com o peso maior das vicissitudes econômicas, essa energia, embora ainda rudimentar, floresceu e agora, factualmente, é o desafio mais notável às rotinas e ortodoxias de uma sociedade fundamentada nas satisfações de classe do capitalismo industrial. Aqui, embora ainda em um nível pré-político, as rotinas pouco auspiciosas de uma sociedade alienada são tão fortemente desafiadas que provoca mais medo à atual classe dominante o modo como as pessoas escolhem e utilizam o seu lazer do que qualquer desafio político direto. O som dos jovens na Grã-Bretanha, tão assustador para todos os que aceitaram essas rotinas, é um som profundo e vivaz e, ao tornar-se político, é significativo que seja contrário a toda a estrutura da sociedade, em vez de manifestar-se a favor, ou contra, um grupo particular de políticas parlamentares.

Infelizmente, é bem nesse ponto que o Partido Trabalhista está em sua posição mais fraca. Ele tenta, de vez em quando, introduzir-se nessa linha, mas toda a sua estrutura burocrática e oficial está contra ele. Contra ele também está a sua herança de dois outros sistemas de ideias que, em essência, são os da burguesia do século XIX. Cobbett, Dickens, Ruskin, Morris, Lawrence: todos eles, ao longo da vida, combateram o utilitarismo e todos, exceto Ruskin, combateram o tipo de paternalismo moral que era a outra linha principal da reforma. Positivamente, reivindicaram a prioridade absoluta do homem, como um ser criativo e independente. Dessa criatividade e dessa independência derivaram a cooperação e uma boa sociedade. Da configuração de outras prioridades – dever político, disciplina econômica, procrastinação e fragmentação do prazer – derivaram as principais negações da vida, que engendraram a competição e a desumanidade. Mas justamente essas prioridades – dever, disciplina, divisão não só do trabalho, mas da vida – foram impostas pelo capitalismo industrial. O critério utilitário de eficiência foi frequentemente progressista, contra a anarquia primitiva do capitalismo industrial, mas em seus estágios tardios reduziu todas as questões sociais à sua dimensão sombria e limitada. Sua redução da vida a um simples processo de produção e consumo recíprocos transformou-o na ideologia perfeita do industrialismo desenvolvido. Paternalismo moral era o único requisito. Todas as necessidades humanas que o sistema de produção e consumo não podia satisfazer foram relegadas a uma área especial: arte e sofrimento, educação e prazer – esses subprodutos ou subprocessos do sistema deveriam ser tratados pela caridade, pela administração dos peritos, na medida em que pudessem ser custeados sem afetar as prioridades absolutas do sistema econômico. As pessoas não precisariam ter nada para o seu próprio bem, nada para si mesmas. Todos os prazeres fora do rígido sistema econômico deveriam ser ministrados por uma minoria caridosa aos "pobres merecedores".

O utilitarismo sobrevive na Grã-Bretanha em suas formas brutas. O paternalismo moral se tornou mais sofisticado e se erigiu mesmo em órgãos do Estado: a educação e os serviços sociais são administrados essencialmente em seu espírito. Em seu conjunto, esses tipos de reflexão têm dominado o Partido Trabalhista moderno. Sobre a antiga crítica moral do capitalismo industrial sobrepôs-se essa outra ideologia alternativa. Os principais proponentes foram os partidários do fabianismo, que realmente viam a vida dessa maneira. E aqui há uma outra complicação. Quando o grupo minoritário de marxistas ingleses questionou os fabianistas, como criadores da ideologia do Partido Trabalhista, suas fraquezas foram de tipo complementar. Talvez por traição, talvez por aceitação sem crítica da tradição marxista predominante, também eles ensinaram a prioridade do sistema econômico e seu inevitável controle sobre as outras atividades e exigências humanas. Instintivamente eles eram quase sempre contra o espírito fabianista, mas trabalhavam na mesma direção: olhando para o povo como a substância do poder e propondo seus dirigentes revolucionários como uma alternativa aos quadros experientes do fabianismo. Ambos confirmaram o Partido Trabalhista em uma tradição de prioridades econômicas e direção centralizada rígida. Em todos os níveis, isso representou uma negação direta da corrente dominante de tradição moral do movimento da classe trabalhadora britânica, que enfatizava a democracia local, a participação e a prevalência dos padrões humanos sobre os econômicos. Logo, a tradição moral não apenas deixou de atingir uma maturidade política plena, mas encontrou seus principais instrumentos políticos dominados pelas próprias ideologias a que se opunha tenazmente.

Portanto, quando contemplamos a esquerda contemporânea na Grã-Bretanha, encontramos muitos paradoxos de diversas fontes. O Partido Trabalhista, sob a direção de Wilson, é um governo eficiente no curto prazo e a instância mais provável das mudanças profundamente necessárias à política econômica britânica. Dessa forma, em qualquer programa de curto prazo, é a única escolha para a esquerda. Mas não apenas a sua diretriz internacional é profunda e perigosamente obscura: em si mesma uma limitação muito grave, ao lembrarmo-nos que o último governo trabalhista, com seu programa doméstico competente, foi finalmente corrompido pelas pressões das políticas internacionais e da Guerra Fria. Trata-se também do fato de que o espírito que supostamente o domina é o de uma classe média reformista, aceitando os propósitos principais e a organização da sociedade contemporânea, mas preocupado em tornar essa sociedade mais eficiente. Dessa forma, as causas mais profundas da "ineficiência" lhe são inacessíveis e suas concepções de modernização são mera sinalização para o futuro, com pouco conteúdo humano real. Ele não se propõe a alterar as relações sociais, mas a racionalizá-las e, na primeira oportunidade de escolha entre a ortodoxia econômica e a necessidade humana, como no caso dos pensionistas, escolhe a ortodoxia, como se fosse absolutamente necessária. Igualmente, ele se propõe a racionalizar a produção de aviões militares, ou a estrutura de comando da aliança, mas dificilmente tenta modificar, ou sequer discutir, a política exterior a que se destinam. Aliás, ele revela um chauvinismo mesquinho e perigoso, como no discurso sobre a tradição da marinha de enfrentar "fogo de palha" – uma descrição extraordinária, vinda de um governo de esquerda, das diretrizes relacionadas às revoluções do Terceiro Mundo. As expressões superadas do imperialismo ao estilo de Kipling, tais como "Leste de Suez", saem dos mesmos lábios que parecem desconhecer palavras para o futuro, exceto "modernização". Nesses aspectos, um governo do Partido Trabalhista não só deixa de satisfazer as exigências humanas mais profundas da política contemporânea, mas pode inclusive trabalhar diretamente contra elas. E se o Partido Trabalhista fosse só isso, seria necessário lutar contra ele.

Porém, uma grande parte da força real do Partido Trabalhista emana de fontes humanas bastante diferentes, e, além disso, a lealdade que inspira é do tipo que assegura que todos os avanços reais virão de evoluções internas do movimento, que não se pode captar externamente. Portanto, como o governo do Partido Trabalhista transcorre dentro de contradições aparentemente inevitáveis entre sua estrutura e ideologia oficiais e a corrente principal do movimento da classe trabalhadora britânica, talvez se tenha atingido uma próxima etapa decisiva de nosso crescimento.

Por essa razão, dois movimentos externos ao Partido Trabalhista são atualmente importantes, bem distintos do Partido Comunista e de sua garantia de um padrão de vigilância militante. A Campanha pelo Desarmamento Nuclear (CND) foi, nos últimos anos, a principal portadora da longa tradição moral da política britânica, e sua relação com o Partido Trabalhista oficial sempre foi controversa. Por sua natureza, ela nem apoiará nem contestará o governo trabalhista; apoiará ou contestará diretrizes concretas. Como não faz parte da coalizão formal da esquerda, está em posição de tomar iniciativas que a estrutura existente no Partido Trabalhista frequentemente inviabiliza. Em vista da importância permanente do tema da política nuclear, a CND tem uma importância crítica. Na verdade, ela está agora profundamente abalada pelo conflito interno de lealdades à esquerda, uma vez que muitos de seus membros são militantes trabalhistas atuantes. Mas, da mesma forma, muitos não o são, e nada é mais certo do que a CND, ou o grupo representado por ela, continuar a sua contestação, seja em discussões, seja em manifestações, em que se deve lembrar que é o único movimento recente da política britânica a ter levado às ruas os dissidentes políticos atuantes.

O outro movimento relevante é a Nova Esquerda. Ela não é, apesar das intenções de alguns de seus criadores, um grupo político organizacional. A tentativa parcial de vir a sê-lo quebrou-se nas velhas pedras da lealdade da maioria e nos padrões centralizadores da política britânica. Mas, a meu ver, essa nunca foi realmente a sua real importância ou a sua função. O que ela pode, e nas atuais circunstâncias só ela pode, fazer é desafiar a ideologia dominante do governo trabalhista e, em particular, sua adesão ao utilitarismo e ao paternalismo. A Nova Esquerda é um grupo de escritores e pensadores políticos, essencialmente fundamentado na tradição da crítica moral ao capitalismo industrial, a qual tem sido tão importante para o movimento da classe trabalhadora britânica. Dessa posição, é capaz de atacar a ideologia fabianista, que se apoderou do Partido Trabalhista oficial, e pode também participar do ataque geral ao dogmatismo da tradição marxista. Já há sinais de que tenha significativamente influenciado algumas concepções do Partido Trabalhista, embora seja incorreto superestimar esse grau de sucesso. Deve-se também enfatizar que a Nova Esquerda ainda tem muito a fazer para esclarecer e desenvolver suas próprias posições. Ela teve êxito ao definir a crise cultural, que talvez seja a característica mais específica do capitalismo avançado e, dessa forma, abrir uma nova perspectiva política. Ela também enfatizou o novo contexto internacional do socialismo, com o desenvolvimento de caminhos alternativos nas sociedades comunistas e com as evidentes variações do socialismo no Terceiro Mundo. Mas ainda não conseguiu mostrar convincentemente as consequências necessárias da mudança ideológica na estrutura da esquerda britânica. Aqui, como vimos, o assunto é tão complexo que qualquer previsão é praticamente impossível. Mas talvez possamos dizer, em conclusão, que as pressões crescentes, tanto internas quanto externas, na estrutura atual da sociedade britânica tornam provável o fato de que as mudanças terão de ser vividas, em vez de meramente debatidas. O período crítico começou em outubro, com a estreita vitória trabalhista, que foi, entretanto, suficiente para interromper o cenário dos últimos treze anos. Ergue-se à nossa frente uma extraordinária instabilidade política, refletindo as tensões profundas e postergadas da própria sociedade. Nessa situação, o desenvolvimento da esquerda britânica está novamente aberto e ativo.

IDEIAS E O MOVIMENTO TRABALHISTA
1981

Maus governos prejudicam muitas coisas – podem inclusive prejudicar a inteligência de seus oponentes. Um governo pode ser tão ruim que pareça simplesmente necessário destituí-lo; qualquer outra coisa seria um avanço. É boa retórica, mas má inteligência. Mesmo em uma ditadura opressiva, os oponentes devem refletir muito seriamente sobre como derrubar um regime e em como evitar a sua volta. Em situações mais liberais, os processos são diferentes, mas o problema é similar: como converter as forças negativas geradas por um mau governo em forças positivas, que não apenas provoquem a sua destituição, mas também uma mudança nas circunstâncias em que foi instituído ou poderia ser novamente instituído. Da mesma forma, um novo governo não pode fazer muita coisa diante da confluência de forças negativas geradas por um mau governo precedente: a atividade fundamental pela qual um novo governo resiste ou cai é o dificílimo processo de converter um número suficiente dessas negações em elementos positivos para uma construção prática.

Pontos clássicos – embora na prática sejam muitas vezes esquecidos ou febrilmente ignorados. Na política eleitoral moderna, as pressões para fazê-lo são muito fortes. Não há somente um governo oficial; há também uma oposição oficial. A teoria implícita é a alternância por meio de eleições gerais. À medida que as forças negativas se agrupam, abrevia-se a reflexão sistemática sobre novas circunstâncias e diretrizes, graças ao aparecimento de uma alternativa pré-fabricada. "Esta gente não é boa, melhor tentarmos os outros", murmura uma opinião pública mais ou menos resignada e meio cínica. Mas as máquinas dos partidos são mais ativas: "Animem-se, os conservadores estão chegando"; "Fora Thatcher, de volta os trabalhistas". Nas telas, cartazes e adesivos de carros, os *slogans* multiplicam-se e a mensagem subjacente é sempre a mesma: "Confiem em *nós*, juntem-se a *nós*". Não a eles, a nós.

Em um sistema eleitoral, os partidos políticos são coagidos a fazer campanha nesse nível. Mas há indícios crescentes de que, ao se definirem apenas nesses termos, tornar-se-ão obsoletos. O apoio eleitoral positivo aos principais partidos diminuiu durante a última geração; padrões estabelecidos, baseados em princípios, interesses ou costumes, foram radicalmente desmantelados e embaralhados. Embora perdure a situação habitual de um partido "representando" um determinado grupo de pessoas como uma base para filiação e organização, decide-se a disputa eleitoral fora dela, por uma opinião majoritária inconstante e desvinculada. Apesar de muito desfavoráveis à transformação da frustração e da oposição em uma construção positiva, tais condições são ideais para a simples substituição de um partido por outro no governo. Mas as circunstâncias subjacentes persistem e o processo negativo recomeçará novamente. Muita gente compreende isso agora. Mesmo as lideranças partidárias o compreendem, após alguns anos no governo e quando se aproxima uma nova eleição. São as principais beneficiárias das políticas vigentes e exercem uma grande pressão para manter intacta a definição dominante: não eles, *nós*. O que no governo é um pedido de lealdade – "vocês nos puseram aqui, apoiem-nos agora" – é expresso em oposição ao persuasivo "não afundem o barco; unam-se para botar essa gente para fora".

Empregam-se vigorosamente sentimentos fortes, e no fim das contas necessários, de solidariedade e camaradagem nessas orientações mutuamente enganosas. A propaganda tem a eleição e o governo como horizonte; a inteligência política os inclui, mas está obrigatoriamente interessada em forças muito mais vastas. Todos entendem isso em algum momento, porém os maus governos ou nos fazem esquecer ou nos convencem a admiti--lo impacientemente, de modo que possamos nos restringir às funções mais simples e mais satisfatórias emocionalmente de contarmos uns aos outros o prejuízo e as perspectivas. De qualquer forma, as forças que seriam finalmente decisivas ou desaparecem ou são relegadas a um segundo plano. Além do mais, tudo é feito com aparência de virtude. "Ação, e não palavras" (embora sejam principalmente palavras) aparece como urgente e prático, apesar de evidentemente não significar nada. Esse é um costume sistemático que precisa ser mudado. O movimento trabalhista pode mudá-lo. Por isso ele é importante. Mas essa importância depende quase completamente do fato de ser um *movimento,* em vez de um conjunto de instituições adaptadas a "desempenharem o seu papel" na ordem social existente.

Nossos fundadores sabiam o que faziam quando chamaram as suas ações de "movimento", mas hoje em dia a palavra é frequentemente repetida apenas por questão de hábito. Vale o mesmo quando falamos das alas operárias, das políticas do movimento ou da ação operária. Essa última significava agir nos locais de trabalho para mudar as condições sociais, em paralelo à ação política no Parlamento ou nos conselhos. Mas a palavra agora é frequentemente um eufemismo para qualquer tipo de paralisação ou greve de zelo, esteja ou não ligada aos objetivos do movimento. Ao mesmo tempo, as instituições políticas do movimento ficam inquietas diante de qualquer tipo de ação para mudar as condições sociais que não seja regulamentado por elas. À medida que essas definições restritivas têm efeito, a ideia de um movimento é debilitada e substituída pela ideia de instituições ortodoxas, desempenhando o seu papel na alternância política ou negociando dentro dos termos vigentes – mesmo por pessoas que, nas ocasiões festivas, ainda falam emocionalmente do "movimento". Porém, o movimento teve de mudar, em parte como resultado de seu próprio sucesso, ao se desenvolver até o ponto em que suas instituições tiveram que ser seriamente consideradas importantes forças sociais organizadas. Esse grande sucesso histórico, que melhorou as condições da classe trabalhadora, levou obviamente alguns espíritos à ideia de estabilizar as instituições na ordem social parcialmente modificada e, consequentemente, à ideia de que o movimento existiria principalmente para manter a força dessas instituições.

Essa ideia fundamenta o lugar-comum de que o Partido Trabalhista tem uma característica estável e intrínseca: meramente por seu nome e existência, representa todos os trabalhadores e suas famílias. Associa-se à noção de que os interesses comuns do Partido e dos sindicatos são evidentes por si mesmos, uma vez que os sindicatos representam todos os trabalhadores e suas famílias, com uma competência distinta e não muito claramente definida. Mantêm-se essas noções, na teoria tradicional, mesmo quando a evidência eleitoral reiteradamente mostra que muitos trabalhadores não aceitam que o Partido Trabalhista os represente e votam contra ele, e mesmo quando a experiência dos governos trabalhistas mostra reiteradamente que os interesses e as diretrizes comuns dos sindicatos e do Partido no poder estão longe de serem evidentes por si mesmos – na realidade são, na melhor das hipóteses, questões de difícil negociação e, na pior das hipóteses, um campo de conflito notório.

Ironicamente, esses problemas são o resultado do enfraquecimento da ideia de um *movimento* e do fortalecimento da ideia de *instituições* adaptadas à ordem social vigente. O Partido, diz--se, deve governar, mas governar nem sempre é o processo de representar o que o povo realmente quer, e toda ideia de "representação" torna-se rapidamente abstrata. Com frequência, nada significa além da suposição contumaz de que o nome garante a identidade de interesse. Entretanto, os sindicatos, representando seus membros de forma mais imediata e focalizada, colocam em pauta toda a questão do interesse comum e de sua representação, não apenas em oposição às diretrizes desenvolvidas pelo governo, mas também – na medida em que são reduzidos a unidades de negociação setorial – em oposição às definições coerentes do que é, ou deveria ser, o interesse comum.

É muito difícil construir qualquer ordem social, e alguns desses problemas persistiriam dentro das complexidades de qualquer sociedade real, quaisquer que tenham sido as definições adotadas. Mas isso não deve ser exagerado até a retórica grosseira, que hoje se ouve com demasiada frequência, na qual "ter de viver em um mundo real" é proposto como desculpa para toda e qualquer coisa. Essa definição clássica de "realismo" tem sido o lema dos exploradores, manipuladores, expoentes da *Realpolitik* e vira-casacas ao longo dos séculos da história que o movimento trabalhista tem a intenção de mudar. Certamente é tão nociva quanto esse "realismo" – na prática uma senha de acesso para a adaptação às circunstâncias existentes – que frequentemente afasta o verdadeiro realismo, enfrentando as profundas mudanças históricas e materiais subjacentes e refletindo a esse respeito, em vez de reagir *ad hoc* em termos existentes e bem conhecidos, como mera especulação intelectual ou acadêmica.

Isso nos conduz ao âmago do problema central do movimento trabalhista moderno. Há razões históricas para que seja relativamente comum desacreditar ou mostrar um franco desprezo pelos "intelectuais". Os conservadores também desconfiam dos intelectuais e dos acadêmicos como sendo pessoas incômodas e pouco práticas, cujo sucesso consiste apenas em frustrar planos perfeitamente satisfatórios, insistindo na análise, comparação histórica, projeções e advertências. O que emana naturalmente do interesse conservador – manter as coisas como estão, insistir que geralmente todas as configurações são o resultado de experiências amadurecidas (inclusive a experiência de outras configurações ensaiadas que fracassaram), ou fingir que as coisas ainda são basicamente como sempre foram, mesmo quando visivelmente mudaram – torna-se, ou deveria se tornar, muito surpreendente quando emana do movimento trabalhista. Na verdade, alguns desses sentimentos nascem de um hábito de raciocínio igualmente conservador. Não se consomem gerações e o trabalho de tantas vidas construindo instituições sem se afeiçoar a elas como tais, e, consequentemente, as propostas de mudanças drásticas são facilmente consideradas mera deslealdade e desordem. Até membros do movimento trabalhista agora falam de "subversivos" ou "elementos esquerdistas", palavras que antes pertenciam somente ao vocabulário da classe dominante.

Mas há outras razões mais graves. Muitos intelectuais, mesmo agora, após mudanças na educação, são originários das classes dominantes ou privilegiadas ou logo se identificam com elas – os sucessores de todos os escritores, pensadores e jornalistas que disseram à classe trabalhadora que suas condições e salários eram o resultado inevitável de leis econômicas básicas. De fato, ainda é o que dizem com frequência. Além do mais, em matéria de estilo de vida, discurso, costumes, muitos deles estavam visivelmente pouco familiarizados ou até alheios, nem mesmo tão honrados quanto os lordes, nem tão práticos quantos os patrões. Sua única atividade identificável parece ser a de utilizar palavras ou estatísticas para confundir ou enganar os outros. Mas essa visão sempre prevaleceu, embora desde o começo do movimento trabalhista haja uma cooperação constante entre as organizações da classe trabalhadora e os historiadores, cientistas, teóricos sociais e economistas. Tais pessoas sempre foram uma minoria em seu próprio grupo profissional, mas o que aprenderam e ensinaram em cooperação ativa com o movimento foi um elemento indispensável de seu crescimento. Além disso, foi considerada parte da função do movimento edificar organizações educacionais e culturais, como elementos necessários das aspirações dos trabalhadores. Das aulas para adultos aos grupos de teatro, dos cursos profissionalizantes aos jornais, revistas ou clubes de livros, essas parcelas do movimento eram vistas como inerentes ao seu sucesso. Algumas sobrevivem, foram adicionadas outras mais recentes. Mas é justo dizer que, em proporção aos recursos de um movimento atualmente muito mais poderoso, houve desde 1945 uma extraordinária negligência de tais atividades. Ora, precisamos ser muito francos uns com os outros sobre as razões disso.

A primeira razão, ou desculpa, é que os sistemas públicos educacionais e culturais ampliados tornaram-nas desnecessárias. Antigamente, dizem, homens e mulheres trabalhadores inteligentes e motivados não tinham oportunidades reais de satisfazer seu potencial. Agora (aqui cabe um profundo suspiro e algumas observações prudentes sobre a necessidade contínua de aperfeiçoamento) eles têm essa oportunidade e as organizações trabalhistas especificamente educacionais e culturais são secundárias. Mas não é verdade que todos têm atualmente a sua oportunidade; a educação ainda é profundamente distorcida pelos efeitos de classe e privilégio, não apenas na seleção dos que podem obter todos os seus benefícios, mas fundamentalmente no tipo de educação que é oferecido. Um aluno bom e brilhante ainda hoje está muito próximo dos hábitos da mente, dos preconceitos e racionalizações, das interpretações seletivas e do equilíbrio entre certos tipos de conhecimento e certos tipos de ignorância, que constituem grande parte da educação corrente. Na verdade, e eu falo do interior, de meu próprio mundo real, nesse sentido o movimento trabalhista não desconfia suficientemente dos intelectuais e dos educadores. Em termos históricos, a classe trabalhadora ainda não está familiarizada com a ideia de educação. Ou é tido como um sucesso aprender o que é ensinado (o que, mesmo nos níveis básicos, pode ou não ser verdadeiro e, em níveis avançados, é muito improvável que o seja). Ou, como reação (na medida em que as famílias da classe trabalhadora veem seus filhos e filhas se afastarem não apenas pelo que sabem, mas pelo que acreditam e fazem), reforça-se a velha desconfiança proclamada pela expressão vulgar: "Você sofre de consciência de classe? Venha para Oxford e seja curado". Exceto que, por motivos reais, muitas vezes é o contrário: alguns de nossos piores inimigos são filhos da classe trabalhadora que o fizeram e exigem não apenas privilégio, mas hierarquia, porque eles próprios mostraram que os que são bons de verdade obtêm a justa recompensa – e os que não o são alcançam apenas aquilo que lhes é de direito.

Portanto, em paralelo ao aprimoramento da educação pública, o movimento trabalhista precisa de dois tipos de instituições. Em primeiro lugar, precisa de centros idôneos de pesquisa, aprendizado e ensino baseados em seus próprios valores e aspirações. É ilusório supor que a ordem social vigente os proporciona. Em segundo lugar, precisa de grupos profissionais de homens e mulheres engajados no movimento, que desenvolvam seus conhecimentos e disciplinas de maneira autônoma, mas mantenham um contato genuíno com as organizações políticas e operárias do movimento mais amplo. É uma evolução importantíssima dos últimos quinze anos que tais grupos profissionais tenham se desenvolvido entre economistas, historiadores, médicos, advogados, arquitetos, filósofos, escritores, analistas culturais etc. Um esforço atual desses grupos em colaborar com uma nova sociedade de socialistas poderia reproduzir hoje de um novo modo o que a Sociedade Fabiana e as organizações marxistas, menos numerosas, fizeram pelo movimento no passado. Seria muito interessante observar como é recebida essa iniciativa intelectual livre e sem sectarismo; haverá forçosamente proveito para o desenvolvimento futuro de grupos profissionais socialistas, mas o verdadeiro teste consiste em saber se as formas altamente elaboradas de conhecimento e pesquisa abarcadas por esses grupos poderão ir e vir livremente em direção ao movimento como um todo. Mas o problema é muito maior: se assumirmos que, por definição, o movimento representa a maioria efetiva e estável dos trabalhadores e que o futuro progresso eleitoral e organizacional depende unicamente da superação de velhos medos e preconceitos, consequentemente as organizações educacionais e culturais do movimento destinam-se simplesmente a "levar a mensagem" ou a disseminar a verdade. Isso ainda é verdade, e tanto o Partido quanto os sindicatos fizeram muito pouco – especialmente o Partido.

Porém, isso se relaciona à segunda razão ou desculpa. Acredita--se ainda extensivamente que mesmo os intelectuais progressistas e os trabalhadores culturais não estejam realmente interessados no caráter e nos objetivos fundamentais do movimento; na verdade, o movimento por vezes suspeita que haja uma manobra sutil em todos as espécies de grupos, que simplesmente querem atuar a seu bel-prazer. Os recursos exíguos do movimento, dizem então, deveriam ser utilizados em objetivos diretos e práticos; quanto à propaganda, as organizações existentes poderiam fazê--la elas próprias, se necessário com o auxílio de comunicadores qualificados, como agências de publicidade ou personalidades da televisão. É uma leitura tão errada da situação que é difícil discuti-la com paciência. O fato é que "a mensagem" – em suas formas supostamente simples – foi inúmeras vezes divulgada e um número crescente de pessoas simplesmente não a escuta, mas sente-se rapidamente irritado e a considera mais um tópico do discurso dos políticos ou "patrões sindicais". Se a única resposta a esse clima for repetir a mensagem mais alto, ou contratar ainda mais agências de publicidade e fabricar novas personalidades e imagens, então futuras derrotas são inevitáveis.

As instituições do movimento foram moldadas em uma cultura pré-moderna, mas não podem ser modificadas em seguida por algo tão simples quanto a modernização. As mudanças culturais ao longo dos últimos trinta anos foram profundas e de um tipo que não pode ser incorporado por organizações políticas e operárias tradicionais, ou empregando ocasionalmente a pesquisa de mercado, a sondagem de opinião ou as técnicas publicitárias da sociedade capitalista avançada. Pelas lutas do movimento, a classe trabalhadora obteve seus maiores avanços em direção a seus objetivos tradicionais, mas dentro de um Estado e de uma economia capitalistas e dentro de uma *cultura* capitalista. No âmago de níveis sem precedentes de divulgação da informação, opinião e persuasão está um conjunto de valores capitalistas difusos, com base em empresas capitalistas ou estatais de grande porte. Portanto, uma sociedade complexa, dividida em classes, em regiões, em gênero e em origem étnica, é massificada como "opinião pública", com setores internos designados como segmentos de um mercado. Como bens e serviços, vendem-se opiniões políticas e definições de política, e pessoas são definidas como "consumidores" – uma palavra que aflora tão prontamente aos lábios dos ministros do Partido Trabalhista quanto aos dos capitalistas e marqueteiros, que previamente definiram "povo" desse modo passivo e subserviente. Alardearam tão extensamente essa interpretação de povo como indivíduos que essencialmente possuem e consomem que muitas discussões políticas se sentem coagidas a começar desse ponto, e a disputa eleitoral é com frequência um processo de lances competitivos. Considerando as gerações de pobreza da classe trabalhadora, não é surpreendente que essa interpretação esteja arraigada em tantos espíritos e determine tantos votos.

Ao mesmo tempo, há uma divulgação incessante de algumas pessoas selecionadas como líderes e celebridades. De fato, muito do interesse humano excluído por essa interpretação de povo como possessores e consumidores, em uma cultura outorgada indiscriminadamente a todos, é expresso na atenção dada a essas pessoas selecionadas: a família real, artistas, esportistas, criminosos e políticos. O olhar é induzido sempre para cima, embora os limites da malevolência e da bisbilhotice operem como controle do ressentimento natural de um pescoço frequentemente dolorido. Somos convidados a possuir e consumir em níveis apropriados, ditados por este ou aquele conjunto de líderes e celebridades; o prazer habitual de possuir e consumir alguma coisa confina-nos – ou tenta confinar-nos – nesse sentido profundo da natureza da sociedade. Porém, tudo isso se passa em um mundo de pessoas em seus próprios lugares reais, organizações e famílias. O espetáculo em cartaz pode frequentemente ignorá-las, mas se ocorrer no mundo real alguma coisa que contradiga ou ameace o reluzente mundo ortodoxo, os mesmos poderes e técnicas de repartição voltam--se contra a interrupção, com uma ferocidade que diz muito sobre a falsidade da meiguice do mundo reluzente. Trabalhadores em greve, líderes "não oficiais" ou "extremistas" ou porta-vozes são retratados para os outros e para eles mesmos como os demônios e os saqueadores dessa pátria possessória, consumista e fantasista. Sem dúvida, não funciona sempre da mesma maneira para todos. Mas o movimento drasticamente subestimou o profundo dano que foi causado aos velhos tipos de consciência popular e da classe trabalhadora, nos quais continua a confiar, embora sejam agora organizações minoritárias, mas que em certas situações ainda poderiam se mobilizar e reviver.

Todos falamos de distorções da mídia, mas se o movimento como um todo tivesse levado a sério essa questão, como poderíamos ter permitido que os últimos jornais trabalhistas desaparecessem ou fossem liquidados? Nos anos 1920 e 1930, muitas famílias da classe trabalhadora adquiriam o *Daily Herald* como um ato de engajamento e ainda o adquiriam depois de sua propriedade e tendência terem mudado. É uma triste história que esse jornal tenha se tornado o *Sun* de Cudlipp e agora o *Sun* de Murdoch. Ainda assim, em nenhum momento, o movimento moderno, com todos os seus recursos, ofereceu ou ajudou a oferecer uma alternativa real. O *Mirror* encanta e fenece. *The Guardian* tem um vocabulário diferente. O movimento trabalhista é um mero espectador, confiante de que, por causa de seu nome e de sua herança, ainda no fundo represente, ou mesmo possua, seu próprio povo. Foi de fato um progresso de libertino em meio a uma herança em declínio, e a libertinagem tem sido política metropolitana de alto nível, nos arredores de Westminster e Downing Street.

Ou, para olhar de outra maneira: no início, ao trazer a mensagem, os pioneiros não tiveram de enfrentar espíritos já locupletados, que tivessem de saturar e frequentemente entediar com palpites políticos e ambiguidades econômicas. Hoje, o nível de informação e opinião de qualquer tipo é maior do que nunca e o movimento se une ao que parece ser o único nível possível. Mas, no melhor dos casos, é apenas uma vantagem temporária. A informação e as opiniões são sensatas, desde que se tenham por certas as suposições profundas. Divulgar drasticamente novos tipos de informação, mudar não opiniões, mas crenças, é um outro tipo de atividade, desde o começo. Por isso, o movimento agora precisa não apenas de alas políticas e operárias, mas, em uma escala ainda não estimada, de novos tipos de organizações educacionais e culturais.

As possibilidades são boas. Desde 1945, há uma expansão notável dos filhos e filhas do movimento que se dirigiram ao trabalho intelectual e cultural. Em todos os campos, da teoria ao teatro, existe agora uma cultura de esquerda mais ativa do que nunca. Alguns de seus trabalhos parecem estranhos ao antigo movimento; alguns padeceram com o isolamento e se tornaram repulsivos e arrevesados. Mas essa energia é fundamental para todo o movimento e pode tornar-se popular, desafiando a cultura capitalista em seu próprio terreno, se o restante do movimento perceber agora a sua importância. Terá conflitos em alguns pontos com algumas rotinas e devoções do movimento herdado, mas merece um teste genuíno de seu engajamento, no mínimo porque assim aprenderá e crescerá. A imprensa horrorosa do inverno de 1979 assustou muitos sindicalistas influentes. Mudanças no Partido têm atraído muito mais pessoas curiosas, sem ideias preconcebidas, e agentes de educação política tornam-se

novamente atuantes em alguns círculos de eleitores. Procuram-
-se intensamente vínculos e iniciativas, além da cultura ortodoxa
e metropolitana. É um começo esperançoso, mas ainda somente
um começo. As tarefas reais são de fato imensas.
Meu exemplo final incorpora todo o meu argumento. Os
patamares atuais de desemprego – o terrível dano infligido
por esse governo excepcionalmente mau – levaram a reações
vigorosas do movimento tradicional: manifestações do Partido
e do sindicato, a Marcha do Povo. Isso formou uma oposição
popular e devem obviamente mantê-la. Mas então chega-se
ao ponto crítico, onde falhamos repetidas vezes no passado. As
forças negativas contrárias ao thatcherismo cresceram consideravelmente. Mas estão meramente canalizadas na alternância?
A julgar por vários discursos, pensaríamos que sim. "Elejam um
governo trabalhista e recuperem o pleno emprego." Sem dúvida
um governo trabalhista faria uma grande diferença. Mas não apenas o povo se lembra dos já altos níveis de desemprego durante
o último governo trabalhista; também há questões reais e difíceis
sobre a possibilidade de qualquer governo, na presente crise
profunda da ordem capitalista mundial e nas condições especialmente vulneráveis da economia britânica, conseguir, dentro de
um Parlamento, restaurar algo como o pleno emprego. Então,
por que se diz isso? Porque ajuda a passagem para a alternância
na próxima eleição geral? E porque o Partido Trabalhista, seja
como for, tem algum plano sério para reativar a indústria britânica? Essas razões têm uma plausibilidade ortodoxa, mas não são
as razões de um movimento legítimo.

Os planos de reativação dependem de medidas muito
penosas de reestruturação, controle e redirecionamento do investimento. Seu êxito, contra a já formidável oposição capitalista,
dependerá em grande parte de um alto grau de apoio e, acima de
tudo, de compreensão popular. Não se atingirá tal compreensão,
que inclui o reconhecimento de todos os fatos difíceis de digerir a
respeito da longa crise da economia e a respeito das expectativas

basicamente ineficazes dos velhos países capitalistas em atingir o pleno emprego nos velhos moldes, por palavras de ordem de alternância ou por propaganda fundamentada na dramatização dos fatos negativos atuais. As forças reais, de todo modo, chegarão quando se procurarem diretrizes reais. Deveria um movimento real encará-las desde o início, instituir processos os mais amplos possíveis de informação e discussão sérias, especificar e orçar as opções reais, admitir e acima de tudo compartilhar as dificílimas escolhas, que vão muito além de qualquer alternância de governo ou liderança?

Eu não subestimo o que já foi feito no Partido e nos sindicatos. Mas os processos deverão suplantar o Partido e os sindicalistas. As forças negativas, que podem ou não trazer a vitória eleitoral, tornar-se-ão positivas como parte de um processo de educação e discussão muito difundido, ativo e intelectualmente rigoroso, ou fracassarão. As estratégias alternativas mais sofisticadas não terão êxito sem esse vasto grau de compreensão e de apoio populares. E sua elaboração envolve um tipo novo e abrangente de política: não substituindo os velhos modelos, embora isso os mudasse, mas tomando seriamente, em larga escala, as realidades da política moderna de informação, educação e cultura.

Promessas falsas, meio falsas ou meramente otimistas serão certamente levadas até o fim, talvez antes de que se tenha a oportunidade de implementar as promessas legítimas. Não é um risco que possamos assumir em meio aos perigos crescentes. E não o assumiremos. Temos os recursos de um movimento potencial de um novo tipo: trabalhar para mudar a maneira como vemos o mundo, como parte do processo longo e difícil – de novo uma longa revolução – de realmente mudá-lo.

UMA POLÍTICA ALTERNATIVA
1981

Deve-se aceitar esse desafio ao menos por duas razões.[1] Em primeiro lugar, porque o Partido Trabalhista está atualmente exposto a mudanças, embora ainda seja incerto até que ponto e em qual direção. Em segundo lugar, porque aqueles dentre nós que estão engajados no movimento trabalhista, ainda que sejam críticos do que foi precisamente chamado de trabalhismo, têm a obrigação de se empenhar nas diretrizes práticas, nos níveis em que são usualmente decididas, mesmo quando insistimos também em discutir esses problemas de teoria e pressupostos, que tais processos tipicamente evitam.

Sem dúvida, é perfeitamente possível que não haja de novo um monopólio de governo do Partido Trabalhista. A coalizão com o Partido Liberal e com a direita social-democrata, que tem sido um fato da vida dos socialistas dentro do Partido Trabalhista, pode tornar-se um constrangimento ainda mais formal. Significativamente, as possibilidades dependem amplamente

---

1 Este ensaio foi escrito em resposta à seguinte pergunta: se um governo trabalhista for eleito, considerando tudo o que sabemos sobre as realizações passadas, o que se desejaria que esse governo fizesse? (Nota da edição original.)

das variáveis do voto negativo. Se não acreditarmos que um número suficiente de pessoas votará contra o thatcherismo, não haverá espaço para nenhum projeto. Porém, a probabilidade de continuar havendo muitos votos meramente negativos e antigovernamentais, e por conseguinte decisivos, é por si mesma um fator crítico na evolução dessas forças políticas que, de um modo certamente arbitrário, se beneficiam deles. Com efeito, pode-se ignorar a profundidade da crise atual ao identificá-la com o governo existente, a ponto de parecer que um governo alternativo seja por si só uma solução. No entanto, como as lembranças de identificação da crise com um governo do Partido Trabalhista ainda são bem vívidas, o voto negativo pode produzir formas de confusão bastante inéditas.

Entretanto, a única resposta agora possível para os socialistas britânicos é uma tentativa séria de edificar forças positivas e programas para uma mudança real. A posição vigente da chamada liderança – "não virem o barco, vamos nos unir para expulsar Thatcher" – não é apenas um negativismo oportunista; também é complacente com a suposição de que está destinada a ser a beneficiária e, se o for, saberá o que fazer (a não ser continuar como liderança). Por outro lado, uma alternativa séria não é apenas uma questão de programas; acima de tudo, é uma questão de construir (pois não serão herdadas dessa sequência de negações) forças sociais e políticas racionalmente adequadas a uma mudança positiva.

Em um ensaio anterior,[2] tentei descrever os programas e as iniciativas necessários antes que qualquer diretriz séria de esquerda seja possível ou seja tentada no governo. Concordei com as propostas e campanhas atuais para democratizar o Partido Trabalhista e reorganizar a esquerda independente, mas enfatizei principalmente um esforço maior em pesquisa e educação,

---

2 Referência ao ensaio precedente deste livro, "Ideias e o movimento trabalhista", originalmente publicado em *New Socialist*, v.2, nov.-dez. 1981. (N. E. I.)

em uma escala que não foi cogitada durante duas gerações pelo menos. O presente ensaio segue essa perspectiva e essa ênfase e é consagrado principalmente ao que poderia ser feito no governo para ampliar e apoiar esse esforço.

Isso é deliberadamente diferente de enumerar algumas diretrizes políticas e econômicas principais. Com certeza, são fundamentais, mas as melhores – o desarmamento nuclear da Grã-Bretanha; o controle de bancos, companhias de seguro e fundos de pensão para investimentos produtivos; o controle do câmbio e importação para a recuperação da indústria britânica – são tipicamente apresentadas como se pudessem ser concretizadas com o respaldo de uma maioria parlamentar. Trata-se, mesmo na esquerda, da perspectiva do Partido Trabalhista, que está no cerne do problema. Concretizar qualquer uma dessas diretrizes, que mudariam radicalmente o poder econômico e político deste país e também mudariam suas alianças formais e suas relações atualmente intricadas com o capital internacional, exigiria um grau ininterrupto de entendimento e apoio populares, que é muito diferente de uma maioria eleitoral herdada e em parte negativa.

Pois a esquerda não apenas se decepcionou com os governos do Partido Trabalhista. Foi frequentemente derrotada, e pode esperar ser novamente derrotada, enquanto suas diretrizes estiverem efetivamente distantes da maioria real e organizada ou da opinião potencialmente majoritária. As forças muito poderosas que certamente enfrentará em quaisquer dessas iniciativas – em uma gama que vai de instituições e companhias nacionais e internacionais, passa por organizações extensivamente dispersas para influenciar a opinião pública, até os equívocos, as incertezas e a falta de informação de seus seguidores potenciais – não são de um tipo que possa ser derrotado por um núcleo parlamentar isolado. Assim, por mais urgente que possa ser cada uma dessas diretrizes, em seus próprios termos, a luta para implantá-las inevitavelmente acontecerá em termos muito mais amplos e com todas as forças em jogo. A "estratégia alternativa", por assim dizer, não é mais do que um exercício intelectual, a menos que carregue em si, e de fato como sua prioridade, uma política alternativa.

Podemos presumir, para os presentes fins, que um governo do Partido Trabalhista com diretrizes de esquerda tenha cerca de quatro anos de maioria parlamentar. A primeira pergunta é saber se em seguida ocorre (a) implementação estável de seus programas, (b) uma transição muito precoce ao que se chama muito significativamente de "administração de crise", ou (c) alguma composição em proporções criticamente variáveis de (a) e (b). É bem impressionante que quase sempre ocorra (b) e que isso determine a composição em um eventual (c). Na verdade, isso visa somente dizer que em qualquer país, mas especialmente em um país tão exposto e envolvido em uma arena maior, como é a Grã-Bretanha, o hiato de realidade entre um manifesto e um governo é até certo ponto inevitavelmente grande. Vietnã, Rodésia e Ulster tiveram pelo menos tanto a ver com a realidade dos governos trabalhistas entre 1964 e 1970 quanto quaisquer programas ou diretrizes que tivessem antevisto ou instituído. É essa experiência habitual que está por trás do oportunismo de direita, ou mesmo do notório cinismo a respeito de qualquer política pública planejada, atualmente endêmico entre muitos políticos com experiência efetiva de governo. Muitos deles continuam apresentando diretrizes como se não soubessem que as coisas se passam desse jeito, mas isso pouco significa e de qualquer forma tem o efeito de minar a confiança pública em diretrizes planejadas e racionais. O desprezo atual pelos "políticos", embora merecido, é um grande obstáculo a qualquer construção socialista tradicional.

Ao mesmo tempo, os que passaram a ver o governo como "administração de crise", sendo eles próprios seus candidatos autoevidentes, de certa forma transpuseram o hiato de realidade, pela supressão prática de qualquer esperança de mudança planejada e radical. Entretanto, essa adaptação enfadonha em um ecrã de relações-públicas é mais do que uma característica histórica e ocupacional dos líderes políticos contemporâneos. Também é, entre as pessoas melhores ou mais merecedoras, uma resposta rapidamente disponível a uma complexidade real e prolongada de crise. Falar de forma diferente e positiva, com o verdadeiro engajamento de mudar, é moralmente reconfortante, mas por si só não é uma alternativa. Não apenas porque o hiato de realidade é repetidamente ignorado ou denegado por razões aparentemente idealísticas. É também pelo fato de o hiato de realidade, por definição, não poder ser transposto por *propostas*, por mais intrinsecamente coerentes ou convincentes que possam ser. Pois a realidade do que se chama, com um certo tom heroico, administração de crise mostra que crises são simples exposições de relações reais existentes, distintas das relações presumidas e delimitadas nas quais se formulam muitos programas e, além disso, o que se chama de administração nunca é um processo meramente neutro de reação local e negociação, mas é a revelação prática das forças e interesses reais existentes. Contra essas pressões reais, não apenas manifestos de relações-públicas, mas também programas em si mesmos efetivamente genuínos e coerentes têm pouca chance de sucesso. Pois tornam-se, na medida em que forem sérios, as crises que outros chegam para administrar, com toda as suas forças reais disponíveis.

Podemos buscar exemplos nas três principais diretrizes mencionadas, que eu apoio vivamente. O desarmamento nuclear da Grã-Bretanha, em todos os seus estágios, envolveria uma confrontação com as forças implantadas da aliança militar e política (tanto a própria Otan quanto as relações políticas e econômicas implícitas). O redirecionamento de instituições financeiras para investimento produtivo sediado na Grã-Bretanha enfrentaria não apenas os seus enormes interesses imediatos nos próprios lucros, e não apenas a sua capacidade retaliatória nas finanças do governo e no sistema monetário internacional, mas também, a menos que haja outras mudanças, os interesses incorporados dos que agora nelas investem e poupam. Controles de câmbio e importação enfrentariam não apenas os interesses poderosos de companhias transnacionais, mas também, por seus efeitos no consumo e certamente nos preços e disponibilidade, os hábitos cotidianos da maioria do nosso próprio povo.

Nenhum desses pontos é um argumento contra as diretrizes. Entretanto, cada um deles é um argumento que determinaria as suas verdadeiras políticas. Depois de uma maioria parlamentar para um manifesto, que as afiançou, e novamente depois de um partido responsável por tal manifesto – as duas fortes campanhas que atualmente exigem muita energia e pelas quais se avaliam comumente o sucesso ou fracasso da esquerda –, a exigência essencial é uma maioria popular genuína ou uma maioria potencial para as lutas extraordinárias que de fato se seguiriam, em qualquer desses casos. Tal maioria não pode ser tida como certa pelo fato de existir uma maioria eleitoral, uma vez que ela tipicamente inclui votos negativos e alternativos de um tipo menos específico e, de qualquer forma, é um voto para um pacote de diretrizes que não podem ser discriminadas no ato de eleição geral. Certamente muitos votos positivos agora, como frequentemente no passado, seriam por mais empregos, menores preços, menos impostos e a combinação ideal costumeira. Nenhuma dessas aspirações teria peso específico suficiente para sustentar com êxito as lutas na escala em que devem ser esperadas. Até o momento, perguntamo-nos ainda, pelo menos dentro dos limites de mais uma legislatura parlamentar provavelmente, o que poderia ser feito, se este é o caso, dentro do Partido existente e das estruturas parlamentares.

O centro determinante de qualquer política de esquerda bem-sucedida é a extensão radical dos controles populares genuínos. Estes deverão assumir muitas formas. Algumas dependem de mudanças institucionais que um governo e um parlamento podem instaurar. Outras são mudanças legislativas com utilidade parlamentar direta. Finalmente, outras são mudanças culturais mais abrangentes, que podem ser radicalmente fomentadas por um partido de esquerda, tanto antes quanto depois de sua eleição ao governo.

A finalidade subjacente a todas essas mudanças é a construção de maiorias populares nascidas no interior da classe trabalhadora organizada, mas extrapolando-a – para as lutas locais e gerais. É uma tentativa de ruptura para além da política da administração representativa mais benevolente ou determinada. É tanto uma necessidade prática, se quisermos que a administração representativa tenha alguma chance de sucesso em seus sérios conflitos contra as forças reais existentes, quanto, por si mesma, a única direção aceitável de mudança socialista, em sociedades como a nossa.

Assim, em primeiro lugar, considere algumas mudanças institucionais. É parte da fraqueza do trabalhismo como o conhecemos, e é o motivo principal de uma certa impopularidade profundamente arraigada, ter nacionalizado setores importantes da economia e propor a nacionalização de outros, sem modificações significativas nem na classe interna, nem nas relações de trabalho dessas indústrias e serviços, nem nas relações externas com a economia e a sociedade em geral. Consequentemente, deveria ser uma prioridade inicial de um governo trabalhista orientar cada indústria e serviço nacionalizado a preparar e apresentar propostas, baseadas na visão de todos os que ali trabalham, as quais no mínimo democratizarão e, no melhor dos casos, socializarão essas instituições, que nominalmente já estão sob propriedade e controle público.

Seria apenas um lado da reforma necessária. Dentro de definições mais comuns de diretrizes, vem a modificação das diretivas financeiras existentes em prol de instituições produtivas e dos limites financeiros existentes nas instituições de serviço. Mas precisariam ser suplementadas e tornadas mais racionais por novos mecanismos de coordenação de tipo horizontal, de início ao lado dos mecanismos verticais existentes nos diversos ministérios. Poderiam ser instituídos conselhos nacionais de planejamento, no setor produtivo e no setor de serviços, por eleições diretas e independentes nos órgãos pertinentes. É um vício peculiar do Estado moderno, com seus importantes setores "públicos", que no topo do processo de eleição parlamentar haja um sistema de nomeação monopolista do controle dos órgãos públicos, o qual na verdade se destina a assegurar verticalidade, concentração de poder e dependência.

É claro que as exigências de financiamento e de investimento público necessariamente envolveriam a responsabilidade de um governo eleito. Mas haveria um benefício substancial em formas alternativas e paralelas de responsabilidade pública, de um tipo menos monopolista e dependente. Um processo de coordenação baseado em eleições nos vários órgãos públicos daria uma presença alternativa e voz na determinação de políticas públicas. Esses conselhos poderiam, por exemplo, ter acesso direto ao Parlamento, em paralelo a suas relações com os ministérios. Poderiam ser feitas reformas subsequentes na rede que atualmente se intitula órgãos de defesa do consumidor, no presente caracteristicamente nomeada e recrutada por procedimentos obscuros e indiretos. Eleições diretas nesses órgãos, sejam gerais, sejam no círculo dos usuários efetivos, começariam a tornar uma realidade a responsabilidade pública, em sintonia com a realidade da propriedade pública na constituição reformulada dos provedores.

De fato, tais mudanças provavelmente aumentariam a eficácia, pois tem havido enormes falhas de coordenação no setor público, mais notoriamente na política de energia, e atualmente o *feedback* dos usuários é incontestavelmente entravado pela burocracia e pela responsabilidade dividida. Mas o objetivo principal das reformas seria político. Não há nenhuma perspectiva real de avanço socialista ao longo dos caminhos necessários da propriedade pública, a menos que a profunda impopularidade das instituições nacionalizadas seja entendida como algo mais do que um preconceito reacionário. Já há inimigos suficientes na ordem capitalista atingida e é essencial mudar a opinião majoritária sobre a propriedade pública presente e futura, por medidas reais de democratização e responsabilidade pública direta. Assim, essa seria a base política, a partir da qual poderiam provir futuras propriedades públicas.

Tais mudanças levariam tempo para serem elaboradas e, por essa razão, essas elaborações deveriam ser iniciadas muito rapidamente no Parlamento. Haveria uma dura competição por prioridades, evidentemente originária da crise geral de emprego e das finanças. Mas, nesse nível manifestamente político, ocorreria quase imediatamente a escolha decisiva entre um programa socialista e o que se tornaria muito rapidamente uma adaptação à administração de crise. Controles de câmbio e algumas formas de controle de importação não devem enfrentar oposição pública significativa em seus estágios iniciais e, em qualquer caso, têm de ser prioritários. Mas todo indicador da configuração provável da economia no momento de um novo governo trabalhista mostra margens desesperadoramente estreitas para qualquer diretriz de renovação. Tanto a ala direita quanto a ala esquerda do Partido Trabalhista ainda parecem acreditar que bastaria simplesmente anular as restrições impostas pelo Partido Conservador e retomar uma expansão relativamente indiscriminada. Descobririam muito rapidamente o contrário e, logo após a primeira arremetida, seriam forçadas a retroceder a diretrizes negativas e especialmente a tipos negativos de controles salariais.

Nesse contexto, deve ser politicamente direcionada a instituição dos controles públicos sobre a utilização do dinheiro público acumulado para propósitos específicos – em fundos previdenciários e de pensão e em bancos. As formas de controle poderiam variar e começariam, sem dúvida, pela exigência de níveis mínimos de investimento publicamente autorizados na Grã-Bretanha. Porém, como é preciso ultrapassá-los, na área especialmente sensível das previdências e dos fundos de pensão, é essencial que se designe a diretriz desde o início, a fim de frustrar a propaganda inevitável e vigorosa contra o que será chamado uma pilhagem do Estado. Neste, como em outros itens (por exemplo, os impostos e especialmente as diretrizes nacionais de seguro), é politicamente imprescindível que tanto o destino quanto a origem dos fundos sejam visíveis e sejam tema de discussão pública ininterrupta. A aquisição desses fundos por um Tesouro incontrolado e hermético, ou por uma comissão nomeada ministerialmente, desencadearia uma oposição formidável e talvez decisiva. Por essa razão, toda consecução de investimento público deve ser acompanhada, passo a passo, do desenvolvimento de planos de investimento visíveis e publicamente aprovados. Essa exigência política é ainda mais importante do que a evidente exigência econômica.

Há alguns precedentes em que se basear, tais como o National Enterprise Board[3] em sua concepção original. Mas todo o processo de planejamento deveria ter sido conduzido com muito mais seriedade. Planejamentos específicos, propostos por ministérios ou por comitês de empresas ministerialmente nomeados, deveriam ser imediatamente substituídos por procedimentos de planejamento econômico mais complexos e mais abertos. Pois é uma ilusão remanescente, que a profunda crise econômica rapidamente dissiparia na prática, imaginar que o fluxo do dinheiro público para as estruturas industriais britânicas existentes ou para as que forem marginalmente modificadas seria normalmente regenerativo. Devem-se introduzir agora princípios diferentes em um estágio precoce, e como eles envolverão muitas mudanças drásticas no formato da economia, desde o princípio serão um problema político.

Ninguém pode delinear antecipadamente todas essas transformações. Partidos e grupos de oposição podem fazer propostas oportunistas, nas quais "Investimento" seja simplesmente investimento em tudo e mais alguma coisa. Dever-se-á empreender a

---

3 Órgão governamental criado em 1975 com o objetivo de ampliar a propriedade pública das indústrias. (N. T.)

mais rigorosa averiguação das prioridades genuínas, dentro do que atualmente é uma retração muito desesperançada. Como todas essas decisões terão efeitos sociais drásticos (nem tanto assim, porque a ausência de decisões ou a submissão às forças do mercado internacional teriam efeitos ainda mais inquietantes), o problema de planejamento público tornar-se-á político em novas formas. Dever-se-á reiterar a tentativa de desenvolver um planejamento nacional, como mais do que um conjunto de decisões do mercado existente ou *ad hoc*. Há alguns projetos preparatórios realistas nos grupos de trabalho industriais ou setoriais do Conselho Nacional de Desenvolvimento Econômico (NEDC), que precisam ser vigorosamente reativados. Mas é preciso sobretudo introduzir alguns novos princípios.

Por fim, qualquer plano nacional deve apoiar-se no governo eleito, mas os estágios de seu desenvolvimento não deveriam ser nem monopolísticos nem internos, como é típico das ideias socialistas herdadas. Em um estágio precoce, um governo trabalhista deveria nomear e financiar pelo menos dois grupos de planejamento qualificados, e cada um deles deveria ter acesso a toda informação pública e industrial disponível. Cada um deles teria a responsabilidade de informar, passo a passo, tanto o Parlamento quanto o grande público. A razão de serem pelo menos duas organizações qualificadas é tornar os processos de escolha racional mais visíveis e mais exequíveis. Audiências públicas sobre possíveis conjuntos e composições de prioridade alternativos seriam um processo de construção real de escolhas e apoio majoritários, e audiências públicas paralelas sobre os recursos para investimento – colocando em discussão as instituições financeiras – teriam o efeito meritório da construção, passo a passo, de um interesse público genuíno.

Sem dúvida, teríamos de aprender na prática, e as dificuldades são óbvias e formidáveis. Mas, em meu julgamento, já se foi o tempo nessa sociedade em que se poderia agregar uma maioria para delegar perenemente os principais controles de nosso trabalho e de nossos recursos a alguma burocracia monopolista, sustentada por um governo temporariamente eleito. Ministérios podem obter resultados importantes em curto prazo, mas em certos níveis podem agora ser efetivamente frustrados por uma série de ações sociais autônomas, desde greves e movimentos de protesto até formas disseminadas de não cooperação e evasão: frequentemente necessárias, mas também quase todas negativas. À medida que se fortalecem, em suas diversas formas, agregam os votos negativos que serão decisivos. Portanto, o processo de planejamento ou será aberto e público, e nesse sentido pluralista, ou não acontecerá de forma alguma, exceto em programas de curto prazo. Além do mais, à medida que se enfraquecer, será submergido, como sempre o foi, pelo poder capitalista e suas forças de mercado altamente experientes.

Eu acrescentaria entre parênteses minha própria compreensão das prioridades extremamente genéricas que deveriam governar tal planejamento. A meu ver, é crucial que se modifique a ênfase indiscriminada em exportações. Claro que existem áreas de exportação importantes e sustentáveis em alta tecnologia e outros setores lucrativos. Mas, a meu ver, a prioridade seria a substituição da importação, em qualquer área em que os diferenciais marginais não fossem excessivamente exorbitantes. Incidentalmente, incluem-se os alimentos, pois é absurdo, mesmo no médio prazo, o prejuízo atual do tipo europeu de agricultura, defendido por grande parte da esquerda. Em razão da incontestável evolução do mercado mundial, não será possível restabelecer as velhas facilidades de exportação de produtos manufaturados e importação de alimentos baratos, e um governo trabalhista perderia muitos dos nossos recursos reais na tentativa de restabelecer esse padrão imperial remanescente. (Incidentalmente, isso determina minha atitude em relação à Comunidade Econômica Europeia – CEE. Um planejamento nacional do tipo descrito, se vier a acontecer, deveria ter prioridade sobre a afiliação à CEE, mas há alguns indicativos de que qualquer tipo de plano nacional, especialmente em suas relações com o sistema financeiro mundial e com as companhias transnacionais, deveria, na melhor e mais sólida das hipóteses, coordenar-se às economias europeias, e, enquanto possível, preservar-se-iam as conexões internacionais.)

O caráter político de iniciativas na diplomacia internacional praticamente não precisa de ênfase, mas é óbvio que qualquer iniciativa drástica – e no topo da lista está o desarmamento nuclear – seria extraordinariamente melindrosa e politicamente vulnerável. Aqui também, atribuo enorme importância a uma política pública ampliada de cooperação europeia. A diretriz de uma Europa livre de armas nucleares, a Leste e a Oeste, tem uma base política muito mais sustentável do que qualquer unilateralismo simples, embora um repúdio unilateral a novas evoluções na corrida armamentista seja importante como uma maneira de iniciar e de fato reforçar negociações mais gerais. Tal repúdio deveria acompanhar-se de propostas para uma conferência sobre o desarmamento diretamente conduzida pelas potências europeias. Dever-se-ia firmemente objetar e repelir a delegação das negociações do desarmamento europeu aos EUA e à URSS.

Ao mesmo tempo, muito poderia ser feito na Grã-Bretanha para tornar acessível o debate sobre a área da defesa. Um governo trabalhista poderia imediatamente autorizar membros ativos das forças armadas a expor, diretamente ao Parlamento e ao público, seus pontos de vista sobre as opções extremamente complexas e técnicas que são agora internamente debatidas. Ao mesmo tempo, deveriam ser outorgados aos membros das forças armadas os direitos sindicais e democráticos já em vigor nos outros países da Europa, e deveriam ser revogadas as leis que proíbem discussões diretas entre militares da ativa e civis. Qualquer governo que aparente ameaçar a segurança nacional, com base em alguma das muitas declarações feitas em manifestos, tornar-se-á politicamente tão enfraquecido que ou não sobreviverá, ou logo retrocederá às posições precedentes. Uma discussão pública vigorosamente fomentada sobre as realidades da segurança nacional é o único caminho viável para quaisquer iniciativas radicais. O fio condutor comum desses argumentos é a instituição positiva de um processo democrático mais ativo e mais bem informado. Para isso, além das diretrizes nas áreas particularmente mencionadas, há um imenso trabalho formal e informal, que um governo trabalhista terá de realizar. Uma Lei de Acesso à Informação é uma prioridade imediata. Dependem dela praticamente todos os outros processos. Um grande investimento em novos sistemas eletrônicos de comunicação é, a meu ver, uma outra prioridade, pois muitos tipos descritos de discussão pública seriam realizados de forma melhor por meio dessas tecnologias, com suas vantagens incomparáveis de velocidade, interação, disponibilidade e recuperação da informação. Desenvolvem-se atualmente muitas dessas tecnologias para o mercado ou para o entretenimento fútil, embora seu potencial na informação, discussão e decisão públicas tenha sido demonstrado em projetos piloto que ainda não atraíram os fundos públicos necessários.

Entre as antigas tecnologias de comunicação, e especialmente na radiodifusão, deveria haver novas diretrizes de descentralização não comercial, com companhias profissionais que arrendassem recursos de propriedade pública e se submetessem a conselhos locais e regionais eleitos. A mesma transição para conselhos eleitos deveria ser feita em muitos outros órgãos, como o Conselho das Artes. Na educação, dever-se-ia descartar o sistema vigente de órgãos diretivos nomeados em todos os níveis e substituí-los por órgãos eleitos entre as comunidades pertinentes e os usuários imediatos. Ao mesmo tempo, como discuti no ensaio precedente, o movimento trabalhista, com todo o apoio necessário de um governo trabalhista, desenvolveria, como uma questão de urgência, instituições alternativas de pesquisa, educação e publicidade mais gerais.

Áreas adicionais de ação rápida, em um campo mais abrangente, incluem o desenvolvimento de novas diretrizes nacionais para a Escócia e para o País de Gales, relacionadas à ampliação das autonomias regionais inglesas. Dentro dessas diferentes áreas, dar-se-ia prioridade aos mesmos processos e instituições populares. Um exemplo essencial seria a transferência da administração do dia a dia das habitações sociais a associações eleitas de locatários.

São apenas indicações de um rumo geral de política pública. Seria justo objetar que, para implementar todas, seriam necessários mais do que quatro anos. Mas minha argumentação tem sido de que a geração de uma democracia ativa é a diretriz central, na qual deverão resistir ou sucumbir todos os programas socialistas mais específicos. Deveríamos todos nos atemorizar ante a perspectiva de um governo trabalhista, parcialmente eleito pelo voto negativo, tentando, por caminhos centralizados e burocráticos, efetuar mudanças drásticas de poder e por conseguinte, muito provavelmente, não apenas fracassando, mas desacreditando toda a iniciativa socialista e portanto abrindo caminho, se a crise britânica continuar a aprofundar-se, a uma direita autoritária, em comparação à qual o atual governo Thatcher pareceria liberal.

Parece-me que as velhas opções de diretrizes moderadas e centristas, por razões econômicas e sociais, desapareceram ou estão em vias de desaparecer neste país capitalista atualmente em derrocada. Significa que o próximo governo trabalhista, se o elegermos, seria uma última oportunidade no médio prazo. Propõem-se atualmente muitas diretrizes necessárias e, na realidade, adotadas no papel. A luta dentro do partido tem levado à abertura de alguns de seus próprios processos de tomada de decisão. Entretanto, as discussões deverão travar-se em uma arena muito maior, e, em vista disso, a luta não é somente para o partido, mas para o povo: em prol de uma maioria informada, mobilizada e determinada, que pode, por si só, promover mudanças reais.

PROBLEMAS DO PRÓXIMO PERÍODO
1983

O título que me propuseram para esta palestra foi "Problemas do próximo período"![1] Quando foi organizada, há cerca de seis semanas, o próximo período que se tinha em mente seriam os cerca de vinte anos até e durante o milênio; essa palavra que temos ainda de utilizar, milênio, para a data cristã ocidental de 2000, mas que também tem suas ressonâncias irônicas de vinda de um tempo bom, de transformações. Sucede que o período até o ano 2000, em qualquer estimativa, em qualquer sistema numérico que se empregue, é um dos maiores períodos de crise de toda a história humana. Portanto, parece importante discutir a perspectiva desse período.

Entretanto, redefiniu-se em seguida o próximo período como sendo as próximas quatro semanas até as eleições gerais. Faz algum sentido a tentação de abandonar toda essa reflexão de longo prazo sobre o período até o ano 2000 e simplesmente falar das quatro próximas semanas. A meu ver, seria um erro, mesmo porque alguns dos fatos que acontecerão nas próximas

---

1 Texto de uma palestra feita na Sociedade Socialista, Londres, 11 de maio de 1983. Eleições gerais haviam sido convocadas para 9 de junho. (N. E. I.)

quatro semanas, e certamente a situação que em seguida poderá despontar, incitam-nos a pensar em uma escala de problemas e desafios que a esquerda realmente não abordou, apesar dos esforços de grande número de pessoas neste e em outros países. Em outras palavras, enquanto pudermos reconhecer e respeitar e, mesmo que não possamos respeitar, desconsiderar o tipo de oportunismo e argumentação de curto prazo que se tornam o alimento diário de uma campanha de eleição geral, teremos todo o tempo de examinar através e adiante deles os problemas implícitos. O principal deles é: como pode ser e quem poderia ter previsto, em qualquer época, que o governo de direita mais ostensivo do último meio século na Grã-Bretanha viesse após o consenso supostamente liberal e social-democrata do pós-guerra; um governo diretamente responsável por uma enorme desindustrialização da economia britânica e por um enorme desemprego; o empenho em uma aventura militar absurda há doze meses; atitudes virulentas na Guerra Fria; a rigidez e a resistência a todas as iniciativas em prol do desarmamento e dos problemas dos armamentos nucleares; como pode um semelhante governo suplantar, como o fez até agora, não simplesmente os desafios da esquerda (estamos acostumados a ser uma minoria), mas todas as formações aparentemente sólidas da sociedade britânica – que pensávamos ter de analisar a fundo: o consenso entre liberais e social-democratas com a ala direita do Partido Trabalhista? Como pode suplantar ambos?

É tão despropositado que se imagina na maior parte do tempo, e não como uma ideia fantástica divertida, que possa não ser objetivamente verdadeiro. Podemos conjecturar que, em algum momento, nessa situação de mudança que afinal tem sido instável e volátil, haverá novamente uma alteração de opinião gigantesca e imprevista, que transformará essa possibilidade aparente na impossibilidade real, como todos almejamos. Porém, acredito que iludiríamos muito a nós mesmos se supuséssemos que, usando nossas ideias preconcebidas, nossos padrões

PROBLEMAS DO PRÓXIMO PERÍODO 239

de análise preconcebidos, poderíamos acelerar essa mudança intelectual ou politicamente. Ninguém pode descartar isso, mas ainda falta a escala desse desvio de rumo. Seríamos considerados insanos, em vez de meramente equivocados (tendemos algumas vezes, na esquerda, a chamar as pessoas de insanas quando queremos dizer equivocadas), se disséssemos em 1960, 1968 e 1974: "Olhe, em 1983 enfrentaremos esse tipo de situação". Não pareceria possível. E, consequentemente, temos de analisar um problema muito sério que, a meu ver, só poderá ser enfrentado se começarmos por inserir a situação da Grã-Bretanha em um contexto muito mais amplo. Mais amplo geograficamente e mais amplo no sentido da perspectiva temporal do que conseguimos, por meio de grandes esforços, realizar com êxito até agora. Pois temos de procurar entender como se disseminou essa consciência, que não apenas nos é hostil, mas que parece ser profundamente destrutiva para o próprio povo que a apoiou.

Logo, eu vejo o próximo período não como um assunto para as próximas quatro semanas, mas para os próximos vinte anos mais ou menos. E o que temos a dizer deve fazer o mesmo sentido em 10 de junho que em 9 de junho, quando, a meu ver, poderemos precisar de sentido. Não me é necessário debater minuciosamente as questões imediatas que se cristalizarão nessa campanha eleitoral. Provavelmente todos nesta reunião poderiam debatê-las tão bem ou melhor do que eu. A ordem do dia, os temas atuais, já está definida. O que eu quero dizer é que a chave para entender a situação no geral é o hiato extraordinário entre uma consciência britânica especificamente gerada e a situação real no mundo desse povo britânico e dessa sociedade atualmente muito diversificada. Essa distância é a causa, ou uma das causas, da extraordinária incapacidade em reconhecer a situação e em enfrentá-la, o que é muito característico da opinião política majoritária vigente. Coloquei dessa forma, como distância ou hiato, com a intenção de ser relativamente otimista. Se for um hiato, é algo que pode ser transposto. Se for um falso reconhecimento, é algo que pode finalmente ser reconhecido. Dessa forma, discordo dos tipos de análise que têm feito alguns de meus amigos (cuja força eu admito), nas quais se argumenta que Thatcher de alguma forma condensou algo que era endêmico na sociedade: uma consciência peculiarmente rígida, autoritária, anti-intelectual, racista, que era latente e Thatcher agora materializou. Pessoas sérias defendem esse ponto de vista, que de certo modo evidencia esse tipo de cristalização. Mas devemos lembrar que, se Thatcher vencer daqui a quatro semanas, com os votos atuais ou com alguma adição ou subtração, não poderemos concluir que a maioria do povo britânico possa ser definido como sendo conscientemente thatcherista. Quero dizer que é simplesmente um problema de análise básico. Se isso acontecer, mesmo se acontecer em uma versão pior da situação presente, ainda será um caso em que unicamente o nosso sistema eleitoral extraordinário permitiu a continuidade desse tipo de poder absoluto. No pior cenário, menos da metade dos eleitores britânicos aprovam a orientação política de Thatcher nos termos propostos, mesmo que votem em um governo conservador. E, desse número, algo em torno de 40%, devemos deduzir outro número. É difícil calcular a quantidade exata, mas mais de 30%, pode ser até mais alto, votariam no Partido Conservador se ele fosse dirigido por Prior, Pym, Gilmour, Heath ou qualquer outro.

Em outras palavras, há um núcleo de voto conservador temporariamente comandado no Partido Conservador por Thatcher e seus amigos. Assim, a identificação excessivamente afoita de certas tendências muito perigosas na sociedade como sendo maioria ou mesmo uma tendência dominante poderia realmente desestimular-nos a pensar na situação e em suas possibilidades. Sua presença, no patamar de 10% ou 15%, ou quanto quer que seja, é muito alarmante, e também é alarmante seu crescimento. Mas temos de inseri-la em uma situação, como descrevi há alguns minutos, de falso reconhecimento e confusão que, se pudermos entendê-la, poderá proporcionar a base das novas direções nas quais deve se desenvolver um tipo totalmente novo de argumentação socialista. Enquanto pensarmos que esse segmento de opinião, frequentemente qualificado de vírus ou epidemia – metáforas patológicas em qualquer dos casos –, é um sinal de uma cultura inteira acometida de *thatcherite*, então realmente só é possível uma resposta extremamente defensiva: fechar as escotilhas, como diriam alguns, preparar-se para um tempo muito tempestuoso, concentrar-se na manutenção de nossas próprias organizações e assim por diante.

Mas parece-me que a situação não é exatamente essa. Pelo contrário, embora o perigo exista, há pelo menos um perigo equivalente de aquiescência da esquerda a essa interpretação que, se verdadeira, responsabilizaria a maioria do povo britânico por não aceitar uma análise socialista. Mudar novamente dessa posição para uma espécie de censura ou desprezo à maioria é um estado latente que sempre pode ser explorado. Sentimentos negativos, aos quais os socialistas estão particularmente propensos em períodos ruins, poderiam ocupar o lugar do tipo de análise, e consequentemente do tipo de atividade, que permitiria uma leitura diferente da situação. Quero dizer que existe esse equívoco e esse falso reconhecimento por causa da situação muito específica de uma nação, se ainda puder ser chamada assim, que perdeu, em todos os sentidos reais, a sua identidade social confiável e o senso confiável de seu presente e de seu futuro; e que é, por consequência (esse é o paradoxo), extremamente vulnerável a uma interpretação artificial e mesmo falsa, de qualquer forma muito mesquinha, do que de fato é.

Vamos nos deter nesse ponto por um instante. Não é pelo fato de o povo britânico ser excessivamente nacionalista ou autoconfiante que tivemos o jingoísmo absurdo do episódio das Falklands. É pelo fato de haverem desaparecido a autoidentificação e a autoconfiança genuinamente nacionais que antigamente existiam que foi possível introduzir de cima para baixo a imagem certamente artificial e desvairada de uma nação. O comentário mais judicioso sobre a Guerra das Falklands foi feito por um amigo alemão, um antigo aluno, que disse: "Conversamos sobre isso durante muito tempo e gostaríamos de saber qual seria a diferença de atmosfera na Inglaterra se estivessem lutando contra nós". Pareceu-me a resposta absolutamente correta. Pois se houvesse sido uma guerra real, se houvéssemos enfrentado a Alemanha ou a União Soviética, a diferença de atmosfera teria sido extraordinária. O tipo de consumismo militarista espetacular que foi esse episódio – com todas as armas a oito mil milhas de distância, logo, exceto para as pessoas desventuradas que foram enviadas para lá, uma guerra reduzida a telas de televisão, retórica, bandeiras e assim por diante – simplesmente não pode ser comparado a outras versões de nacionalismo, muito menos de identidade nacional. É na ausência e na distância que esse tipo de imagem artificial e superficial do país pode ser criado e temporariamente adotado.

Da mesma forma, reflita sobre o sentido, hoje tão inquietante, que muitos desempregados, inclusive alguns desempregados de longa data, identificam na interpretação de uma certa inevitabilidade, que tem sido uma das principais linhas de propaganda do governo Thatcher, mesmo quando pelo menos algumas causas de desemprego são inteiramente passíveis de explicação racional e mudança. Tudo isso é inevitável, é uma recessão mundial e assim por diante. Mas, de certa forma, é o reconhecimento efetivo da impotência da maioria de nós, em um sistema capitalista nacional e, mais ainda, em um sistema capitalista internacional. Essa impotência se traduz por um senso de inevitabilidade diante de forças que são acatadas pelo menos pelo fato de estarem presentes para confirmar a inevitabilidade, produzindo sua lógica crua e dura: o dinheiro. É o que a classe dominante tem feito frequentemente. Mas e a resiliência tantas vezes vista, que foi vista nos anos 1930, em uma situação igualmente desfavorável, entre grupos, a meu ver, mais ativos que os atuais? E as convicções legítimas (distintas das convicções de propaganda) de que haveria alternativas acessíveis e o sentido dessas alternativas, reunido em torno de um movimento político coerente? Há uma relação difícil entre essas duas interpretações completamente alternativas de uma situação que muitas vezes é pessoalmente desesperadora, em alguns casos trágica; e que se prolongará por muitos anos no futuro. Tem-se novamente um senso de inevitabilidade e de uma certa deslocação radical de pessoas incapazes de integrarem os movimentos que acreditam poder realmente mudar o mundo e a situação delas.

Em outras palavras, digo que muitos sinais negativos que parecem alarmantes – aquele tipo de jingoísmo; aquele tipo de aquiescência; um tipo completamente novo de submissão à redução deliberada, em alguns casos à destruição da vida do povo, de comunidades inteiras – deveriam ser vistos como fatores que resultam da deslocação, e não da leitura alternativa do que evidenciaria a essência do povo, tal como Thatcher de algum modo conseguiu destilar. Pelo menos, se alguém os interpretar dessa maneira – esse é o meu argumento –, poderá começar a conectar-se a esses fatores que permitem identificação e coerência, se quisermos aprender a falar de um modo novo.

Talvez eu não precise lembrá-los dos principais fatores que determinam a situação dessa sociedade pequena e progressivamente marginal. Representam mais do que admitiria a educação comum e a autoimagem do povo britânico. Esta é uma economia capitalista fraca, de segunda classe; durante muitos anos, um parceiro prestativo e subalterno de uma aliança militar; durante uma geração, teve pouca possibilidade de iniciativas independentes sérias, exceto por meio de mudanças em uma escala que, por causa daquela velha perspectiva, de certo modo relutaram em realizar. Mas essa sensação de ter uma condição real mais importante está sujeita a uma estranha identificação e desidentificação. Então, vamos examinar quais são os fatores principais pelos quais se define essa sociedade aparentemente independente e autônoma. Em primeiro lugar, está em uma posição muito precária, por causa da preponderância histórica do comércio exterior; exposta a desequilíbrios e deslocamentos de uma economia global bem estabelecida, na qual foi originalmente um dos atores principais e da qual, em alguns setores, ainda é um componente importante; mas na qual é agora um membro muito fraco e desprotegido, especialmente vulnerável ao que acontece em outros lugares. Nesse mesmo sentido, é incrivelmente desprotegida pelas próprias reminiscências de sua história, como demonstram continuamente as sobras coloniais, os velhos compromissos e as conexões da política; desprotegida, nesse caso, ante a extraordinária turbulência das sublevações políticas do mundo imperialista e pós-imperialista. Há uma série de conflitos para os quais, na perspectiva britânica, nada preparou o povo para entendê-los e para participar deles. Há a complexidade límpida de ação e reação nessa transição do mundo imperialista – ou uma ordem mundial confiável, forte e, exceto internamente, inconteste – que começou em 1919. E se alguém fizesse estimativas de longo prazo, quem diria que esperamos estar além da metade dessa transição daquele mundo de 1914?

E além do mais, uma vez que se fala dessa maneira pela qual essa sociedade vulnerável é determinada, e ainda não se consegue reconhecer as suas determinações, é que, em paralelo a essas causas – o caos de uma economia global imposta, sujeita todo o tempo aos extraordinários perigos da deslocalização e do colapso, a uma luta e a uma inquietação política muito complexa e prolongada –, precisamente nessa época, aparecem as consequências não apenas econômicas ou políticas nos velhos termos, mas por meios militares – os sistemas de armas nucleares –, que são de um tipo que torna toda projeção do futuro, inclusive para o milênio, problemática, para utilizar uma expressão delicada. Frequentemente, os socialistas enfatizaram o longo processo de luta, o longo processo de emergência de uma ordem mundial diferente a partir das ruínas e disputas da velha ordem. Mas agora isso se conduz não apenas em todos os chamados campos locais, com armas cujo poder destrutivo e cuja sofisticação são extraordinariamente nocivos mesmo em termos locais, como se sustenta por uma exportação consciente de armas de centros tecnológicos avançados, verdadeiramente infames por sua persistência e extensão. Além disso, em certos pontos-chave, há o perigo de conflito, envolvendo sistemas de armas que são literalmente, e não apenas metaforicamente, capazes de destruir pelo menos a civilização urbana e provavelmente toda ou quase toda vida humana e qualquer outra vida no planeta.

Porém, a escala desses desajustes, difíceis de serem reconhecidos por qualquer indivíduo, qualquer grupo de qualquer sociedade, é particularmente difícil de ser reconhecida pelos britânicos. Pois durante muito tempo se abrigaram na ideologia de serem uma grande potência, de comandarem os acontecimentos, de serem economicamente avançados. Pode-se ainda escutar isso na maneira como os jornalistas e os políticos das classes dominantes e seus imitadores debatem o que farão com alguma parte do mundo, quando examinam um mapa. Isso ocupa uma grande parcela de seu tempo; como se ainda decidissem, como fizeram antes, quem deve chegar ao poder, quem não deve estar no poder, como se fossem os árbitros do destino, embora, no sentido ilusório de falsa grandeza, sejam exatamente as vítimas dessa posição modificada, que não podem reconhecer ou que, no melhor dos casos, só reconhecem de modo muito inconstante.

Ora, caso se acrescente a essas três condições determinantes principais uma quarta, a qual diz que caminhamos para uma crise ecológica muito profunda – de recursos e de tecnologias perigosas; de penúria e competição na escassez que exacerbará todos os tipos de conflitos anteriores – e, ademais, o fato de que percebem-se agora elementos do próprio modo industrial de produção causando danos às pessoas e ao ambiente físico, os quais não foram plenamente reconhecidos quando o sistema funcionava bem, tem-se de novo essa confusão estranha e esse falso reconhecimento. São evidentes nas discussões sobre a assim chamada "desindustrialização": por um lado, as pessoas lamentam o colapso das tradicionais indústrias britânicas, as velhas indústrias pesadas, engenharia e assim por diante; por outro lado, reconhecem, ao extinguir esses empregos, que são o tipo de trabalho mais perigoso, alguns tipos de trabalho que, precisamente pelo desenvolvimento precoce dessas indústrias na Grã-Bretanha, devastaram e danificaram tantas regiões do país, deixando o problema terrível das velhas zonas industriais, das cidades do interior, das zonas portuárias, os lugares que agora são os centros da crise social mais perceptível. Em outras palavras, existe um curioso entrosamento entre o sentido de perda e de abandono, e no entanto a única resposta válida é reconstruir, talvez de modo felizmente mais limpo e mais leve, exatamente esses tipos de trabalho e de meio ambiente.

Historicamente, é muito curioso que os mineiros, relativamente pouco numerosos, remanescentes do sul de Gales, e eu os apoio, lutem por esse trabalho terrivelmente perigoso nessa terra devastada. Lutam porque, em termos práticos, se não mantiverem seu trabalho, todas as comunidades que foram arbitrariamente superpovoadas nesses vales serão simplesmente abandonadas sem quaisquer meios de subsistência. É o mesmo nas docas, nos velhos estaleiros e nas próprias cidades do interior. Como o processo capitalista se deslocou, começamos a entender a crise ecológica real, a qual é muito mais profunda do que habitualmente consideram o ambientalismo e a conservação. Temas como espécies selvagens ameaçadas ou a preservação de regiões campestres intactas são causas justas, e o Partido Trabalhista de repente decidiu banir a caça com cães. Embora essas causas liberais lenitivas não tragam consequências sérias ao sistema, frequentemente mascaram a verdadeira crise ecológica, a qual é representada, nesse estágio da ordem industrial, por elementos de depredação e de tensão que têm sido reconhecidos nos sucessos e nos fracassos. Reconstituir é a palavra. Mas qual alternativa, no fim das contas, é reconhecível? Ora, afirmo que, por serem essas as condições determinantes da verdadeira crise geral da ordem mundial, por serem as condições que determinam atualmente o significado da vida britânica, e especialmente da vida política britânica, devemos continuar interpretando a vida política britânica não nos termos em que se oferece, pois meramente reproduzem os falsos reconhecimentos e os equívocos, mas em termos de adequação ao reconhecimento desses tipos reais de crise. Deixem-me falar deste modo. É impressionante que exista agora uma dessemelhança entre novos tipos de movimentos extremamente ativos e bem-sucedidos na sociedade britânica e os correspondentes – e, se for assim, de forma alguma seria coincidente – declínio, fraqueza e até aparente irrelevância dos movimentos políticos mais ortodoxos. Quero dizer que ninguém que observasse os últimos vinte e cinco anos da Grã-Bretanha poderia identificar como políticas radicais o movimento pela paz, o movimento das mulheres, o movimento ecológico, os movimentos anti-imperialistas e de solidariedade com as lutas internas do Terceiro Mundo e a cultura alternativa, que ainda é muito resiliente.

Nos anos 1960, eram chamadas campanhas de uma causa só. Dizíamos que a paz era uma causa só; mulheres, uma causa só; ecologia, uma causa só. Como se existisse em algum lugar uma grande coleção de causas que fosse o todo. E isso foi parcialmente certo, mas parcial e significativamente errado. É curioso que esses movimentos cresçam e não sejam realmente minoritários. Surpreende-me, na situação política atual, que, se fosse aferida a opinião pública sobre os mísseis Cruise ou Trident, ou sobre medidas mais drásticas de desarmamento nuclear, encontrar-se-iam mais pessoas apoiando essas iniciativas – caracterizadas, na ortodoxia política dominante, como a periferia extremista – do que nas antigas modalidades mais familiares de política radical e de esquerda. Por vezes, as causas mais favoráveis são apoiadas por mais da metade das pessoas que exprimem sua opinião. No caso dos movimentos das mulheres (e utilizo a expressão no plural, pois o aspecto mais forte dos movimentos das mulheres é enfatizar muitos assuntos diferentes), é indiscutível que têm apoio majoritário, e as tentativas conscientes de rechaçá-los frontalmente seriam derrotadas pela pressão pública. Ao se considerarem os movimentos ecológicos, estes são muito diversificados e suas formas mais fracas, menos sistemáticas, são as mais populares; mas, apesar disso, os níveis de envolvimento popular, interesse e apoio são elevados em uma série de atividades, desde a resistência a algum item destrutivo do planejamento até a preocupação real com as políticas de poder nuclear, de transporte público e assim por diante.

Ora, se alguém se incumbir da aritmética política de somar as pessoas envolvidas no movimento pela paz, nos movimentos das mulheres, nos movimentos ecológicos, em culturas alternativas e radicais (mesmo admitindo que as mesmas pessoas sejam contadas duas ou três vezes), o total é muito considerável. Pode-se até dizer aqui que há uma maioria natural inerente. Por isso é tão surpreendente abrir o jornal e ver qual é a distribuição real da opinião pública entre os partidos políticos. Há um descompasso dramático entre esses movimentos muito ativos e a situação política em geral. A única vantagem de ter a minha idade é poder comparar o estado presente desses movimentos a outros períodos, em que estive envolvido e os observei, e penso que em nenhum deles tenha sido tão forte. Penso que nenhum deles nunca foi tão impressionante intelectualmente, nem em termos de distribuição real na sociedade. Não são simplesmente um plano engenhoso de alguns grupos habilidosos.

Mas, sendo assim, deve-se explicar a falta de ajuste entre esse crescimento real e o declínio do que comumente, às vezes curiosamente, é considerado um indicativo das opiniões políticas de esquerda: a intenção de voto no Partido Trabalhista. É preciso pensar dessa forma, pois se deve admitir que, se dos 45% de Thatcher, ou quantos sejam agora calculados, deduziu-se um excedente de 30% (que seriam do Partido Conservador, de qualquer modo), é necessário também dizer que dos cerca de 35% para os trabalhistas deve-se deduzir um número significativo que não poderia, por nenhum artifício de imaginação, ser considerado socialista, nem mesmo de esquerda, de nenhum modo consciente. O voto residual tradicional cai, mas ainda é importante. Pode ser acidental, mas é surpreendente a frequência com que se escuta nessas entrevistas sobre intenções de voto a resposta conhecida: "Sempre votamos no Partido Trabalhista. Meu pai já votava neles".

Esse tipo de opinião política é uma questão de herança, e não uma escolha de filiação. Logo, chega-se à falta de ajuste entre os movimentos ativos, que não são meras minorias (embora se devesse calculá-los quantitativamente), e a situação política da esquerda desde meados da década de 1930. Isso acontece quer se considere a esquerda em sua situação geral ou em termos do apoio aparente ao Partido Trabalhista ou a certas ações do último governo trabalhista. Mas afirmo que há uma falta de ajuste entre essas novas percepções, essas novas causas, e a noção de política de esquerda, seja trabalhista ou socialista, como se tornou definido e estabelecido; e é assim, mesmo quando tenha assimilado formalmente algumas novas causas.

Com certeza é verdade, e devemos lhe dar esse crédito, que o Partido Trabalhista assimilou certas ênfases do movimento pela paz. Assimilou certas ênfases dos movimentos das mulheres. Não muitas, mas algumas. Incorporou certas posições moderadas do movimento ecológico. Assimilou até mesmo, embora sem muita firmeza, elementos da cultura alternativa e do anti-imperialismo. Entretanto, apesar disso, a definição dominante, no ponto em que se migra da assim chamada causa única para o chamado conjunto, a união política geral, que seria um movimento capaz de mudar a sociedade, não atinge a mesma coerência. E é isso que deveríamos tentar entender.

Permitam-me que tente resumir sucintamente. Em primeiro lugar, eu diria que temos de fazer a distinção entre áreas de consciência genuinamente abertas à identificação de situações reais (portanto permitindo uma certa possibilidade real de escolha) e essas diversas pressões reais, pelas quais as pessoas estão de fato conscientes das decisões de sua vida: decisões que são postas em ação em prazo muito curto e por caminhos absolutamente inconfundíveis. Eu interpreto a falta de ajuste nesse sentido, de que há um cumprimento de normas no capitalismo, considerado uma ordem social, as quais efetivamente exercem – e cada vez mais, na presente fase – um controle sobre as pessoas, não necessariamente baseado em uma aceitação positiva, mas na ausência de alternativas imediatas.

Penso que seja uma situação nova o imenso comprometimento da maioria da população com o que antes se chamava débito, mas agora se chama crédito, o qual de fato exerce (e quem já esteve nessa situação sabe bem) pressões de curto prazo sobre o que se faz e se pensa no próximo mês. Por exemplo, em uma decisão de entrar em greve, os trabalhadores hoje têm de refletir: "Tenho de pensar na minha hipoteca. Tenho a prestação da casa e tudo o mais". Não apenas isso, mas no período atual de desemprego exercem uma imensa pressão a disciplina rigorosa do próprio emprego e a defesa deliberadamente escolhida contra as ameaças à segurança de emprego. Quando se é vítima de pressão desse tipo, deve-se realmente ter muita coragem para não ceder. Ou se deve reservar um recanto do espírito, no qual possa entrar uma consciência diferente. Para mim, não é surpresa que entre pessoas relativamente privilegiadas sob esses aspectos, que não estejam tão aterrorizadas pelas dívidas, nem tão aterrorizadas pelo desemprego, ou que tenham uma certa proteção inata pela situação ou pela qualificação (pessoas com maior mobilidade e assim por diante); que entre elas haja precisamente essa dimensão maior, na qual uma consciência alternativa de certos problemas poderia se cristalizar.

Eu seria imprudente, acredito, se descrevesse esses problemas como problemas de classe média e os outros como problemas de classe trabalhadora. Todos eles são problemas de todas as classes, de algum modo. Mas as pressões que o capitalismo pode exercer em curto alcance e em curto prazo são muito opressivas em épocas como a atual, e provavelmente por muitos anos mais. De certa forma, a mesma pessoa pode manter essa posição submissa, de modo lamentável ou cínico, ensinada pelas dívidas, pelo emprego, pela ordem social do dia a dia, e ainda ter parte de seu espírito suficientemente livre para responder ao que é dito sobre a libertação das mulheres, ao que é dito sobre a paz, ao que é dito contra as armas nucleares e assim por diante.

De fato, criam esses espaços em suas vidas. Mas é um espaço que deve coexistir com duras resoluções no curto prazo. Ora, a resposta óbvia a essa linha de argumentação é dizer que, em algumas situações anteriores, em que as pressões foram ainda mais intensas e a repressão mais dura (e se entrarmos em clima de autocompaixão nas próximas quatro semanas, um dos paliativos poderia ser um pouco de história e uma comparação com o que tiveram de enfrentar pessoas como nós em outras épocas); enfim, nessas situações houve reações diferentes e mais fortes. Por que foi assim?

Porque, eu argumentaria, há uma nova proposta especial de uma efetiva identidade, que foi construída e amplamente aceita. Não falo do chauvinismo britânico; esse se restringe a eventos que ou são jogos de futebol ou são feitos para parecer jogos de futebol. A meu ver, é algo novo, e atualmente muito poderoso e muito ambivalente. Não consigo encontrar uma palavra simples, pois é uma condição relativamente nova, por isso devo chamá--la por uma das expressões mais feias que conheço, "privatização móvel". Mas não conheço outra maneira de chamá-la. É algo mais ou menos assim: a identidade que realmente nos é proposta é um novo tipo de liberdade nessa área de nossas vidas que preservamos em meio às determinações e coações mais amplas. É privada. Sua definição imediata envolve um grande padrão de consumo. Muito dela é centrado no próprio lar, no domicílio. Muito dela, nesses termos, engloba muitos impulsos e atividades entre as pessoas mais produtivas e criativas – além do mais, de modo sadio, contra as exigências competitivas da política ortodoxa. Pois, desse modo, você inclui com esforço aquilo com que geralmente deve conviver e que deve valorizar.

Ao mesmo tempo, não é uma privatização de tipo carente, em retirada, pois confere sobretudo uma mobilidade sem precedentes. Você pode viver em uma concha como essa, tal qual seus familiares, seus amantes, seus amigos, seus filhos – essa pequena entidade unitária é a única entidade social realmente significativa. Não é viver de forma incomunicável, nem dentro de uma concha como um prisioneiro. É uma concha que você pode carregar consigo, com a qual você pode voar até lugares que as gerações anteriores nunca imaginariam conhecer. Você pode se mover o tempo todo na sociedade, escolhendo os lugares para onde vai. Você leva a concha consigo. Ela lhe dá esse sentido que é proposto como uma identidade primária, como sendo a sua vida real. E a maioria das pessoas a endossa como sendo a vida real, contra a qual todas essas coisas grandes, em qualquer tonalidade política que surjam, são interpretadas como meras generalidades, meras abstrações, no melhor dos casos interferências enfadonhas nessa vida real e, no pior, como intervenções destrutivas.

E penso que ela é ambivalente pelo seguinte: porque dá às pessoas formas genuínas de liberdade de escolha e mobilidade que seus antepassados teriam dado tudo para ter. Por outro lado, o preço desse espaço nunca foi contabilizado. O preço desse espaço foi pago pela deterioração das próprias condições que o criaram. Quero dizer que depende inteiramente das condições que as pessoas pensavam ser permanentes, quando foi formada sua consciência. Emprego pleno, crédito fácil e barato, petróleo fácil e barato. Presumia-se que todos os pré-requisitos para esse tipo de vida fossem abundantes e permanentes. E a consciência formada dentro deles foi hostil, em alguns casos compreensivelmente hostil, a tudo do exterior que pudesse interferir na mobilidade e no consumo livremente escolhidos.

A direita escolheu essa interpretação social e a identificou (embora erroneamente) com suas próprias diretrizes econômicas e seu próprio sistema de valores. A direita realmente propôs esse tipo de oportunidade ao povo apenas de modo marginal e superficial; mas difundiu essa *ideia* agressivamente. A esquerda no geral tem falado de outra coisa. Invariavelmente fala de outra coisa, de como o crédito ficou mais restrito, os empregos mais escassos e a mobilidade educacional mais difícil. A consciência ainda está preservada, embora o que parece uma ruptura sejam forças identificadas quase desde o começo como hostis: erroneamente identificadas, falsamente reconhecidas.

Ora, tenho a sensação de que toda vez que nós da esquerda falamos sobre as necessidades do serviço público, provisão coletiva, necessidade comum, poucas pessoas têm a coragem de nos contestar em contradição moral direta, mas muitas pessoas têm o hábito muito diferente de desviá-las para uma parte da mente onde nunca mais serão escutadas ou contestadas. E o fato terrível a esse respeito: na medida em que observamos esses comportamentos destrutivos nos outros, confirmamos nossa impressão das reais intenções dos outros, embora gradualmente (e é muito perceptível nessa sociedade, temos cada vez mais uma opinião pior uns dos outros), quando observamos comportamentos destrutivos desse tipo, estamos sempre prontos a fazer comentários depreciativos sobre os outros e suas formas de comportamento. Estamos sempre dispostos a sermos conduzidos por esses caminhos da análise social e cultural que identificam o comportamento das massas como tolo, iludido, egoísta, ganancioso e agressivo.

Todas essas coisas que se escutam na direita, atualmente, de certo modo, começamos a escutar na esquerda. Os elementos do comportamento real nessa situação alimentam nossa percepção do que os outros são, e em seguida a conclusão muito comum de que seria ótimo um modo diferente de vida, se todos o adotássemos. Seria ótimo se todos se comportassem assim. Seria ótimo se todos efetivamente cuidassem uns dos outros e tivessem um senso de responsabilidade comum. Mas esse tipo de posição positiva, anunciada por si mesma, é relativamente fraco quando confrontado às reais pressões nas quais ainda está a posição da maioria, na qual, com todo tipo de receio e sob todo tipo de pressão, esse modo de vida privado e móvel é proposto a você; mesmo que um número crescente de seus vizinhos desapareça da lista e simplesmente se torne estatística de desemprego.

Em outras palavras, penso que os socialistas devem reconhecer agora que o problema essencial do próximo período é criar um sentido autêntico, em vez de um sentido herdado, do que é a sociedade e do que ela deveria ser. Não uma sociedade brutalmente contraposta às condições de segurança, liberdade e realização individual, pois não nos serão dadas a não ser pela força. Não uma sociedade que possa ser contraposta a uma vida ativa e móvel, como é frequente na velha linguagem da esquerda. Em vez disso, uma ideia de sociedade que efetivamente provenha de certas raízes diferentes. E esta é a questão que devo deixar com vocês: apenas com esse pensamento, se vocês pesquisarem onde o socialismo foi mais forte, se no sentido de socialismo pleno ou no cálculo dos votos trabalhistas, vocês descobrirão que foi nas comunidades agregadas e nas zonas mais densamente povoadas das cidades. Logo, se as únicas raízes do socialismo forem essas comunidades agregadas, então vocês terão de aceitar a análise de que o socialismo é uma tendência em regressão; de fato, será extinto por etapas. Pois uma coisa é certa: as comunidades desse tipo serão exceções, marginais.

Por outro lado, essa seria a análise completa de onde e como o socialismo progride? O que mais me surpreende nessas regiões tradicionalmente militantes é que o povo não é forçado a se definir em nenhuma dimensão. Certo, são – como sempre foi dito – empregados ou trabalhadores em uma situação comum. Mas também são, e insistem em ser, vizinhos interligados pela família. São habitantes de um determinado lugar, em geral com uma consciência muito forte de local. Não há relações contraditórias entre pertencer à classe trabalhadora e ser socialista, ou entre ser localmente patriota e se enredar em relações familiares. Há condições que cresceram nessas comunidades a partir de circunstâncias especiais, que não podem ser ressuscitadas nem duplicadas.

Porém, podem nos dar uma indicação do tipo de socialismo que temos de redefinir agora. Não é exatamente um socialismo que confie apenas em posições econômicas objetivas para definir uma identidade política ou um movimento político. Mas observe as áreas que estão atualmente em crise: na definição do que é um governo local; no problema do que é uma nacionalidade minoritária, ou o que é chamado de grupo étnico na sociedade britânica. São problemas de ter de identificar não apenas grandes unidades de categorias nacionais, mas relações sociais reais de um tipo mais geral. Nesse ponto, o pertencimento de uma forma diferente – um pertencimento que é a base de uma consciência distinta da que existe na privatização móvel – poderia começar firmemente a estabelecer-se, a assumir o comando, a ser a base de um movimento alternativo. Não digo que deva acontecer nos próximos vinte anos, muito menos nas próximas quatro semanas. Digo que é o tipo de análise que deveria ser a base de nossos esforços reais, pois o que parece agora completamente sem esperança é de fato uma situação extremamente instável de pressões contraditórias e falsos reconhecimentos que o povo enfrentará até encontrar sua própria saída. Ninguém os fará sair. Porém, nessa busca, um aporte completamente diferente de ideias socialistas e de linguagem socialista poderia ser um componente essencial.

SOCIALISTAS E COALIZACIONISTAS
1984

Desde as eleições gerais de 1983, houve uma nítida mudança de humor político na Grã-Bretanha: uma retomada de ânimo no Partido Trabalhista; uma série de infortúnios no Partido Conservador. Ao mesmo tempo, houve relativamente pouca mudança nas realidades políticas subjacentes. Esse contraste entre humor e realidade pode ser enganoso e mesmo perigoso sob alguns aspectos. As questões espinhosas aventadas pela derrota de junho último podem ser mitigadas ou mesmo se esvair, em nome da necessária resiliência ou de algum otimismo meramente leviano, ambos revigorados pela passagem do tempo. Por essa razão, ainda devemos levar muito a sério as questões definidas por Eric Hobsbawm, com sua clareza e lucidez habituais. Discordo totalmente das respostas que ele sugere ou deduz, mas encontro-me a uma distância ainda maior dos que pensam que podem liquidar as questões com gritos tolos e pretensa superioridade moral contra a "coalizão", que nesse contexto frequentemente é pouco mais do que um impropério.

É verdade que durante muito tempo o propósito dos comentaristas da direita e do centro foi desvencilhar-se do Partido Trabalhista como uma força política independente significativa.

É também a intenção explícita dos partidos da Aliança.[1] Na verdade, durante mais de trinta anos, houve uma tentativa constante de formar um partido ou um grupo à esquerda do Partido Conservador no qual o componente socialista fosse mínimo ou inteiramente eliminado. Além disso, não se deve esquecer que essa tentativa teve elementos vindos do interior do Partido Trabalhista, incluindo algumas vezes seus dirigentes. Seria um tema simples no conjunto da discussão atual, a ser absorvido por essa campanha longa e perigosa.

Mas seria fácil demais. O problema atual não se situa tanto na campanha propriamente dita quanto na situação política em deterioração à qual ela é uma resposta. É fato que temos um governo de direita muito perigoso, eleito por apenas 43% do eleitorado. Porém, petições contra a sua legitimidade, com base nesse argumento, tiveram pouquíssimo efeito diante de seu real monopólio de poder do Estado. Também é fato que, de acordo com evidências recentes e presentes, há três partidos ou grupos partidários capazes de obter pelo menos 20% dos votos populares. Tanto o Partido Trabalhista quanto a Aliança acreditam que podem eliminar um ao outro e há alguns indícios entre os ideólogos de ambos os partidos de que dão maior prioridade a eliminar o rival à esquerda do Partido Conservador do que a combater o inimigo principal. Racionalizam pela crença de que a única maneira de derrotar os conservadores é obter antes dos outros os votos alternativos contrários ao Partido Conservador. Mas então cabe perguntar como essa ênfase deslocada afetará a verdadeira opinião política, se na realidade o que deve ser reduzido é o apoio ao Partido Conservador. Cabe também perguntar o que acontecerá, independentemente da energia consagrada a tais esforços, se for confirmado que um sistema de três ou quatro partidos veio para ficar. Isso se conecta ao fato central e alarmante de que o "voto trabalhista" caiu para 28%: um índice baixo só atingido

---

1 Aliança do Partido Social-Democrata com o Partido Liberal, 1981-1988. (N. T.)

em uma situação comparável durante um período em que houve, como agora, três partidos concorrentes. É tentador vincular essa óbvia correlação entre uma votação tão baixa e a existência de três partidos à tática de priorizar a aniquilação ou o definhamento do terceiro partido. Mas isso é extremamente perigoso para o Partido Trabalhista, pois obscurece ou adia a questão que verdadeiramente deve ser respondida: que tipo de partido é? É um partido abertamente socialista ou é (como se tornou durante as gerações de declínio do Partido Liberal) a única coalizão realista à esquerda do Partido Conservador?

Pois de fato vivemos durante muitos anos com um tipo de coalizão política dentro – em ambas as alas – e fora do Partido Trabalhista. A verdadeira questão proposta por Hobsbawm é saber se esse tipo de coalizão – o "conceito abrangente" de Partido Trabalhista e seus amigos – pode ser levado adiante ou revivido com êxito, ou se agora é preciso um novo tipo de coalizão, dada a ascensão de um terceiro grupo partidário. Parece óbvio que ele estaria satisfeito com ambas as alternativas, preferindo a primeira. É aqui, especificamente, que a base de toda a argumentação deve ser ampliada. Em termos eleitorais até agora bastante limitados, não me parece possível uma solução útil para a discussão.

O verdadeiro contexto de toda política prática é sempre a situação social e econômica em geral e apenas secundariamente as disposições partidárias e a consequente repartição dos votos populares. Uma deficiência óbvia da análise eleitoral recente, à semelhança da análise que se seguiu à derrota do Partido Trabalhista em 1959, é tratar a distribuição atual de votos como se fossem dados primários a partir dos quais se pode inferir a situação social e econômica ou, pelo menos, as principais reações que provoca. Há um costume correlato de inventar entidades sociais sob a forma de "voto trabalhista" ou "eleitores trabalhistas" e assim por diante. É verdade que há um número significativo de pessoas que votam consistentemente neste ou naquele partido durante um período longo e que aumentos e diminuições relativos desses números são significativos. Mas esses grupos tomados em conjunto são irrisórios perto da soma do eleitorado. Um padrão de desvios múltiplos para cá ou para lá, parecendo às vezes anularem-se mutuamente em uma distribuição geral relativamente inalterada, caracterizou a política britânica desde os anos 1950 e aumentou consideravelmente nos anos recentes. Esses desvios múltiplos estiveram em evidência desde a eleição de junho de 1983.

Além disso, embora frequentemente sejam aventadas razões especulativas para mudanças, muito pouco se sabe sobre suas causas. Algumas assemelham-se a mudanças consolidadas de pertencimento social; outras quase certamente são impulsos passageiros. Na prática, é impossível inferir desses dados, ou das mudanças relativas de grupos mais estáveis, tanto a verdadeira situação social quanto as exigências da prática política. É particularmente o caso quando há mais de dois partidos eleitoralmente significativos. É instrutivo que o antigo "voto liberal" e o mais recente "voto da Aliança" tenham sido extremamente "instáveis" nesses termos. Essa é apenas uma das diversas razões para não iniciarmos uma análise política a partir das "distribuições" de votos, e sim a partir da situação geral mais importante e mais objetivamente verificável.

Se a Grã-Bretanha for vista isoladamente, ou, como deveria ser o caso, se as incertezas da "Grã-Bretanha" forem vistas no contexto de uma política mundial e de uma economia mundial mais críticas e mais desiguais, a situação em geral é ainda mais instável e mais volátil do que qualquer padrão eleitoral. Nenhuma diretriz realista, digamos, para os próximos dez anos do movimento trabalhista pode se fundamentar em projeções simples da situação atual ou mesmo da crise atual. A Grã-Bretanha, na medida em que ainda é uma economia autônoma, é agora um setor frágil e vulnerável dentro de uma crise mundial grave e prolongada. Na medida em que ainda é uma nação política independente, é um parceiro de categoria inferior em um sistema de alianças militares e um parceiro incerto nos esforços de uma comunidade europeia ocidental, ela própria atualmente em crise.

Dentro dessas definições muito amplas, que indicam, todas elas, incerteza e instabilidade ininterruptas e perigosas, pode haver avaliações divergentes do que acontecerá no âmbito da política eleitoral britânica. A visão ortodoxa da esquerda supõe uma degradação uniforme e crônica da ordem social vigente: uma economia ainda em falência, desemprego em massa permanente, um Estado de bem-estar social extremamente enfraquecido, uma dominação progressiva de valores capitalistas. A visão ortodoxa da direita, embora fale de recuperação e revitalização, transfere essas mudanças deletérias à reconstituição imprescindível de uma economia capitalista lucrativa. Essa reconstituição não deveria se restringir apenas à Grã-Bretanha, mas expandir-se pela distribuição mundial do capital britânico. Desemprego em massa permanente, encargos reduzidos com bem-estar social, sindicatos enfraquecidos e a derrota das ideias e organizações socialistas são as condições deliberadas dessa reconstituição. Como o é também a busca de uma política estrangeira agressiva e fortemente armada na luta pelo controle de regiões-chave do mundo pobre e dependente em vias de industrialização.

Outra visão ortodoxa da esquerda vai além da explicação costumeira de "má administração do Partido Conservador" e considera as diretrizes vigentes dessa agremiação como um programa rígido e, em seus próprios termos, racional. Em seguida, supõe que deva necessariamente ocorrer uma união da oposição política contra seus custos inevitavelmente altos, de um tipo que levará a esquerda de volta ao poder. É muito melhor do que a velha hipótese de que haverá suficiente oposição à mera "má administração": terreno no qual o Partido Trabalhista, após seu recente histórico no governo, não lutaria em posição de força. Mas pode ainda não haver força suficiente, pois há uma terceira hipótese possível, diferente da direita rígida e da esquerda ortodoxa em todas as suas versões. O que a esquerda interpreta como um processo de degradação crônica e a direita como um processo de reconstituição capitalista lucrativa é visto, a partir dessa terceira perspectiva, como algo que impõe pressões intensas sobre o conjunto da ordem social, as quais mudarão radicalmente os termos da política britânica. Uma minoria marxista acredita que isso levará, por fim, a algum tipo de situação pré-revolucionária em termos clássicos. Mas, em paralelo, outros marxistas veem o risco de uma nova fuga à direita, com um autoritarismo muito mais rígido, para conter as pressões que a reconstituição capitalista deve inexoravelmente reforçar.

Geralmente essa perspectiva não aparece diretamente nos argumentos habituais em prol de coalizões de esquerda ou composições similares, mas, a meu ver, não é coincidência que esse tipo de reação – com efeito uma versão atualizada da Frente Popular – venha agora de alguns marxistas eminentes. Nunca, em nenhuma perspectiva histórica real, esse tipo de reflexão deveria ser repudiado meramente pelo rótulo. Indubitavelmente, há circunstâncias possíveis na Grã-Bretanha e no restante da Europa Ocidental nas quais a organização de uma frente popular poderia ser de fato uma prioridade. As lições históricas da derrota da esquerda na Itália no início dos anos 1920 e na Alemanha no início dos anos 1930 não devem ser esquecidas, e na realidade ainda devem ser levadas a sério. Mas não se devem avaliar essas proposições em termos atuais. Deve-se correlacionar as referências históricas e as projeções futuristas ao lugar onde estamos. Ainda é muito importante definir qual escolheremos, entre todas essas elucubrações sobre a natureza dos próximos dez anos, mas, de todo modo, devemos nos deslocar dos cálculos retrospectivos dos movimentos dos votos para o verdadeiro campo da análise política.

Uma boa maneira de testar os argumentos referentes a estratégias eleitorais e alianças é situá-los em seu contexto político real ou provável. Suponhamos, por exemplo, que os 57% dos votos contrários ao governo atual do Partido Conservador não tenham sido desvirtuados por um sistema eleitoral absurdo, mas tenham criado uma maioria de deputados não conservadores. A qual programa político seriam capazes de aderir? A meu ver, a resposta é desconcertante para ambos os lados principais da discussão atual, mas à primeira vista é mais desconcertante para os que repudiam toda a discussão aos gritos contra a "coalizão". Pois seria certamente possível formar um governo com as seguintes diretrizes principais: em primeiro lugar, uma reflexão ponderada sobre a economia, levando a necessidade de financiamento do setor público a um número intermediário entre as propostas do Partido Trabalhista e da Aliança; em segundo lugar, uma suspensão dos cortes nos serviços de bem-estar social, educação, transporte e infraestrutura em geral; e, em terceiro lugar, uma recusa – ou, pelo menos, um adiamento – da instalação dos mísseis Cruise e inclusão dos mísseis Polaris nas negociações gerais de desarmamento. Evidentemente, haveria outros tópicos nos quais um acordo simples estaria fora de questão: política salarial, legislação sindical, o próprio sistema eleitoral. Mas os três tópicos citados acima têm uma importância tão considerável que, na prática, poucas pessoas desprezariam a oportunidade de concretizá-los, ainda que certos desacordos perdurassem. Além do mais, essas diretrizes, sem dúvida, acarretariam alguns progressos marcantes dentro de nossas circunstâncias atuais. Basta compará-las às diretrizes vigentes do Partido Conservador para que isso fique evidente.

A partir dessa conclusão, e vendo a alternativa de prolongar a política atual do Partido Conservador, enquanto os votos de oposição permanecem tão divididos, os coalizacionistas – sejam eles explícitos ou não – chegam a seus argumentos mais persuasivos. Mas obviamente tal coalizão é hipotética. Como disse pertinentemente Hobsbawm, há um objetivo essencial e obstáculos subjetivos à sua realização prática. Um deles é o próprio sistema eleitoral, presentemente uma grande divergência entre os aliados em potencial. Mesmo quando é modificado, como na eleição de 1983, por uma grande quantidade de votos táticos (que por si mesma, deve-se observar, falseia os números brutos da repartição de votos), não existe maneira de efetuar uma coalizão prática de diretrizes, exceto por negociações antes da eleição. Porém, esses acordos opõem-se instantaneamente às plenas ambições nacionais de cada um dos partidos independentes e são rejeitados com indignação.

Em seguida, surge um apelo para comparar os ganhos políticos de uma nova composição – ganhos positivos, como nas três diretrizes principais; ganhos negativos, pois pelo menos o Partido Conservador estaria fora – contra o que poderia ser considerado como posições partidárias meramente residuais ou tradicionalistas. Alternativamente, pode-se considerar que esses ganhos prováveis se sobreponham à probabilidade de um dos aliados em potencial, Partido Trabalhista ou Aliança, nos próximos quatro anos, derrotar ou enfraquecer tão profundamente seu rival anticonservador que ganhe sozinho o poder majoritário para realizar as diretrizes principais e seus próprios engajamentos mais particulares. Colocado nesses termos, o apelo parece muito poderoso.

Logo, o que está errado? A resposta encontra-se na política, e não no cálculo eleitoral. A principal objeção decorre do fato de, no sistema eleitoral vigente, essas composições terem de ser feitas previamente. Pois mesmo que admitíssemos que as objeções costumeiras a essas composições podem ser definitivamente superadas por seus benefícios políticos, o efeito real seria um enfraquecimento relativo das diretrizes tradicionais: não apenas um acordo sobre as diretrizes principais, o que em termos reais não seria difícil nas presentes circunstâncias, mas também um entendimento de que outros tipos de diretrizes, mesmo que pudessem, com certeza, ser mantidos independentemente, seriam relativamente depreciados para não afetar algum acordo plausível proposto. Portanto, deveria pelo menos haver alguma coalizão vaga de diretrizes *antes* que alguma composição eleitoral prática fosse possível.

Pode-se com certeza argumentar que isso seria preferível, como uma maneira de se concretizar pelo menos as diretrizes principais. Ou se pode dizer que esse tipo de acordo prévio seria muitíssimo preferível a uma coalizão pós-eleitoral proposta por um Parlamento em desarmonia, no qual seriam precariamente acordadas diretrizes semelhantes – mas a portas fechadas, entre os dirigentes, em vez de serem abertas a todos os partidos. Na verdade, não podemos dizer agora qual dos dois resultados eleitorais relevantes para esse argumento é mais provável da próxima vez: um governo do Partido Conservador, ainda que com uma pequena minoria de votos, ou um Parlamento paralisado, no qual ocorreria algum tipo de coalizão. Talvez uma das melhores razões para discutir abertamente seja forçar-nos a pensar não apenas nos acordos pré-eleitorais relativamente improváveis, mas também nos problemas pós-eleitorais muito mais prováveis em que o Partido Trabalhista estaria enredado se não conseguisse obter a sua própria maioria.

Ao final, tudo deverá voltar à política real, e há aqui um argumento mais intrigante. Pois devemos inquirir quais são as reais diferenças entre as propostas do que se chama de grande coalizão – Partido Trabalhista e Aliança, em qualquer de suas formas possíveis – e o que se chama de pequena coalizão, que é aquela versão na qual o Partido Trabalhista aproxima-se dos mesmos argumentos explicitados pelos coalizacionistas – pressionando a favor de uma unidade eleitoral em torno de diretrizes principais, enquanto outras divergências permanecem em aberto –, como um meio de manter a coalizão prática das diversas tendências que o Partido Trabalhista representa há muito tempo. Há uma clara diferença entre os dois tipos de coalizão. Na medida em que o Partido Trabalhista conserva ou expande suas estruturas democráticas recentemente aperfeiçoadas, de tal modo que as decisões políticas sejam abertamente discutidas e contestadas, a coalizão implícita de socialistas e social-democratas dentro do Partido estará permanentemente ativa, distintamente dos acordos de coalizão tramados pelos respectivos dirigentes. Ao mesmo tempo, podemos todos imaginar circunstâncias nas quais o apelo para uma unidade eleitoral suplante esse processo ativo, e serão utilizados alguns argumentos similares da grande coalizão: a necessidade de maximizar o voto contra o verdadeiro inimigo; a subordinação de decisões contenciosas sobre diretrizes aos imperativos unificadores da organização eleitoral.

Uma das interpretações desses argumentos é aceitável – pelo menos inicialmente. Todos nós, que vivemos as derrotas do Partido Trabalhista e da esquerda não simplesmente como analistas ou observadores, mas lá onde realmente dói, na vida de nosso próprio povo, estamos compreensivelmente determinados a não sermos derrotados de novo. Na verdade, dessa determinação pode nascer efetivamente um novo tipo de política. Mas há uma outra interpretação aparentemente dos mesmos argumentos que nos leva de volta à velha política da derrota. A distinção entre as interpretações não se atém diretamente às eleições: atém-se à política real. Pois o que resta a dizer bem claramente é que, se as diretrizes do Partido Trabalhista forem em linhas gerais as mesmas da Aliança, seria evidentemente insano não procurar alguma composição eleitoral mutuamente benéfica. (Há uma limitação prática óbvia decorrente do número de partidos de esquerda ou centro-esquerda envolvidos: mesmo dois já seria muito no sistema eleitoral vigente.) Sem dúvida, ambos os campos negam com indignação que haja semelhante identidade. Diferenças mínimas, marginais ou desprezíveis são maximizadas como uma condição para se tornar o único verdadeiro competidor a receber os votos anticonservadores conscientes. E se a opinião pública majoritária situa-se agora sobre essas bases conscientes, mas dois ou três partidos competem para representá-la, só há duas táticas plausíveis: rechaçar os rivais ou chegar a um acordo com eles. Hobsbawm admite essas bases, e embora indubitavelmente prefira que o Partido Trabalhista rechace a Aliança, é suficientemente realista para encarar suas grandes dificuldades e contemplar a alternativa.

Porém, estar limitada a uma escolha entre essas duas táticas restritivas seria a derrota mais importante que a esquerda poderia agora amargar. As razões são políticas. Tornam-se claras se avaliarmos novamente as principais diretrizes que agora deveriam ser ajustadas em uma coalizão contra o Partido Conservador, ou que alternativamente deveriam ser mais vivamente enfatizadas em um empenho do Partido Trabalhista para instituir seu próprio governo. Nenhuma dessas diretrizes é caracteristicamente socialista. Reflação da economia, nos termos habitualmente propostos, é uma continuação do keynesianismo. A restauração do Estado de bem-estar social situa-se na ampla tradição do consenso liberal e social-democrata do qual nasceram os governos trabalhistas. Medidas limitadas de desarmamento situam-se em um amplo consenso internacionalista e pacifista de mesma tradição, no melhor dos casos. Nenhuma dessas identidades prova que essas diretrizes sejam erradas ou insuficientes. Porém, a identidade subjacente, embora confinada a esse nível prático, de fato torna insensato dividir ou cindir votos entre partidos que aderem a ela em linhas gerais. O que estaria errado em qualquer posição socialista é definir tais diretrizes como adequadas para uma recuperação ou um avanço prolongados. Nem seria suficiente incluir algumas das diretrizes mais características do Partido Trabalhista, como a oposição ao mercado comum, a oposição à política salarial ou o repúdio à legislação antissindical. Nada disso tornaria mais realista ou coerente o programa político básico. Nas próprias diretrizes principais deve ocorrer um desenvolvimento socialista mais significativo e convincente se quisermos concretizar a reivindicação do Partido Trabalhista de ser a única alternativa, não apenas à política do Partido Conservador, mas também ao consenso liberal/social-democrata agora eleitoralmente disponível na Aliança.

Algumas pessoas acreditam que esse desenvolvimento pode ser realizado por uma declaração resoluta de engajamento com o socialismo. Porém, durante muitos anos, essa não foi a solução, mas o problema. Engajamento socialista nominal coexistiu, em linhas gerais, com os programas liberais/social-democratas, o que levou a confusão no interior do partido e a críticas justificáveis, feitas por outros, de ser incoerente e pouco convincente. É realmente indispensável, nos próximos quatro anos, uma reconstrução drástica de todas as orientações políticas principais, à luz da análise socialista contemporânea, mais aberta e mais bem informada.

Assim, no caso da direção geral da economia, é necessário ultrapassar o "keynesianismo em um só país" em todos os seus termos constituintes. A experiência do governo socialista francês deixa claro que economias do tamanho da Grã-Bretanha ou da França não conseguem, por seus próprios meios, retirar-se das forças principais da economia internacional capitalista. Portanto, diretrizes coordenadas ou integradas com outros governos de esquerda são uma condição para um sucesso prolongado e devem ser cuidadosamente discutidas e acertadas antecipadamente, pelo menos em linhas gerais. Um caminho óbvio é a Comunidade Econômica Europeia (CEE); significaria mudar a presente opção de afastamento gradual para uma política de aceleração da reconstrução socialista coordenada de um grupo de economias europeias e, por meio delas, reformar a própria CEE. Mas o keynesianismo simples também precisa mudar. A administração centralizada do crédito e da massa monetária, como nas políticas de reflação, tem de ser apenas uma parte de um processo democrático muito mais elaborado de planejamento e controle econômicos, incluindo políticas duras *seletivas* de investimento, preços, impostos e renda.

Isso se coaduna com a necessidade de ir além do simples Estado de bem-estar social. Na crise atual de emprego e demografia, é impossível isolar uma área de serviços e benefícios apenas em seus próprios termos (pensões e compensação por aposentadoria antecipada são apenas os exemplos mais óbvios), sem referência à direção e às prioridades da economia em geral. O oportunismo nessa área já pagou um preço político alto, e é essencial que sejam retrabalhados os princípios e os custos do sistema, como uma parte das diretrizes gerais de investimento, impostos, emprego e lucros.

Quanto à terceira diretriz, em relação à paz e ao desarmamento, é preciso transcender as iniciativas limitadas que são agora enfatizadas e retrabalhar desde o começo uma política internacional sustentável. Deve incluir relações realistas entre as exigências de segurança britânica e os problemas de afiliação a alianças militares nucleares ou não nucleares. Deve também incluir programas para a reconstrução das relações econômicas e políticas com o Terceiro Mundo – uma grande região menosprezada. É especialmente nesse ponto que diretrizes monetárias e econômicas para além do keynesianismo se entrosam, como questões de luta política, com diretrizes para a mudança do papel do capital financeiro britânico na ordem econômica internacional.

São exemplos breves relacionados unicamente às três diretrizes principais previamente definidas. Deve-se desenvolver toda uma gama de outras diretrizes sociais em relação coerente com elas. Então, seria fácil dizer que conseguir um acordo até mesmo provisório das maiorias do Partido Trabalhista seria uma tarefa política formidável. Pois seria especialmente importante que as diretrizes se desenvolvessem muito além da condição de resoluções de conferências em programas verdadeiramente práticos. Precisaria haver detalhamento profissional e trabalho permanente de atualização dentro dos recursos de pesquisa e experiências práticas de todo o movimento trabalhista.

Porém, isso ainda não seria suficiente. O ponto central dessa nova direção política seria a tentativa de lançar, informando e educando a todos na dura realidade do mundo contemporâneo, o processo mais amplo possível de reconsiderar e (quando necessário) de mudar todas as suposições, hábitos e atitudes populares. De fato, no centro dessa nova política deveria se localizar uma campanha para mudar a base popular onde de fato fomos derrotados: não se adaptar, nem manobrar a seu redor, mas sair e tentar transformá-la. Convém salientar que seria o melhor tipo possível de campanha eleitoral, com a organização de uma máquina eleitoral genuína, alimentada por uma consciência e por uma convicção socialista em expansão. Caso contrário, como tantas vezes no passado, haverá discussões sobre quem dirige, que mapas serão usados, até mesmo como melhor turbinar a máquina. E, se assim for, faltará energia para fazer algo além disso.

Tenho a convicção de que esse tipo de política é a única alternativa imediata e prática à coalizão pública ou secreta. Não digo que as respostas que virão à tona serão as que a esquerda do partido já conhecia e antecipava. Pelo contrário, essa suposição – ainda comum na esquerda – é meramente o caminho para um faccionismo mais divisivo. Até que o trabalho realmente se faça e venha a incluir respostas detalhadas e convincentes às objeções já feitas e apresentadas pela direita do partido e por outros além dela, não existe nenhum programa socialista pré-fabricado para traduzir em resoluções simples e maiorias.

A longa omissão de pesquisa fundamental e de educação política produziu um amálgama desigual, mas inconfundível, de diretrizes meio formadas e protestos meio convincentes. A maior parte do trabalho mais importante é feita fora ou nas franjas do partido – no movimento pela paz, no movimento das mulheres, nas organizações ecologistas –, e todos levam especialmente a essa política do futuro, à qual o Partido Trabalhista deve agora se reorientar, a partir do abismo da derrota. Mas também há trabalho promissor no interior do próprio partido, assim como um grande potencial nos sindicatos e em seus departamentos de pesquisa sobre os temas fundamentais de emprego e investimento – uma área na qual todas as diretrizes convincentes devem ser muito específicas. Por esses diversos canais e pela Sociedade

Socialista, pela Sociedade Fabianista e pelos agentes de educação política do eleitorado, *pode* ser feito o trabalho necessário. Os verdadeiros recursos intelectuais do movimento trabalhista nunca foram tão ricos e tão diversificados, e o problema político é trazê-los à apreciação do debate público geral, em vez de mantê-los em disputas internas.

A campanha deve ser muito mais do que "trazer a mensagem" ou mesmo "vencer o argumento intelectual" (embora isso também seja necessário). Concatenando uma área à outra e assim por diante, devemos realmente descobrir – e harmonizarmo-nos no limite do possível – o que significa de fato esse argumento intelectual: o pleno argumento intelectual contemporâneo em prol do socialismo. Por esse motivo, coalizões devem ser rejeitadas. Seja a versão grande ou a pequena, os defensores de cada uma delas na verdade abandonaram a luta para transformar crença e opinião. Em clima frio, dizem, devem se achegar os numerosos, mas agora dessemelhantes, restos da opinião decente e consciente, criando um fundo comum de seus recursos de sobrevivência contra o ataque do Partido Conservador. Eu percebo como é fácil se sentir assim ou reagir com esperança a algumas palavras corajosas arremessadas ao vento. Também sei que o tipo de campanha pela renovação que descrevo já foi proposto antes e nunca aconteceu. Seriam também essas palavras nada além de um grito lançado ao vento?

Cabe a muitos de nós responder. Se esse novo tipo de política é duro demais para nós, se há muito pouco tempo, ou se antecipadamente acreditamos que essas táticas mais radicais devem malograr, ainda há respostas – de fato, respostas agora comuns. Excluir as novas políticas ou meramente contentar--se com declarações de intenção sem as mudanças práticas que devem acompanhá-las deixa muito espaço a outros tipos de atividade política: podemos apoiar as pequenas coalizões sem qualquer proposta real de diretrizes ou estender a mão a coalizões amplas, adaptando-nos mais à frente a seus arranjos formais, seja mudando, seja minimizando essas estratégias inovadoras socialistas, que seriam sabidamente incompatíveis. Mas em seguida poderíamos traçar uma linha clara entre socialistas e coalizacionistas, para nosso benefício mútuo. Poderíamos começar a ver onde realmente estamos e o que devemos mudar.

6
O DESAFIO DOS NOVOS MOVIMENTOS SOCIAIS

A POLÍTICA DO DESARMAMENTO NUCLEAR
1980

Desde o outono de 1979, tem havido uma renovação intensa da mobilização contra a corrida armamentista nuclear. Sua causa imediata foi a decisão da Otan de implantar mísseis Cruise na Europa Ocidental, uma entre outras consequências do malogro dos Estados Unidos em ratificar o acordo Salt II. Mas em seguida intensificou-se rapidamente pelo surgimento de uma crise internacional complexa, incluindo a revolução muçulmana iraniana, a ação militar soviética no Afeganistão e as tensões acirradas no Oriente Médio e nos Estados produtores de petróleo do Golfo. Porém, embora essas razões conjunturais sejam indiscutíveis, parece que as campanhas específicas contra as armas nucleares emergiram presentemente com autoridade, independência e força renovadas. Organizações remanescentes ou recentes de mobilização atraíram muitos membros novos; mais uma vez, realizaram-se reuniões e manifestações bem-sucedidas; e surgiu um corpo expressivo de novos escritos e análises. Os temas são tão preocupantes que só pode haver uma boa acolhida a essa enérgica renovação de atenção. Porém, é justamente nesse momento que devemos novamente olhar muito de perto a política de desarmamento nuclear.

Não se trata simplesmente de já termos enfrentado essa questão; no final dos anos 1950 e no início dos anos 1960, tivemos uma Campanha pelo Desarmamento Nuclear (CND) com grande influência, que por algum motivo foi refreada e desfeita. Na verdade, o efeito mais salutar da nova mobilização é mostrar que as conclusões mais complacentes sobre o declínio da CND foram definitivamente refutadas pela dimensão mais importante do incontestável desenvolvimento estratégico e bélico, a qual a conclusão meramente política – "tivemos a CND" – bloqueou em milhares de espíritos. Quem leu os detalhes desses novos acontecimentos há de estar estarrecido com a extensão pela qual "a bomba", como fato ou como *slogan*, atuou na cultura como uma entidade estática, ainda que terrível, provocando resignação, cinismo ou desespero, embora a realidade tenha sido o desenvolvimento incessante de sistemas novos e ainda mais perigosos. Além do mais, especialmente na política de esquerda, na maior parte das vezes "a bomba" foi deixada à margem de argumentos mais flexíveis sobre estratégias e táticas políticas. Quando lemos agora atentamente as descrições mais circunspectas dos novos sistemas e estratégias militares horripilantes, pode parecer um despertar após o sono, embora não seja realmente o caso; porém, é uma exigência agora talvez absoluta, quando já demos todo o tempo e toda a energia disponíveis a outros trabalhos necessários.

 Atualmente essa é a questão política central. Como a corrida armamentista novamente domina a atenção, onde fica o resto de nossa política, ou existe na realidade algum outro tipo relevante de política? Muitos camaradas e amigos agora defendem eloquentemente uma prioridade absoluta para a mobilização específica, autônoma e colaborativa contra a corrida armamentista nuclear.[1] As ondas de choque dos acontecimentos recentes

---

1 O exemplo mais eloquente dessa posição encontra-se em Thompson, Notes on Exterminism, the Last Stage of Civilization, *New Left Review*, n.121, maio-jun. 1980.

impelem muitos milhares de pessoas nessa direção. Consequentemente, é o momento, apesar dos riscos de mal-entendido, em que devemos, como camaradas e amigos, indagar sobre e de fato insistir em certas questões fundamentais e começar a sugerir algumas respostas.

Há um primeiro conjunto de questões relativamente simples. Podem ser resumidas assim: dar prioridade absoluta a *qual* campanha contra a corrida armamentista? Na Grã-Bretanha, por exemplo, há três campanhas pelo menos, todas granjeando apoio. Há a Campanha pelo Desarmamento Nuclear (CND) rediviva, mobilizando amplamente, mas centrada em uma exigência de desarmamento nuclear britânico unilateral, muito próxima de seus termos originais. Em associação coerente, mas não exclusiva, acrescenta-se a campanha urgente contra a instalação de mísseis Cruise na Grã-Bretanha. Em seguida, em segundo lugar, está a nova e importante Campanha pelo Desarmamento Nuclear Europeu (END), que ainda precisa resolver suas relações com o antigo unilateralismo, mas está centrada em propostas de "livrar todo o território da Europa, da Polônia a Portugal, das armas nucleares e das bases aéreas e submarinas".[2] Em terceiro lugar, está a Campanha pelo Desarmamento Mundial, centrada nas proposições abrangentes da sessão especial sobre o desarmamento da Assembleia das Nações Unidas, convocada em 1978 e a ser renovada em 1982. Pela urgência de mobilizações reais contra forças inimigas poderosas, as diferenças de ênfase, algumas vezes radicais, entre essas campanhas podem, e por vezes devem, ser postas de lado. Porém, não se trata apenas de essas diferenças já serem exploradas pelas instituições políticas e militares, mas do fato de os argumentos extraídos dessas diferenças de ênfase tornarem-se confusos, mesmo para a compreensão individual, e de as diferenças genuínas de diretriz e afiliação serem suplantadas

---

2 Manifesto da END, do qual o autor é signatário; reimpresso em Thompson e Smith (eds.), *Protest and Survive*, Londres, 1980, p.224.

pela conclusão excessivamente simplista de que, como todos são contrários à corrida armamentista, todos sabem como se esforçar para detê-la.

Esse estado de espírito transpareceu memorável e prejudicialmente na conferência do Partido Trabalhista em 1980, quando se aprovaram moções derivadas das três posições, abrindo oportunidades sem fim de confusão e ambiguidade subsequentes. Além do mais, é significativo, como já era evidente na conferência trabalhista, que justamente nos pontos em que essas diferenças de ênfase precisariam ser discutidas haja uma reversão contumaz – obviamente impressionante em seus próprios termos – à simples reafirmação dos horrores da guerra nuclear, os quais na verdade são o começo, mas não podem representar a conclusão de quaisquer argumentos. Ninguém concorda mais rapidamente com esses horrores do que os defensores e os verdadeiros executantes da corrida armamentista, que em seguida deduzem seus próprios modelos de dissuasão e influenciam grande parte da opinião pública. Se uma interpretação da prioridade absoluta das campanhas contra as armas nucleares for praticamente dependente da simples reafirmação das terríveis consequências da guerra nuclear, então ela é plenamente insuficiente.

Creio que há três grandes questões. Em primeiro lugar, se o desenvolvimento de armas nucleares e dos sistemas políticos e militares a elas associados mudou tanto as características das ordens sociais antes definidas de outra forma, o que enfrentamos agora, como Edward Thompson veementemente defendeu, é realmente uma nova condição social de extermínio. Em segundo lugar, em um contexto distinto, há a questão dos verdadeiros significados atuais das principais palavras da discussão geral, especialmente "dissuasão", "multilateralismo" e "unilateralismo". Em terceiro lugar, e agora com importância crítica (embora dependa de nossas respostas às questões precedentes), qual é, ou deveria ser, a contribuição especificamente socialista ao movimento contra a corrida armamentista nuclear, seja autônoma, seja um elemento de campanhas colaborativas maiores?

Armas nucleares e a ordem social

"A bomba" e o determinismo tecnológico

"Se 'o moinho de mão vos dá a sociedade com o suserano [e] o moinho a vapor, a sociedade com o capitalista industrial', o que vos dão esses moinhos satânicos atualmente em atividade, produzindo os meios de extermínio humano?"[3] A questão é urgente e relevante, mas, sem dúvida, por trás dela há uma outra questão: quem "nos deu" o moinho de mão, o moinho a vapor, as fábricas de mísseis? As relações intricadas entre uma tecnologia e um modo de produção e, na realidade, entre um modo de produção e uma ordem social, muito raramente são de um tipo que permite uma análise simples de causa e consequência. Determinismo tecnológico, como indicado na frase combinada de Marx e Edward Thompson, quando levado a sério, é uma forma de enclausuramento intelectual das complexidades do processo social. Ao excluir ações, interesses e intenções humanos, em favor de uma imagem selecionada e reificada de suas causas e consequências, posterga sistematicamente a história e exclui todas as outras versões de causa. Seria grave em qualquer circunstância, mas no caso das armas nucleares é especialmente desestimulante. Mesmo quando, na prática, for mais provavelmente uma forma de versão abreviada, na realidade afasta-nos das causas iniciais e persistentes e promove (ironicamente, de modo similar às ideologias que os sistemas de armamento atualmente defendem) um senso de impotência diante de uma força

---

3 Ibid., p.7.

imensa, impessoal e incontrolável. Consequentemente, nada mais resta além de reações secundárias de passividade ou protesto, resignação cínica ou profecia.[4] É evidente por si mesmo que a segunda reação de cada par é infinitamente melhor moral e politicamente. Mas já é evidente que o tom de uma campanha pode ser drasticamente afetado pela suposição inicial de um sistema tão absoluto e poderoso, mesclado incongruentemente, como sempre é o caso, com uma organização poderosa e uma disseminação para outros, que o acompanha a partir de posições iniciais diferentes.

No caso das armas nucleares, é mais evidente que foram, e ainda são, deliberadamente buscadas e desenvolvidas. É bem verdade, como acontece frequentemente com as inovações tecnológicas modernas, que se fez muita pesquisa básica por motivos bem diferentes, sem antever esse resultado particular. Mas novamente, como em muitos casos comparáveis, o momento crucial da passagem do conhecimento científico para a invenção técnica, e em seguida da invenção técnica para uma tecnologia sistemática, dependeu de seleção e investimento conscientes de uma ordem social vigente para propósitos conhecidos e previstos. Portanto, a bomba atômica desenvolveu-se dentro de uma situação de guerra total, diante da costumeira ameaça de que o inimigo também a desenvolveria, por Estados que *já* praticavam bombardeios de saturação e bombardeios incendiários de cidades e populações civis. A bomba atômica deu-lhes um poderio destrutivo muito maior para fazer as mesmas coisas de modo mais absoluto, mais terrível e (com os novos efeitos genéticos da radiação) mais prolongado. Porém, embora seja inegável que massacres não são uma invenção do século XX, fez uma

---

[4] O uso frequente da palavra "apocalipse" (cf. *Apocalypse Now?*, Spokesman Pamphlet, Londres, 1983; e Thompson, p.23), com uma curiosa mudança do sentido de "revelação" para um sentido de destruição final, marca essa evolução. Pois uma guerra nuclear não seria um "apocalipse": seria imediatamente mais terrível e mais sórdida, sem revelação.

diferença drástica que o massacre fosse inicialmente industrializado pelo desenvolvimento dos grandes explosivos no século XIX e pelo desenvolvimento dos aviões de bombardeio no século XX; e, em seguida, no final do século XX, pelo desenvolvimento de sistemas de mísseis teleguiados, na verdade automatizados. Não se trata apenas, embora seja o fato mais urgente, de uma questão de armas nucleares. O desenvolvimento atual de armas químicas e bacteriológicas, também suscetíveis de se associarem à tecnologia dos mísseis, pertence à mesma escalada na extensão e na praticabilidade do massacre.

Frequentemente, talvez sempre, a tecnologia militar tem sido um fator significativo na constituição de uma ordem social. Também afeta diretamente as lutas de classes. Se o armamento efetivo característico também estiver ao alcance ou à disposição de camponeses e operários, existirá um equilíbrio final das forças de classe diferente do que havia nesses períodos em que os armamentos eficazes dependiam do controle de grandes instalações industriais ou de pesquisa científica avançada. Cabe-nos simplesmente investigar, a respeito da gama completa de armamentos nucleares e afins, quais foram as *variações* específicas que introduziram nas relações mutáveis, mas sempre essenciais, entre uma tecnologia militar e uma ordem social. Dois tipos de variações são evidentes: internacional e interna.

Armas nucleares e a ordem internacional

Dizia-se comumente, quando a bomba atômica havia sido recém-inventada, que haveria apenas dois ou três Estados capazes de travar grandes guerras. Na verdade, essa perspectiva ensinada, como muitas outras, por James Burnham foi a base da projeção de *1984*, escrito por Orwell, em que três superestados, em alianças e contra-alianças intercambiáveis, com controle absoluto da repressão e da propaganda sobre suas populações internas, estavam em estado de guerra efetivamente permanente. Esse pesadelo orwelliano ("1984" como "extermínio") é exatamente o que se revive agora. De qualquer modo, o mero interesse renovado não afeta sua verdade. Mas convém comparar a profecia com a história. O aparecimento de superpotências foi previsto corretamente. Na realidade, não foi fundamentalmente uma decorrência da bomba atômica, nem mesmo da bomba de hidrogênio, mesmo que tenham dado vantagens militares imediatas e, em certos casos, decisivas. Pois houve etapas definidas dentro da nova tecnologia e a etapa principal, como podemos ver agora, foi a combinação das armas nucleares com a tecnologia avançada de mísseis, desde meados dos anos 1950: uma combinação, em seus graus progressivamente crescentes, que ainda mantém os Estados Unidos e a União Soviética como superpotências em um período em que outros Estados também obtiveram armas nucleares, mas menos efetivas ou com meios de lançamento mais vulneráveis. Todas as outras projeções são mais discutíveis. Há um grupo muito poderoso e perigoso de Estados secundários em aliança direta com as superpotências. Na dimensão das armas nucleares e estratégias militares afins, essas alianças adquiriram de fato algumas características de superestados, embora em outros níveis essa evolução seja muito menos completa e sujeita a outros interesses e processos políticos frequentemente predominantes.

Ao mesmo tempo, o resto do mundo, que havia sido convenientemente incorporado e na realidade esquecido na perspectiva orwelliana, tem sido tanto objeto quanto sujeito nessa história dominante e perigosa. É irônico que um dos principais argumentos (sobretudo chinês) contra o acordo de não proliferação de armas nucleares tenha sido o perigo evidente de hegemonia das superpotências: um estímulo à independência política que, combinado com algumas rivalidades regionais, tem na verdade multiplicado os arsenais nucleares. De uma maneira militar estrita, na procura de bases para a estratégia global que acompanhou a tecnologia dos mísseis nucleares e afins, houve uma pressão constante para reduzir os Estados independentes ou ex-dependentes a objetos na competição militar das superpotências. Mas então, embora em grande parte decorresse de imperativos da tecnologia militar e até prosseguisse como uma ofensiva cega quando mudanças na tecnologia a tornaram menos necessária em termos militares, também é certo e crucial que a ofensiva principal dessa competição mortal não foi essencialmente militar-tecnológica, mas, no sentido mais amplo, política. Contudo, esse caráter fundamentalmente político da competição, por sua vez, modifica a competição diretamente militar. Para as superpotências, é preciso não só simular, como frequentemente acontece, mas, em muitos casos, efetivamente voltar a atenção para esses interesses mais amplos que se originam no resto do mundo. Portanto, lutas políticas e econômicas que uma simples hegemonia militar teria *a priori* descartado de fato ocorreram de maneira contínua e considerável e incluíram uma liberação importante, mas ainda incompleta, de muitos povos que atualmente estão próximos de atingir a capacidade de fabricar armas nucleares. Ao mesmo tempo, não apenas as superpotências, mas muitos Estados secundários, exportaram outros tipos de armamento, com uma imprudência frequentemente distinta dos termos da competição principal, o que levou a 25 milhões (e esse número aumenta) de mortos em guerras, em um período no qual as armas nucleares foram consideradas decisivas, mas no qual não foram realmente utilizadas. Nada nesse argumento reduz o perigo essencial de uma guerra nuclear direta entre as superpotências e suas alianças nucleares circunscritas. Mas, como veremos de novo, ao analisar a ideologia da dissuasão, os processos aparentemente determinados pela tecnologia foram no mínimo imperfeitamente executados e, em muitos casos significativos, inoperantes diante das complexidades de uma história mundial necessariamente mais vasta.

Armas nucleares e controles internos

Deve-se também levar a sério a outra metade da projeção orwelliana. Em primeiro lugar, na competição da Guerra Fria para o desenvolvimento de armas nucleares, depois, em seu desenvolvimento técnico permanente, houve um crescimento dramático dos níveis de vigilância e controle e de espionagem e contraespionagem em sociedades capitalistas como a nossa. Se houve um aumento similar nas sociedades controladas pelos soviéticos e especialmente na União Soviética, que antes das armas nucleares já tinha esse tipo de aparelhamento, é mais discutível. Mas não se pode negar que, tomados em conjunto, não apenas como repressão e controle diretos, mas como uma propaganda cada vez mais potente de preparativos para a guerra, sigilo, xenofobia e desconfiança, esses desdobramentos internos têm sido concomitantes às armas nucleares. Porém, mais uma vez há uma grande ressalva. Precisamente porque a competição principal não é apenas militar-tecnológica, mas também, em um sentido amplo, política, seria subestimar os perigos supor que se relacionem apenas às armas nucleares. Pelo contrário, o que atualmente se torna mais perigoso nas sociedades capitalistas é a vigorosa tentativa, já amplamente bem-sucedida, de configurar uma simetria entre a ameaça externa (militar) – diretamente identificada à União Soviética – e a ameaça interna à ordem social, constituída pela classe trabalhadora nacional e suas organizações e reivindicações. Estaríamos em situação melhor do que agora se vigilância e serviços de inteligência fossem dirigidos apenas contra os agentes soviéticos reais e possíveis ou a favor da segurança militar nacional. Na verdade, há significativamente pelo menos a mesma utilização desses controles, agora favorecida por sua grande evolução tecnológica, contra a classe trabalhadora nacional e contra organizações políticas correlatas. Se for politicamente concretizada a plena simetria intimidadora do inimigo externo e interno, estaremos de fato em extremo perigo.

Ao mesmo tempo, embora o Estado centralizado de inteligência e segurança não possa ser reduzido, em suas causas, às armas nucleares e seus sistemas, há um aspecto particular e fundamental no qual a ameaça à democracia é de fato determinada tecnologicamente. Não é a posse de armas nucleares em si, mas a sua combinação com a tecnologia dos mísseis. Houve uma redução dramática do tempo para decisões militares efetivas. O enorme incremento da precisão dos sistemas de direcionamento de mísseis na era dos microprocessadores e a mudança correlata da estratégia contra alvos civis [*counter-city strategy*] para estratégias contra alvos militares [*counter-force strategy*] reduziram ainda mais essa margem.[5] Assim, não apenas os Estados secundários desistiram de seus poderes de decisão política final enquanto permanecem em alianças nucleares, mas dentro de uma tal tecnologia essa desistência e essa centralização de poderes, em seus próprios termos, são racionais. Embora se possa fazer muita coisa nas áreas políticas mais convencionais para abordar essa crise, permanece o fato de que aceitar a tecnologia do míssil nuclear significa aceitar a perda de independência nas decisões finais e, retroagindo a partir desse ponto, uma perda permanente de independência e transparência em um terreno político muito mais amplo. Essa é a realidade perigosa que agora enfrentam os povos da Europa Oriental e Ocidental. Combinada, como o é agora, com a instalação de mísseis de médio alcance, controlados pelos mesmos centros estrangeiros, no desenvolvimento da estratégia de um "teatro" (europeu) ou de guerra nuclear "limitada", obriga, enquanto ainda temos tempo, a lutas políticas de grande amplitude.

---

5 Ver o excelente panfleto de Michael Pentz, *Towards the Final Abyss?*. Bernal Peace Library: Londres, 1980.

Dissuasão, multilateralismo ou unilateralismo?

Dissuasão como estratégia e ideologia

A dissuasão é ao mesmo tempo uma estratégia e uma ideologia. Incorreríamos em erro se deixássemos de reconhecer uma certa validade limitada da dissuasão como estratégia. Justamente porque não há nenhuma defesa efetiva contra as armas nucleares em geral, ou, mais precisamente, contra os mísseis nucleares, há uma certa racionalidade inicial no argumento de que, se o inimigo os possui, a única estratégia, na falta de pacifismo, é adquirir e manter uma capacidade dissuasiva do mesmo tipo. Basta olharmos a política internacional da segunda metade dos anos 1940, quando os Estados Unidos, e não a União Soviética, possuíam armas atômicas, e quando ganharam apoio significativo, em uma escala surpreendente, as sugestões de utilização desse monopólio para destruir o centro mundial do comunismo enquanto ainda havia tempo, para compreendermos que nesse assunto, como em muitos outros, um monopólio desse poder tão terrível, em quaisquer mãos, é profundamente perigoso.

Então, deduziu-se (como Burnham, por exemplo, em *A luta pelo mundo*, 1948) que, tão logo duas nações hostis possuam armas atômicas, a guerra nuclear aconteceria quase imediatamente, e têm-se feito frequentemente predições desse tipo – a posse implica uso inevitável –, com uma confiança recorrente (na verdade, uma desesperança recorrente), inabalada diante da passagem de várias etapas cruciais anunciadas. Não foi apenas a dissuasão militar que até agora falseou essas predições. Todo o complexo de lutas políticas, a revolta pública generalizada diante de qualquer utilização de armas nucleares pela *primeira* vez e ulteriormente as características das próprias armas nucleares, entre as quais os efeitos radioativos imprevisíveis introduziram um elemento qualitativo, em certos aspectos, modificando elementos nos cálculos da agressão, tem sido fator importante e por vezes o principal. Ainda assim, em seu contexto direto limitado, a dissuasão não foi ineficiente. De fato, é significativo que, quando colocamos essa "destruição mutuamente assegurada" (MAD) – em si mesma uma base tão insana para qualquer política permanente – nas relações reais da política mundial desde 1945, concluímos que, justamente porque a dissuasão foi atuante nas relações diretas entre os Estados Unidos e a União Soviética, teve de ser continuamente, e muito perigosamente, disfarçada como um conceito estratégico real e substituída, obtusamente sob o mesmo nome, pela dissuasão como uma ideologia.

A linha divisória fundamental, atualmente tão decisiva na luta pela aceitação ou pelo apoio público, para falar sem rodeios, situa-se entre a dissuasão do ataque militar direto, que ainda é ampla e compreensivelmente respaldada e, por outro lado, a dissuasão do comunismo em si. Com certeza, na prática a estratégia e a ideologia estão intricadamente conectadas, mas em discussão pública são intoleravelmente, e com frequência deliberadamente, confundidas. Se for evidência de uma agressão soviética que um país da Ásia ou da África faça uma revolução socialista ou comunista, então a ingenuidade da dissuasão contra um ataque militar direto é deixada muito para trás. O desejo natural e inteiramente plausível de todos os povos de estarem protegidos contra um ataque direto, o qual sequer por um minuto poderia ser negado ou mesmo questionado por aqueles entre nós que são contrários às armas nucleares e à corrida armamentista, é sistematicamente utilizado com outros objetivos, apenas parcialmente revelados. Então, é um elemento necessário de qualquer campanha efetiva esclarecer as diferenças entre a estratégia e a ideologia, para que seja possível afastar os que poderiam ser chamados, sem efeitos retóricos, de fomentadores de guerras. Portanto, é apenas na ala direita poderosamente organizada da política da Europa Ocidental e da América do Norte que a ideologia se torna novamente uma estratégia: destruir o comunismo em toda a parte. Porém, na prática, foi demasiadamente fácil para esse grupo inserir anseios naturais de segurança e independência dentro de seus objetivos completamente diferentes. Além do mais, tornamos tudo ainda mais fácil para eles se não começarmos verdadeiramente a mostrar, nesses anseios, sua incompatibilidade definitiva (se não for imediata) com as armas nucleares e a corrida armamentista.

Podemos fazê-lo melhor se pudermos demonstrar que de fato, a partir do sucesso limitado da dissuasão contra o ataque nuclear direto, desenvolveram-se estratégias recentes mais perigosas. É evidente que a intensificação do que ainda se chama de desenvolvimento dissuasivo de armas nucleares ocorreu em períodos de significativa mudança política e econômica, suplantando os termos das relações diretas EUA-URSS. Ocorreu especialmente em períodos de recrudescência das lutas de libertação nacional, com momentos críticos em torno de Cuba, no início dos anos 1960, e depois em torno de Angola, nos anos 1970. Nesses momentos, a distinção entre estratégia e ideologia é particularmente evidente, e foi evidente outra vez, embora de modo confuso, nas complexas mudanças ocorridas no Irã e no Afeganistão. Além do mais, é claro que se concluiu a dissuasão *direta* na segunda metade dos anos 1950. Então, temos de tolerar – talvez em demasia – o aperfeiçoamento e a modernização internos desses sistemas, nesse patamar e dentro dessa estratégia. Em seguida, fica claro que o vasto desenvolvimento da capacidade de retaliação além do necessário, que continua em ritmo acelerado, pertence estritamente à ideologia e deve ser entendido não como uma questão de segurança nacional, mas como uma luta política mundial pública ou dissimulada. Além disso, foi dentro do sucesso restrito da dissuasão direta EUA--URSS que se desenvolveu uma ameaça particular e atualmente extraordinária para a Europa. A partir dessa situação de equilíbrio, a Europa foi chamada de "teatro" para um outro "cenário", no qual (conforme a evidência militar, totalmente irracional) seria disputada uma guerra nuclear limitada, como uma parte controlada da luta global. Aqui, decisivamente para os povos da Europa Ocidental – e especialmente nesses anos em que os armamentos nucleares para esse tipo de guerra têm sido ativamente instalados –, a estratégia e a ideologia podem ser vistas como distintas. De sujeitos da dissuasão, que ainda poderíamos, embora insensatamente, imaginar que fôssemos, tornamo--nos objetos de uma ideologia de dissuasão, determinada por interesses inteiramente fora de nosso alcance, como nações ou como povos, embora não tão fora do alcance, dentro de nossas fronteiras, dos interesses da classe dominante existente. Qualquer que seja o cenário para os outros, para nós, como povos, o prólogo já é a tragédia final. A dissuasão global conquistou uma Europa na qual não sobrou ninguém para dissuadir ou ser dissuadido.

Multilateralismo: senha de acesso para o rearmamento?

"Multilateralismo", como conceito, frequentemente faz par com "dissuasão". É o argumento ortodoxo sistemático, que tem até agora inspirado o apoio da maioria. Podemos começar a romper o par quando estabelecermos uma distinção entre dissuasão como estratégia e como ideologia. Não é impossível que, a partir da dissuasão como estratégia militar, em alguma fase de sua evolução, possa ser negociado um desarmamento mútuo escalonado. Mas, dentro da *ideologia* da dissuasão, na qual estão envolvidas, desde o início e necessariamente, grandes forças políticas de um tipo absoluto, não poderá haver, e nem haverá, desarmamento. A promessa, há muito formulada, de que se poderia negociar o desarmamento a partir dessa força foi meticulosamente deturpada e é extraordinário que ainda seja displicentemente aventada, como pretexto para ainda mais um estágio de escalada militar. Entretanto, ao mesmo tempo, o desarmamento multilateral é de fato o único caminho para a segurança. A Campanha pelo Desarmamento Mundial firma-se em terreno muito sólido quando defende não apenas essa posição, mas também a urgente inclusão de outras armas, além das nucleares. A guerra nuclear é de fato a pior possibilidade, mas a guerra química e bacteriológica seria apenas minimamente menos atroz. Mesmo a chamada guerra convencional, com a utilização combinada de explosivos altamente avançados e a capacidade atual da tecnologia de mísseis, poderia agora destruir a civilização urbana. Portanto, pode-se aceitar unicamente o desarmamento multilateral como um objetivo adequado. Ao mesmo tempo, devemos fazer a distinção entre multilateralismo como uma estratégia política e multilateralismo como uma ideologia.

Em uma acepção bem ampla, nos debates atuais, "multilateralismo" é de fato uma senha para a contínua aquiescência à política de alianças militares e à corrida armamentista. De maneira enganosa ou autoenganosa, entende-se ideologicamente o anseio pelo desarmamento como o pretexto para um novo estágio de rearmamento. Torna-se um objetivo essencial de qualquer campanha romper esse falso par, mas, uma vez mais, isso só pode ser feito se a razoabilidade do multilateralismo legítimo for integralmente reconhecida. Uma maneira efetiva de fazê-lo é romper a "senha" multilateralista em seu ponto mais fraco, no qual, embora se fale de "multilateralismo", na realidade se supõe um *bilateralismo* exclusivo. Não serão, por exemplo, os governos da Europa que tentarão negociar a instalação e a possível redução de mísseis nucleares em seus territórios. Dentro da lógica das alianças, essa responsabilidade fundamental, e de fato multilateral, é praticamente entregue e deslocada, sem protesto, às negociações bilaterais entre os Estados Unidos e a União Soviética. Assim, "multilateralismo" é apenas uma senha de acesso a esses processos de polarização e submissão à perda da independência nacional. Em oposição a esse obscurecimento perigoso e habitual, pode contribuir muito um impulso em prol de um multilateralismo genuíno. Esta é a significância primordial da Campanha pelo Desarmamento Nuclear Europeu, ao reassumir uma responsabilidade direta, em genuína compatibilidade com a Campanha pelo Desarmamento Mundial.

Unilateralismo ontem e hoje

A meu ver, a Campanha pelo Desarmamento Nuclear Europeu pode e deve desenvolver-se da seguinte maneira. Mas já é evidente que a campanha se sobrepõe a um "unilateralismo" remanescente e redivivo e, assim sendo, deve-se de novo examinar cuidadosamente os significados correntes desse conceito. De início, é preciso distinguir historicamente "unilateralismo" de pacifismo, o qual sempre propôs, coerentemente, o ato pacífico unilateral, incluindo a renúncia a todas as armas, como o primeiro movimento para romper o impasse perigoso da confrontação armada. Mas o "unilateralismo" adquiriu significados mais específicos e mais limitados em um período particular – o final dos anos 1950 –, no qual intervieram certas circunstâncias especiais. Naquela época, a Grã-Bretanha era o único Estado detentor de armas nucleares além das superpotências, de modo que, por um lado, poderia defender-se a renúncia unilateral como o primeiro passo prático necessário para evitar a proliferação de Estados com armas nucleares e, por outro lado, como um exemplo moral para todos os Estados, incluindo as superpotências. Além do mais, havia o desejo de sair da sombra dessa rivalidade perigosa entre superpotências, ou positivamente como um Estado não alinhado, ou negativamente como "deixe-os às voltas com isso"; em ambos os casos, na suposição de que a Grã-Bretanha pudesse ser independente e autônoma. Importa agora, diante de uma ressurgência que sob certos aspectos sempre é uma continuidade, reexaminar as circunstâncias, antes de reiterarmos as mesmas velhas respostas. Desta maneira, o argumento contra a proliferação é significativamente diferente nos anos 1980, comparado aos anos 1950, e de qualquer forma agora deve incluir atenção aos problemas de monopólio das superpotências ("hegemonismo"), que, independentemente de terem sido insuficientemente analisados na fase inicial, agora são realidades políticas relevantes. Desmunido de seu propósito prático imediato, o argumento de exemplo moral não tem, a meu ver, nenhum jazigo honroso fora do pacifismo, que permanece, diante da multiplicação de perigos de violência internacional, uma das mais profundas e acessíveis reações ao mal em nosso mundo e em nossa cultura.

O unilateralismo de um tipo não pacifista, nos anos 1980, deve ser ou politicamente coerente com todas as consequências que se seguem, ou se resignar a uma atitude evasiva retórica. É evidente que não se pode agora reconstituir por muito tempo em torno do unilateralismo, nos velhos termos, a composição frouxa das diversas forças políticas que o apoiaram por um período, mas deixaram de apoiá-lo no final dos anos 1950 e no início dos anos 1960. Sempre faltaram argumentos suficientes, mas agora de maneira ainda menos perdoável, para apoiar um enfrentamento realista da plena significância desse ato por parte de um Estado como a Grã-Bretanha. Significativamente nesse ponto, em que o mais rigoroso realismo é uma exigência absoluta de qualquer campanha política buscando apoio majoritário, aparece uma acrobacia retórica de volta aos males e perigos indiscutíveis da guerra nuclear e da abstração da "bomba". Então, o que devemos realmente enfrentar? O fato central é que a Grã-Bretanha, em todos os níveis – militar, político, econômico e cultural –, reclui-se na "aliança", que é ao mesmo tempo um sistema militar de vida ou morte e uma organização poderosa dos Estados e economias capitalistas mais desenvolvidos. Tirar a Grã-Bretanha dessa aliança representaria uma mudança enorme no equilíbrio de forças e, portanto, já de início, uma confrontação de tipo muito grave. Utilizar-se-iam contra ela certamente todos os tipos de contraforça econômica e política, e não haveria restrição à luta decorrente da questão teoricamente dissociável das armas nucleares. Portanto, uma campanha teoricamente restrita, baseada em uma eventual rejeição popular aos perigos da guerra nuclear, chegaria na realidade a uma etapa de luta geral, para a qual estaria muito despreparada. Ao mesmo tempo, a noção genérica de um ato unilateral, agora comumente interpretada como "renúncia", deve ser dividida na prática em atos e etapas políticos dissociáveis. Em primeiro lugar, inscreve-se imediatamente na discussão política, em uma escala europeia, a decisão sobre os mísseis de médio alcance, especialmente projetados para uma guerra nuclear "limitada" a nossos próprios territórios; e, em segundo lugar, na Grã-Bretanha, a decisão de renovar, em uma terceira geração, a assim chamada capacidade nuclear independente, pela compra de mísseis Trident dos Estados Unidos. Campanhas políticas sobre cada uma dessas decisões podem, mas não precisam, ser conduzidas em termos de unilateralismo da velha guarda. É significativo que já pareça haver mais apoio político ao repúdio a essas etapas da escalada do que a um "unilateralismo" geral e indiscriminado. É compreensível que muitos dos que entenderam toda a amplitude dos perigos existentes nas armas nucleares e nas estratégias de aliança nuclear advoguem posições absolutas, as quais podem, por si mesmas, exprimir nosso pleno senso moral e rejeitar, ou mesmo menosprezar, posições mais limitadas, como sendo mero cálculo político. Mas como os perigos são verdadeiramente grandes, também é caso de se dizer que devemos avançar como pudermos, e essas campanhas contra os mísseis Cruise e Trident não precisam, nestes anos críticos, envolver a causa unilateralista completa, e frequentemente serem limitadas por ela. Pois a recusa de albergar os mísseis Cruise em nossos territórios, como parte de um processo de exigência de negociações europeias multilaterais para a remoção de todos esses mísseis e das bases de bombardeios e submarinos relacionadas, de todos os territórios da "Europa, da Polônia a Portugal", não é, em nenhum sentido corrente, "unilateralismo". É o exercício de independência e soberania como uma etapa do processo de negociação, para o qual ainda há (quase) tempo. Da mesma forma, no caso da aquisição dos mísseis Trident: pode também ser um ingresso consciente no processo de negociação da limitação de armas estratégicas, recusando-se (na verdade unilateralmente) a escalada de sistemas de mísseis nucleares implantados na Grã-Bretanha. Assim, campanhas positivas para essas iniciativas específicas podem, na prática, ser muito diferentes das exigências relativamente pouco canalizadas de "renúncia unilateral" e devem ser consideradas racionalmente distintas.

Sem dúvida, ainda resta enfrentar, embora em um patamar diferente do unilateralismo da velha guarda, a plena consequência de tais recusas e iniciativas positivas. Pois esses movimentos específicos desafiariam não apenas disposições e cálculos estratégicos existentes, mas também, de forma igualmente radical, a lógica da hegemonia das superpotências. As consequentes lutas políticas atingiriam um grau ainda maior do que as consequências do unilateralismo britânico da velha guarda. Mas esse grau maior seria uma oportunidade e ao mesmo tempo um problema, e é nesse contexto que devemos examinar uma das estruturas mais profundas do unilateralismo britânico.

Europa, unilateralismo e a esquerda trabalhista

É bem perceptível no presente que há uma congruência dentro do espectro de opiniões que podemos aproximadamente definir como esquerda trabalhista nas campanhas econômicas, políticas, pacifistas, que de modo geral são todas unilateralistas. Propostas a favor de uma economia fechada ou quase fechada, protegida pelas versões mais enérgicas de controles de importação; propostas a favor da recuperação da soberania política ou da saída efetiva da Comunidade Econômica Europeia; propostas a favor do repúdio unilateral não negociado às armas e bases nucleares; todas têm esse estilo comum. Há argumentos fortes a favor de cada posição, mas os fatores decisivos comuns parecem ser uma superestimativa radical da capacidade da Grã-Bretanha e do efeito de uma ação independente, e uma subestimativa radical do grau de penetração real da economia e da sociedade britânica pelo capitalismo internacional e pela aliança político--militar que existe para defendê-lo. Não resta dúvida de que temos de encontrar caminhos para deter essa penetração e revertê-la, mas encontrar os caminhos mais eficazes ainda é uma discussão econômica e política muito intricada e realista.

A posição da esquerda trabalhista, em seu nível público mais simples, não parece apenas um atalho abstrato em meio a essas dificuldades reais, mas parece baseada em uma estrutura política muito profunda que caracteristicamente idealiza as condições e as forças favoráveis, embora, como proteção contra perspectivas mais drásticas, reduza as forças contrárias reais a entidades abstratas e discrepantes. Pois a questão nunca é o que podemos legalmente fazer, ou encontrar uma maioria temporária para fazê-lo. A questão é uma luta ampla. E se é questão de luta, a campanha política deve ser um caso de mobilização de forças reais no terreno mais favorável possível. Seria injusto dizer que a passagem de resoluções, mesmo em instituições relativamente debilitadas, é uma fuga deliberada dessa realidade política muito mais dura. Entendida corretamente, pode ser parte de um processo de mobilização real. Mas o que parece uma fuga é a simples retórica do "vai sozinho".

Pode-se dar, nesse contexto, um exemplo característico, mas fundamental. Se propusermos seriamente uma campanha colaborativa de desarmamento nuclear europeu, seria sensato propormos ao mesmo tempo uma simples saída do Mercado Econômico Europeu? Em ambos os casos, é necessária e possível uma negociação radical, que só poderia ser efetivamente realizada em uma escala europeia, e não em uma simples escala britânica. Nenhum dos passos reais da negociação é fácil, mas pareceu-me, em discussão, que o clima predominante até agora em relação ao Mercado Econômico Europeu e às armas nucleares é uma insistência impaciente na "ação unilateral rápida e decisiva", após a qual se enfrentariam *ad hoc* todas as consequências radicais e as lutas radicais, para as quais seria indiscutivelmente necessário o máximo de colaboração e aliança cuidadosamente preparadas.[6] Porém, em todas essas lutas, e especialmente na luta contra a hegemonia polarizada das alianças nucleares, apenas uma ação combinada em escala europeia (naturalmente fundamentada no que for decidido também nacionalmente e, de certo modo, em campanhas desiguais e diferentemente moduladas) tem alguma possibilidade realista de êxito. Portanto, devemos consistentemente fomentar argumentos e objetivos *europeus*, em vez de britânicos e unilateralistas.

A contribuição socialista

É compreensível que alguns camaradas argumentem que o perigo da guerra nuclear é atualmente tão grande que deveríamos pôr de lado todas as outras considerações e unirmo-nos para alcançar o desarmamento e a paz. Quem não se sente algumas vezes assim de fato subestima os terríveis perigos imediatos. Porém, pelo menos alguns de nós devem continuar a dizer, em primeiro lugar, que as análises especificamente socialistas da produção e da reprodução desses perigos, embora indubitavelmente incompletas, ainda são essencialmente relevantes; e, em segundo lugar, que ainda temos de confiar na análise e na mobilização especificamente socialista para criar as forças aliadas que de fato serão capazes de significativamente reduzir e finalmente destruir esses perigos.

---

6 Uma projeção idealizada de um governo trabalhista, sob a liderança da "esquerda", que resolveria e executaria tais diretrizes pode ser tão ilusória agora quanto foi no início dos anos 1960, quando a causa do desarmamento nuclear estava amplamente confiante precisamente nessa projeção.

Isso nunca deveria ser dito com arrogância ou dentro de uma retórica exclusivista. É um dever urgente para todos os socialistas aderir a campanhas colaborativas pelo menos em sete grandes áreas: (a) aumentando a consciência pública dos perigos específicos e gerais dos mísseis nucleares modernos e de outros sistemas de armas; (b) desmascarando as campanhas oficiais enganosas sobre as possibilidades de "defesa civil" contra os ataques nucleares; (c) organizando a pressão pública em prol de todas as medidas possíveis de limitação de armas e desarmamento negociado; (d) publicando e explicando os detalhes da evolução atual das armas e do rearmamento e, em íntima relação, a complexidade das propostas reais, contrapropostas e etapas da negociação sobre limitação e desarmamento; (e) organizando campanhas para ampliar o processo de negociação, não apenas entre Estados, mas dentro das sociedades, portanto incluindo a oposição ao sigilo e aos controles de segurança arbitrários; (f) demonstrando os vínculos reais entre os programas de energia nuclear e de armas nucleares, inclusive a veracidade de algumas proliferações consequentes de armas nucleares (como na recém-formada Campanha Antinuclear); (g) opondo-se à nacionalização da produção de armas e à exportação, como parte da estratégia econômica do mundo industrial avançado.

Já é uma lista árdua, porém para cada um desses temas já existe uma mobilização pública significativa e uma participação socialista atuante. Entretanto, ainda resta perguntar se há mais contribuições socialistas específicas a serem realizadas, sejam mobilizações colaborativas, sejam independentes. Podem-se sugerir algumas respostas em três áreas: (i) relações entre os conceitos de "classe dominante" e "complexo industrial-militar", com efeitos evidentes na questão de substituir "extermínio" por outras categorias já existentes ou possíveis de análise socialista; (ii) a questão extremamente difícil do que é chamado, em alguns círculos, de "bomba socialista" ou "os mísseis da classe trabalhadora internacional"; (iii) o problema dos vínculos entre a crise militar e a crise econômica.

A classe dominante e o "complexo industrial-militar"

Está obviamente correto identificar e destacar o complexo específico de produção de armas, forças armadas, pesquisa e segurança de Estado nas sociedades capitalistas avançadas contemporâneas. Também é preciso identificar um complexo análogo, mas longe de ser idêntico, nos Estados socialistas como a União Soviética e a China. Porém, está quase certamente incorreto, em primeiro lugar, amalgamar essas formações diferentes em uma entidade única e, em segundo lugar, ignorar conceitos mais gerais de uma classe dominante em nome da prioridade desses complexos específicos. O problema deveria ser analiticamente separado para reconhecer sua especificidade dentro de dois sistemas contrapostos, mas ainda há alguns pontos genéricos preliminares.

Está na essência de uma classe dominante que detenha o monopólio ou a supremacia da violência declarada ou da ameaça de violência. Não é uma consequência dos sistemas de armas nucleares e, na realidade, a instituição específica exército-Estado-segurança adquiriu poder absoluto ou decisivo principalmente nas sociedades não nucleares. A realidade de evoluções mais produtivas criou, nas economias mais avançadas e complexas, outras grandes instituições eficazes da classe dominante; e o verdadeiro processo político, nesse nível, é muito mais uma questão de relações movediças entre essas instituições do que qualquer dominação inevitável. A instituição exército-segurança traz enormes vantagens, que aumentam em condições de conflito internacional. Mas precisamente porque aquilo que produz é de imediato tão mortal e tão negativo, pode apenas temporariamente assumir o comando dos recursos e diretrizes que assegurariam sua dominância estável.

Assim, é verdade que a corrida armamentista atual cria condições nas quais as possibilidades de dominação formam uma tendência crescente. Porém, a classe dominante como um todo ainda tem outros interesses, tanto em seus próprios termos imediatos quanto em relação a assegurar seu controle sobre toda a vida da sociedade, o que deve incluir a satisfação das necessidades econômicas não militares crescentes e das exigências de seu povo. Também tem interesses políticos em sua necessidade de apresentar seus objetivos fundamentais nesses termos vagos, que podem merecer um consentimento ou uma aquiescência necessários. Portanto, nenhuma classe dominante e *a fortiori* nenhuma instituição social global podem se reduzir ao elemento exército-segurança. Se for verdade que o complexo exército-segurança, justamente por sua negatividade, move-se por si mesmo em direção a certas irracionalidades finais, nas quais toda a ordem social existe para servi-lo e supri-lo, também é verdade que outras instituições da classe dominante, para não mencionar as outras classes, exercem pressões práticas constantes e poderosas de um tipo diferente, que são a substância da política real. As flutuações perceptíveis dos programas militares dispendiosos e das estratégias políticas amplas são os indícios dessas lutas permanentes afetadas por fatores internos e externos.

Em vez de análises mais precisas dessas instituições internas perigosas, em diferentes ordens sociais dos dois maiores sistemas, notamos algumas contradições. Nas sociedades capitalistas, as indústrias bélicas e afins podem não ser, em todo o seu domínio de pesquisa, um setor de ponta genuíno. Seu papel anticíclico bruto e sua taxa de lucro privilegiada podem perverter os programas e os interesses da classe capitalista como um todo, enquanto sua enorme arrecadação de proventos públicos pode desorganizar programas de investimento e produzir crise involuntária e descontentamento socioeconômico. A crise atual da indústria manufaturada, com suas consequências de enorme desemprego, talvez seja precisamente esse caso, e é significativo que sejam frequentemente originárias da classe dominante as mobilizações contra o "complexo militar-industrial". Entretanto, em sistemas socialistas centralizados é evidente que a escala de gastos militares é economicamente catastrófica e não traz vantagens para nenhum setor produtivo. Lá, o vínculo é diferente, entre as instituições burocráticas da própria classe dominante e o necessário apoio das instituições militares e do Estado-segurança. A contradição entre uma economia altamente militarizada improdutiva e a dependência de uma liderança política com um monopólio excepcional de poder e força é, na verdade, muito perigosa, mas por si mesma reciprocamente afetada pelas contradições do sistema oponente. Portanto, não precisamos concluir que há uma inevitabilidade na formação e na tendência de dominar esses setores internos poderosos. Uma análise completa deve incluir o reconhecimento dos aspectos "disfuncionais" da corrida armamentista em ambos os sistemas sociais.

"*A bomba socialista*"

A versão simplória de que os sistemas de armas nucleares soviéticos são na verdade a "bomba socialista", exigindo o apoio da classe trabalhadora internacional, sequer merece atenção. Não se pode fugir do fato de que as armas nucleares, com sua destruição indiscriminada de todas as populações, não podem ser seletivas em termos de classe. A consequência real desse tipo de argumento é uma alienação impotente e, no fim das contas, uma traição contra toda a classe trabalhadora em particular. Porém, há argumentos mais sérios, como a posição de Ernest Mandel, em 1970.[7] Em lugar das proposições essencialmente abstratas de "tensão internacional" e os "perigos da guerra", esses argumentos

---

7 Mandel, Peaceful Coexistence and World Revolution. In: Blackburn (ed.) *Revolution and Class Struggle*, Londres, 1979, p.284-99.

partem dos fatos do sistema mundial imperialista, inclusive de sua hostilidade inerradicável não apenas contra os Estados socialistas existentes, mas contra todas as lutas de libertação nacional que ameaçam os interesses imperialistas econômicos e estratégicos. Todos os socialistas que compartilham essa análise da crise mundial atual deparam-se com questões excepcionalmente difíceis, quando também reconhecem, como é correto, os perigos extraordinários e sem precedentes da guerra nuclear. Uma coisa é manter uma estratégia de vitória contra o imperialismo, mas é bem diferente supor que possa existir algum mérito na vitória obtida por meio da devastação final de uma guerra nuclear.

Então, há duas posições possíveis. A primeira, à qual mais frequentemente se chega por acaso, em vez de ser uma posição conscientemente adotada, implica a utilização do medo legítimo da guerra nuclear, que no Ocidente, afinal de contas, se pode muito livremente exprimir e combater, como uma maneira de enfraquecer os sistemas imperialistas de defesa, consequentemente basculando o equilíbrio estratégico. O fato de isso ser constantemente evocado pela direita contra *todas* as campanhas pelo desarmamento nuclear (e então frequentemente com erros de identificação ridículos) não deve turvar nossa visão de que pode ser, em alguns casos, verdadeiro objetivamente e mesmo subjetivamente. Representaria uma honestidade intelectual se os que realmente adotaram essa posição o dissessem, elaborando uma argumentação radical em prol de um unilateralismo não pacifista. Entretanto, o que está errado nessa posição (e em todas as táticas e ênfases que dela decorrem, consciente ou inconscientemente) é a identificação sem critério dos interesses do socialismo e do anti-imperialismo com os interesses do Estado soviético. Sem dúvida, é preciso resistir terminantemente a todos os que desejam destruir ou ameaçar o Estado soviético e seus aliados, ou a China socialista, ou os novos Estados revolucionários. Isso inclui a oposição drástica ao rearmamento nuclear, às estratégias de contenção global e a todo o complexo de alianças militares imperialistas e regimes clientelistas de exportação de armas. Porém, esse dever de todos os socialistas deve ser diferençado das posições ingênuas ou falsamente ingênuas na questão central do confronto com armas nucleares. Há obrigações de defesa da classe trabalhadora internacional, mas elas incluem necessariamente toda a classe trabalhadora, em todos os sistemas e além deles, e não podem ser revogadas por uma projeção deliberada ou pretensamente acidental dos interesses de uma ordem militar de um único Estado.

A segunda posição possível é mais complexa, porém mais adequada. Parte do fato de que inicialmente foram as longas pressões do imperialismo contra os novos Estados socialistas e os Estados de liberação nacional que deturparam, em geral desastrosamente, a compreensão do socialismo revolucionário e da democracia. A partir dessa posição, é possível reconhecer e lutar para acabar com os crimes do imperialismo e, ao mesmo tempo, enfrentar plenamente as consequências, nos novos e velhos Estados socialistas, de uma militarização prolongada e um estado de sítio político. Não é uma posição neutralista. É fundamentalmente de interesse do próprio socialismo que essas posições perigosas e objetivamente antissocialistas sejam amenizadas e finalmente abolidas. Portanto, iniciativas pelo desarmamento devem dirigir-se inicialmente contra os processos *inseparáveis* de enfraquecimento da ofensiva imperialista e de fortalecimento das energias do socialismo contra essas instituições que agora o corrompem. Isso exige, em matéria de propósitos, a atenção mais escrupulosa aos reais interesses populares, e não aos interesses atuais dos Estados. Assim, há um enorme interesse no desarmamento nuclear, uma vez que os sistemas de mísseis nucleares fortalecem objetivamente as políticas de bloco, hegemonia e aparelhos de Estado exército-segurança.

Essa ênfase pode ser um mérito particular da emergente Campanha pelo Desarmamento Nuclear Europeu. Engajada, como deve ser, na reciprocidade Leste-Oeste, na amplificação permanente das zonas desmilitarizadas ao longo dos vários estratos de sistemas de armas, e consequentemente na obtenção de algum espaço *político* real na Europa, é a única campanha inteiramente condizente com o interesse a longo prazo de todos os socialistas europeus. Será muito difícil preservar a ênfase certa, não apenas contra a representação e a oposição falsas, mas entre nós mesmos. A aliança soviética exigirá respostas reais, que virão com maior probabilidade se tornarmos claro que nossos propósitos de desarmamento são integrais, com esforços renovados de avançar rumo ao socialismo em nossos próprios países; que eles envolvem rupturas significativas e difíceis com a estratégia e a ideologia do imperialismo e sua aliança anticomunista; e, principalmente, que as condições de êxito de todas essas lutas são uma reciprocidade séria, permitindo o desenvolvimento de apoio nacional e popular, em vez de simplesmente apregoar as vantagens das campanhas de paz. Seria um grave erro de interpretação de nossa campanha se alguém do Leste concluísse que ela é manipulável no interesse de vantagens da política de blocos ou da política militar. Mas seria um grave desvio de nossa campanha se, em algum ponto, diante dos fatos ou à revelia, ela se tornasse manipulável.

Vínculos necessários

Apoiar a Campanha pelo Desarmamento Nuclear Europeu não significa necessariamente acreditar que a fratura e o confronto principal ocorram na Europa. A arena nuclear mais perigosa fica aqui, mas as lutas e os perigos políticos são muito mais disseminados. Portanto, a contribuição socialista à política do desarmamento nuclear deve ser muito mais do que simplesmente colaborativa e deve incluir solidariedade com as lutas do Terceiro Mundo, contra um sistema econômico imperialista que reproduz globalmente a fome e a exploração. Não é uma questão de conduzir as campanhas pela paz a objetivos partidários. Existe atualmente um vínculo profundo entre os perigos reais e recorrentes de guerra e as crises específicas do sistema imperialista mundial. O uso de força militar e de intimidação para manter sistemas de poder e exploração – além dos sistemas de implantação militar e estratégicos – ainda é a ameaça primordial à paz. Se tivermos de entendê-lo e explicá-lo completamente, teremos de nos deslocar dos fatos conhecidos e ainda cruciais da ordem econômica internacional, em direção aos fatos agora rapidamente emergentes da crise de recursos.

Tornou-se um dever absoluto dos socialistas ocidentais preparar, em tempo hábil, as posições a partir das quais poderemos nos opor e derrotar as tentativas de proteger recursos escassos – o caso do petróleo é o exemplo corrente mais urgente – por intervenções militares, sejam diretas, sejam indiretas. Tais intervenções tentarão obviamente arregimentar a opinião pública por meio de apelos à proteção de nosso (privilegiado) "modo de vida". Em razão dos efeitos da crise simultânea de desemprego e privações impostos à classe trabalhadora no Ocidente, os socialistas não podem supor que essas tentativas sejam facilmente refutáveis. Mas não há nenhuma contradição entre esse trabalho e as campanhas pelo desarmamento nuclear. Na verdade, a menos que tais campanhas se desenvolvam de maneira prática e previsível, as campanhas mais isoladas pela paz podem ser simplesmente esmagadas.

Tais considerações também são relevantes para o que se considera atualmente o maior problema da vinculação tradicional entre a oposição ao rearmamento e a oposição ao desemprego e à penúria. Ainda há vínculos reais entre despesas militares essencialmente esbanjadoras e pobreza e privações no restante da ordem social. Mas aqui, como em toda parte, não haverá um retorno simples ao *status quo ante*. Podemos enfrentar os velhos problemas de conexão reacionária entre rearmamento e a volta do desemprego. Mas além disso, há problemas novos e muito mais importantes para que se mantenham a paz e os padrões de vida decente no velho mundo capitalista. Não se trata simplesmente de cancelar os gastos militares inúteis e obscenos, nem de redirecionar investimento para manufaturas civis alternativas. As mudanças terão de envolver transformações drásticas, interna e externamente, em vez de meros cancelamentos e reversões. Apesar das dificuldades de tais transformações, elas são as prioridades centrais de qualquer agenda de trabalho pela paz. Pode parecer que isso apenas aumenta nossa carga de responsabilidades, para as quais nossa força atual ainda é insuficiente. Mas esse deve ser o ponto final de nosso argumento. Felizmente, ainda é possível criar movimentos pela paz e pelo desarmamento com bases humanas mais gerais. Que comecem novamente a crescer é uma vitória significativa contra a cultura e a política da violência. Porém, para sua adequação intelectual e para a ampliação de seu suporte, é preciso chegar além das recusas variáveis e honrosas, das quais muitos deles caracteristicamente ainda dependem. Para construir a paz, agora mais do que nunca, é preciso construir mais do que a paz. Para recusar as armas nucleares, temos de recusar muito mais do que as armas nucleares. A menos que as recusas possam ser conectadas a tais construções, a menos que o protesto possa ser conectado e suplantado pelas construções práticas significativas, nossa força continuará insuficiente. Então, é tornando prática a esperança, em vez de tornar o desespero convincente, que continuamos e mudamos e ampliamos nossas campanhas.

SOCIALISMO E ECOLOGIA
1982

Em anos recentes, alguns de nós vínhamos falando de socialismo ecológico – embora seja um conceito um pouco acadêmico demais. Mas em muitos países, e em compasso crescente, há uma tentativa de integrar dois tipos de pensamento que são obviamente muito importantes no mundo contemporâneo, embora a tentativa de integrá-los certamente não seja simples. Devemos examinar em ambos inúmeras questões em termos práticos atuais e também o modo pelo qual se desenvolveram os diferentes corpos de ideias.

É realmente irônico que o inventor do conceito de ecologia tenha sido o biólogo alemão Haeckel, na década de 1860, e que Haeckel tenha exercido uma influência significativa sobre o movimento socialista em toda a Europa por volta da virada desse século. De fato, Lenin referiu-se à influência de Haeckel em um dado momento como sendo enorme. Mas não foi de forma alguma o tipo de influência que seria agora representada pelo conceito de ecologia, embora esta fosse justamente a invenção de Haeckel. Seu trabalho teve influência porque foi uma descrição materialista do mundo natural e, entre outras coisas, uma descrição fisiológica da alma. Encontrou seu lugar no debate encarniçado sobre socialismo, religião e outros sistemas éticos, que era primordial no movimento socialista daquele período. Portanto, embora houvesse naquela época uma relação entre uma interpretação da ecologia e um problema do socialismo, essa relação atualmente não tem muita significância. Porém, se retrocedermos ao próprio nome – ecologia – e observarmos os tipos de questões que exprime amplamente agora, encontraremos uma relação muito intricada no início do século XIX, e especialmente no período da Revolução Industrial. As relações entre esse tipo de pensamento e o pensamento socialista foram e permanecem importantes, contenciosas e complexas.

A Revolução Industrial

A Revolução Industrial dramatizou os efeitos da intervenção humana no mundo natural de uma maneira que – embora inicialmente seus efeitos fossem um tanto dispersos, um tanto limitados – estava destinada a despertar a atenção de todo observador sério. Digo que dramatizou os efeitos porque foi um dos erros comuns daquele período – e continua a ser um erro comum – a ideia de que a grande interferência com o ambiente natural tivesse começado apenas durante a Revolução *Industrial*. Entretanto, incontestavelmente, quando existiam apenas as principais indústrias extrativas, as indústrias em desenvolvimento do ferro e do aço e a indústria química e, consequentemente, uma concentração de produção em fábricas com problemas completamente novos de moradias agrupadas e poluição, porque as pessoas ainda não estavam acostumadas a construir cidades dessa maneira, houve efeitos extraordinários, cuja importância é impossível subestimar. O mundo foi modificado fisicamente onde havia no solo alguma substância valiosa. Compreensivelmente, houve uma transformação extraordinária simplesmente em termos de ordem natural, perturbada por uma intervenção humana desastrosa. Isso foi dito por pessoas improváveis – não apenas por pessoas do meio rural ou literário, com alguma distância dos fatos. Um dos relatos mais memoráveis foi feito por James Nasmyth, o inventor do martelo hidráulico, que estava justamente no centro dos novos processos industriais. Seu relato sobre a fundição do ferro em Coalbrookdale, por volta de 1830, é um texto clássico sobre a devastação ambiental. "A relva estava ressecada e morta pelos vapores de ácido sulfuroso, despejados pelas chaminés; e todos os objetos herbáceos eram de um cinza espectral – o emblema da morte vegetal em seu aspecto mais triste. Vulcano havia expulsado Ceres." Os efeitos foram *tão* dramáticos. E as palavras simples pelas quais eram descritos convergiam para a ideia do "natural" que havia sido perturbado, expulso por essa espécie de ingerência industrial.

Atualmente, esse modo de pensar, que ainda é muito pouco conhecido, permanece como uma parte fundamental do pensamento social moderno. Digo pouco conhecido porque fiquei muito surpreso com um trecho de um artigo interessante sobre as relações entre ecologia e socialismo, de um eminente escritor alemão, Hans Magnus Enzensberger. Estava na *New Left Review*, n.84, em 1974.[1] Ele tentou fazer uma ressalva ao movimento ecológico moderno, rememorando que especificamente "nas fábricas e minas inglesas" a industrialização "tornou inabitáveis cidades inteiras e regiões rurais há mais de 150 anos", e, apesar disso, "não ocorreu a ninguém traçar conclusões pessimistas sobre o futuro da industrialização a partir desses fatos". Foi somente, ele prosseguiu, quando os efeitos atingiram os bairros onde vivia a burguesia que tivemos discussões ambientalistas.

---

1 Enzensberger, "A Critique of Political Ecology", *New Left Review*, n.84, mar.-abr. 1974, p.3-31.

Ora, é simplesmente falso. Desde Blake e Southey e Cobbett, nas primeiras décadas da industrialização, até Carlyle, Ruskin, Dickens e William Morris, houve observações e discussões constantes exatamente desse jaez. Analisei muitas delas em *Cultura e sociedade*. Continua a ser curioso que todo esse conjunto de observação e de argumentação social, que despontou muito cedo na Grã-Bretanha, pela óbvia razão de que ali se localizava a industrialização mais espetacular, quase sempre seja absolutamente desconhecido dos socialistas cultos do continente, que então podem desenvolver uma história das ideias totalmente equivocada. E afinal foi um observador alemão, Engels, em Manchester nos anos 1840, que forneceu um dos relatos mais devastadores, embora não tenha sido o primeiro, das terríveis condições de vida nas novas cidades industriais em expansão explosiva.

O conjunto de reflexões é variado quanto a suas tendências, indo dos que rejeitaram inteiramente a industrialização, passando pelos que desejaram mitigar seus efeitos ou humanizar suas condições, até aqueles outros, e foram muitos, alguns deles socialistas, que quiseram mudar as relações sociais e econômicas, as quais eram vistas como causadoras do dano principal. Porém, indubitavelmente houve uma tendência muito geral de ver o industrialismo como a perturbação de uma "ordem natural". Nas fases iniciais, as pessoas estavam muito próximas de uma ordem pré-industrial para cometerem os erros grosseiros dos períodos posteriores. Aconteceu eventualmente que idealizassem a ordem pré-industrial e supusessem, por exemplo, que não havia ocorrido nenhuma interferência significativa e destrutiva no ambiente natural antes do industrialismo. Na realidade, certamente – e isso provavelmente retrocede aos tempos neolíticos – alguns métodos de cultivo, sobrepastoreio, destruição de florestas, produziram desastres físicos naturais em uma escala enorme. Muitos grandes desertos foram criados ou ampliados nesses períodos; e houve muitas alterações climáticas locais. Não chegaríamos a nada, ao pensarmos sobre esses problemas, se pensássemos que apenas as formas características da produção industrial moderna representam o problema de se viver bem e conscientemente sobre a terra.

Porém, essa ênfase, esse escorço da história, teve consequências intelectuais importantes. Em grande parte do movimento ecológico, à medida que se desenvolvia – usando aquela palavra para descrever todas essas tendências antes que um adjetivo específico lhes fosse atribuído –, houve uma tendência inata em contrapor a ordem industrial prejudicial à ordem não prejudicial, natural, pré-industrial.

Ora, embora haja diferenças importantes de intensidade, e alguns processos novos tenham causado mais estrago e destruição do que quaisquer processos precedentes, essa contraposição é falsa. E é especialmente importante que os socialistas o compreendam. Pois permite-nos discernir a história real, e portanto um futuro possível, a partir do que, caso contrário, seria uma interpretação muito inadequada do argumento ambientalista, o qual reza que deveríamos retroceder da sociedade industrial à ordem pré-industrial, que não causaria esse tipo de dano. Em sua falsa comparação de condições físicas, e em evasivas características sobre as condições sociais e econômicas, essa interpretação inadequada, mas popular, erra seu alvo.

Devo esclarecer que digo isso como alguém que acredita que a economia rural foi ludibriada e marginalizada em muitos lugares, mas especialmente neste país. Nasci e cresci em uma economia rural e ainda encontro nela a maior parte de minhas prioridades. Mas é inútil falar historicamente como se fosse um caso de simples comparação ou reversão. Em grande parte o pior prejuízo para as pessoas e para a terra ocorreu na economia rural por causa da economia rural. Para conhecermos um dos casos mais minuciosamente registrados desse tipo de prejuízo, podemos voltar a Thomas More e à expansão do comércio de lã no século XVII, quando, como ele disse corretamente, os carneiros devoravam os homens. Pastorear carneiros pode ser belo, bem diferente dos "vapores sulfurosos", embora realmente não seja tão natural na Grã-Bretanha. É o efeito global que importa, e deve-se enfocar na verdade a exploração comercial descontrolada da terra e dos animais, indiferente a seus efeitos sobre as outras pessoas. Ao considerarem-se apenas as aparências físicas, é provável que se ignorem todas as questões sociais e econômicas essenciais, às quais necessariamente convergem o pensamento ecológico e o pensamento social.

Socialismo e produção

Deve-se buscar a simplificação, e não o contrário. À proporção que o socialismo, por volta da metade do século XIX, começou a se distinguir de todo um conjunto de movimentos associados e imbricados, houve uma tendência a enfatizar algo bem diferente: dizer que o principal problema da sociedade moderna era a pobreza, e que a solução para a pobreza era produção e mais produção. Embora houvesse custos incidentais dessa produção, incluindo mudanças e, talvez, em certa escala, danos ao meio ambiente próximo, a pobreza seria o mal maior. Ela teria de ser sanada por mais produção, bem como pela política mais específica de mudanças de relações sociais e econômicas. Portanto, durante três ou quatro gerações, os socialistas, com apenas algumas exceções ocasionais – e ainda hoje esta é a tendência principal do socialismo – defenderam a tese de que a produção é uma prioridade humana absoluta e que os que se opuserem a suas consequências são meramente sentimentalistas ou até piores; além do mais, são pessoas que falam de má-fé, do alto de seu próprio conforto e privilégio, sobre as consequências da redução da pobreza na vida dos outros.

Houve uma consequência a mais, quando se associou à ideia essencial da sociedade do século XIX, a qual ainda se pode ouvir encapsulada em frases como "a conquista da natureza", "o domínio da natureza"; posturas que já se podem encontrar antes em *Nova Atlântida*, de Bacon. De fato, ao comparar a *Utopia*, de More, à *Nova Atlântida*, descobrem-se essas duas posições contrastantes muito cedo na história do debate. A produção científica moderna foi a maneira necessária de aumentar o bem-estar, diminuir a pobreza, estendendo o domínio do homem sobre a natureza. Ainda se tem notícia dessas expressões "conquista da natureza", "domínio da natureza", não apenas no pensamento burguês dominante, mas também em todos os textos socialistas e marxistas da segunda metade do século XIX. Encontram-se muito especialmente em *Dialética da natureza*, de Engels, embora em certo ponto ele subitamente compreendesse o que dizia, no que implicaria a metáfora da conquista. Pois obviamente essas posturas de domínio e conquista se destinavam desde o começo não exatamente a dominar a terra ou os elementos naturais, ou a modificar o curso das águas, mas a induzir as outras pessoas a irem ao ponto que se pretendia atingir, subjugando e conquistando. Decorrem dessa postura as metáforas de conquista e domínio. Foram a base lógica clássica do imperialismo justamente nessa fase de expansão. Formam toda a ética interna de um capitalismo em expansão: domar a natureza, conquistá-la, modificá-la para fazer o que quiser com ela. Engels concordou e então subitamente lembrou-se da procedência da metáfora, dizendo muito acertadamente: nunca o entenderemos se esquecermos que somos parte da natureza e tudo o que estiver envolvido nessa dominação e nessa conquista terá efeitos sobre nós; não podemos simplesmente chegar e partir como conquistadores. Mas mesmo assim ele voltou atrás, sob a influência desse todo-poderoso triunfalismo do século XIX, e fez uso da metáfora outra vez. E ainda hoje lemos esses argumentos triunfalistas sobre a produção. Estão um pouco menos presunçosos ultimamente, mas quando se lê o exemplo típico de socialismo, que se tornou regra no entreguerras no interior da tendência dominante, ele sempre é posto em termos de dominar a natureza, estabelecer novos horizontes humanos e criar fartura como solução à pobreza.

Ora, devemos levar esse caso a sério. É um caso muito importante e devem ser extirpadas muitas hipocrisias, muitas posições incorretas, se o objetivo for uma discussão honesta e séria sobre socialismo e ecologia em nossa época. Mas, sob o fascínio da noção de conquista e de domínio, com sua mística de superar todos os obstáculos, de que não há nada que o homem não possa resolver, o socialismo na verdade perdeu força. Realmente não percebeu o que visivelmente ocorria nas sociedades mais desenvolvidas e civilizadas do mundo, o que ocorria na Inglaterra, esse país industrial avançado e abastado, que ainda estava recoberto de pobreza agregada e de desordem e sordidez inacreditáveis. Pois dizer que, ao se produzir mais, esses fenômenos serão naturalmente sanados é uma reação capitalista. O principal argumento socialista afirma que a prosperidade e a miséria, a ordem e a desordem, a produção e o dano são todos parte de um mesmo processo. Em qualquer prestação de contas honesta, tem-se de notar que estão interconectados, e fazer uma coisa a mais não significa necessariamente fazer outra a menos.

Esse argumento socialista fundamental sempre foi apresentado; não há geração em que alguém não o tenha seriamente apresentado. Porém, sob influência capitalista e imperialista, e especialmente desde 1945 sob influência norte-americana, a posição majoritária dos socialistas foi que a solução à pobreza, a solução única e suficiente, é o aumento da produção. E isso apesar do fato de que um século e meio de produção aumentada de forma espetacular, ainda que tenha transformado – e em geral melhorado – a nossa condição, não aboliu a pobreza e até mesmo gerou novas formas de pobreza, tal como alguns tipos de desenvolvimento criaram o subdesenvolvimento em outras sociedades. Essa é agora a questão fundamental para os socialistas.

William Morris

O escritor que começou a unificar essas diversas tradições do pensamento social britânico foi William Morris. Ele foi ao mesmo tempo, sobretudo em seus últimos anos, um socialista – na realidade, um socialista revolucionário – e um homem que, pela experiência direta do uso das próprias mãos, pela observação dos processos naturais, estava profundamente consciente do que significa trabalhar com objetos físicos. Ele sabia que se pode produzir o feio tão facilmente quanto se pode criar o belo. Sabia que se pode produzir o inútil ou o nocivo tão facilmente quanto o útil. Podia ver quais tipos de atividade pareciam especificamente projetados para criar o feio e o nocivo, em sua fabricação e em seu uso. Refletiu não somente em termos gerais, mas em sua própria prática de artesão. Sua crítica da ideia abstrata de produção foi uma das intervenções mais decisivas na argumentação socialista. Em vez da simples quantidade capitalista de produção, começou a questionar os tipos de produção. Nisso, na realidade, seguia Ruskin, que discutiu muito a mesma questão – que insistiu que a produção humana, a menos que governada por padrões humanos gerais, e não por mero lucro ou conveniência, conduziria a males [*illth*] tão rapidamente quanto a "bens". Mas Ruskin não tinha a filiação explicitamente socialista de Morris.

Morris disse: "Não tenha em sua casa nada que não ache belo, nem que saiba que não é útil". Parece uma recomendação banal. Mas atinge o centro do problema e levá-la a sério ainda hoje provocaria uma faxina absolutamente extraordinária. E não apenas em casa. Suponha que digamos: "Não tenha nada em suas lojas que não ache belo, nem que saiba que não é útil". Esse é um critério de produção que, em vez de uma simples estimativa quantitativa, correlaciona produção com necessidade humana. Além do mais, considera necessidade humana como algo mais do que consumo, essa ideia popular inacreditável da nossa época, a qual, em consequência da dominação capitalista do *marketing* e da publicidade, tenta reduzir toda a necessidade e desejo humanos a consumo. É uma palavra extraordinária, "consumidor". É uma maneira de ver pessoas como se fossem ou estômagos ou fornalhas. "E que tipo de efeito isso trará ao consumidor?", perguntam os políticos, o consumidor sendo então uma variedade muito especializada de ser humano, sem cérebro, sem olhos, sem sentidos, mas que pode engolir. Além do mais, quando se tem uma noção de produção que se destina a suprir esse tipo de consumo, pode-se apenas pensar em termos quantitativos. Nunca se pode verdadeiramente perguntar: "Temos de aceitar certas perdas, certos danos locais, pois precisamos dessa produção?". Não se pode perguntar se precisamos desta ou daquela produção por necessidade ou por beleza. A produção torna-se inconscientemente um fim em si mesma, como no pensamento capitalista contumaz, mas também nessa tendência do pensamento socialista – pensamento socialista fraco –, no qual se vê como um fim em si mesma e, dessa forma, como a solução para a pobreza.

Logo, quando Morris colocou ambas as questões juntas e lutou por tantos assuntos controversos, fazia o tipo de ligação entre duas tradições diferentes, a qual deveria ter vindo mais precocemente, deveria ter sido mais apoiada depois de Morris e deveria ser mais clara e mais forte do que é hoje. Entretanto, uma razão pela qual não foi imediatamente apoiada e levada adiante depois da era de Morris foi justamente o fato de ele também ser vítima daquela ilusão que descrevi, generalizada no início do século. Quero dizer, a ilusão de que antes da produção das fábricas, antes da produção industrial e mecânica, existia uma ordem natural, pura e simples. Para Morris, como para muitos outros radicais e socialistas do século XIX, situava-se na Idade Média. Portanto, fincou-se profundamente em seu pensamento uma noção de que o futuro, o futuro socialista, era uma espécie de reconstituição do mundo medieval, embora isso sempre o intrigasse. Ele admitiu que se uma máquina nos livrasse do trabalho enfadonho, de modo que utilizássemos nosso tempo em outras atividades, então deveríamos usá-la. Mas a tendência principal sempre foi dirigida à reconstituição de uma ordem essencialmente simples de camponeses e artesãos.

Ora, não preciso lhes contar quão forte ainda é esse tipo de pensamento no movimento ecológico. Ainda é visto por muita gente boa como a única maneira de salvar o mundo. É visto por outros como algo que prefeririam fazer, desligando-se da sociedade industrial moderna e enveredando por um caminho diferente, que lhes traria mais satisfação. É mesmo visto – e isso é um caso mais difícil de apoiar, embora moralmente mais forte – como um futuro possível para países ainda densamente povoados.

Mas, para todos os outros, parece fácil descartar Morris, porque naquele mundo que ele imaginou no século XXI, após a revolução socialista de 1952 (a qual, não preciso lembrar, foi um pouco adiada), naquele mundo do século XXI tem-se uma pequena Londres despojada, na qual quase tudo acontece fácil e naturalmente. Se tiver vontade de fazer algo, então faça, porque de qualquer modo há o suficiente. Porém, toda essa suficiência acontece misteriosamente nos bastidores. E de volta à beira do rio, só existe a beleza visual, a sensibilidade da amizade e da camaradagem. Há um senso penetrante de ócio, espaço e paz, no qual todos os valores humanos podem ser favorecidos e desenvolvidos. Pois assim é. É um pequeno mundo doce, espaçoso e puro, onde os problemas da produção simplesmente não eram questionados, como naquela intervenção antiga e necessária "não me diga o que é necessário para a produção, diga-me produção para quê e quem precisa dela" – mas agora, como problemas de produção, de sustento humano, haviam sido levados para longe da vista. Realmente, Morris tinha razão ao observar, por volta do fim de sua vida, que provavelmente pensava e imaginava dessa forma porque havia nascido rico por herança e sempre foi capaz, como um artesão magnífico, de conquistar um bom padrão de vida fazendo o tipo de trabalho gratificante que outras pessoas

solicitavam. Pessoas ricas, incidentalmente, eram os únicos clientes que podiam pagar a sua qualidade de artesanato. Ele disse que tudo isso provavelmente coloriu sua visão.
Bem, ele conseguiu. Foi um ingresso honesto. É um dos enredamentos que devemos consertar. A associação dessa noção de simplificação deliberada, mesmo regressão, com a ideia de uma solução socialista para a fealdade, a sordidez e o desperdício da sociedade capitalista foi muito prejudicial. Tudo o que realmente acarreta é um certo número de soluções individuais, ou para pequenos grupos, tais como o movimento "artes e ofícios" ou pessoas como Edward Carpenter e toda uma série de pessoas boas, dispostas, honestas e decentes que encontraram essa maneira de enfrentar o século XX e viver nele, sem prejudicar ninguém, ajudando muitos outros. Mas em geral eles fomentaram a noção de que, de alguma forma, isso resolveria o problema de toda a ordem social, na realidade pela anulação de tudo o que havia acontecido. E ao associarem-se a um certo tipo de socialismo, deve-se esperar que digam: "Veja bem, não é exatamente em um mundo no século XX. Foi longe demais. Os problemas têm de ser resolvidos em termos modernos ou na prática não serão resolvidos".

Na verdade, essa é a minha própria posição, com todo o respeito por Morris e pelos outros. A partir dessa posição, reconheço a importância do movimento ecológico em nossa época, ainda em curso de fazer progressos necessários, especialmente entre os jovens mais inteligentes, e também percebo a relutância do movimento em refletir sobre suas complexas relações com o socialismo.

Ecologia "não política"

Inicialmente, temos de mencionar que uma grande parte da ecologia em geral, dizem eles, é "não política". É uma resposta bastante comum de muitas pessoas sérias: política é um negócio superficial, é simplesmente o vaivém de partidos concorrentes, a velha gangorra esquerda-direita e de qualquer modo apenas reconstitui a mesma velha ordem nociva e enfadonha. Temos de enveredar, dizem eles, por outro caminho e não estamos nem um pouco interessados no que chamam de política; atacamos os problemas sociais em um plano mais profundo. É uma posição séria. Mas não é adequada, no mínimo porque, como sabem os que vagueiam pela política, o lema "sem política" também é político, e não ter posição política é uma forma de posição política geralmente muito eficaz. Na prática, cria-se um tipo de movimento (muito forte em alguns países, particularmente nos Estados Unidos) para encontrar soluções para pequenos grupos, ou soluções individuais, ou soluções familiares, pelas quais é possível viver *de imediato* de uma maneira diferente. A meu ver, é a posição intelectualmente mais sustentável.

É uma questão totalmente distinta quando se chega à causa ecológica não política, segundo a qual um grupo de pessoas, em princípio bem informadas, perfeitamente qualificadas para discorrer sobre o que discorrem – o problema de alimentos em relação a populações cada vez maiores, problemas de energia, problemas de poluição industrial, problemas de poder nuclear –, publica manifestos e advertências, geralmente endereçados aos líderes do mundo, dizendo que devem ser criados imediatamente programas de impacto, que nos próximos cinco anos temos de reduzir o consumo de energia em x por cento, banir certos processos manufaturados perniciosos e assim por diante. São listas de objetivos que eu assinaria agora e que a maioria de nós assinaríamos. Mas revela-se a natureza especial dessas declarações quando se observa a quem são endereçadas. Após chegar a essas conclusões, com efeito, para onde se vai em seguida? Se as declarações fossem endereçadas especificamente à opinião pública, seria um procedimento aceitável, pois dessa forma o povo, que precisa conhecer os problemas, interessar-se por eles, seria informado e auxiliado. Mas não é o que se faz comumente. Caracteristicamente essa abordagem não política recorre à opinião pública em geral ou "ao mundo". Mas, nesse segundo caso, recorre precisamente aos líderes das ordens sociais que criaram a devastação para que revertam seus próprios processos. Recorre a eles para que atuem contra os interesses precisos, as relações sociais precisas que geraram sua liderança. Além do mais, em certo momento, embora as declarações concretas sejam honestas e meritórias, a posição política pode ser mais nefasta do que meramente equivocada, porque cria e apoia a noção de que os líderes podem resolver esses problemas. Sem dúvida, os líderes podem dizer imediatamente: "Bem, gostaríamos de agir e realmente reduzir certos tipos nocivos de produção, mas não seria popular entre o eleitorado. Gostaríamos de fazê-lo, mas quem votaria nisso?". É pelo menos o que dizem sob pressão as pessoas mais esclarecidas da classe dominante: seria impopular, seria muito difícil fazê-lo. Entretanto, cada vez mais a classe dominante realmente ativa rejeita toda a discussão como um contrassenso sentimental, que unicamente limita ou atrasa a produção e o poder nacionais.

A essa altura, não é suficiente continuar a emitir advertências gerais que, à medida que se multiplicam (aborrecem-me as datas, pois alguns dos programas de choque previstos para cinco anos atualmente têm no mínimo vinte anos), põem em foco o problema de modo inteiramente errado. Não zombo dos derrotados, porque todos na esquerda foram derrotados. Não critico essas declarações pelo fato de não terem tido êxito. Simplesmente afirmo que devemos analisar longamente os rumos do movimento quando divulga declarações aos líderes do mundo ou à opinião pública inespecífica. Pois, como os interpreto, os fatos dizem que as mudanças necessárias realmente envolvem importantes deslocações sociais e econômicas, e não apenas meras mudanças. Em minha opinião, um grande tumulto associar--se-ia a qualquer programa sério de preservação de recursos, gerenciamento de recursos e, acima de tudo, de diminuição da pobreza absoluta nas partes mais pobres do mundo. Não é um argumento contra os programas, mas, se fosse o caso, deveríamos expô-los abertamente e ver quais forças positivas poderiam se reunir para apoiá-los. E aqui retornamos à relação com o socialismo, que me parece crucial.

Alternativas socialistas

Vamos observar inicialmente os países desenvolvidos industrializados, que, ignorando de certa forma as considerações para as quais a ecologia atualmente chama a atenção, se tornaram particularmente ricos, e, quaisquer que sejam as desigualdades que persistam em suas sociedades, produziram tipos de trabalho, padrões de vida, utilizações habituais de recursos que o povo claramente pressupõe e espera. Sair dessa situação não pode se dar de maneira equitativa. Nunca é possível dissuadir ou persuadir aqueles que estão nessa situação, e só se pode estabelecer canais de *negociação* muito cuidadosos. De nada serve dizer aos mineiros do Sul de Gales que em volta deles há um desastre ecológico. Já o sabem. Vivem nele. Viveram nele durante gerações. Carregam--no em seus pulmões. Ora, o carvão é uma das mais cobiçadas alternativas de energia, embora não se possam esquecer os custos desse tipo de mineração. Mas não se pode dizer a quem dedicou sua vida e sua comunidade em certos tipos de produção que tudo isso tem de ser mudado. Não se pode dizer simplesmente: "Saiam das indústrias nocivas, saiam das indústrias perigosas, deixem-nos fazer algo melhor". Tudo terá de ser feito por meio de negociação, de negociação equitativa, que deverá ser constantemente mantida ao longo do caminho. De outro modo, constatar-se-á, como em todos os casos ambientais e consultas de planejamento deste país – para um novo aeroporto, por exemplo, ou para o desenvolvimento de novas indústrias em uma região previamente não industrial –, que há um grupo ambientalista da classe média protestando contra o dano e um grupo sindical apoiando a chegada de trabalho. Ora, para os socialistas significa participar de um conflito terrível. Como cada um dos grupos não escuta realmente o que diz o outro, será um conflito estéril que adiará qualquer solução real, em uma época em que já há muitas questões para debater, se é que ainda há tempo para as soluções.

Acredito que apenas os socialistas poderão fazer a conexão necessária. Pois não seremos as pessoas – pelo menos espero que não sejamos as pessoas – que simplesmente dizem "mantenham o local limpo, preservem as espécies ameaçadas a qualquer custo". O caso das espécies ameaçadas em geral é um bom exemplo. Surge um tipo de animal que prejudica a lavoura local e em seguida surge o tipo de problema que ocorre repetidamente nas discussões ambientais. Chegam os dignatários do mundo e dizem: "Você deve salvar essa bela criatura selvagem". É uma pena que ela possa ocasionalmente matar o aldeão, pisotear suas plantações. Mas é uma bela criatura e deve ser preservada. Essas pessoas não são amigas de ninguém, e pensar que estejam aliadas ao movimento ecológico é uma desilusão extraordinária. Assemelha-se à casa de campo do industrial ou do banqueiro da Grã-Bretanha, frequentemente um defensor do meio ambiente ou do que chama "nossa herança", que ganha dinheiro durante toda a semana com a imundície e a destruição e depois – pois esse é um padrão inglês – troca de roupa e vai para o campo no fim de semana; revigora-se espiritualmente nesse lugar, tendo como grande dever manter sua beleza natural, até que volte, revigorado, à produção de fumaça e ruínas, que são precisamente os recursos para a sua fuga. Se for essa a causa – e não acredito que seja, pois há muita gente com outras concepções –, mas se for essa a causa que os ambientalistas pretendem fomentar, então espero que os socialistas se oponham, pois é o tipo de situação em que não podemos nos envolver de forma alguma.

Por outro lado, está perfeitamente claro que, em certo nível, nos grandes debates ecológicos não existe realmente uma questão de escolha. Essa é a causa que os socialistas poderiam começar a defender: não é realmente por escolha que mantemos certos padrões e condições existentes de produção, e toda a pilhagem de recursos da terra e todo o prejuízo à vida e à saúde. Ou, mesmo que não prejudiquem, é certo que muitos recursos, em seus níveis presentes, vão se esgotar. Esse é um fato que todo socialista deveria reconhecer: o fato dos limites materiais reais ao modo existente de produção e às condições sociais que também são produzidas.

Uma das desvantagens de uma certa ecologia muito divulgada é ter sido muito pródiga em projeções do momento em que aconteceriam esses vários limites e colapsos. Na verdade – e todo trabalhador honesto da área a conhece –, a maior parte das projeções são, no melhor dos casos, suposições. Mas são suposições graves. Que a noção de algum limite pareça real, em algum ponto do percurso, imagino que seja inquestionável. E se assim for, então mesmo no nível material mais simples, a noção de uma expansão infinita de certos tipos de produção, e ainda mais de certos tipos de consumo, terá de ser abandonada. É interessante lembrar que, há cerca de apenas dez anos, tínhamos a projeção de dois carros por família em 1982 e de três carros por família em 1988 e só Deus sabe quantos carros poderiam ser, numa extrapolação linear, por volta do ano 2000. Agora aprendemos a resposta! A ideia de que o consumo de energia unitário de uma família da América do Norte se tornaria um padrão de vida para o mundo – ou, pelo menos, para o mundo industrializado – pode agora claramente ser vista como uma fantasia. Esse tipo de avaliação racional sobre a melhor evidência e as evidências variáveis, que ressaltam a realidade dos limites materiais, obrigaria agora nossas sociedades a reexaminar a questão, de um modo mais cuidadoso do que antes tínhamos de fazer.

Nesse ponto o verdadeiro socialismo pode fazer uma conexão com as avaliações racionais da ecologia. Devemos acrescentar o argumento socialista de que o crescimento da produção, como tal, não é a abolição da pobreza. O que importa é a maneira como a produção se organiza, a maneira como os produtos se distribuem. É também a maneira, agora essencial, pela qual se decidem as prioridades entre as *diferentes formas de produção*. E, portanto, são as relações sociais e econômicas entre homens e classes, provenientes dessas decisões, que determinam se mais produção reduzirá a pobreza ou simplesmente criará novos tipos de pobreza, assim como novos tipos de dano e destruição.

Perspectivas internacionais

Nesse contexto, a questão torna-se mais do que nacional, embora seja um grande componente para uma redefinição de socialismo em nações como a nossa. Sempre esteve presente no Partido Trabalhista, especialmente desde 1945, um debate para definirmos se vamos alcançar a igualdade e o que geralmente chamamos de "as coisas que todos queremos" – escolas e hospitais comumente são os primeiros a serem nomeados – no momento em que tivermos a economia adequada e produzirmos o suficiente, aumentarmos o bolo nacional e assim por diante; ou se a igualdade e a prioridade das necessidades humanas requerem, como primeira e necessária condição, mudanças fundamentais em nossas instituições e relações sociais e econômicas. Penso que agora devamos considerar esse debate liquidado. Pode-se considerar que o ponto de vista habitual de "bolo nacional", a opção política mais flexível, fundamenta-se em uma falácia elementar, demonstrada ao mundo pelos Estados Unidos – e jamais uma sociedade será comparativamente mais rica em produção indiscriminada do que essa –, segundo a qual, ao se atingir um certo nível de produção, estariam sanados os problemas de pobreza e desigualdade. Diga-lhes isso nos cortiços, nas cidades do interior da América rica! Então, todos os socialistas são forçados a reconhecer que temos de intervir de um modo muito diferente. Temos de dizer, como Tawney disse há sessenta anos, que nenhuma sociedade é pobre demais para arcar com uma ordem de vida justa. E nenhuma sociedade é rica demais a ponto de prescindir de uma ordem justa ou esperar obtê-la meramente ao se tornar rica. A meu ver, essa é a principal posição socialista. Nunca podemos aceitar as assim chamadas soluções para os nossos problemas sociais e econômicos que se baseiem em programas rotineiros de choque de produção indiscriminada, *após* o qual teremos "as coisas que todos queremos". Pela maneira como produzimos e pela maneira como organizamos a produção e suas prioridades – inclusive, principalmente, a prioridade inerentemente capitalista de *lucro* –, criamos relações sociais que determinam como distribuímos a produção e como as pessoas realmente vivem.

Isso se dá em nível nacional. Mas é ainda mais verdadeiro em nível internacional. Pois somos obrigados a notar – e os povos das regiões mais pobres do mundo notam cada vez mais – que a economia mundial é atualmente organizada e dominada pelos interesses de modelos de produção e consumo dos países altamente industrializados, que também são, em um senso estrito, as potências imperialistas, sob vários regimes políticos. Isso foi demonstrado mais dramaticamente no momento da crise do petróleo. Mas também é verdade para uma grande variedade de metais indispensáveis, de certos minerais estrategicamente importantes e, em alguns casos, até de alimentos. Podemos dizer agora acertadamente que os pontos principais da história mundial nos próximos vinte ou trinta anos serão a distribuição e a utilização desses recursos, que são, ao mesmo tempo, indispensáveis ao modelo atual de vida humana e *desigualmente* indispensáveis também à atual distribuição do poder econômico. As lutas pelo suprimento e preço do petróleo e de outras *commodities* já determinam não apenas o funcionamento da economia mundial, mas também as relações-chave da política entre Estados.

Aqui parecem se entrelaçar os problemas de um programa socialista reformulado e prático em velhas sociedades industriais como a Grã-Bretanha e os problemas rapidamente progressivos da economia mundial. Porque é possível olhar adiante – embora seja uma frase errada, pois quem aferiu a verdadeira dimensão do problema pode vê-lo adiante – para ver mais à frente uma situação na qual a falta de matérias-primas e mercadorias essenciais, necessárias para manter os modelos existentes de produção e os altos níveis existentes de consumo, criará tais tensões em sociedades habituadas a esses modelos, e elas estariam prontas, na maioria dos casos, a lançar mão de qualquer tipo de pressão – não apenas política ou submilitar, mas claramente militar – para assegurar o que consideram suprimentos necessários à manutenção de sua qualidade de vida. Essa já é uma corrente de opinião perigosa nos Estados Unidos. Podemos todos ver também a possibilidade de recrutarem amplas áreas da opinião pública para catalogar como inimigos os países pobres, aos quais foi designado o papel de prover a matéria-prima, o petróleo, todas as variedades de mercadorias, a preços que sejam convenientes, em termos aceitáveis, ao funcionamento das velhas economias industriais.

Há outros perigos de guerra, na rivalidade e na corrida armamentista das superpotências e na vilania do comércio de exportação e importação de armamentos. Mas mais provavelmente há quase a certeza de um conflito por causa de recursos escassos, e os preços de recursos escassos transformam-se em uma tentativa de controlar a economia mundial de uma nova maneira. Ele será desencadeado pelas sociedades industriais avançadas, que obviamente, pela natureza de seu desenvolvimento, dispõem de armas de guerra e subjugação tecnologicamente desenvolvidas, inclusive armas nucleares, para as quais todas as discussões convergem atualmente. Logo, essa é uma resposta quando perguntam: quais argumentos devemos apresentar em favor da utilização consciente de recursos em nossa sociedade e economia, quando isso envolver mudanças – em alguns casos redução – dos padrões existentes de uso? Como vamos convencer o povo a aceitá-las? Vai muito contra seus próprios interesses que se comece a ser um programa político. Bem, há outras maneiras, que já consideramos, de encarar o fato de que há limites materiais para os tipos de produção e consumo nos quais nos especializamos. Também é o caso, que vem ganhando um expressivo apoio, do desenvolvimento de outros tipos de produção, especialmente o interesse renovado pela agricultura e pela silvicultura, por novas formas de produção de energia e transporte, e por várias outras formas de trabalho mais localizadas, não exploratórias, além de renováveis e não obsolescentes. Mas é claro que, por mais que essa corrente alternativa se desenvolva, não será suficiente, no futuro próximo, para resolver os problemas de toda a economia existente. E então chegará o ponto de crise, no qual haverá um profundo desafio ao modo de vida existente. O problema dos recursos – o ponto de tensão de todo o modo de produção capitalista – tornar-se-á um problema de guerra ou paz. Esse problema apresentar-se-á, por meio de todos os recursos poderosos das comunicações modernas, como um problema de estrangeiros hostis que cerceiam nossos suprimentos indispensáveis. A opinião será mobilizada para o que se chamará de "missão de paz"; na realidade, guerras, invasões e intervenções ameaçadoras para assegurar suprimento ou para manter os preços baixos.

Portanto, a manutenção dos padrões existentes de consumo desproporcionais aos recursos da Terra conduzirá inevitavelmente a vários tipos de guerra, em diferentes escalas e de diferentes extensões. E, consequentemente, deve-se defender a causa da mudança de nosso modo de vida atual, não apenas em termos de dano local, ou desperdício, ou poluição, mas em termos de uma opção pela possibilidade de relações pacíficas e amigáveis, ou pela quase certeza de guerras destrutivas, porque não queremos mudar as desigualdades da economia mundial existente. Se a questão for colocada nesses termos, se formos capazes de examinar com lucidez o que é realmente um padrão de *vida*, devemos ser capazes de alcançar mais pessoas com o argumento de que um componente essencial de qualquer definição racional de um padrão de vida é a manutenção da paz. Entre as muitas causas de guerra, essa é a que me parece provavelmente ser a principal no próximo meio século. Portanto, a natureza da argumentação nos dá, de certo modo, a ligação com outras ações políticas mais amplas, que devem ser o objeto de busca de todos os que estejam seriamente preocupados com os problemas ambientais. Podemos adequadamente ligar o argumento sobre os recursos, sobre sua distribuição equitativa e sua renovação cautelosa, com o argumento sobre o evitamento da guerra. Ironicamente, podemos mesmo encontrar amigos entre os mais inocentes defensores de uma sociedade consumidora, pois naturalmente esse consumo feliz e despreocupado depende de produção pacífica, sem nenhuma interrupção, sem que seja dada prioridade ao rearmamento ou à sociedade militarizada. Poderia até ser um argumento em prol da manutenção da paz, que se conectaria com alguns hábitos e suposições profundos de uma sociedade consumidora, pois ninguém haveria de querer esse tipo de interrupção. Porém, poderia acontecer por uma espécie de inércia. Quanto mais o consumo for abstraído de todos os processos reais do mundo, mais seremos suscetíveis de nos encontrar nessas situações perigosas de guerra ou de pré-guerra. Todos os encantos do consumo prazeroso poderiam nos impelir, de maneira contraditória, para a guerra, para um chauvinismo de velhos países ricos, para uma difamação dos líderes e dos movimentos dos países pobres, que se empenham em corrigir essas desigualdades imensas e imperdoáveis.

Para todos os ecologistas, é um desafio especial. É fácil demais, no Norte industrial e rico, dizer que tivemos nossa revolução industrial, nosso desenvolvimento avançado industrial e urbano, e conhecemos vários de seus efeitos inconvenientes, e assim estamos em condição de alertar os países pobres para que não trilhem o mesmo caminho. De fato, temos de compartilhar toda a experiência da produção indiscriminada. Mas devemos fazê-lo em uma espécie de boa-fé, que de fato é rara. Não deve ser um argumento para manter os países pobres em um estado de subdesenvolvimento radical, com suas economias de fato moldadas para continuar a servir os países ricos. Não deve ser um argumento contra a industrialização consciente que os capacitará, de maneira mais equilibrada, a utilizar e desenvolver seus próprios recursos e superar seus terríveis problemas de pobreza. A questão, por assim dizer, deve ser abordada a partir de uma posição de experiência genuinamente compartilhada e de uma crença profunda na igualdade humana, em vez de uma posição provinda dos preconceitos declarados, ou, ainda mais perigosos, dissimulados, das sociedades desenvolvidas do Norte.

Então, ao reunir essas questões, podemos verificar que, em termos locais, nacionais e internacionais, já existem formas de pensamento que poderiam se tornar os elementos de um socialismo ecologicamente consciente. Podemos começar a refletir sobre um novo tipo de análise social, no qual ecologia e economia se tornem, como deveriam ser sempre, uma única ciência. Podemos ver o esboço de posições políticas que se relacionam a realidades materiais, de tal forma que nos deem esperança prática de um futuro compartilhado.

Porém, nada será fácil. Serão necessárias alterações profundas de opinião, não por conveniência, onde são de fato impossíveis, entre as elites presentes no poder e as classes ricas do mundo, mas em todos nós que agora estamos praticamente inseridos nessa situação geral. Estamos certos de encontrar a costumeira relutância humana à mudança e devemos aceitar o fato de que as mudanças serão consideráveis e terão de ser negociadas, e não impostas. Mas o argumento desse novo tipo de socialismo internacional esclarecido, materialmente consciente, é potencialmente muito forte, e eu penso que estamos agora no começo – começam as difíceis negociações – da construção de uma nova forma de política.

ENTRE O CAMPO E A CIDADE
1984

Escrevi O *campo e a cidade* no final dos anos 1960 e no início dos anos 1970. Outro dia, olhando para ele novamente, fiquei surpreso ao perceber quantas coisas aconteceram em ambos, no campo e na cidade, nesse intervalo de poucos anos. É bem verdade que pareceram perfeitamente confirmadas as principais tendências que eu havia identificado. Não quero somente dizer que houve uma crise recrudescente nas cidades e especialmente nas cidades do interior, embora evidentemente sejam preocupantes os testemunhos de uma tensão crescente, relacionada à habitação e aos serviços, às necessidades financeiras urgentes e a alguns casos extremos de revoltas e violência. Nem quero somente dizer que houve algumas mudanças importantes nos distritos rurais: o desenvolvimento atual do agronegócio e da agricultura altamente tecnológica; o crescimento relativamente rápido da importância do setor agrícola na economia nacional, especialmente após a integração à Comunidade Europeia; e o crescimento permanente de novos tipos de assentamento e trabalho rurais. Mas, em O *campo e a cidade*, a minha tese central sugeria que essas duas representações aparentemente opostas e distintas – campo e cidade – estivessem de fato indissoluvelmente ligadas dentro do desenvolvimento geral de uma economia capitalista assolada pela crise, que gerou ela própria a forma moderna dessa divisão. Com o desenvolvimento progressivo de um capitalismo agrário mais bem organizado, cada vez mais intimamente ligado ao mercado financeiro em geral, isso se torna realmente ainda mais verdadeiro do que antes.

Porém, sempre existiu implicitamente essa análise social, econômica e histórica. Eu estive mais diretamente interessado no conjunto de reações humanas, tanto nas atitudes e atividades cotidianas quanto na arte, na escrita e nas ideias, a esses fatos e desenvolvimentos práticos. Também nesses aspectos encontrei muitos dados que confirmaram o que eu havia sugerido. Houve um fluxo ininterrupto de versões sentimentais e seletivamente nostálgicas da vida no campo. Pareceu ainda mais forte a identificação dos valores da sociedade rural a valores muito diferentes de certas mansões dominantes e privilegiadas; de fato, essas mansões foram frequentemente definidas sem rodeios como "nossa herança". Digo "mansões" em vez de casa de campo porque essa expressão usual é parte de uma confusão ideológica muito reveladora. Essas moradias da aristocracia fundiária, atualmente pertencentes a ricos de todos os tipos, especialmente aos dirigentes do centro financeiro e da indústria urbana, são "casas de campo" em relação necessária com as suas "casas de cidade" ou apartamentos. As verdadeiras casas de campo pertencem às pessoas que encontram seu sustento *no* campo. Em contrapartida, a pretensa "casa de campo" é a expressão formal do duplo embasamento – do mesmo modo na cidade e no campo – de uma classe baseada na ligação entre propriedade, lucro e dinheiro. Uma versão mais modesta e economicamente diferente de um duplo embasamento comparável é o "chalé no campo" dos que ganham a vida principalmente em empregos assalariados ou recebem honorários profissionais na cidade. Em ambos os casos, há uma ampla variação de escala, mas é sempre preciso distinguir "o campo" como um lugar de sustento principal – interligado, como sempre deveria ser, com os movimentos mais gerais da economia como um todo – e "o campo" como um lugar de descanso, retiro, recreação alternativa e consumo para aqueles cujo sustento principal provém de outra fonte. Porém, embora essa distinção seja clara e sólida, não existe uma distinção equivalente e simples nas atitudes em relação ao "campo" e nas imagens de "campo" que temos e permutamos. É verdade que há algumas diferenças gerais óbvias, principalmente no preço do trabalho rural, que varia conforme a frequência e os termos em que é feito – acima de tudo, para quem é feito. Mas na interação crescente entre "campo" e "cidade", parece que ocorrem atualmente várias mudanças interessantes de atitudes mais gerais, algumas delas de forma complexa. É o que tentarei definir agora, pelo menos provisoriamente, como contribuição a um debate cada vez mais fundamentado.

A primeira mudança, e a mais óbvia, que se desenvolve há muitos anos e agora atinge a sua fase crítica, relaciona-se precisamente ao rápido aumento do agronegócio e especialmente à prática de técnicas agrícolas altamente tecnológicas e de novas formas de criação intensiva de rebanhos e aves. Em uma perspectiva histórica, esses novos métodos e técnicas são evidentemente o resultado da aplicação de métodos industriais às práticas agrícolas tradicionais. Portanto, são um excelente exemplo da interação entre o "campo" e a "cidade" em uma única economia industrial capitalista, da mesma forma que as mudanças intimamente associadas na propriedade da terra, no financiamento agrícola e nos modos de capitalização são elementos da ação de um único mercado financeiro. Assim, não é surpreendente que possam suscitar alguns tipos de oposição bem conhecidos e outros desconhecidos. Nas cidades das zonas agrícolas, mas talvez ainda mais nas cidades e vilarejos do interior, há uma oposição ferrenha e frequentemente indignada a efeitos, tais como a queima da palha e a dispersão dos inseticidas usados para a pulverização de culturas, que aumentaram consideravelmente. De um modo geral, há uma oposição fortemente organizada às condições de criação intensiva de rebanhos e aves, que são consideradas cruéis. Soma suas forças na mesma direção da grande oposição à maioria das formas de exploração e mesmo de utilização de animais e evidentemente das fortes objeções às antigas formas de esportes campestres, como a caça. Mas soma também em outra direção, dentro de uma argumentação ecológica muito mais ampla. A queima da palha não é considerada apenas poluente, mas tipicamente devastadora. A pulverização das culturas, mesmo quando não há dispersão, é considerada, pelo menos em alguns casos, um exemplo característico de produção lucrativa que ganha prioridade sobre a saúde pública e sobre o meio ambiente natural como um todo. A criação seletiva de algumas plantas e animais é considerada uma diminuição da indispensável diversidade genética, o que está relacionado à dependência implícita dessas variedades da utilização pesada de fertilizantes e rações importados, eles próprios necessariamente relacionados, não apenas no longo prazo, mas também no curto prazo, ao fato de haver recursos naturais finitos, renováveis ou não renováveis, e de sua distribuição ser atualmente desviada em benefício das tradicionais economias ricas. Portanto, há muitos novos tipos de antagonismo entre posições que não são mais simplesmente de "campo" e de "cidade", mas entre e através de interpretações de ambos em constante modificação.

Essa situação já complexa tornou-se ainda mais complexa pelo fato, ainda subestimado há uma geração, de que a agricultura é atualmente o setor mais próspero de uma economia em declínio generalizado. Foi-se o tempo em que se podia estabelecer um contraste repleto de poder e influência entre as zonas industriais movimentadas e florescentes e a agricultura depreciada e abandonada. Além do mais, e principalmente para benefício de toda a sociedade no longo prazo, a quantidade de alimentos criados no campo aumentou consideravelmente, e ainda poderia aumentar mais, com importantes consequências na viabilidade – e, em casos extremos, na possibilidade de sobrevivência – desta ilha densamente povoada. É comum retorquir à desaprovação aos novos métodos e técnicas mencionando-se a realidade dessa autêntica vantagem. Repete-se então na agricultura a velha discussão do final do século XIX, entre as vantagens do incremento da produção e os plenos efeitos sociais, humanos e naturais desses processos. Mas, desde o início, essa discussão foi muito mais difícil do que parece. Os produtores, em sua maioria, apresentam suas poderosas estatísticas de oferta e demanda e repudiam a maior parte das objeções como sendo sentimentais ou, no melhor dos casos, secundárias. Isso se expressa claramente pela expressão ideológica "subproduto", que é uma tentativa de descartar os resultados frequentemente indesejados, mas habitualmente previsíveis e mesmo inevitáveis, do processo produtivo global, conservando apenas os resultados favoráveis como "produtos" legítimos. Por outro lado, muitos detratores desses processos na verdade apenas ressaltam a inconveniência de toda produção que por acaso dificulte seu caminho. Há uma longa tradição de objeções dos rentistas a todos os tipos de processos produtivos materiais, embora seus lucros sejam regularmente recolhidos e utilizados para financiar outros estilos de vida. Há prolongamentos dessas atitudes entre muitos que não são exatamente rentistas (pessoas que vivem da renda do dinheiro investido e da propriedade), mas que encontram a sua sobrevivência em outra parte e são intolerantes com o trabalho das outras pessoas, especialmente nessas regiões do campo que escolheram para recolhimento e descanso. Embora o debate se restrinja a trocas de farpas com esses dois grandes grupos – produtores estatísticos e rentistas/turistas de fim de semana –, há muito calor, mas pouca luz. Os verdadeiros debates são ao mesmo tempo mais discriminatórios e mais gerais.

A meu ver, não é plausível selecionar algumas aplicações agrícolas da ciência e da tecnologia obviamente prejudiciais e supor que foi comprovado um caso geral. Toda técnica e método particular precisa de uma avaliação específica. Estou pessoalmente convencido de que a agricultura de alta tecnologia é insustentável no longo prazo, em razão de sua dependência dispendiosa da aplicação de fertilizantes potentes, energia e pesticidas e de sua necessária relação com variedades selecionadas para essas condições, o que leva a uma consequente negligência de outras variedades possíveis (e novas) e traz prováveis efeitos nefastos à economia mundial e à ecologia mundial. Estou igualmente convencido de que a criação intensiva pecuária e avícola, usando ração importada ou o excedente da produção intensiva de grãos, é duplamente equivocada, tanto em termos de necessidades alimentares mundiais – em que o excedente de carne, grãos e laticínios nos velhos países ricos coexiste com a fome ancestral disseminada na população cada vez maior da maioria pobre do mundo – quanto em termos de uma economia sustentável em nossa própria terra. Mas há graduações a acrescentar mesmo a essas conclusões e em outros casos há ganhos significativos e valiosos, especialmente na agricultura científica – capim superior e raças superiores de carneiros –, como fui verificar de perto.

Subjacente a todos esses problemas de produção intensiva, há uma pressão real e crescente de tipo financeiro, mais do que econômico. A enorme participação da agricultura nas dívidas e créditos de altos juros em geral é um motivo mais verdadeiro para as tentativas frenéticas de aumentar a produção, independentemente de qualquer custo ambiental, do que os motivos mais frequentemente salientados de uma exploração meramente cruel ou gananciosa. Não quer dizer que não haja crueldade nem ganância, mas elas poderiam ser percebidas com mais clareza quando essa pressão muito mais geral for definida e rastreada até suas fontes, em um tipo específico de economia de mercado financeiro. Além do mais, é uma coisa que se poderia mudar, com provisão de crédito de longo prazo e baixos juros, para tipos e níveis de produção mais aceitáveis no conjunto: reformas que trariam com elas a aceitação de preços realistas para os alimentos, interesses realistas em preservação e algumas mudanças de hábitos alimentares – especialmente de açúcar, carne e laticínios –, se houvesse alguma possibilidade de se manter uma política geral de longo prazo.

Por que a maioria de nós não pensa dessa forma? A divisão superficial entre campo e cidade – e agora especialmente entre "agricultura" e "o resto" – procura nos impedir. Essa última divisão, entre "agricultura" e "o resto", é especialmente significativa e interessante. Pois o que aconteceu foi, de certa forma, uma identificação simples e enganosa do "campo" à agricultura. É melhor do que identificá-lo a "casas de campo", mas ainda é enganoso. Uma economia rural nunca foi apenas uma economia agrícola. De fato, apenas como consequência da Revolução Industrial, a ideia (embora nunca a prática plena) de economia e de sociedade rurais foi restringida à agricultura. É óbvio que a produção de alimentos será sempre essencial em qualquer economia rural, como aliás em qualquer economia global estável. Mas isso não significa que não possam se desenvolver sociedades e economias mais complexas e diversificadas, além desse fundamento. Todas as economias e sociedades rurais do passado tiveram mais do que agricultura: incluíram, pois era seu lugar natural, uma grande diversidade de artesanato e comércio. O desenvolvimento desequilibrado de metrópoles e de cidades industriais, durante os períodos de centralização do poder de Estado, concentração do mercado financeiro e produção fabril em larga escala, esvaziou a economia rural de grande parte de seu trabalho e, com isso, de sua relativa autonomia.

Porém, todos esses processos se modificam atualmente, ou são suscetíveis de serem modificados, em outra direção. Há uma forte reivindicação de descentralização do poder do Estado. Vislumbram-se oportunidades de alterar as condições do mercado financeiro, na situação atualmente crítica das finanças governamentais locais e do capital de desenvolvimento: uma série de possíveis iniciativas de auditoria, financiamento e controle em âmbito local. Ao mesmo tempo, há uma firme tendência contrária aos processos industriais que requerem a concentração física de grande número de trabalhadores e uma tendência favorável a locais de trabalho menores e mais especializados, que, graças às novas tecnologias de energia e comunicações, podem ter localizações muito diversificadas, inclusive em áreas do campo.

Em uma época como a nossa, é preciso principalmente ampliar as discussões sobre a economia e a sociedade rurais além da simples especialização em agricultura. Além das consequências da agricultura industrializada sobre o meio ambiente e os recursos naturais, existe uma redução do trabalho humano sobre a terra, por meio da mecanização e da automação, com resultados desastrosos não apenas para as perspectivas de emprego rural, mas para as cidades, que não são mais os centros prósperos para os quais poderiam ir os trabalhadores desalojados. Nesse aspecto, a estrutura da agricultura capitalista moderna tem consequências complexas e mesmo contraditórias. Os efeitos revitalizantes de uma agricultura lucrativa são reais em muitas regiões, mas sua base política é incerta e mesmo precária, em razão da escala atual de subsídios e mercados controlados. Se ao mesmo tempo, como nas áreas cultiváveis, realmente se degradarem a economia e a sociedade rurais, em breve se verá que ela tem poucos defensores. Poderia ser reprimida, a qualquer momento, por um consumismo urbano baixo, que a obrigasse a recuar, com pouca perspectiva de futuro no livre mercado global. O ódio à Política Agrícola Comum já é intenso, e seu efeito político – diminuição ou cancelamento – poderia ser desastroso para a economia rural. Porém, se a produção lucrativa e os critérios de mercado forem as únicas normas, como na própria agricultura capitalista, não haverá nenhum meio ético de resistir à sua expansão global. O único objetivo defensável de uma Política Agrícola Comum – como afirmaram corretamente alguns ministros franceses – seria tornar viáveis a economia *e* a sociedade rurais. Se a agricultura capitalista só se ocupar dela própria, e não da sociedade rural como um todo, em um equilíbrio necessário e variável com a sociedade urbana e metropolitana, terá pouco futuro no longo prazo e praticamente nenhuma defesa política. Isso acarreta diversas consequências sobre nosso modo de pensar a respeito do futuro da economia rural. Em primeiro lugar, é preciso se opor ao empenho atual em se desvencilhar dos assim chamados "pequenos produtores ineficientes". Esse empenho é reforçado por uma terrível união de grandes capitalistas agrários com a esquerda urbana. É uma das misérias, na realidade um dos crimes, do capitalismo agrário ao longo de sua história, que tenha reduzido o alcance e a diversidade da posse da terra e repetidamente transformado seus vizinhos em desempregados. O aspecto cruel do desemprego contemporâneo, em comparação aos períodos anteriores em que as crueldades eram diferentes, é que hoje não se tem mais para onde ir: não para o velho Império; não para novas terras; não para cidades industriais em expansão.

Porém, nessas novas condições, o número de fazendas na Grã-Bretanha caiu de 400 mil, antes de 1914, para cerca de 200 mil hoje. A pressão para reduzir ainda mais esse número vem de uma grande série de instituições políticas e econômicas, que estão em desacordo a respeito de todos os outros assuntos. A identificação de eficiência é inteiramente posta em termos capitalistas, como retorno de capital. Avalia-se o verdadeiro retorno do uso da terra de forma completamente diferente, não apenas pela soma, desde a ação inicial até os custos totais na economia como um todo, mas também pela soma contábil do custo social total, inclusive o de manter um grande número de pessoas deslocadas e desempregadas e os custos habitualmente omitidos da crise nas cidades, para onde muitas delas se dirigem.

É um fenômeno mundial, mais grave em outros países do que na Grã-Bretanha, mas já se nota sua aparição por aqui. O assim chamado ambientalismo combate a poluição e a destruição de *habitats* naturais, causadas pela agricultura de alta tecnologia em larga escala. A ecologia, em suas acepções habituais, combate a utilização sem equilíbrio e geralmente irresponsável de recursos não renováveis. O capitalismo agrário responde a ambos com a sua própria versão das prioridades da produção lucrativa. É preciso, então, um novo tipo de ecologia política, inspirada nas causas precedentes, mas ultrapassando seus limites, a qual poderia delinear os caminhos até as estruturas econômicas e sociais que se desenvolvem e se fortalecem por elas, e poderia racionalmente propor tipos alternativos de organizações econômicas e sociais.

Portanto, nunca se deve reduzir a eficiência a um critério monetário, nem a um simples critério de mercadorias brutas. Eficiência é a produção de uma economia estável, de uma sociedade equitativa e de um mundo fértil. Cada medida local é importante, mas o cômputo geral deve ser expresso nesses termos abrangentes. Ironicamente, em todos esses cômputos reais, a manutenção e o desenvolvimento das economias rurais e dos assentamentos rurais aparecem como uma grande prioridade. Todos os que estão engajados neles têm um enorme interesse nessas estimativas mais amplas, bem como em resistir às formas de cálculos, derivados do urbanismo e do industrialismo, que se tornaram específicas da agricultura capitalista e particularmente do agronegócio no mercado financeiro.

Em meio a muitas outras utilizações, essa perspectiva nos ajuda a entender uma crescente tendência contemporânea que ainda aguarda uma análise completa. Houve um grande número de comentários esparsos sobre o deslocamento de um novo tipo de pessoa para o campo: não exatamente aposentados ou trabalhadores urbanos que preferem morar longe da cidade, o que é um fenômeno antigo, mas uma grande quantidade de pessoas ativas em ocupações muito diversificadas. Muitas vezes foi descrito em tom depreciativo, como uma incursão de marginais, e houve de fato alguns conflitos entre os recém-chegados e as antigas populações rurais. Porém, parece na realidade que se trata de um fenômeno muito desigual. Alguns certamente "despencaram" em formas de atividade agrícola em pequenas propriedades, inclusive em formas experimentais. Mas outros simplesmente tiram vantagem da independência do local para seu tipo particular de atividade profissional, encontrando no espaço físico do campo uma atração especial, no qual podem se instalar, em parte por causa do relativo despovoamento, causado pelas fases precedentes da indústria e da agricultura. Se olharmos para essa tendência em termos de uma sociedade rural, em vez de uma economia rural limitada à agricultura, essa avaliação parece se modificar.

Anotei recentemente a ocupação de meus vizinhos em um raio de cinco milhas em torno de minha casa nas Montanhas Negras. Não foi propriamente um levantamento estatístico, apenas uma série de impressões bem documentadas. O maior grupo economicamente ativo são evidentemente fazendeiros; a maioria deles criadores de carneiros; logo atrás, há um número crescente de pequenos trabalhadores assalariados: podadores de cercas vivas, lenhadores, tosquiadores, tratoristas e ceifadores (trabalhadores migrantes, porque crescem por lá alguns grãos). Em seguida, há os transportadores de animais ou de palha. Há açougueiros e o caso único de um salsicheiro, em uma pequena fábrica. Há a costumeira série de comerciantes: pedreiros, eletricistas, encanadores, gesseiros, carpinteiros. Há os cantoneiros municipais nas vias públicas. Há um desentupidor de fossa séptica. Em seguida, há os médicos, os professores, os motoristas de ônibus escolares, os membros do clérigo, os policiais, os lojistas, os funcionários dos correios, os trabalhadores das oficinas mecânicas e dos postos de gasolina. Todos eles já mostram a verdadeira diversidade de uma sociedade rural trabalhadora.

Mas é o resto da lista que mostra a mudança: tecelões e costureiros; fabricante de armários; marceneiro especializado em móveis de pinho; livreiros; ilustrador de livro; restaurador de relógios antigos; negociante de antiguidades; pintor e proprietário de galeria de arte; escritores; escultor; restauradores; vidracista;

vitralista. A maioria deles são imigrantes relativamente recentes, mas consideremos o quanto restauram, tomados em conjunto, a legítima tessitura da sociedade rural. Há alguns problemas de integração e instalação, mas ao menos nas áreas de pastoreio, com sua beleza natural, há um certo movimento real em direção a uma sociedade mais diversificada e mais equilibrada. Observemos também o movimento na outra direção. Muitos criadores de carneiros são também fornecedores de pôneis para passeios, uma atividade que cresce rapidamente. Houve igualmente um crescimento rápido de albergues em fazendas, locação de chalés para férias e, em outra linha completamente diferente, a venda de produtos da fazenda e as atividades de "colha você mesmo", tanto para frutas como para vegetais (até mesmo batatas). Há mesmo o começo de um sistema para participar da criação de carneiros. Muito se deve diretamente à atração que essas regiões exercem sobre os turistas. Muito, por sua vez, é parte desse padrão de vida no campo em tempo parcial, com seus efeitos deprimentes, quando muitas casas e chalés são fechados durante o inverno. Mas, considerando tudo isso, essa movimentação tem implicações muito interessantes no futuro de uma sociedade rural equilibrada.

É importante observar alguns aspectos de continuidade e de modificações das imagens do campo no campo, no contexto desse tipo de evolução. Elas contam uma história estranha e desencontrada. Por um lado, há uma continuação de falsas e tolas imagens bucólicas e paisagísticas. Por outro lado, os tecelões, costureiros e fabricantes de móveis trabalham dentro da perspectiva da verdadeira economia rural e trazem as qualidades artísticas, mesmo em reproduções, do trabalho artesanal, que se imaginava estar exilado nas cidades. Dá-se o mesmo com o conhecimento e as tradições do campo. Há uma corrente especial de fatos meramente insólitos ou simplesmente irracionais ou anistóricos, inclusive as linhas de *ley*, magia médica e tendências sobrenaturais. Nas Montanhas Negras, isso parece perverso, visto que a história e a pré-história reais são muito mais interessantes e surpreendentes. Porém, o único verdadeiro sentimento local de ódio que eu vi se dirigiu contra casos isolados de plantação de maconha e contra um acampamento mais organizado para celebrar os "cogumelos alucinógenos": colhidos, como de fato aconteceu, em um sítio neolítico. Porém, seria errado transformar essa tendência exótica em elemento dominante. Pelo contrário, o elemento principal é, sem dúvida, a recuperação, a exploração e a divulgação de certos conhecimentos naturais, às vezes reforçados por um saber moderno e pela ciência, que são em parte obtidos junto à população rural que sobrevive no período de dominação urbana e industrial. Para cada caso excêntrico ou exagerado, como certas descrições de ervas medicinais, há uns vinte casos de genuíno conhecimento prático, interagindo com a melhor economia rural sobrevivente: os alimentos integrais, o mel, as ervas usadas na culinária, os combustíveis, as geleias e licores. À medida que chegam à imprensa ou às lojas, podem ser vistos como um modismo, mas em geral são uma recuperação prática saudável da experiência e dos recursos da terra. Além do mais, chegam às cidades e subúrbios, criando uma base diferente e melhor para as atitudes urbanas em relação ao campo.

Entretanto, são necessariamente utilizações e formas marginais de produção. O compromisso com uma ordem social industrial, e consequentemente imperial, atingiu muito mais do que a cabeça. Está agora literalmente no solo e no ar, não somente por sua enorme corporificação física e social, mas também pela multidão populacional, que pelo menos durante um século esteve além das possibilidades de qualquer modelo aceitável de subsistência natural. Portanto, há profundas contradições presentes. Em primeiro lugar, entre as necessidades da produção propriamente dita na indústria e na agricultura e os padrões de produção herdados e monetariamente impostos, que ocultam e em seguida rejeitam incompreensivelmente essas necessidades absolutas. Em segundo lugar, entre as regiões do campo como lugares necessários a todos os tipos de produção e os padrões herdados e culturalmente impostos de recreação rural, dando acesso à "beleza natural preservada" como preâmbulo do longo sonho de uma singela Inglaterra Rural, que poderia exportar para as colônias uma grande parte da população de trabalhadores rurais. Muitos caminhos se abrem diante de cada uma dessas contradições, mas ainda se conservam confusamente dentro delas diversos argumentos culturais e intelectuais.

Por exemplo, testemunhei o problema de acesso em duas áreas muito diferentes: uma cultivável, a Leste; outra pastoril, a Oeste. Os três terrenos atrás da casa onde vivi enquanto escrevia *O campo e a cidade* foram transformados em um só e foram drenadas as antigas lagoas. A sinalização municipal ainda indica uma passagem de pedestres usada para caminhar ao lado de uma cerca de espinheiros, que agora está no meio do grande terreno. Quem tiver a coragem ou a indiferença de caminhar entre o milho que brota pode ainda utilizá-la, mas, criado no campo, percebi que eu só poderia caminhar no outono ou no inverno: o respeito pela safra ainda é muito forte, embora eu visse claramente o que havia acontecido. Então, nas Montanhas Negras eu admirei o acesso aos picos desnudos, por milhas de caminhada pitoresca nas montanhas: os estacionamentos, os lugares de piquenique, os postes de sinalização. Uma vez nesse verão eu avistei um carro que chegou à beira da montanha, repleta de ovelhas em pastoreio, e imediatamente foram soltos três grandes cães, que naturalmente as caçavam e as aterrorizavam. Um jovem fazendeiro vizinho me contou que muita lenha empilhada para seu aquecimento no inverno havia sido furtada, passando por seu portão, mas que havia perdido a calma quando o novo portão de madeira também foi furtado. Há muitos relatos frequentes de furtos e abate de ovelhas e gado. Na verdadeira comunidade rural, pode-se deixar tudo aberto, sem a menor possibilidade de vizinhos furtarem ou danificarem algo.

Além disso, uma ou duas vezes por ano, escuta-se a notícia de que houve uma "corrida" de carros noturna, organizada por um clube urbano: não uma corrida, mas uma competição cronometrada, no escuro, por trilhas estreitas e tortuosas, onde é preciso durante todo o ano recuar ou manobrar se aparecer outro veículo. Há normas para proibição e denúncia, mas o conselho impudente de manter os cães fora das estradas, como se houvesse cães nas festividades da noite de Guy Fawkes, é uma voz vinda de um outro mundo. É intolerável, a meu ver, que ofensas e indiferenças desse tipo passem despercebidas ou sejam menosprezadas dentro de uma atitude geral que tem seus próprios exemplos eloquentes: a destruição do *habitat* e do trabalho na terra, inclusive muitos que foram aqui enumerados; a proibição e a obstrução aos direitos de ir e vir; e os prejuízos organizados contra os parques nacionais e mesmo pequenos regulamentos projetados.

Nenhuma dessas questões complexas poderia ser resolvida dentro das imagens simplificadoras de "campo" e "cidade" polarizadas. Eu empregaria o nome de "região selvagem" – uma importação cultural dos Estados Unidos – como exemplo. De fato, é importante que permaneçam abertos alguns lugares "selvagens", nos quais exista uma vegetação natural. O revestimento ácido da turfa das terras montanhosas é um dos que mais conheço e valorizo. Porém, como testemunhei durante muitos anos, é inteiramente compatível com a criação de carneiros. Sem ela, muitas criações seriam impossíveis. Quando vejo a quantidade de cercas e fossos em nossos vales, sei o que aconteceria se os criadores de carneiro, por seus próprios motivos, não as fizessem ou pagassem por elas. Não há muitas regiões selvagens nesta ilha há muito tempo cultivada, e a maioria delas são fac-símiles feitos pelo homem da paisagem real, mas encontraríamos o suficiente para todos os gostos se acabasse esse tipo de tendência. Quando vejo a quantidade de trabalho feito nos parques e jardins urbanos, pago com dinheiro público como se fosse uma coisa natural, fico pasmo diante da costumeira cegueira urbana a todo esse trabalho que realmente produz e preserva muito dessa "natureza" que os turistas vêm visitar. Se não fossem fazendeiros nesses planaltos, com subsídios ao carneiro da montanha e preços garantidos, deveriam pagar sentinelas se tivessem de permitir o acesso ao campo. De fato, sempre me ocorreu que algum tipo de pagamento parcial seria a maneira mais sensata de preservar o direito de ir e vir e locais importantes.

Por outro lado, sei que existem diferenças enormes, e talvez absolutas, nessas questões, entre as áreas de pastoreio e as áreas cultiváveis, principalmente as áreas cultiváveis na fase atual de técnicas mecanizadas de alta produtividade. A ligação entre o excedente de grãos e a alimentação da criação intensiva nessas áreas deveria ser comparada aos benefícios naturais que decorreriam de uma significativa melhoria dos pastos para criação de animais de um modo radicalmente diferente. É uma questão que merece uma apreciação específica, pois encontrei um aliado oculto a cada mil pés e um inimigo em cada esquina. Porém, quando mencionei a melhoria dos pastos como uma prioridade de investimento a um amigo socialista eminente, ele me olhou como se pensasse que eu estava louco.

Os problemas mais profundos que temos de entender e resolver são as relações reais entre natureza e sustento. Argumentei em *Towards 2000* que a principal mudança que teremos de fazer diz respeito ao conceito herdado e dominante de terra e suas formas de vida, como matéria-prima para uma produção indiscriminada. Essa mudança significa obrigatoriamente o fim da agricultura capitalista de larga escala, com seus processos associados de alto custo da terra, capitalização com juros elevados, produção comercial de alto insumo. Mas na perspectiva igualmente necessária do que chamei, em *O campo e a cidade*, de uma natureza aparentemente não imediata – o mundo vivo dos rios e montanhas, árvores, flores, animais e pássaros –, é importante evitar um contraste rude entre "natureza" e "produção" e procurar os termos práticos da ideia que deveria substituir ambos:

a ideia do "sustento" ativo, e ainda mais ativo, dentro de uma melhor compreensão do mundo físico e de todos os processos físicos realmente indispensáveis.

Tanto o capitalismo industrial quanto o capitalismo agrário ignoraram essa ideia de sustento, colocando acima dela a produção e o lucro generalizados. Também as tendências dominantes do socialismo compartilharam a mesma ênfase, apenas modificando a distribuição do lucro. O movimento social e político mais promissor de nossa época é muito diferente e surge agora – o "socialismo verde", no qual a ecologia e a economia podem se tornar, como deveriam ser, uma única ciência e fonte de valores, que levassem a novas políticas de sustento equitativo. Muito ainda deve ser feito para esclarecer e ampliar esse movimento e defini-lo, prática e especificamente, em diversos lugares, exigindo soluções e resoluções para que possa criar raízes e crescer. Mas, aqui pelo menos, há um senso de direção, nascido da experiência entre cidade e campo, e contemplando, para além de ambos, uma nova ordem social e natural.

DESCENTRALISMO E A POLÍTICA DO LUGAR
1984

Philip Cooke:[1] *Em seus escritos recentes, figuraram com destaque as questões de território e movimentos nacionais, entre outras. Significa para o senhor que movimentos nacionais sejam forças essencialmente progressistas?*

Raymond Williams: É importante fazer uma distinção sobre nacionalismo no contexto do Estado britânico unitário. Há dois tipos de nacionalismo. Há aquele que reforça a ideia do Estado--nação tradicional. Esse nacionalismo ganhou uma impulsão adicional nos governos Thatcher, como vimos à época do episódio Falklands/Malvinas. Mas ele também é compartilhado pelo Partido Trabalhista, como demonstrou tão acintosamente seu apoio à intervenção no Atlântico Sul. O outro tipo de nacionalismo questiona toda a base do Estado britânico unitário. Acho o primeiro tipo reacionário e o segundo progressista. Esse argumento começa pela análise de que os Estados-nação atuais do tamanho da Grã-Bretanha são, ao mesmo tempo,

---

1 Philip Cooke é professor de Planejamento Urbano na Unidade de Cardiff da Universidade do País de Gales; é membro do corpo editorial da *Radical Wales*. A entrevista foi realizada na primavera de 1984.

pequenos demais e grandes demais para uma política proveitosa. São pequenos demais por causa da natureza da economia internacional e da estrutura da política militar. O Estado-nação médio simplesmente não pode ser independente. E se quiser ser, tem de consegui-lo por meio de uma falsificação que procure encobrir o fato de estar subordinado a uma coisa maior e de ser dirigido por forças mais amplas do que as que poderiam ser internamente controladas. Essa desonestidade deixa o Estado-nação moral e politicamente muito vulnerável.

O argumento de que o Estado-nação chamado Grã--Bretanha é grande demais decorre da sabida desigualdade de desenvolvimento e da diversidade de suas regiões. Essas condições inviabilizam a formulação de políticas com um sentido geral, dominadas por um único centro. Em seguida, coloca-se a questão: Quais são as unidades alternativas legítimas, capazes de desenvolver uma política que fale aos interesses do povo, em vez das unidades injustificadas de um pretenso Estado-nação? Onde existe uma entidade nacional, como no País de Gales ou na Escócia, já existe uma medida de autodefinição, uma base real. Mas isso não ocorre apenas em tais lugares. Certamente deve existir uma outra base a ser descoberta em grandes cidades, como Londres e Liverpool. Elas se recusam a submeter seus interesses conhecidos ao interesse do Estado-nação. De minha parte, proponho uma análise pragmática – há uma necessidade objetiva de definições alternativas, que sejam relevantes para um número definível de pessoas.

Em lugares como Londres as tentativas de satisfazer necessidades populares legítimas têm sido reprimidas pela máquina central. Com certeza, reproduz-se o caso gerado no País de Gales e na Escócia durante um longo tempo. Há necessidades perceptíveis, há a possibilidade de maiorias políticas que não podem ser escarnecidas; falamos de um grande número de pessoas – ainda que todas reduzidas ao sentido subordinado de "localidade". É duplamente incorreto que o Estado-nação igualmente subordine suas próprias obrigações por não ser grande o bastante para administrá-las.

Isso abre a perspectiva de alianças entre a nova esquerda urbana e as velhas regiões industriais em declínio?

Sim, embora certamente cresça antes a perspectiva de competição entre as cidades recentemente em declínio e as antigas regiões em declínio. Porém, todos esses lugares sofrem. Mas uma coisa é clara: eles podem concordar sobre as causas de seu sofrimento, mas não se pode fazer muito com uma aliança procedente de negativas; a única base real de alianças é concordância em propostas positivas para transcender as negativas. Exigiria nada menos do que a reconstrução da esquerda sobre uma nova base. A política da esquerda não seria mais ligada ao próprio Estado-nação. Considerando suas ligações com o Estado-nação, pairam sérias dúvidas sobre a possibilidade de o Partido Trabalhista representá-la. Mas a derrota eleitoral proporcionou as bases para remodelar a esquerda — há uma atividade política inovadora nas cidades e nas regiões. São unidades naturais de governo que também se relacionam com temas mais amplos.

Sem dúvida, há problemas enormes no País de Gales e na Escócia, onde o Partido Trabalhista tem um desempenho variável, especialmente em função de sua ligação com um Estado-nação centralizado e diretrizes associadas. As questões políticas de alianças são muito difíceis, e seria impossível para os movimentos nacionais do País de Gales e da Escócia trabalharem com diretrizes da velha guarda do Partido Trabalhista, mas nem tanto com as da nova esquerda urbana. O verdadeiro problema da política tradicional é que, onde têm ocorrido alianças, têm sido alianças de lideranças, e portanto de utilidade muito limitada. Basicamente, não faz sentido que apenas as lideranças participem da elaboração de alianças; se elas tiverem de acontecer, emanarão do povo rejeitando lideranças e construindo uma base popular. Um dos problemas da esquerda é que as ideias frequentemente são boas; mesmo as lideranças podem ser satisfatórias, mas há uma base popular inadequada.

Parece-me ser um dos problemas das teses de Hobsbawm, que se tornaram ultimamente muito populares nos círculos intelectuais de esquerda. Quero dizer, a ideia de que é preciso algum tipo de acordo entre os partidos de oposição para evitar que provoquem a própria ruína e mantenham um governo Thatcher praticamente permanente no poder. Uma vez mais, é uma aliança de negativas; a prioridade é unir-se contra um mal imediato, em vez de concentrar-se no desenvolvimento de um programa verdadeiramente popular, com o apoio das massas a partir da base. Então, uma frente popular, por assim dizer, seria uma proposta factível. Penso que uma mobilização popular com implantação territorial pode ser uma maneira de avançar.

Ao ler Towards 2000, *fica-se impressionado com o volume de argumentos favoráveis a um programa de socialismo descentralista. O senhor poderia dizer alguma coisa sobre a evolução dessa convicção em sua reflexão?*

Nos anos 1960 e 1970, senti-me próximo dos argumentos apresentados pelos nacionalistas antes e durante o debate sobre a devolução.[2] Até me afiliei ao Partido Galês durante um ano ou dois; entretanto, achei difícil desempenhar minhas obrigações, vivendo longe do País de Gales. Senti que meu pensamento sobre cultura e comunidade se refletia mais lá do que no Partido Trabalhista, tanto à época quanto agora. Ao dizer isso, não havia inteiramente compreendido as complexidades do nacionalismo em Gales, especialmente sua tradicional dificuldade em aderir plenamente aos princípios socialistas de propriedade comum. O apoio que ele granjeia nas áreas rurais evidentemente não se fundamenta em uma reivindicação de propriedade comum

---

2 Referência ao processo de concessão de poderes do governo central para instâncias regionais da Escócia, do País de Gales e da Irlanda do Norte. (N. E.)

da terra, por exemplo. À época, tanto os que estavam dentro quanto os que estavam fora disseram-me que eu o idealizava, mas muitas de suas ideias permanecem mais próximas de mim do que as do Partido Trabalhista atual. Penso que foi justamente uma convergência – uma tendência e um movimento no terreno desenvolvendo-se contra o centralismo. Mas, sem dúvida, não foi apenas nesse contexto que encontrei ideias comuns; também as encontrei entre suecos, iugoslavos e norte-americanos. Vi o socialismo de forma diferente da *intelligentsia* inglesa fabianista ou marxista – ainda me repreendem por ser excessivamente consciente da comunidade e não suficientemente universal. Mas, evidentemente, a universalidade da classe média inglesa carrega uma contradição em termos!

O senhor mencionou a significância de Gales em sua reflexão sobre a questão do descentralismo, mas Gales é um assunto ao qual o senhor frequentemente retorna em análises mais gerais. O que lhe ensinou, por exemplo, a experiência do capitalismo galês em particular?

Bem, realmente, em grande parte, foi como o aprendi. Eu estava em uma posição fronteiriça, próxima à experiência industrial em formação, mas também observando o que acontecia na Gales rural. Foi uma transformação simultânea, produzindo efeitos curiosos. Havia uma nova Gales nos vales industriais e a velha Gales das áreas rurais despovoadas. As relações entre ambas sempre foram tensas, e essa inquietude se reproduziu no pensamento político galês, que é muito complexo nesse aspecto. Mas existe atualmente a possibilidade de superar essa divisão baseada na competição entre as áreas urbanas e rurais do País de Gales. Essas ordens separadas se tornam, ambas, relativamente velhas. Houve a questão de como relacionar o Sul de Gales novo e impetuoso à velha Gales rural, mas quando se adquire a experiência particular da recessão permanente, afligindo ambos, surge a possibilidade de transcender as velhas divisões. Estou particularmente impressionado com a situação do País de

Gales rural, onde fatos estranhos acontecem – o capital financeiro externo exerce pressão sobre os agricultores, o Mercado Comum fragmenta a comunidade agrícola em linhas de classe mais profundas.

Sem dúvida, há um problema aqui de chegar-se a um ponto onde a unidade é ameaçada por mais negativas. Entretanto, essa fratura entre as velhas bases urbanas e rurais se dissipa e há interesses externos poderosos igualmente responsáveis pela agonia de ambas as sociedades, urbana e rural.

O senhor enfatizou a importância do "pertencimento" em A política e as letras *e em* Towards 2000. *É o tipo de pertencimento que o senhor descreve nas velhas regiões industriais, necessariamente confinadas a suas experiências particulares e tendo, consequentemente, uma relevância geral bastante limitada?*

É muito difícil, e admito que não tenho certeza. O pertencimento nas sociedades tradicionais – como estudadas antropologicamente – é muito evidente. Podem-se extirpar os elementos econômicos, políticos e culturais do pertencimento. Há uma relação mais complexa entre socialismo e pertencimento, pela seguinte razão. O socialismo ofereceu a prioridade de um tipo de pertencimento – o sindicalismo, o vínculo de classe – que cancelou todos os outros laços. Sem dúvida, é o fator responsável pela hostilidade ao nacionalismo e pela irrelevância dos movimentos religiosos, bem como pela estranha atitude de alguns socialistas em relação à família. Portanto, há outros mecanismos de pertencimento à realidade que estão além da consciência nacional ou da consciência de classe. Desse fato, nasce uma crise para o socialismo. Se houvesse ocorrido um pertencimento econômico e o socialismo tivesse se desenvolvido ao patamar mais alto possível, seria sempre o caso de se suprimirem analiticamente os outros tipos de pertencimento? Pois historicamente parece-me cada vez mais certo que, onde se desenvolveram centros de consciência proletária, sua força realmente derivou do fato de todos os seus pertencimentos apontarem na mesma direção. A meu ver, isso se tornou muito mais evidente a partir da experiência do movimento das mulheres, no qual foi estabelecido mais de um tipo de pertencimento em prol de uma prática política excepcionalmente sagaz e de um êxito significativo. Vêm à mente certos aspectos do movimento pacifista, levando em conta um ponto de vista parecido de não territorialidade. Mas, para voltar à sua pergunta, há uma saída possível para o problema analítico de uma ênfase excessivamente restrita no pertencimento da experiência econômica. Sempre foi a interpretação específica do socialismo. Uma nova teoria do socialismo deve agora essencialmente envolver *lugar*. Lembre-se da argumentação de que o proletariado não tinha pátria, fator que o diferençava das classes proprietárias. Mas demonstrou-se que *lugar* é um elemento crucial no processo de pertencimento – talvez mais para a classe trabalhadora do que para as classes detentoras de capital –, em razão da explosão da economia internacional e dos efeitos destrutivos da desindustrialização nas velhas comunidades. Quando o capital se foi, revelou-se mais nitidamente a importância do lugar.

Ao escrever sobre "pertencimento", o senhor se inspirou em larga escala na experiência de comunidades regionais estabelecidas, como Clydeside e o Sul de Gales. Poder-se-ia argumentar que o senhor romantiza as culturas proletárias, especialmente à luz da subordinação que elas têm às mulheres, e frequentemente estreita o foco sobre as lutas salariais. Como o senhor responderia a essas críticas?

O velho socialismo excluiu a realidade das mulheres e das famílias. As mulheres deram gerações de apoio a seus homens e não receberam nenhum reconhecimento. Isso tem de mudar e vai mudar, ensinam-nos as lições a serem aprendidas das análises do movimento das mulheres e, se os socialistas não quiserem perder uma parte substancial de seu eleitorado potencial, deverão tomar consciência do problema muito rapidamente.

No que diz respeito ao processo de negociação salarial – que chamei em outra parte de *particularismo militante* –, posso entender por que esses homens o fizeram. Explicarei de um modo oblíquo. Escrevo um outro romance neste momento. Começa nos anos 1930, em uma reunião de alguns socialistas de Oxbridge[3] com representantes da classe trabalhadora galesa, embora a maior parte dela transcorra no período pós-guerra. Ao pesquisar para o romance, deparei-me com uma citação de Arthur Horner, líder dos mineiros de Gales, que disse que "o trabalho é uma mercadoria como outra qualquer. Empregadores precisam comprá-lo, logo eu quero controlá-lo". É compreensível, mas obviamente reproduz a linguagem do capital. Quando se entra em negociações organizadas desse tipo, não se tem base moral contra os argumentos monetaristas, por exemplo. Os monetaristas podem dizer: "Ótimo, não queremos trabalho agora, e se esse for o ponto forte de seu argumento, podemos contorná-lo sem nenhuma dificuldade". Sem destacar essencialmente a pessoa em vez do dinheiro, não se tem um movimento forte, mas uma carapaça. Assim, quando, na eleição de 1983, os conservadores disseram "não há alternativa", parte de seu terreno já havia sido preparado.

Então, a implicação é que o senhor acredita em política de renda?

Há limites para as políticas de renda. O pensamento oficial da esquerda ocorreu em compartimentos. A política salarial foi não ter uma política salarial. Os custos do bem-estar social não podem de alguma forma crescer em um compartimento separado. Há uma parcela crescente da população que está ociosa e desempregada. A política deve ser geral – integrada – ou é oportunismo. Não se pode conduzir uma economia como uma versão humanizada das forças de mercado, e em seguida apresentar as

---

3 Referência à Universidade de Oxford e à Universidade de Cambridge, no Reino Unido. (N. T.)

diretrizes de bem-estar social, como sugeriu Crosland, por algum tempo. Progressivamente, adotei a opinião de que, nessa fase da produção internacionalizada, não é possível que o crescimento produza a satisfação das necessidades do povo. Simplesmente, alguns se tornaram mais prósperos, enquanto outros se tornaram mais pobres. Sem dúvida, há necessidade de medidas de curto prazo para estimular a economia, mas pensar que se pode fazê-lo sem observar as distorções das relações de mercado – tanto nos salários como em outros tipos de troca de mercado – é pensar com cinquenta anos de atraso.

O senhor claramente vê a necessidade de um certo grau de centralização em aspectos da administração econômica. Mas quais são os mecanismos para obter apoio das massas populares para o socialismo, dada a diversidade de lugares para os quais o senhor chamou a atenção? O nível cultural agrega uma importância adicional atualmente? E qual é a natureza de uma política da cultura?

Estou ciente dessa dificuldade. O que me entristece é que o cenário para essas ideias seja a necessidade de uma mobilização de movimentos e interesses dispersos. Porém, a esquerda intelectual está concentrada em Londres – longe dessas inquietações. Mas quando as ideias do povo se aproximam em uma série de questões, a história nos ensina que podem ganhar uma expressão poderosa, apesar da distância geográfica e intelectual. De forma ideal, um novo movimento resulta de novas ideias especificadas em lugares particulares – em seguida, talvez se expresse um modelo que se adapte aos interesses de outros lugares e de outras escalas de ação. Podem ser ideias relacionadas a interesses reais de longo ou de curto prazo e às diretrizes que as exprimem. É perfeitamente claro que ideias devem se associar – está na natureza da análise. A dificuldade não provém especificamente da existência do velho nacionalismo do Partido Trabalhista, de sua tradição de centralismo metropolitano (a que me referi em um contexto mais geral como *provincianismo metropolitano*) e de sua tradição de política eleitoral a curto prazo e lideranças geradas precisamente para esse fim. É difícil produzir ideias para um único lugar; é preciso muita gente cuja experiência se congregue. É muito difícil, especialmente porque os intelectuais atuarão em campanhas como o desarmamento, o movimento ecológico ou em questões de economia. Mas há pouca aproximação entre essas energias. Seria mais rápida – essa aproximação – se acontecesse em um determinado lugar. Não há atalhos, mas de certa maneira o Conselho da Grande Londres a focalizou em Londres. Poderia ser um modelo.

Qual o futuro que o senhor antevê para a mobilização política descentralizada, considerando as forças centralizadoras poderosas atuantes em tais áreas, como os meios de comunicação de massas?

É difícil. Tudo o que posso dizer é que entramos em uma fase da política cultural com mais riscos e mais oportunidades. O monopólio das autoridades centralizadas de radiodifusão coincidente com a política eleitoral vigente no Estado-nação será ultrapassado por uma força internacional concreta, em razão do advento da TV a cabo. Vejo as autoridades públicas como agentes de uma mídia de *massa* centralizada e perniciosa, representada por disparates como *Nationwide* ou *60 Minutes*. Obviamente, as operadoras de TV a cabo não participam do negócio do socialismo descentralizado. Mas há possibilidades e oportunidades reais com a entrada da TV a cabo, no momento em que as forças centralizadas se enfraqueçam. Pequenas organizações, partidos, grupos de interesse poderiam obter tempo a baixo custo. A esquerda deve vê-la como uma oportunidade, bem como uma ameaça. Uma maior dispersão significa a invasão de material estrangeiro. Mas em lugares com uma base linguística e cultural distinta, como Gales, isso já acontece hoje de qualquer modo. Conseguir uma diretriz da televisão a cabo dentro da comunidade é agir positivamente. A esquerda deve sair de sua velha fase. A nova economia política da TV serão audiências menores, como as experiências do Canal 4, baseadas em comunidades de interesses. Se pudermos realizá-la, poderemos nos conectar a essas redes de multicanais. É um dos desafios mais interessantes, e possivelmente mais gratificantes, enfrentados pela política descentralista no futuro.

7
REDEFININDO A DEMOCRACIA SOCIALISTA

INTERROMPEU-SE A MARCHA PARA FRENTE DO TRABALHO?
1981

Fosse apenas uma interrupção da marcha para a frente, tudo seria muito mais simples. As pessoas apropriam-se dessas figuras de estilo para tornar a discussão mais vivaz, mas a figura de uma "marcha para a frente" deriva de um tipo antiquado de campanha militar baseado na pobre infantaria ensanguentada. Sua única utilização contemporânea acontece nos exercícios em campo de manobra, com sargentos-mores ululando suas ordens. E atualmente uma dessas ordens é "Alto!" – para receber novas ordens, reorganizar-se, ter um pouco de descanso. Ainda deve haver algumas pessoas, inclusive nas assim chamadas lideranças, que realmente veem a política contemporânea dessa forma.

O resto de nós não pode pagar para ver. Para uns já era evidente desde o início, e para muitos outros agora foi lentamente inculcado que sobrevivemos recentemente a uma grande derrota. Não deveríamos nos esconder atrás de figuras de estilo. A derrota aconteceu, e seu alcance é enorme. Quem dentre nós teria acreditado, em 1945 ou em 1966 – ou mesmo em 1974 –, que teríamos, no início dos anos 1980, não somente um poderoso governo de direita, tentando com algum sucesso retroceder à política e à economia dos anos 1930, mas – pior ainda – uma ordem social que literalmente dizimou a classe trabalhadora britânica, ao impor a existência cruel de muitos milhões de desempregados? Não figurava nas perspectivas de nenhum participante de uma marcha para a frente. Agora que aconteceu, tem de ser enfrentada em seus termos reais. Eric Hobsbawm enfrentou parcialmente alguns desses termos em 1978. Porém, recebeu poucos agradecimentos, porque os enfrentou sem adotar o hábito cômodo da representação – "respire fundo duas vezes, cuspa e diga 'Thatcher'" –, mas com um espírito mais severo ao examinar nossas próprias organizações, conjecturas e ideias, a fim de compreender como essas forças ostensivamente reacionárias puderam derrotar-nos, mesmo temporariamente. Cusparada ritual, reconforto ritual ("basta esperar a próxima vez") são fáceis demais para serem verdade.

Ele não teria a pretensão de ter feito todas as análises corretamente, mas o que disse ainda é um bom ponto de partida. Eu viria antes a um ponto implícito. Em que medida, após a experiência dos últimos anos, podemos ainda falar realisticamente de uma entidade única chamada "movimento trabalhista"? Muitos de nós sabemos, como Hobsbawm, por que nossas previsões o chamavam e o serviam como um *movimento*. Foi um cerrar fileiras em condições adversas para ajudarmo-nos mutuamente, para participarmos das lutas imediatas, para transpô-las e suplantá--las com a intenção de mudar a sociedade. Foi um movimento, e não simplesmente uma nova instituição. Organizou-se, mas para ampliar o movimento, e não simplesmente para sustentar uma organização.

Devemos também dizer, sem dúvida, que, à medida que teve êxito, criou muitas instituições, foi reconhecido como um conjunto de instituições na sociedade moderna, teve de manter organizações grandes e complexas. Esse é um fato e um problema. Pois mesmo nessas novas condições, persistiu a imagem, embora nem sempre fosse a realidade do movimento. É uma imagem estranha, com a qual crescemos: *alas* operárias e políticas. Alas de quê? De um pássaro, de um avião? Mas, então, o que aconteceria se uma das alas começasse a se ver como "o partido natural de governo" em uma ordem social ainda eminentemente capitalista, de fato independente e autônomo na soberania do Parlamento? E o que aconteceria depois, se a outra ala, por seus próprios motivos, começasse a pender na direção oposta? No pássaro e no avião, é o momento do mergulho de ponta, e esperar-se-ia ouvir o clamor de recriminações mútuas durante a queda, até o momento do impacto. Alas? Mas então onde está o corpo, onde está a cabeça? No período desde 1945 não nos defrontamos com esses problemas implícitos. Em vez disso, continuamos a dizer que as alas deveriam manter uma ligação harmoniosa, tomar cuidado para baterem juntas na mesma velocidade, deveriam bater regularmente em direção a seus destinos comuns e incontestáveis. Tais como são agora, essas alas pertencem ao mesmo corpo?

No sentido mais prosaico, sim. São ao mesmo tempo a criação histórica e ainda a maior corporificação organizada dos trabalhadores britânicos. Parece-me legítimo tudo o que Hobsbawm diz a respeito das condições dessa criação e dessa corporificação, mas também a respeito das mudanças subsequentes realmente importantes das condições sociais – em parte como resultado dos bons resultados obtidos. Mas teria ele separado claramente os efeitos dessas mudanças, no que ainda pode ser visto de certo modo como um movimento global, dos efeitos mais diferenciados nos elementos específicos do movimento e no que agora são, em muitos aspectos, instituições independentes e amplamente autorreferentes?

Inicialmente, considere as diferentes consequências nos sindicatos. Os fatores que Hobsbawm analisa são realidades históricas, muito longe de serem potencialmente reversíveis em muitos casos, em razão de mudanças drásticas nos próprios processos de trabalho, que tendem certamente a se intensificar. E também é evidente que levaram à predominância de certas tendências políticas para os hábitos práticos que ele chamou de regionalismo e economismo.

Mas devemos retroceder a um ponto anterior a esse, pois ele pode levar, por si mesmo, muito rapidamente a recriminações mútuas durante a queda. Há alguns anos, eu descrevi um fenômeno similar como "particularismo militante"; uma expressão inepta, com a qual eu quis ultrapassar a equação simples de militância e *socialismo*. Naturalmente quase todas as lutas trabalhistas começam de modo particularista. As pessoas reconhecem uma condição e um problema que têm em comum e fazem o esforço de trabalhar juntas para mudá-los ou resolvê-los. Mas até então não é nada peculiar à classe trabalhadora. Basta olhar a militância dos corretores da bolsa, dos proprietários rurais e dos reitores. O caráter único e extraordinário da auto-organização da classe trabalhadora foi a tentativa de relacionar as lutas particulares a uma luta geral, de uma maneira realmente especial. Ela propôs-se, como um movimento, a tornar real o que pareceria, à primeira vista, a suposição insólita de que a defesa e o progresso de certos interesses particulares, devidamente considerados em conjunto, representam de fato o interesse geral. Afinal, esse é o momento de transição para uma ideia de socialismo. E esse momento desponta não de uma vez por todas, mas muitas vezes; é perdido e novamente reencontrado; deve ser confirmado e desenvolvido continuamente, se é que veio para ficar.

Pode-se dizer que o idealismo induziu esse momento: a visão de uma sociedade melhor. Pode-se dizer que foi um aprendizado extremamente penoso: que se perderiam ou se ganhariam apenas parcialmente muitas lutas específicas, a menos que fosse possível generalizá-las, ampliá-las e mudar suas condições subjacentes. Na história, e hoje, há muito de ambos. Mas deve-se admitir agora, honestamente e sem recriminação, que a luta em prol desse momento – o momento de transição para a *ideia* de socialismo, bem como para a prática do socialismo – foi perdida pelo menos temporariamente. Assim é, não apenas pelo fato de termos sido derrotados no plano mais geral – é possível provar que poderemos nos recuperar. A questão é que a luta foi perdida, em grande parte, dentro de nossa própria organização, e não se recuperarão por si mesmos nem a defesa nem o progresso militante, indispensáveis aos nossos interesses particulares. Na verdade, o fato mais destrutivo de nossa cultura é não serem apenas os patrões e os ricos, e seus amigos e representantes, os que creem e afirmam que estamos unicamente interessados em benefícios egoístas: a *maioria* de nossa sociedade crê e afirma o mesmo, inclusive um número grande e crescente, cínica ou furiosamente, de membros de nossas próprias organizações.

Bem, isso já foi dito antes. Reconhecemos a propaganda dos patrões quando a ouvimos. Respire duas vezes e cuspa. Mas é realmente mais sério do que isso. Na cultura da pobreza, a partir da qual, pela luta e pela organização, nossos antepassados guiaram tantos de nós, a suposição de que esses interesses particulares atingiam um interesse geral teve um certo valor absoluto. Não poderia ser justo que tantos seres humanos vivessem dessa forma. Logo, pouco importava o que esses homens e mulheres paupérrimos e renitentes realmente pensassem, mesmo que nada tivessem em mente a não ser algum alívio temporário: em um certo sentido absoluto, eles tinham razão. De fato, mesmo nos piores momentos, alguns deles pensavam muito mais à frente. Ainda hoje é assim. Foi verdade em lutas recentes; das autoridades locais, dos trabalhadores manuais, dos mineiros, das enfermeiras: reivindicações particulares e verdadeiros interesses gerais.

Não pode mais ser tido como certo que uma ligação tão absoluta esteja inevitavelmente presente, aliás nem que seja magicamente outorgada pelo fato de ser uma ação sindical. Simplesmente porque, entre outras boas consequências, o sindicalismo desenvolveu-se em atividades relativamente confortáveis, inclusive entre os colarinhos-brancos relativamente privilegiados e os profissionais qualificados, não existe mais a velha ratificação absoluta baseada na pobreza e no abandono. É então muito mais um caso de negociações movimentadas de grupos de interesse; do lado de dentro, é visto dessa forma na maioria das vezes; do lado de fora, é quase visto dessa forma, inclusive por muitos outros grupos de interesse. Na verdade, nas condições prevalentes, é um processo necessário. É parte do mecanismo da sociedade capitalista moderna. Mesmo os capitalistas mais modernos querem apenas regulamentá-lo e dirigi-lo para longe de ideias mais perigosas, como mudar a ordem social ou ir além do mero processo de negociação, rumo a uma ação direta.

Esse é o ponto no qual podemos ver o que extensivamente aconteceu. Outros grupos de interesse muito mais fortes, no Estado, na cidade, nas grandes corporações, ainda permanecem em conluio e o resto de nós afirma: "Enquanto eles fazem isso, nós fazemos aquilo". Mas eles não são os únicos além de nós. Há milhões de pobres à margem e além da margem em nosso próprio país, mas também há, em número certamente maior em vários países, muitos pobres com os quais negociamos. É bem conhecida e vergonhosa a indiferença do capitalismo moderno a todos aqueles que vivem além dos termos e procedimentos vigentes da negociação. Mas a questão então é: juntamo-nos à indiferença ou tentamos ultrapassá-la?

Esse novamente é o momento do socialismo: um momento que é mais do que uma filiação verbal. É o momento em que temos de mostrar, não somente para nossa própria satisfação (o que habitualmente é fácil), mas para uma maioria efetiva de outras pessoas, o que é muito mais difícil, que nossos interesses particulares fomentam, são compatíveis, ou, pelo menos, não prejudicam o interesse geral. E em seguida é preciso reconhecer que, em termos das negociações comuns – o mecanismo cotidiano de um mercado de trabalho capitalista –, esse raramente parece ser o caso. De fato, apenas a burguesia tentou acreditar nisso: que perseguir interesses especiais assegura o interesse geral, por meio de uma mão invisível. Toda essa visão mesquinha, falsa e privilegiada da sociedade, o movimento trabalhista inicialmente e, em seguida, mais conscientemente e mais efetivamente, o movimento socialista delimitaram para poder contestar, destruir e, acima de tudo, para *substituir*. Então, o que estamos dizendo é que os sindicatos isoladamente, agindo somente como sindicatos, não podem mudar a ordem social, nem fabricar um novo tipo de sociedade. Mas, ao se tornarem mais poderosos, podem mitigar suas consequências, fazer algumas mudanças em seu *interior* e no fim das contas tornar a ordem existente relativamente inexequível. Tudo isso aconteceu, mas dentro disso, durante gerações, pretendeu-se e tentou-se muito mais. Foi o esforço político: fundar e dar fundos ao Partido Trabalhista; vê-lo como o caminho para uma nova ordem social.

Parece-me correto, mas muito comedido, tudo o que Hobsbawm declara a respeito do Partido Trabalhista moderno e a respeito do que podemos ainda chamar com algum esforço de governos do Partido Trabalhista. O processo foi acidentado, logo é difícil datá-lo. Mas, por um lado (uma ala), ficou claro que durante um longo período o Partido Trabalhista no Parlamento não teve nenhuma intenção de mudar a ordem social, embora tenha feito reformas importantes em seu interior. E, no mesmo período, o movimento sindical não o pressionava muito para que fizesse alguma coisa do tipo, embora apoiasse as reformas e insistisse em medidas específicas importantes para os próprios sindicatos. Essa recriminação entre as alas é relativamente anódina. O senso de oportunidade frequentemente foi inadequado, muitos detalhes foram debatidos, mas o longo e vagaroso bater de alas teve em geral a mesma direção: rumo ao que parecia um futuro aceitável, que contentasse nós todos, mas que agora, de repente, desapareceu.

Essa é a crise presente. É o que está errado em todas essas ideias de uma simples marcha para a frente. As perspectivas implícitas de um Partido Trabalhista reformador e de um movimento sindical em evolução e em constante negociação – uma perspectiva pela qual tantos benefícios foram obtidos – de repente parecem, e de fato são, caminhos sem saída.

Então, não tenho dúvida, como em todos os outros períodos precedentes de mutação na história do mundo, muitos líderes atuais, ainda confiantes em suas instituições poderosamente estabelecidas, lutarão como demônios para manterem vivas as velhas perspectivas, os velhos métodos. Afinal, o que mais poderiam fazer? Em geral, acontece no início, e pode levar um tempo longo, de as velhas instituições continuarem exteriormente poderosas e impressionantes, enquanto definham por dentro: o número de membros estagna ou declina; repletas de facções e intrigas; um humor de resignação e cinismo que se instala lentamente, pois nada mais realmente funciona da forma antiga, embora dentro das instituições muitas pessoas experientes ainda digam que quaisquer formas novas seriam completamente impraticáveis. Parecem-me as condições óbvias hoje de grande parte do Partido Trabalhista e do movimento sindical. Certamente, nessas circunstâncias, ninguém receberá agradecimentos por falar assim.

Mas então qual é a chamada grande mudança na história do mundo? Não é apenas (cuspe) Thatcher, (cuspe) Wilson ou (cuspe) quem quer que seja? Se fosse apenas isso! Na verdade, há uma crise específica do capitalismo *britânico*, com muitos fatores locais especiais. Mas essa crise ocorreu em razão da enorme vulnerabilidade do capitalismo britânico frente a um capitalismo internacional mais poderoso (inclusive britânico) e à política e à cultura de uma aliança imperialista militar e política. Além do mais, temos de enfrentar agora a crise do próprio sistema maior, em meio às fortes consequências de um movimento mundial contra o imperialismo. Aconteceu nos países pobres, por fim determinados a criar a sua própria história. Tentam expor seus interesses particulares, a partir de sua pobreza, como interesses particulares e como interesses humanos em geral. Tudo isso aconteceu, com efeitos muito maiores, em outros países estrategicamente ricos, capazes de ameaçar e alterar permanentemente algumas condições do comércio e, portanto, modificar e subverter as condições gerais nas quais se alicerçavam as antigas negociações. Além do mais, tudo acontece no interior da confrontação militar mortal entre a aliança capitalista e os Estados socialistas agora poderosamente estabelecidos, muitos desses novos Estados fora de nosso padrão de previsão e vontade. E então, ainda mais profundamente, sob esses níveis diferentes de crise, há um fato recentemente compreendido e decisivo: nós não podemos *materialmente* continuar da velha forma; em pontos-chave de nossos processos modernos de trabalho, e principalmente em relação ao consumo de energia, haverá, no melhor dos casos, uma limitação e, no pior, carência absoluta, na qual, enquanto estivermos presos às antigas condições, seremos apenas capazes de nos arrastar e lutar por algum benefício temporário.

Bem, todos nós entendemos isso. Ou não? Pela televisão e pelos jornais, alguns de nós entendem. Mas ninguém realmente o entende até que deixe marcas na vida cotidiana. Então, fomos invadidos pelo capitalismo internacional? Tudo bem, saia (cuspe) do Mercado Comum ou imponha controles de importação. Mas enquanto se emitem até propostas como essa, o mundo real se move. Pois o capital pode aprender e deslocar-se muito mais depressa do que qualquer trabalhador. Empregos podem ser transferidos para um lugar onde o trabalho seja mais barato ou menos organizado. O capital britânico, para reduzir seus custos e restaurar sua taxa de lucro, pode se deslocar da noite para o dia, rumo a uma bandeira de conveniência. Porém, o resto de nós ainda está aqui, em uma ilha apinhada de sucesso, em razão da posição agora evanescente (evanescida?) de prioridade e privilégio no mundo. Assim, devemos nos tornar mais produtivos, mais eficientes? Deixem o capitalismo britânico modernizar-se. Mas às *nossas* custas? Renegociando as taxas de lucro, que durante anos, com organização, firmemente reduzimos? Não é provável, mesmo que as bandeiras de conveniência tremulem à nossa volta e as corporações internacionais se preparem para gestos de adeus.

É o momento do efeito diferencial. O Partido Trabalhista no Parlamento, levando em conta parte da crise, esquece toda nova ordem social, envereda em direção a um novo nacionalismo alvissareiro, descobre maneiras de tentar modernizar o capitalismo britânico com a receita pública. Então, é combatido não somente pelos que não querem pagar impostos para aumentar a receita. Não somente pelos "consumidores" – e atualmente somos todos consumidores – que, após consultar seus interesses particulares e considerar os cálculos satisfatórios, decidem que "não têm alternativa" a não ser comprar manufaturas estrangeiras. Logo, fique atento a essa conversa de controle de importação. Mas é combatida basicamente, criticamente, pelo movimento sindical, em seu próprio terreno mais necessário. Pois, enquanto se restringir apenas à modernização do *capitalismo* britânico e de empresas estatais análogas, em todos os níveis, desde restaurar a taxa de lucro até o que se chama de "produtividade" (a qual quase sempre, na prática, significa ter a mesma produção com menos trabalhadores – e, nos novos processos necessários, milhões a menos), o processo atuará contra os interesses de toda a classe trabalhadora, sejam os já estabelecidos, sejam os interesses de curto e longo prazo.

É relativamente simples no plano intelectual quando se trata da espécie de luta banal contra um governo conservador. Mas, durante a maior parte do tempo desde 1966, houve uma história interna mais perturbadora: uma luta repleta de tréguas e compromissos frágeis entre os interesses da classe trabalhadora e esse novo programa político agora completamente incoerente. E não basta simplesmente dizer que, quando tivermos expelido Thatcher, na imaginação ou – com muito mais dificuldade – na prática, simplesmente voltaremos a ser como antes, em alguma velha perspectiva. Pode ainda sobreviver subjetivamente em muitos espíritos uma unidade implícita de interesses e intenções.

Ela é reverenciada na memória e ainda frequentemente ativa na inspiração. Mas essa unidade objetivamente se desfez, ou se desfaz rapidamente. E essa é a razão profunda das crises, as crises diferenciais do movimento trabalhista, que Hobsbawm começou a descrever.

Porém, esse é miseravelmente o fim da história? Naturalmente poderia ser, a menos que sejamos muito transparentes e honestos uns com os outros e comecemos alguns novos tipos de trabalho. Talvez aconteça que o movimento sindical britânico de fato se acomode radicalmente a um governo trabalhista desse tipo, ou a um governo mais declaradamente centrista. E a solução norte-americana, mais recentemente alemã e japonesa? Traria certos benefícios temporários para um pequeno grupo de pessoas, mas obviamente seria o fim do movimento trabalhista histórico. Porém, sem acomodação, seria a derrota permanente em vez da derrota temporária? Também é possível, se a crise se aprofundar ainda mais e se forem transformadas em ações drásticas as inúmeras soluções autoritárias que já são cogitadas para isolar, controlar e finalmente enfraquecer os sindicatos, contando com o apoio da opinião pública (já não exatamente relutante) realmente mobilizada contra eles? Pode acontecer? Já estão ao alcance da mão alguns passos nessa direção.

Logo, estar pronto para a defesa militante? De acordo. Mas, como na maioria das ações, precisamos fazer mais do que manter uma posição defensiva. Teremos efetivamente de estabelecer, nesse mundo real em rápida mudança, em vez de reminiscências históricas ou retóricas, um acordo indispensável e exequível entre os interesses particulares e os interesses gerais. Certamente significará mudarmos nossa opinião, em muitos casos, sobre a forma de nossos interesses particulares. E então, visto que isso está fadado a ser doloroso, teremos o dever absolutamente penoso – fácil de falar, difícil de cumprir – de torná-lo realmente justo. Teremos de aprender uma negociação de um tipo completamente diferente, da qual os grupos mais ativos do movimento já se aproximam, tentando repensar nossas ideias de trabalho e de vida profissional e, como uma parte essencial, a realidade em vez dos hábitos de "renda" e "salários".

Seria muito, mas não o suficiente. Pois o que realmente faltou, tanto no movimento quanto em toda a sociedade, foi um conceito válido do interesse geral. Por isso, apelos em seu nome são tão frequentemente combatidos e rejeitados. Na forma em que o conhecemos – a "nação" indiferenciada, as necessidades da "economia" –, foi inúmeras vezes um *falso* interesse geral: um rótulo fincado em uma sociedade radicalmente desigual ou em um sistema necessariamente privilegiado de exploração. Mas, enquanto falávamos dos fracassos do movimento trabalhista, deveríamos levar em conta um tipo paradoxal de sucesso. Ao se restringir com tanta obstinação aos interesses particulares, demonstrou perfeitamente a hipocrisia dessas interpretações do interesse geral. Embora inconscientemente, não sob a forma de argumento, apenas sob a forma de sentimento, de disposição. Um dos maiores fracassos do movimento trabalhista, desde 1945, foi a atenção e o apoio relativamente insuficientes à educação, à pesquisa e ao debate popular. Esse fracasso foi especialmente doloroso em um período no qual os próprios membros e seus próprios filhos e filhas estão em posição bem melhor para fazer tal trabalho. De modo que, faltando a consciência e o argumento indispensáveis, demonstrou-se a hipocrisia dessas interpretações do interesse geral apenas pela prática cotidiana, na qual não apenas não se sustentam, mas visivelmente não são aceitas como verdadeiras, mesmo quando alguém, a pedidos, as entoa, geralmente contra outras pessoas.

É uma espécie de sucesso, pois essas versões de necessidade da "nação" ou da "economia" são, na verdade, falsas em suas formas habituais. Mas é uma espécie de sucesso perigoso, se tudo o que legar for a defesa e a promoção de interesses particulares, em uma época em que a terra visivelmente afunda sob nós. Não pode haver nenhuma reversão às velhas formas, mesmo às mais plausíveis. Entretanto, poderia ser criado, dentro da complexidade da política e em uma escala necessariamente maior do que a britânica, o conceito de um interesse geral prático e possível, que realmente incluísse todos os interesses particulares razoáveis, a serem negociados, encontrados, aceitos, construídos.

Só pode ser, eu creio, o socialismo. Mas não simplesmente o nome, ou algum modelo importado. Poderíamos dizer que devemos marchar em várias direções, rumo a um tipo diferente de democracia dos trabalhadores, obtendo algum controle real e equitativo dessas condições terríveis e limitantes. De fato, é a direção certa, mas significará mais do que marchar. Significará repensar praticamente cada uma de nossas iniciativas e, como parte disso, as relações entre elas. Significará construir, em detalhes convincentes, a partir de nossa experiência prática compartilhada e de análises intelectuais consistentes, o formato geral de uma nova ordem social. Em seguida, à medida que encontrarmos concordância, significará unirmo-nos tanto quanto pudermos, para que seja aceita, contra a oposição real, para começarmos a pô-la em prática e para aperfeiçoá-la provavelmente cada vez mais.

Alas? Devemos trazer o corpo de volta. Mas o único corpo capaz de chegar mais longe precisará de uma cabeça muito lúcida. Por enquanto, com urgência, pesquisa, informação, debate, publicação: as condições de qualquer militância adequada a um novo tipo de classe trabalhadora, um novo e renovado *movimento* dos trabalhadores.

DEMOCRACIA E PARLAMENTO
1982

"Inimigos da democracia parlamentarista!", grita-se. Conservadores, liberais, social-democratas, alguns líderes trabalhistas e diversos jornalistas presentes unem-se ao grito e apontam dedos acusatórios. Eles apontam para certos juízes qualificando o conceito de mandato? Para as partes mais sigilosas e inexplicáveis do serviço público ou da instituição militar? Para o poder extraparlamentar das empresas financeiras e multinacionais? Para os arquivos políticos da polícia secreta? Alguns dedos movimentam-se nessa direção. No entanto, a maioria deles, com golpes enfáticos, balança em uma única direção: para certos tipos "novos" de marxistas socialistas, a extrema esquerda.[1]

Gritar, por que devemos gritar? Deveríamos apresentar a lista das visitas feitas para angariar votos, nosso rol de envelopes como se fossem medalhas de guerra – evidência de um longo serviço eleitoral? Ou deveríamos adotar o hábito de estalar os dedos, seguindo o rasto dos jornalistas em especial, até suas instituições particularmente livres e democráticas? É tentador. Mas os problemas da

---

[1] Tendência do Partido Trabalhista britânico nos anos 1980, que apoiava Tony Benn e era composta principalmente por trotskistas. (N. T.)

democracia em qualquer sociedade moderna são demasiadamente sérios e intricados para serem reduzidos a uma perambulação pública. De fato, já começou uma fase nova e importante do debate sobre democracia e parlamento, por razões internas das instituições políticas. É necessário que os socialistas intervenham nesse debate de um modo positivo. Se nos termos vigentes temos algumas perguntas diferentes e algumas respostas diferentes, elas devem ser agora cuidadosamente apresentadas. Além do mais, como socialistas, arcando tanto com a inspiração quanto com o ônus da história herdada, temos questões muito sérias a propor para nós mesmos e respostas difíceis de encontrar.

1. Democracia parlamentar

O atrativo da "democracia parlamentar", e a alegação de que agora está ameaçada por inimigos de esquerda, exige um escrutínio cuidadoso. Para começar, qual é a definição de "democracia parlamentar"? "Parlamentar" é um adjetivo qualificativo para indicar um tipo de democracia, mas também para admitir que existem outros tipos? Ou é, na verdade, um adjetivo excludente, para indicar que existe apenas um tipo real de democracia, que atua através dos procedimentos de um parlamento? Essa segunda resposta contém uma implicação adicional: que um parlamento não é apenas uma condição necessária, mas também uma condição suficiente de democracia. Tem-se um parlamento, tem-se uma democracia.

A dificuldade de tal conclusão advém, sem dúvida, de termos tido vários tipos de parlamento em sociedades que quase ninguém consideraria democráticas. O *parlement* ou *parliamentum* inglês medieval era uma sessão consultiva do rei, à qual juízes eram convocados. Uma dessas mesmas palavras, *parliamentum*, foi mais tarde aplicada ao que também se chamava um *colloquium*, uma reunião consultiva do rei, à qual as pessoas mais próximas do rei, o alto clero ou os representantes dos condados e dos burgos, eram convocadas para assuntos específicos. Ainda mais tarde, o tal *parlement* – ainda uma palavra genérica para reunião e discussão – tornou-se mais comum e se diferençou do conselho do rei. Finalmente, houve a definição de duas "câmaras", de lordes e de comuns, que podiam decretar a legislação e transmiti-la ao rei para sanção. Todas essas, além de ulteriores progressos, são etapas importantes na evolução de uma monarquia absoluta a uma constitucional, mas nenhuma delas, da forma como ainda definidas, é ou alguma vez foi proclamada elemento de uma *democracia*.

Mas se um parlamento não é uma condição suficiente para uma democracia, deveria então a definição ser considerada como um todo: *democracia parlamentar* ou, como escutamos frequentemente, "democracia parlamentar tal como a conhecemos". A condição fundamental, então, transforma-se em um processo de *eleição* de representantes reunidos em um parlamento. É ampla e razoavelmente aceita, mas o problema agora é saber como identificá-la e datá-la. Os dois elementos da definição, *parlamento* e *democracia*, não apenas operam em conjunto, mas são frequentemente confundidos. Assim, pode-se atribuir à "tradição parlamentar inglesa" uma ancestralidade histórica de cerca de setecentos anos, mas ao elemento "democracia" tem--se de atribuir uma ancestralidade muito mais discutível e de qualquer modo muito mais curta: no máximo, digamos, cento e cinquenta anos (a Reforma de 1832), caindo para pouco mais de cinquenta anos quando o direito de voto foi, por fim, estendido a todas as mulheres adultas (1928). O eleitorado, como porcentagem da população adulta (acima de vinte anos) variou de 4,4% em 1831 a 16,4% em 1868, 30% em 1914, 74% em 1921 e 96,9% em 1931. Como questões de história, são fases importantes e complexas, mas frequentemente suplantadas por uma invocação exaltada da "tradição da democracia parlamentar", deixando esses elementos diversos e muitas vezes contraditórios em uma obscuridade geral e mesmo "imemorial".

Mas isso, disseram, é o passado. Está em pauta agora o sistema de democracia parlamentar, "tal como o conhecemos". Porém, também ele requer escrutínio. Suponha que não comecemos historicamente, mas formalmente, e definamos a democracia parlamentar e suas condições. Devemos reconhecer certa diversidade de combinações, em tradições nacionais diferentes, mas provavelmente concordaremos nos aspectos mais gerais. Considere esta definição: *uma democracia parlamentar é um sistema no qual todo o governo de uma sociedade é exercido por uma assembleia representativa, eleita por votação secreta de todos os membros adultos da sociedade, a intervalos determinados e regulares, na qual cada membro adulto da sociedade pode ser um candidato livre e igual*. Todas as definições formais têm suas dificuldades, mas essa parece representar razoavelmente a ideia geral da democracia parlamentar atualmente em vigor.

Então, podemos formular três questões. Até que ponto, nos termos dessa definição, a Grã-Bretanha é hoje uma democracia parlamentar? Mais genericamente, em que termos se pode afirmar que uma democracia parlamentar determina todo o governo de uma sociedade moderna? Finalmente, quais são as relações entre democracia parlamentar, no sentido geral acordado, e outras ideias e instituições reais e possíveis de democracia?

Democracia parlamentar na Grã-Bretanha

É tido por certo nas discussões atuais que a Grã-Bretanha é uma democracia parlamentar. Mas pode-se demonstrar que essa suposição depende do desempenho conjunto e inconteste dos dois elementos da definição. De fato, temos um parlamento. Também temos um sistema de eleição geral, por sufrágio universal de adultos. Esse sistema é garantido por costumes e convenções gerais de liberdade de expressão e liberdade de reunião. São condições muito importantes e valiosas da sociedade britânica. É preciso apoiá-las e defendê-las, mais particularmente contra aqueles elementos da direita que falam da sociedade como "ingovernável" e da "crise da democracia". Porém, para defender os valores reais que elas personificam ou parcialmente personificam, temos de tomar a reivindicação de "democracia parlamentar", e especialmente de "democracia parlamentar como a conhecemos", como algo mais do que um valor de fachada.

Pois, em primeiro lugar, o Parlamento britânico, estritamente falando, não é uma instituição, mas uma reunião de três corpos, dos quais apenas um é eleito. A Câmara dos Comuns é eleita pelos adultos da sociedade que desejam participar, e a candidatura é aberta a todos os adultos (com algumas exceções marginais). Não é propriamente eleita a intervalos determinados e regulares, mas em termos de uma duração máxima (cinco anos); a data de uma eleição, dentro desse limite, não é determinada pela lei, mas pela decisão política do chefe de governo em exercício. Sua composição representativa é determinada por procedimentos eleitorais que não precisam (e de fato normalmente não o fazem) corresponder diretamente, ou sequer aproximadamente, à distribuição real dos votos. Entretanto, é uma assembleia eleita e, como tal, é frequentemente chamada de "Parlamento".

Porém, formal e praticamente, o Parlamento da Grã-Bretanha só contém esse único elemento eleito. Uma segunda câmara do Parlamento reunido, os Lordes, é constituída por herança em certas categorias de nobreza, por nomeação para algumas funções de Estado ou por patronagem monárquica ou política. A distribuição de poderes entre essas duas câmaras tem uma história longa e contenciosa. No século XX, a Câmara dos Comuns adquiriu uma predominância significativa. Porém, o Parlamento ainda é, formal e praticamente, e em toda a legislação, a ação conjunta desses dois elementos e de um terceiro – o "assento real" do monarca hereditário: *seja promulgado por sua mais excelente Majestade, a*

Rainha, por e com o conselho e o consentimento dos Lordes espirituais e temporais e dos Comuns, neste atual Parlamento reunido, e pela autoridade do mesmo. Na verdade, o Parlamento só está integralmente constituído quando reunido dessa forma: a Coroa no Parlamento, como no "Discurso da Rainha", quando os Comuns são convocados pelos Lordes para escutar a monarca. Praticamente não é necessário argumentar que isso não soa como a linguagem e os procedimentos da democracia eleitoral moderna. Obviamente alguns aspectos dessa situação real são tratados, na prática, como se fossem meramente cerimoniais: o que Bagehot[2] chamou de elementos teatrais da Constituição. Certamente alguns o são. É perfeitamente sabido que o "Discurso da Rainha" é definido e escrito pelo governo que comanda a maioria dos Comuns. Os trajes de gala esmerados e as cerimônias em tais ocasiões são evidentemente teatrais e decorativos. Porém, seria um grave erro supor que a Constituição vigente do verdadeiro Parlamento seja apenas uma remanescência pitoresca. A Câmara dos Lordes, controlada por hereditariedade, em vez de eleição, em geral é considerada residual: uma contradição da ideologia da democracia eleitoral. É de fato uma contradição da ideologia, mas, nos termos da Constituição vigente, talvez a anomalia não seja a Câmara dos Lordes, e sim a Câmara dos Comuns. Pois a soberania do Estado britânico não emana do povo britânico, como na maioria das democracias eleitorais, mas dessa definição especial da "Coroa no Parlamento". Os adultos britânicos não são cidadãos, mas, legalmente, *súditos*, nessa velha palavra derivada da monarquia absoluta. Os poderes do "terceiro elemento" frequentemente menosprezado, no Palácio e também no Conselho Privado, são legalmente muito extensos, embora convencionalmente apenas exercidos de modo formal e em certas áreas limitadas (como as universidades).

---

2 Walter Bagehot (1826-1877), jornalista britânico, editor-chefe do *The Economist* (fundado por seu sogro). (N. T.)

Quando a Câmara dos Comuns funciona da maneira que se considera "normal" no século XX – por exemplo, com um primeiro-ministro incontestável, com maioria na Câmara dos Comuns –, de fato os poderes são apenas formais. Mas em quaisquer dos outros dois casos possíveis, em condições políticas em transformação – incapacidade dos partidos em se pôr de acordo em uma Câmara dos Comuns sem uma maioria partidária única, ou em uma situação mais genérica de emergência civil –, os poderes estão lá e prontos para serem exercidos.

Tais poderes são, de qualquer forma, respaldados por uma ideologia alternativa, que funciona em louco paralelo com a ideologia da democracia eleitoral. Pois todos os ministros britânicos são ministros da Coroa, ministros de Sua Majestade. Mesmo a oposição é a Oposição de Sua Majestade, uma expressão utilizada pela primeira vez no século XIX como uma brincadeira. A burocracia de Estado é um serviço civil, as forças armadas são os serviços militares dessa mesma "Coroa" ou "Coroa no Parlamento". O reforço constante desse nível de autoridade, localmente teatral, mas, sem dúvida, culturalmente poderoso, nunca deve ser visto de modo sensato como politicamente neutro. Tentativas de assimilar a segunda Câmara à ideologia eleitoral – por exemplo, por uma votação geral ou uma votação nos Comuns para abolir ou reformar radicalmente a Câmara dos Lordes – enfrentariam, a cada etapa de sua legislação, os poderes entrincheirados da constituição legal do Parlamento, a ponto de ser possível que o processo eleitoral e a Câmara eleita dos Comuns sejam considerados anômalos e, dentro dos termos em vigor, praticamente inúteis. A maioria dos políticos em exercício já parece disposta a recuar quando vê esse campo proibido à sua frente, pois na prática é muito mais fácil enfrentar um mandato eleitoral (o apelo ideológico normal por legitimidade) do que sustentar um conflito contra esses poderes entrincheirados.

Portanto, importa muitíssimo, na argumentação vigente na Grã--Bretanha, saber se o apelo é em prol da "democracia parlamentar" ou da "democracia parlamentar como a conhecemos". Pois a última, com suas profundas implicações conservadoras, deve ser claramente diferenciada da primeira, como geralmente se admite. Na verdade, pareceria haver três condições mínimas para a Grã-Bretanha se tornar uma democracia parlamentar moderna:

(i) a transferência da soberania legal ao povo ou ao seu Parlamento eleito;
(ii) a abolição da segunda Câmara, atualmente baseada na hereditariedade ou na patronagem e sua substituição por um corpo diferentemente constituído, com base em eleição;
(iii) a adoção de um sistema eleitoral que determinasse a composição do Parlamento eleito em termos da distribuição efetiva dos votos populares.

É perfeitamente possível argumentar contra uma ou todas essas mudanças, por outros critérios políticos. O que pareceria realmente vergonhoso seria argumentar contra qualquer uma delas, em nome da democracia representativa ou parlamentar. Os detalhes dessas mudanças, inclusive as escolhas necessárias entre os procedimentos alternativos disponíveis e possíveis, dentro dessas condições, poderiam ser discutidos separadamente. Mas é preciso, de início, rejeitar o jargão ortodoxo vigente e situar toda a argumentação em seu terreno real, a saber, se a Grã-Bretanha quiser um sistema de democracia parlamentar plena, ainda tem uma distância a percorrer.

2. Democracia "parlamentar" e "representativa"

Os defeitos da "democracia parlamentar britânica como a conhecemos" podem ser vistos como arcaicos e residuais. Porém, há uma outra dimensão da argumentação (frequentemente utilizada para defender ou racionalizar esses elementos residuais) que incide na questão mais ampla de "representação"; "democracia parlamentar" sendo, então, uma forma especial do princípio mais geral de "democracia representativa".

À primeira vista, "representação" é uma ideia muito simples. Em sociedades formadas por um número muito grande de pessoas, a ponto de não ser viável na prática que elas se reúnam e tomem decisões, são de algum modo escolhidos ou eleitos representantes de várias localidades, de vários interesses, várias opiniões, para se encontrarem e dirigirem as atividades necessárias. Isso é tão obviamente indispensável em todas as circunstâncias corriqueiras atuais que adquire o *status* de senso comum e, consequentemente, é usado para justificar, às vezes de modo bastante cômico, vários tipos de sistema político que se descrevem como "representativos". Porém, se olharmos de volta para a definição apresentada acima e refletirmos, surgem imediatamente diversos problemas. "Várias localidades [...], interesses [...], opiniões": desde o início há três bases completamente diferentes de representação. "De algum modo, escolhidos ou eleitos": na prática, há uma história política diversificada e muitas vezes violentamente contestada. "As atividades necessárias": há o problema de definir o escopo e os poderes dos "representantes".

Antes de abordar os detalhes de tais problemas, é preciso sobretudo estar atento aos diferentes significados reais desse grupo importante de palavras: *representar, representação, representante*. Desde muito cedo em sua história, há duas linhas de significado relacionadas, mas distintas: por um lado, o processo de "tornar presente"; por outro lado, o processo de "simbolização". As utilizações políticas confundem muitas vezes ambos os significados.

Por exemplo, o que significa quando um candidato bem-sucedido em uma eleição parlamentar contestada declara, como é costume atualmente após o resultado, que ele ou ela pretende representar todos os indivíduos de seu eleitorado, e não simplesmente os que votaram nele ou nela? Pode soar absurdo ou ofensivo, principalmente para quem dedicou muito tempo e energia para combatê-lo. Como poderia essa pessoa, a cuja política se opuseram implacavelmente, agora "representar" suas opiniões no Parlamento? Após a batalha eleitoral, esboçam-se alguns elementos de unificação e consenso, mas o fundamento principal da ideia é diferente e, a seu próprio modo, racional, porque repousa em uma ideia seletiva de "representação". Reivindica-se e geralmente respeita-se na prática que o eleito ocupar-se-á de casos e problemas do interesse de todos os membros de seu distrito eleitoral, tenham ou não votado nele ou nela. É uma utilização muito similar à do "representante legal", em que uma pessoa competente age no interesse de outra. Representantes parlamentares, na prática corrente, atuam em favor dos eleitores em uma série de negociações com os órgãos públicos e governamentais, junto aos quais sua posição formal lhes confere *status* ou influência de fato maiores. É uma função útil; geralmente paradoxal, pois decorre das distâncias e complexidades da própria burocracia governamental em um sistema governamental parlamentar democrático. Mesmo que certamente tenha pouco a ver com a ideia central de "democracia representativa", a qual pressupõe que a assembleia eleita seja um meio de representar as diversas visões políticas de todos os cidadãos. Na prática, na Grã--Bretanha, se tivermos um problema local ou pessoal em algum órgão público, escrevemos ao nosso deputado eleito e pedimos a ele ou a ela que aja em nosso interesse, mas se tivermos uma discussão ou uma causa política, embora procuremos influenciá-lo ou influenciá-la (geralmente sabendo de antemão que sua visão política é diferente ou de fato explicitamente oposta à nossa), procuramos outros canais para representar ("tornar presente") nosso ponto de vista: outros membros de outros partidos, ou discussões e ações públicas mais gerais.

    Esse problema comum nos conduz ao âmago da questão geral da "representação". A noção de responsabilidade em relação àqueles que o eleito chama com admirável modéstia "meus eleitores" repousa nas velhas bases territoriais do Parlamento, na medida em que seus membros provieram de regiões e bairros, tendo essa conexão antes e depois dos procedimentos eleitorais. Inicialmente, foram "representantes" em uma suposta fusão dos dois sentidos de "representar": eles "tornavam presentes" uma localidade particular no centro do poder e conseguiam fazê-lo porque eram considerados "representativos" daquela localidade como um todo. Esse último sentido pertence à forte segunda acepção do significado, como quando se fala de uma "dona de casa representativa" ou "representativo das jovens gerações": sem significar "eleito", "delegado" ou "mandatário", mas simplesmente *característico, típico*. Então, é fundamental manter uma distinção entre os dois significados. Diz-se às vezes, por exemplo, que, de certo modo, a Câmara dos Lordes é "mais representativa" do que a Câmara dos Comuns, visto que inclui corpos de experiência – especialmente na indústria e nas categorias profissionais, com envolvimento direto presente – com os quais os "políticos partidários" da Câmara dos Comuns não conseguem rivalizar. É um argumento interessante, mas profundamente equivocado, uma vez que os dois sentidos de "representativo" se acoplam e se desacoplam sutilmente.

Portanto, se a representação fosse feita conscientemente de forma a depender da tipificação – por localidade, por gênero, por ocupação, por faixa etária –, deveríamos ter um tipo de assembleia (na prática, em nada parecida com a Câmara dos Lordes) que, se fosse feita conscientemente de forma a depender da representação de uma diversidade de opiniões formadas, seria de um outro tipo bem diferente. Na prática, muitos sistemas "representativos" são uma miscelânea confusa desses diferentes princípios básicos. Se o último tendeu a predominar no sistema moderno de partidos, que generaliza e em seguida habitualmente monopoliza na prática a "diversidade de opiniões formadas", é então significativo (seguindo as principais linhas de força de todas as relações sociais reais) que quase sempre seja muito "irrepresentativo" em termos de localidade, gênero, ocupação e faixa etária (a composição social real da maioria das assembleias eleitas, inclusive da Câmara dos Comuns atual, oferece exemplos patentes, especialmente em gênero e ocupação). Por outro lado, o princípio utilizado para defendê-la – a representação organizada de opiniões formadas, suplantando as outras diferenças – é até certo ponto confirmado – o parlamento é legítimo porque foi eleito com base nessas opiniões formadas e expressas – e então denegado além desse ponto, uma vez que muitos representantes afirmam outros princípios básicos: "o bem de todo o país"; "opinião pública geral"; "experiência pessoal"; "foro íntimo".

Certamente não é fácil a resolução desses pontos de referência algumas vezes conflitantes. O mais importante é a facilidade ilusória com a qual se evitam esses conflitos legítimos, passando de uma a outra ideia de representação, como melhor se ajustar à ocasião ou à conveniência, ou comumente utilizando antes e qualificando depois a ideia supostamente predominante de "representação" como a representação das "opiniões formadas". A longa discussão sobre as ideias de "representante" e de "delegado" deve ser vista sob essa luz. A eleição por meio de um sistema partidário organizado deslocou-se claramente para longe das ideias de representação simbólica ou típica; opiniões formadas e expressas são apresentadas e votadas. Então, a legitimidade necessariamente depende da representação permanente – a apresentação ativa – dessas posições conscientemente eleitas. Mudanças imprevistas de circunstâncias, ou mudanças reais de mentalidade, podem criar dificuldades, mas de acordo com o princípio escolhido de representação requerem ou uma consulta formal ulterior, ou renúncia e nova eleição. Alguns representantes o fazem, mas muitos não o fazem e se justificam, ao migrar para um outro conceito de "representante"; uma pessoa experiente e competente, que age conforme seu melhor julgamento: o "representante", pode-se dizer, como um representante *profissional*.

Atualmente, essa ideia tem uma força considerável. Em termos gerais, formou-se uma classe de "representantes", inicialmente em íntima relação com corpos de opinião formada, que em certo momento ingressam na carreira pessoal de serem representantes, na qual realmente está o velho sentido simbólico. São pessoas com experiência e discernimento políticos. Se de repente não tiverem (por algum acidente de carreira ou eleição) alguém ou algum lugar para "representar", haveria uma discussão pública e uma ação privada para "achar-lhes um lugar". Portanto, acontece frequentemente de haver "representantes" políticos importantes que não representam ninguém, se preservarmos cuidadosamente o sentido formal. Definido dessa maneira, ou seja, ser representante corresponde a uma carreira, uma posição ou um emprego, o processo efetivo de representar opiniões políticas formadas pode ser posto de lado ou subordinado, na medida em que um "insucesso" ao escolher ou reescolher essa pessoa pode ser descrito como despedi-la ou demiti-la, mandando-a embora de seu "emprego". Mas isso é ridículo, uma vez que a legitimidade da assembleia ainda é formalmente derivada de uma eleição aberta dentro da "diversidade das opiniões formadas".

Há muitos problemas nos procedimentos reais de representação e delegação, de mandato e destituição, e de seleção de representantes nos corpos de opiniões formadas. Tudo isso deveria ser minuciosamente discutido, não apenas nos termos vigentes, mas nas condições sociais e materiais em rápida transformação da informação e da comunicação pública. Porém, pode-se progredir muito pouco nessa discussão, a menos que tenhamos esclarecido a noção do que deve ser representado e representativo e então optado entre interpretações atualmente confusas e alternativas.

3. O que está sendo representado?

A distinção entre "representante" no sentido de apresentar ativamente uma posição formada e estabelecida e "representante" no sentido de ser geralmente mais característico ou típico leva-nos a um sério problema da democracia moderna. A interpretação mais simples de representação "característica" repousa histórica e teoricamente em uma visão da ordem social constituída por "estamentos", nos quais os representantes são convocados. Pressupõe uma "unidade na diversidade" simbólica do Estado. Em condições modernas, as organizações de opinião formadas – "partidos" – podem ser criadas para reunir "estamentos" ou, mais especificamente, classes sociais, com o mesmo pressuposto, contudo, de "unidade na diversidade". Na Grã-Bretanha, na prática, produziu-se outra interpretação, não baseada em "estamentos" ou "classes", mas em localidades territoriais. Ainda que naturalmente fosse diferente, o mesmo princípio de "unidade na diversidade" – como ainda nessa potente descrição ideológica de "Reino Unido" – assegurava, ao se governar, o caráter e acima de tudo a *função* da representação. Portanto, a influente distinção de Burke entre um "representante" e um "delegado" fundamentou-se explicitamente em uma ideia de unidade nacional: "O Parlamento é uma assembleia *deliberativa* de *uma* nação, com *um* interesse, o do todo". (Esse "todo" inclui não apenas os vivos, mas os mortos e os que ainda não nasceram!) Do mesmo modo, na outra extremidade do espectro político, a nova Constituição francesa de 1791 determinou que "os representantes eleitos nos departamentos não são representantes de um departamento particular, mas de toda a nação, e nenhum *mandato* pode lhes ser atribuído". Porém, podemos fazer então a distinção entre o desejo de evitar todo localismo e particularismo, de forma a chamar a atenção ao interesse geral, e o pressuposto de Burke de "*uma* nação, com *um* interesse", o qual determina um modo de representação menos rígido do que uma delegação específica.

Com certeza, a retórica desse "interesse nacional" predefinido certamente sobrevive com muita força. Na pior das hipóteses, como é uma presunção, apropria-se antecipadamente de todos os argumentos básicos sobre o que é, ou deveria ser, a nação, bem como os seus interesses. Porém, além disso, é evidente que os socialistas têm uma dificuldade imediata para presumir uma unidade de interesse além e acima das classes. A maior parte da prática política, por todos os lados, é a representação consciente de interesses sociais e econômicos específicos de classe: os detalhes do regulamento ou do mandato podem variar, mas a consciência de *interesse* – inclusive, obviamente agora, os interesses especiais de localidade – continua acessível e obviamente presente. Ainda mais na prática moderna do programa político, o qual, nas eleições bem-sucedidas, se torna e se chama *mandato*, abandonou-se há muito tempo, na prática, a ideia de deliberação de um interesse nacional presumido e consentido por representantes caracteristicamente sem rigor.

Então, efetivamente sucede que, no plano das ideias, por um lado, se conserva a ideia de Burke para ser utilizada no momento em que houver algum conflito ulterior entre eleitos e eleitores, ou eleitos e partidos por meio dos quais a eleição havia sido deliberadamente assegurada, conforme um princípio de mandato; e, por outro lado, desenvolve-se uma objeção radical a toda ideia de representação típica ou semiautônoma e uma tentativa de substituí-la pela ideia alternativa de *tornar presente de maneira contínua e interativa* as visões e os interesses dos que são representados nesse sentido mais específico.

É significativo que tenha sido principalmente nos partidos trabalhista e socialista que as ideias alternativas suscitaram um conflito aberto. Pois a linha divisória, bem demarcada nas teorias alternativas, parece situada entre a presunção de um interesse comum preexistente, em que representantes típicos, autônomos ou semiautônomos se encontram para deliberar juntos, conforme o próprio julgamento e consciência, e a presunção de um *conflito de interesses radical*, no Estado ou na nação, em que representantes de interesses conflitantes se reúnem para negociar ou disputar o critério determinante e dessa forma são representadas, *tornam-se presentes*, as visões formadas e expressas do povo e dos interesses.

Porém, há outro nível de problema. Nas condições de sufrágio ampliado ou adulto universal, a representação de cada grupo é determinada pelo total dos votos individuais. Mesmo nos sistemas eleitorais proporcionais, onde todos os votos individuais contam (distinto da maioria simples [*first-past-the-post*], em que muitos votos individuais são contados e em seguida descartados; em geral, nas disputas com três ou mais candidatos, a maioria é descartada), o fundamento de eleição e do mandato é individual. Presume-se que o indivíduo soberano faça a escolha de todo o governo de seu país, e consequentemente todos os indivíduos, ou parte deles, serão contados. A presunção teórica de um "indivíduo soberano" naturalmente prefigura o indivíduo soberano "representativo", embora com alguns equívocos óbvios. Em ambos os casos, toda a gama de relações sociais é reduzida a duas entidades: o "indivíduo" e a "nação".

Mas então há uma teoria de parlamento como a escolha de "todo o povo", pela qual emergem maiorias e se formam governos. Não é uma teoria completamente falsa, nem completamente verdadeira. Pois na prática, por outros caminhos, o povo forma instituições atuantes para representar seus interesses: sindicatos, organizações patronais, campanhas com interesses específicos e assim por diante. A teoria do parlamento indica que todos os interesses estão reunidos e representados em seu interior, e consequentemente não é fácil dizer o que realmente seriam essas outras formas representativas.

Uma resposta seria que eles "fazem representações" ao parlamento soberano, que em seguida decide as questões. Porém, na prática, a situação é ao mesmo tempo mais indireta e mais direta. O mandato presumido de um governo fundamenta-se em uma maioria na assembleia eleita, mas essa maioria, da mesma forma que a eleição geral originária, fundamenta-se caracteristicamente em um pacote de pontos de debate, os quais devem ser decididos pelo sistema representativo parlamentar *como pacotes*, deixando muito espaço para divergência e desacordo no presente e no futuro. Geralmente, na prática, o governo, respaldado na sua maioria geral, consulta ativamente e com frequência negocia com corpos representativos fora do Parlamento; de fato, por vezes mais ativamente do que consulta e negocia com o próprio Parlamento, uma vez que, partindo de sua maioria na Câmara dos Comuns, caminhou para o monopólio do poder soberano do Estado – um monopólio centrado no primeiro-ministro – no velho sistema pós-feudal da "Coroa no Parlamento". Em parte, tais complexidades seriam inevitáveis, mas demonstram na prática que as reivindicações dos *parlamentos* de monopolizar e exaurir o processo representativo – do qual a sua teoria ainda depende – são irrealizáveis em condições reais.

Deve-se então enfrentar a coexistência de duas formas diferentes de interesse representado. Em um nível, a contagem de todos os votos individuais – com intervalos de alguns anos, embora o processo seja mimetizado por pesquisas de opinião pública – conduz a um Parlamento representativo de uma certa duração e a um governo geralmente dependente dele. Assim, já é evidente que a representação é indireta e parcial. É evidente que dificilmente um governo moderno na Grã-Bretanha receberia os votos positivos de metade ou mais da metade do eleitorado e é raro um governo ter recebido sequer a metade dos votos. Em seguida, sobrevêm mais reserva e limitação. O líder da maioria ou do maior partido "é convidado" a formar um governo: o entrosamento constitucional com a monarquia. Desse ponto de vista, os poderes do primeiro-ministro são, com efeito, os poderes de todo o Estado. Os outros ministros são escolhidos pelo primeiro-ministro, e não (nem para ratificação) pela assembleia eleita. Sempre há alguns ministros que ninguém elegeria. É indispensável, para o primeiro-ministro e para o governo, manter o apoio da maioria dos representantes eleitos, mas, na prática, conquistam quase de imediato uma autonomia efetiva. O sistema, descrito em *The Long Revolution* como sendo a eleição periódica de "uma corte", foi também descrito de modo mais ríspido pela direita como uma "ditadura eleitoral". Portanto, o poder do gabinete governamental e, cada vez mais, das comissões subordinadas com autoridade governamental é de tipo soberano, derivado do processo representativo e no final responsável diante do processo eleitoral, mas, no intervalo de tempo entre duas eleições, autônomo. Muitas informações pormenorizadas, das quais dependem as decisões, não são expostas nem ao Parlamento nem ao público, e algumas decisões-chave, em assuntos importantes, nunca são sequer anunciadas.

Assim ocorreu a instituição de um corpo absolutista temporário nas contradições cuidadosamente preservadas de um processo eleitoral e de um Estado monárquico. Isso se justifica pelo (em si razoável) argumento de que esse corpo é "responsável" frente ao Parlamento e eventualmente frente aos eleitores, mas o verdadeiro significado de "responsável" é sempre adiado, portanto transferindo todo o sentido de representação à primeira e à última fase de um processo complexo, com todas as fases interpostas controladas efetiva e deliberadamente pelo que se poderia propriamente chamar de "gabinete", um corpo interno de funcionários de Estado de estilo monarquista (originariamente *gabinete* significava os aposentos privativos do monarca). Em relação a esse sistema, o Parlamento mantém uma importância considerável, mas a maioria dos observadores concorda que o sistema dominante não é parlamentar, mas um governo de gabinete, no qual o interesse representado foi dividido e deslocado. A situação ficou ostensivamente clara na recente crise Falklands/Malvinas, quando os detalhes complexos dos vários estágios de negociações para evitar a guerra não foram expostos em tempo hábil à Câmara dos Comuns, que em parte aprovou o envio de forças armadas como uma maneira de retroceder a essas negociações indispensáveis. A informação limitada corretamente exigida e indevidamente retardada a respeito das operações militares foi justificada nessa questão de importância pública direta, em que por definição os detalhes eram conhecidos "pelo outro lado", em termos de uma soberania efetiva do gabinete governamental. A informação completa foi exposta apenas quando as negociações chegavam ao fim e as operações militares estavam em vias de começar.

Em outro nível, à medida que surgem novos assuntos e que as diretrizes se tornam específicas, há uma interação do governo com outros corpos de interesse formados e opiniões declaradas. Naturalmente, isso é descrito, às vezes com exatidão, como "consulta entre as partes interessadas". Mas em grande parte é um processo social muito diferente, dissimulado por certa ideia mística de parlamento. Pois acima da teoria dos indivíduos soberanos que são contados pairam enormes formações de poder político e econômico. Seguramente todos na esquerda veem (como a direita presume, na prática) que as principais instituições financeiras, as grandes corporações capitalistas (inclusive as principais multinacionais) e a imprensa capitalista desempenham papéis-chave, direta ou indiretamente, na formação e na viabilidade das mais importantes políticas de Estado. Ironicamente, em geral imputa-se aos sindicatos e às campanhas radicais a intenção de exercer um poder extraparlamentar. Porém, nada mais fazem do que se unir a um processo ativo, poderoso e admitido, no qual, pelo controle de recursos, as forças extraparlamentares do sistema capitalista nacional e internacional atualmente desempenham o papel dominante.

Consequentemente, duas coisas devem ser ditas se o motivo da discussão for esclarecer se o Parlamento deve ser defendido contra esses interesses. Em primeiro lugar, há versões honestas e desonestas do assunto, e a versão desonesta é a que seleciona sindicatos, campanhas radicais e comitês partidários como agentes primordiais da pressão extraparlamentar. Por vezes, são os mais visíveis, porque não têm acesso sistemático e, por essa razão, não têm acesso confidencial, mas estão longe de ser os mais poderosos. Em segundo lugar, e mais radicalmente, é tempo de examinar novamente os processos reais, as instituições ligadas ao processo decisório em larga escala e as complexas sociedades modernas, e examinar além das definições recebidas, e frequentemente remanescentes, de como o sistema funciona, nominalmente ou em partes. Isso nos conduz diretamente ao problema das relações entre as ideias socialistas de democracia e o "Parlamento como o conhecemos".

4. Socialismo e democracia representativa

A principal objeção socialista aos sistemas existentes de democracia representativa, inclusive à "democracia parlamentar como a conhecemos", decorre da falsa pretensão de constituírem todo o governo da sociedade. Sem dúvida, certas decisões-chave políticas e econômicas são tomadas e contestadas por meio desses sistemas, mas sempre em condições nas quais o controle e, portanto, o processo decisório sobre os principais recursos econômicos do país permanece firmemente em mãos "privadas": na realidade, nas mãos das *corporações* capitalistas nacionais e internacionais. Portanto, as decisões mais importantes, que afetam a vida e o sustento da maioria (individual) dos cidadãos, são legalmente tomadas além do alcance do sistema de "representação" política. Os programas genuinamente socialistas para ampliar e concretizar a democracia econômica, como uma contrapartida indispensável à democracia política, são então necessariamente centrados em medidas de propriedade e controle público. Ao mesmo tempo, esses programas se diversificam de vários modos. Podem levar à propriedade, controle ou direção públicos no sentido já consagrado de "público" como Estado, que emerge da interação entre as instituições estabelecidas e um governo derivado da representação política. Mas as linhas de controle e as diretrizes políticas são tão indiretas que seria ilusório e enganoso considerá-las análogas a uma democracia política. Além do mais, não se modificariam as relações imediatas do processo decisório nessas empresas. A verdadeira reivindicação socialista de democracia econômica é completamente diferente, centrada no controle e na gestão das empresas por todos os que trabalhem nelas e em diretrizes específicas de relacionamento entre essa autogestão e interesses mais gerais e mais amplos.

Até que se estabeleça uma democracia econômica nessa acepção plena, convém que os socialistas descrevam os sistemas representativos vigentes tais como são: democracia burguesa. A descrição virou *slogan*, mas tem um significado preciso: é a coexistência de representação e participação políticas em um sistema econômico que não admite direitos, litígios ou reivindicações. Consequentemente, como essa identificação é indispensável, como ponto central da política moderna, os socialistas devem ser firmes contra os inimigos políticos, mas também contra alguns supostos amigos.

Pois o crescimento da democracia burguesa foi acompanhado e viabilizado de modo característico por longas lutas em defesa do que se considera a verdadeira essência da democracia: liberdade de expressão, liberdade de reunião, candidatura e eleições livres. Uma coisa é chamar a atenção para o fato de serem ainda imperfeitas na democracia burguesa e o poder do capital privado (corporativo) limitá-las e por vezes aniquilá-las. Outra coisa é fazer uma falsa transferência a partir das características realmente distintivas da democracia burguesa – o contínuo monopólio burguês do poder econômico prevalente; o uso de seu poder para influenciar e por vezes marginalizar a democracia política – e em seguida chegar a uma classificação dos direitos e procedimentos indispensáveis em qualquer democracia como se fossem "democrático-burgueses". Essa linha de argumentação, provinda de uma tendência dominante nos países de "socialismo atualmente existente", não está teoricamente errada. Sua associação prática com a denegação ou a supressão desses direitos – mais evidente na questão da liberdade de expressão, mas igualmente em questões cruciais de candidatura e eleição livres – é ao mesmo tempo uma ameaça e um obstáculo ao desenvolvimento da democracia socialista. Além do mais, de modo imperdoável, ajuda a democracia burguesa a se safar, ao permitir que ostente esses elementos indiscutíveis, embora imperfeitos, de seu próprio sistema como um pretexto para conservar seu poder econômico e igualmente político sobre os cidadãos.

Portanto, nenhum socialista que formule uma crítica necessária à "democracia parlamentar como a conhecemos", ou aos sistemas eleitorais representativos em economias ainda predominantemente capitalistas, deve iludir a si mesmo ou aos outros, imaginando que há um modelo prático disponível – a democracia socialista – que pode ser transportado e colocado em prática. Alguns dos recursos para a democracia socialista são agora ativamente examinados, mas ainda em um estágio relativamente preliminar, e temos de formular questões intricadas, não aos outros, mas a nós mesmos.

5. Dois caminhos para a esquerda?

Causa surpresa atualmente, em uma esquerda excepcionalmente ativa e militante, a crença em dois princípios, que se não forem, no fim das contas, necessariamente contraditórios, no mínimo não são intuitivamente compatíveis. Podem ser sucintamente resumidos como (i) um governo de esquerda no poder e (ii) a autogestão.

Há uma necessidade óbvia de um governo de esquerda no poder. Nossa crise econômica e social só pode ser resolvida, ou simplesmente mitigada, por um tal governo ou por um governo de direita ainda mais rígido. Então, é um problema urgente, e na prática um conjunto de propostas democráticas está vinculado a essa urgência. Portanto, a esquerda trabalhista propõe um partido de massas firmemente organizado – o Partido Trabalhista –, que elabora, por meio de decisões majoritárias de uma reunião de delegados, diretrizes "formalizadas e expressas", defendidas na eleição geral e em seguida implementadas no governo, por meio de representantes que são, em um forte sentido (mas não o mais forte), delegados: engajados nessas diretrizes, sujeitos a questionamentos e eventualmente a uma nova reeleição, mas não a uma destituição. Essa pressão é bem-vinda pois representa uma campanha radical contra as evasivas habituais do sistema representativo e contra as reivindicações de versões mais vagas da representação, feitas pelos que, apesar disso, dominaram e fizeram a escolha de dominar a máquina do partido. Mas, teoricamente e em seguida praticamente, é vulnerável em vários aspectos.

Em primeiro lugar, a origem da legitimidade de uma deliberação está sujeita às objeções que podem ser formuladas contra a representação em geral. Não é apenas uma função da interpretação da representação no voto de bancada, ele próprio alcançado de forma variável, em poucos casos apenas baseado nos votos positivos de todos os membros dispostos a participar e em nenhum caso preservando a distribuição real de tais votos ou dos votos indiretos das comissões e delegados. Também é uma função do caráter relativamente indireto da representação, mesmo por delegados do partido, os quais outra vez são muito raramente respaldados pelos votos positivos de todos os membros dispostos a participar e outra vez deixam de preservar a distribuição real de tais votos ou dos votos mais indiretos de comissões e representantes locais.

Em segundo lugar, tenta-se extrair desse sistema uma assembleia eleita com uma determinada soberania e duração. Não se apresenta nenhuma proposta – e de fato tais propostas são rejeitadas em geral – para uma representação em proporção à distribuição real dos votos. Identifica-se corretamente a necessidade de abolir a assembleia não democrática remanescente – a Câmara dos Lordes –, mas não há propostas para formar um outro tipo de segunda câmara, apesar de desvantagens e perigos óbvios em um governo unicameral.

Em terceiro lugar, de modo ainda mais fundamental, as propostas podem ser vistas como parte de um programa de *controle*, no qual, de certa forma, elementos de democratização podem ser convertidos em elementos de monopólio político, funcionando auspiciosamente dentro da soberania real da máquina do Estado. Uma vez que o programa é declaradamente socialista, surgem então muitas interrogações importantes provindas de nossa crítica global da democracia burguesa, e nesse ponto, por questão de honestidade, surge o elemento controle. É plausível que os socialistas acreditem que somente um governo central determinado e poderoso possa conter e superar a inevitável resistência capitalista a medidas socialistas: resistência que se produziria tipicamente por vias extraparlamentares, através dos mercados financeiros e de suas alianças e instituições internacionais. Obviamente, há a esperança de que um Parlamento eleito com um monopólio temporário do poder político possa usar a máquina do Estado para suplantá-la. Há razões históricas persuasivas a respeito da *necessidade* dessa tentativa, uma necessidade que deu origem a todas as economias socialistas controladas. Porém, uma coisa é identificar essa necessidade e interpretar a democracia por meio dela, outra é usar a necessidade para justificar – por suposição histórica, por teorias de uma vanguarda, ou com base em decisões ou eleições *passadas* – o monopólio prático do poder político.

É muito urgente, nesse movimento agora ativo e cheio de esperanças, fazer a distinção entre os impulsos democráticos legítimos, que são intentados para melhorar e ampliar a democracia parlamentar, e os métodos reais propostos, que em sua forma atual – sem parlamentos mais curtos, sem representação proporcional, sem reforma da Conferência, sem seleção democrática nas primárias de todos os delegados e candidatos, sem procedimentos de destituição positiva, e unicameral – poderiam facilmente caminhar tanto em direção a um governo burocrático de comando quanto em direção a uma democracia socialista (a "democracia socialista realmente existente" na verdade está mais próxima da primeira do que da segunda).

Nesse ponto, invoca-se o segundo princípio, em geral pelas mesmas pessoas e aparentemente com as mesmas posições teóricas. De algum modo, por meio do programa de comando, dizem alguns, será alcançada a autogestão: democracia popular, socialismo comunitário, controle pelos trabalhadores. Naturalmente, outros enfatizam esses meios para a democracia direta principalmente como uma *alternativa* para a democracia representativa, sendo representantes apenas os que, por razões físicas inevitáveis, tornam presente e informam o povo, que detém a principal responsabilidade e pode exclusivamente tomar decisões. Todo esse procedimento, agora experimentado e ativo em nossas formas sociais mais novas – nas cooperativas de trabalho e organizações coletivistas –, provavelmente não se reduza à condição de um resultado desejado em um sistema representativo de comando. Porém, de maneira confusa e generosa, é nesse ponto que a argumentação se fundamenta.

Em minha própria concepção, o único tipo de socialismo que tem alguma possibilidade de se implantar, nas velhas sociedades industrializadas burguesas, seria centrado em novos tipos de instituições comunais, cooperativas e coletivistas, nas quais estejam garantidas legalmente e ativas, por meios tecnicamente viáveis, as práticas democráticas plenas de livre expressão, livre reunião, livre candidatura às eleições, mas também um processo decisório de tipo suscetível de revisão por todos os interessados na decisão. É realmente o único caminho deixado aos socialistas deste país. Mas é preciso começar uma discussão muito aberta e prática sobre as relações entre tais instituições e a necessidade indiscutível de instituições em escala maior, seja na luta inevitável contra a enorme resistência capitalista ou externa, seja no trabalho real de uma sociedade industrial moderna complexa e numerosa. Os preceitos dominantes vigentes de um governo partidário firme que outorgasse a autogestão parecem, no melhor dos casos, uma esperança piedosa, no pior, uma ilusão patética.

6. Instituições da democracia socialista

O interesse da autogestão, como comumente antevista, é seu caráter democrático direto e total. É uma etapa consciente além da democracia representativa, em sua forma eventualmente pós--feudal ou burguesa, ou social-democrata. Porém, é evidente que muitas projeções e experiências envolvem pequenas iniciativas e comunidades, onde seus princípios são mais facilmente factíveis. O que existe além delas, em escalas maiores, é uma boa vontade vaga e genérica ou... a economia socialista de comando.

Em seguida, devem ser considerados definições e princípios novos. Em primeiro lugar, o problema de escala é mais complexo do que o simples contraste entre pequeno e grande. Certos processos industriais são necessariamente complexos, na divisão vertical e horizontal do trabalho, e o processo decisório não pode ser atribuído unicamente aos elementos da iniciativa. Igualmente há uma série de diretrizes sociais desde as que afetam os habitantes de uma determinada localidade até as que afetam populações maiores e as relações entre localidades. Portanto, a autogestão não pode ser confinada a iniciativas e comunidades isoladas, para as quais existem alguns modelos, mas deve ser considerada como um princípio dentro de formas necessariamente mais indiretas, extensas e complexas. Pode-se assim definir a necessidade de novos tipos de instituições *intermediárias*, embora devamos ser prudentes para não aceitarmos sem crítica a linguagem conhecida de intermediação entre as grandes instituições dominantes e as pequenas localmente autônomas, a qual é evidente em palavras como "devolução" e "descentralização". A condição da democracia socialista é ser construída desde relações sociais diretas até todas as relações indiretas e estendidas: o que é expresso na linguagem consagrada de "poder das bases" ou "começar pela base": todas melhores do que "devolução" ou "descentralização", que pressupõem um poder autêntico em um determinado centro, de certo modo influenciado por elas. A ênfase real é mais bem expressa por "poder *na* base", "*no nível* da base". Em qualquer eventualidade, a decisão deve pertencer aos que são diretamente interessados.

Porém, isso nos traz de volta ao problema da escala. De fato, nesse ponto podemos obter alguma ajuda na crise atual do governo local. Lá, atualmente, disputa-se e estuda-se cada vez mais esse exato problema de definição da área de responsabilidade. É um problema muito delicado, como podemos ver, especialmente porque inclui a provisão de recursos, além da provisão geralmente mais simples de serviços. Ora, é uma questão de urgência debater e identificar as escalas adequadas do processo decisório, em uma grande variedade de comunidades, da paróquia ou do bairro até o condado e a cidade, ou da minoria da nação até níveis supostamente nacionais, e além deles, até uma comunidade internacional ainda maior. De fato, na política ortodoxa, essas escalas e níveis são continuamente negociados e contestados, e há muita experiência prática disponível. Mas a participação socialista introduzirá o princípio característico de *máxima autogestão*, aliado a considerações sobre a viabilidade econômica e a uma razoável equidade entre as comunidades, em franca ruptura com o novo critério dominante de conveniência administrativa do Estado centralizado. Em uma variedade de temas correntes, do transporte público até a notação financeira, tal intervenção está na agenda, mas a definição plena deve recobrir todo o terreno.

Logo, torna-se patente nessa investigação que as escalas de relevância da comunidade variam, às vezes enormemente, conforme o interesse ou o serviço em questão. Essa variação é ainda mais necessária na organização da autogestão econômica, pela variação dos processos de trabalho, por fatores de relativo monopólio ou lucratividade e atratividade relativas das empresas e assim por diante. Uma vez que essas questões complexas não sejam mais dominadas pelos imperativos do capital ou pelo planejamento centralmente elaborado, devem ser necessariamente moldadas novas formas de autogestão e de acordos cooperativos entre empresas autogeridas e comunidades. Na perspectiva da democracia socialista, a realidade introduz a segunda redefinição: devemos nos deslocar, para além da unidade política para todos os fins e dos representantes para todos os fins, em direção a uma gama de unidades políticas específicas e variáveis e representantes específicos e variáveis. Torna-se o terreno democrático pleno para toda crítica socialista aos sistemas vigentes de representação política.

É certo que, em qualquer situação previsível, serão necessárias formas de representação política geral, pelo menos em cada tipo de comunidade, como um meio de debater e negociar as relações necessariamente complexas entre as diferentes formas e áreas de autogestão. Mas, na perspectiva da democracia socialista, esses representantes não podem ser vistos como representantes para todos os fins, para esgotar e dominar todos os processos de tomada de decisão. De fato, é um importante fator contra o socialismo que, mesmo sob o monopólio do capitalismo, muitas decisões econômicas de cidadãos não capitalistas desfrutem pelo menos de certa liberdade, que provavelmente será reduzida ou extinta por um sistema representativo socialista para todos os fins, que estenda seus poderes ao âmbito econômico. Portanto, há uma necessidade política e ideal de novos tipos de instituições representativas paralelas.

Por exemplo, indústrias e serviços de propriedade pública não apenas deveriam ser reformulados por novos modos de democracia interna e pela eleição da administração e das comissões, mas os que forem democraticamente eleitos nessas instituições específicas deveriam ulteriormente se associar para compor conselhos representativos industriais, os quais agiriam e negociariam em paralelo com representantes políticos gerais, em vez de atuarem indiretamente e divididos em relação com os ministérios. O Departamento de Estado e outros departamentos públicos seriam assim genuinamente executivos, sob o controle de dois tipos de processo decisório, na representação industrial e política. O aparecimento de formas alternativas de representação geral, por meio desses processos, poderia, por sua vez, se relacionar com o aparecimento de representantes diretos das nações e regiões recentemente autônomas. Essas duas fontes, além de outras afins, na verdade dão forma a uma segunda câmara importante, na qual o processo democrático transcorreria com a mesma força, mas por outros canais de relacionamento. Tudo isso aplicar-se-ia não somente em níveis "nacionais" existentes, mas em todos os níveis adequados, determinados por decisões locais (que também poderiam ser variáveis).

O propósito dessas redefinições, que para serem detalhadas na prática necessitariam de pesquisa e discussão extremamente cuidadosas e difundidas, é indicar a forma de uma democracia socialista exeqüível, distinta tanto do modelo de uma economia de comando centralizada quanto do modelo em desenvolvimento de uma autogestão cada vez mais fragmentada. Não se pode pretender que façam mais do que indicar uma solução para a tensão e a confusão entre esses dois modelos, mas fundamentam-se na convicção de que toda sociedade supostamente socialista deve ter poderes gerais plenamente adequados e que, ao mesmo tempo, esses poderes devem depender de forças populares profundamente organizadas e diretamente participativas. Esse tipo de resolução é agora nosso principal desafio histórico. Modos inspiradores de poder popular direto – historicamente, nenhum deles durou muito tempo – devem ser considerados entre as novas possibilidades de resistência, pela construção de sistemas complexos entrelaçados, que possam lidar não somente com emergências, mas com a continuidade da vida cotidiana. O colapso do monopólio (partidário ou burocrático) do poder só pode ser evitado dessa forma, pelo aprofundamento e variabilidade das instituições. Igualmente, nas velhas sociedades capitalistas, que experimentaram e respeitaram a democracia representativa, apenas esses processos, que aumentam a representação real e a tornam praticamente aberta à participação plena e informada, podem gerar o desejo político de tentar e obter não apenas transformações profundas, mas, em um estágio mais tardio, reformas socialistas, ainda que limitadas.

7. Agenda para pesquisa e discussão

Então, seria uma prioridade política adentrarmos essas áreas pela ação prática e pela experimentação quando for possível, pela pesquisa e por um amplo processo de discussão. Como contribuição, proponho agora para discussão uma agenda preliminar.

A) Intervenções na discussão sobre o Parlamento

(i) Soberania e cidadania

Os socialistas deveriam ampliar a discussão propondo uma mudança do *status* legal dos "súditos britânicos" para "cidadãos britânicos". O princípio é transparente e correto por si mesmo, fácil de se apoiar (e consequentemente difícil de se refutar) em termos de compromisso ortodoxo com a ordem social democrática. Por outro lado, tem implicações de longo alcance na presente Constituição do Estado britânico, que floresce sobre essa contradição arraigada. Os detalhes constitucionais e legais requerem pesquisa e discussão urgentes e competentes.

Como complemento a essa proposta básica, os socialistas deveriam propor uma redefinição de soberania, em termos de uma ordem social democrática moderna. Em princípio, envolveria a definição de soberania, baseada coletivamente em todos os cidadãos. A autoridade de um Parlamento reformulado seria legalmente definida como oriunda por completo de todos os cidadãos por meio de eleição, sem nenhum tipo de poder de Estado separado ou reservado.

Na prática, seriam grandes lutas políticas, mas seu terreno é a crença em uma sociedade democrática para a qual já existe uma aprovação geral, e seria importante que os inimigos dessas mudanças aparentemente óbvias lutassem nesse terreno comum aparente ou mudassem para seu próprio terreno real.

(ii) Câmaras do Parlamento

Os socialistas apoiam as propostas em andamento de abolir a Câmara dos Lordes. Mas se buscamos um governo democrático mais amplo, e não mais restrito, não poderia haver uma rejeição apressada de uma segunda câmara. Deveria haver uma discussão abrangente sobre as possíveis modalidades. Nossa proposta imediata é que seja composta por representantes eleitos das minorias nacionais, regionais, operárias e profissionais. Se essa discussão geral obtiver apoio, seriam necessárias discussões minuciosas sobre as proporções e métodos de eleição.

(iii) Duração das Câmaras eleitas

Há uma reivindicação de longa data a favor de parlamentos anuais, que muitos socialistas ainda apoiam. Dada a complexidade dos procedimentos legislativos e consultivos modernos – muitos deles com grande importância democrática –, esse período parece curto demais. Um período de três anos seria razoável. Em todo o caso, mesmo que se mantenha a duração atual, deveria haver uma mudança para eleições gerais em datas fixas, com o intuito de retirar essa prerrogativa politicamente importante dos detentores temporários do poder. O direito de eleição em intervalos definidos é intrínseco à prática democrática e já vigora extensamente em outros segmentos da sociedade. (Nota: pode haver complicações em caso de uma renúncia ou deposição do governo antes da data fixada. Os procedimentos para essa eleição emergencial, que não cancelaria as datas fixadas subsequentes, ainda devem ser planejados, mas há muitos casos comparáveis em outras sociedades.)

(iv) Sistema eleitoral da Câmara dos Comuns

Muitos integrantes da esquerda ainda se opõem à reforma do sistema eleitoral, utilizando argumentos tradicionalistas ou cálculos das vantagens do Partido Trabalhista no sistema vigente. Porém, os socialistas têm tudo a perder, na situação atual, se não forem a vanguarda das campanhas em prol de um processo eleitoral ativo, justo e racional. A dúvida sobre o engajamento socialista com a democracia popular ativa, distinta dos tipos de democracia corporativista ou partidária, deve ser debelada na prática, se ainda for preciso debelá-la. Por isso, os socialistas devem apoiar a reforma eleitoral, preferencialmente em termos de votos individuais transferíveis em circunscrições com representantes múltiplos. Se ela também for apoiada por não socialistas, melhor ainda.

Deve haver duas reformas subsequentes, diretamente associadas à primeira. O princípio de responsabilidade local ativa deveria, nos sistemas representativos, ser respaldado por uma nova regra – por sua vez uma antiga reivindicação radical – de que todos os candidatos deveriam ter residido regularmente em sua região eleitoral pelo menos nos três anos precedentes. Há algumas desvantagens, nas condições modernas de mobilidade, mas muito mais vantagens operacionais pela formação e reprodução de uma classe de representantes profissionais, que simplesmente estariam assentados no lugar real. Ao mesmo tempo, o sistema de depósito para candidatura deveria ser abolido. Funciona principalmente em proveito das máquinas partidárias e dos candidatos já privilegiados e, em geral, com efeito, é uma penalidade para as opiniões da minoria.

(v) Seleção e destituição dos representantes (de esquerda)

Houve alguns progressos recentemente nos procedimentos de reeleição dos candidatos parlamentares trabalhistas. Ora, deveria haver mais. Todos os candidatos a representante, em qualquer nível de eleição, deveriam ser selecionados por uma primeira votação, entre todos os membros do partido ou da organização. Mais uma vez, é essencial que os socialistas apoiem essa democracia popular ativa, diferente das formas mais limitadas, delegadas ou corporativistas. De modo correspondente, todos os representantes deveriam ser suscetíveis de destituição (como condição contratual em sua proposição de ser candidato) por um voto positivo de mais da metade do partido ou da organização.

Portanto, as mudanças pormenorizadas propostas são limitadas a intervenções na linha principal da discussão atual, na tentativa de incrementá-la e transcendê-la no interesse de uma democracia popular ativa. Entretanto, é importante que o socialismo não restrinja seus argumentos sobre a democracia aos temas parlamentares e constitucionais. Há, em primeiro lugar, uma categoria intermediária de temas nas relações entre um parlamento central e outros organismos eleitos e, em segundo lugar, um conjunto essencial de temas para o desenvolvimento ativo da democracia geral.

B) Parlamento e outras formas de governo

(i) "Devolução"

A primeira coisa que os socialistas têm de fazer diante da retomada da discussão sobre a "devolução" é canalizá-la para questões de autonomia e distribuição de poder e recursos. Portanto, os socialistas deveriam propor e agir para assegurar que as nações minoritárias e as regiões já existentes preparem, por comissões e consultas públicas, *suas próprias* propostas de instituições de autogoverno e representação. Certamente, em um estágio posterior, terão de ser comparadas e, até certo ponto (não necessariamente de modo uniforme), coordenadas, mas nessa matéria, acima de tudo política, está fora de questão que até mesmo o plano mais benevolente seja transmitido.

(ii) "Governo local"

As hipóteses e as atividades estabelecidas dos governos locais na Grã-Bretanha – por uma vez, um edifício realmente bem construído – foram drasticamente conturbadas por recentes diretrizes governamentais, até o ponto de uma crise aberta. Existe aqui abertura para uma contribuição socialista, valendo-se da experiência pormenorizada dos integrantes de esquerda dos conselhos. Como no caso da "devolução", é preciso que as cidades e os bairros, os condados e os distritos iniciem e preparem, inclusive mediante pesquisas e audiências públicas, suas próprias propostas de reforma democrática. Os novos e velhos problemas do governo local não serão resolvidos por nenhuma reforma geral outorgada, que simplesmente confirmaria as relações de poder existentes.

(iii) Poderes e recursos

No âmago de toda mudança socialista no governo "devolvido" ou "local" está um novo conjunto de temas, que precisam de discussão e pesquisa em muitos níveis, do mais teórico ao mais prático. Não bastaria reivindicar novos poderes em tais instituições, a menos que houvesse:

(a) uma listagem provisional das funções para as quais se justificasse ou uma autonomia total ou uma autonomia parcial (naturalmente será delineada pela experiência, mas deveria ser repensada desde o começo);

(b) um cálculo racionalmente orçado dos recursos necessários para as funções autônomas totais ou parciais, com propostas minuciosas de provisão direta ou compartilhada (inclusive imposto de renda local progressivo, impostos sobre transações e provisões transferidas. A mudança do controle sobre os recursos tributários da máquina estatal central é agora urgente. A tributação sobre imóveis – índices – também precisa de reforma).

C) Desenvolvimento na democracia

(i) Democracia industrial e profissional

Já existe uma importante contribuição teórica e prática dos socialistas às novas formas gerais de democracia nas instituições de trabalho. Deveria ser apoiada e desenvolvida:

(a) para identificar, por meio de sindicatos e associações profissionais, formas novas e precisas de democracia interna no trabalho, a fim de incluir a constituição democrática, caracteristicamente por eleição, do pessoal e das funções da administração e da diretoria;

(b) para desenvolver, a partir dessas formas de democracia interna no trabalho, instituições representativas associadas, que seriam os esteios de novas formas de processo democrático na política econômica, industrial, social e cultural. É especialmente importante que a autogestão não se restrinja a um local de trabalho ou a uma indústria ou a uma profissão, embora naturalmente seja assim que deva começar. É preciso expandir essas autogestões locais até o ponto em que, pelo menos, tenham o mesmo nível de sistemas representativos mais formais, como proposto acima em A (ii), e ainda mais amplamente.

(ii) Tecnologia das comunicações

Os socialistas deveriam trabalhar para manter a propriedade pública das formas existentes de comunicação tecnicamente moderna (telecomunicações), para estender a propriedade pública de tipo autogestionário à radiodifusão e para incluir no serviço público os novos sistemas (tais como televisão a cabo ou via satélite).

Mas há uma nova variedade de trabalho, de relevância direta para o desenvolvimento de uma democracia popular, que já é, ou está em vias de ser, tecnicamente possível. Deveria haver atualmente estudos cuidadosos e, se possível, experimentação feitos por socialistas sobre os novos sistemas eletrônicos, especialmente os sistemas interativos, em áreas como teleconferência política; procedimentos de mandato, consulta e destituição transmitidos e interativos; "reuniões da cidade"; e a apresentação e discussão das principais diretrizes, por exemplo, por teletexto (distinto de pesquisas de opinião por questões centralmente determinadas). Esta é uma área que os socialistas descuidariam por sua conta e risco, pois são os processos-chave da nascente "sociedade da informação", que será utilizada contra a democracia ativa, à custa de reflexão e esforço, em prol de uma drástica, e até agora inconcebível, extensão.

Conclusão

As propostas delineadas nessa agenda preliminar procedem dos argumentos expostos, mas, em sua forma presente, certamente são incompletas e são, de todo modo, apostas em aberto, por assim dizer, sobre temas e soluções. São propostas para discussão, argumentação, correção e aperfeiçoamento. Minha argumentação começou como resistência às formas de campanha atuais contra a esquerda em nome da "democracia parlamentar": entretanto, uma campanha que não deve ser simplesmente repelida, mas suplantada por uma campanha democrática mais ativa (inclusive uma campanha pela democratização do Parlamento), conduzida por todos os socialistas. Inclui o reexame de nossas próprias ideias e novas contribuições construtivas. Os socialistas têm outros temas e campanhas urgentes, mas o que se defende aqui é que o sucesso, ou mesmo a prevenção contra o fracasso, depende, em todos os terrenos, do que acontecer nos processos democráticos mais abrangentes. Temos aprendido recentemente a duras penas. Agora é tempo de nossas próprias iniciativas, no centro de todas as lutas.

CAMINHANDO DE COSTAS PARA O FUTURO
1985

"Vamos encarar o futuro", dizia um manifesto famoso. Mas como exatamente, em que momento real devemos fazê-lo? Encarar o presente geralmente já é o bastante para muita gente e, mesmo na política ágil da escala de tempo eleitoral, o futuro não ultrapassa quatro ou cinco anos. Muitos querem mudar nossas condições sociais e econômicas presentes, mas é evidente que muitas palavras utilizadas para definir nossas intenções fazem referência ao passado: recuperação, reabilitação, reconstrução. Na realidade, ideias de um passado melhor e de um futuro melhor se acossaram reciprocamente em meio a todo o pensamento político moderno. Muitos antigos radicais acreditavam que houve um tempo melhor e mais feliz, imediatamente anterior às desastrosas mudanças recentes, e que era precisamente o que deveriam recuperar ou restaurar. No entanto, ao mesmo tempo, alguns outros falavam de um futuro muito mais feliz e que, para alcançá-lo, deveríamos dedicar as nossas vidas. Acreditar que o *futuro era nosso* sustentou o moral de muitas gerações de luta. Em geral, hoje não é mais assim. A grande maioria, inclusive gente muito jovem, perdeu essa esperança convencional, em razão dos repetidos fracassos políticos e do declínio econômico prolongado.

Nosso futuro é agora definido em termos de *perigos*; a ameaça da guerra nuclear; a probabilidade de desemprego estrutural em larga escala; o trabalho constante em meio à crise ecológica. Muitos de nós ainda reagem ativamente e propõem vários caminhos à frente. Mas essa mudança de opinião sobre o futuro tem seu preço. O medo e a apatia multiplicam-se nessas sombras e são pretexto para uma política de interesses competitivos rígidos e egoístas: a propaganda da direita dominante e inflexível.

A tradicional confiança dos socialistas teve duas fontes. A primeira, mais influente do que gostaríamos de admitir, originou-se nas velhas ideias religiosas de milênio: um momento da história em que o mundo seria transformado. "Viveremos para vê-lo?", ouvia-se dizer, "viveremos para ver o socialismo?" O modo como a ideia foi utilizada poderia ser facilmente reconhecido em meio a alguma discussão sobre um problema real, quando aparecia sempre alguém para dizer "sob o socialismo, seria diferente", embora em geral de maneira não especificada. Por que sempre *sob* o socialismo, eu me lembro de perguntar, apenas para encontrar o olhar meio piedoso, meio belicoso reservado aos homens de pouca fé. Mas o problema do "sob o socialismo" foi ter assumido uma certa condição em geral quase milagrosa, dentro da qual, e sob a qual, todas as irritantes dificuldades práticas estariam resolvidas. Bem, temos um milênio próximo, no ano 2000. Mas, como muitos outros, posso sentir a tristeza de que não se espera que aconteça nada desse tipo. O segundo tipo de confiança no futuro de algum modo era semelhante, de outros, muito diferente. O socialismo científico moderno descobriu as leis do movimento da história. Com base na história verídica, viu-se que os períodos se sucederam uns aos outros: principalmente o feudalismo, o capitalismo e, em seguida, o socialismo. Inspiramo-nos tanto na análise histórica verídica que chegamos a esse esquema, em que parece vergonhoso dizer que tudo o que podemos ter como certo é a sucessão de crises e acontecimentos reais que de fato já ocorreram.

Não há problema em seguir o esquema até os nossos dias, até a crise atual do capitalismo. Então, por que não existe a velha confiança no próximo período inexorável, o futuro socialista? Apenas porque esperamos que a história caminhe mais depressa do que é possível? Ou porque estivemos tanto tempo imersos na crise do capitalismo e tantas vezes testemunhamos o dano, o perigo e a confusão que temos motivos para duvidar que haja um caminho pacífico e prático fora dela? Ou se dissermos, como dizem muitos outros, que há versões do socialismo já firmemente estabelecidas, mostrando que a próxima etapa foi e pode ser alcançada, não deveríamos também dizer que a luta atual entre os dois sistemas mundiais – como nossa época constantemente nos apresenta – não é uma simples transição de uma etapa geral para a outra, mas, em razão da tecnologia dos armamentos nucleares, é provavelmente o fim de todas as etapas: o fim da própria história humana?

Consequentemente, a ironia está no fato de que a reflexão sobre o socialismo, que antes trazia confiança no futuro, agora traz caracteristicamente a todos, exceto a poucos entre nós – utopistas ou sectaristas desamparados –, exatamente o oposto, desesperança e pessimismo; o milênio como apocalipse; a crise final como holocausto nuclear. Algumas das melhores cabeças de nossa época agora só empregam esses termos sombrios. Suas vozes graves têm de competir com os *jingles* do consumo feliz, única forma disseminada de otimismo contemporâneo. Então, os socialistas devem se acomodar com essas tristes advertências, e não com aquelas superficialidades alegres? Na prática, não. O que mais surpreende no socialismo atual, perseguido por essas ideias sombrias, é a resiliência, a energia e a surpreendente confiança dos que estão mais engajados. As razões desse fato são importantes. A razão principal é que, apesar de termos sido afetados por essas outras ideias – do milênio que desponta ou do socialismo historicamente inevitável –, sempre extraímos nossa verdadeira força de fontes muito diferentes: de nossas efetivas relações e experiências de classe em nossa própria vida. Para entendê-lo intelectualmente, temos de fazer a difícil distinção entre a ideia de socialismo e a ideia relacionada, mas ainda diferente, de progresso.

Como o próprio nome indica, a ideia de socialismo é fundamentada na ideia e na prática de *uma sociedade*. À primeira vista, parece que nada a diferencia de outras ideias políticas, mas apenas porque não a examinamos de perto. A própria ideia de *uma sociedade* – que é uma forma definida de relações humanas, em certas condições específicas, em um momento particular da história – é em si mesma relativamente moderna. *Sociedade* utilizado para significar a companhia de outras pessoas. A ideia de *uma sociedade* visava distinguir uma forma de relações sociais de outra e demonstrar que essas formas variaram historicamente e poderiam mudar. Portanto, ao refletir sobre os problemas permanentes de virtude e felicidade, as pessoas que partiram da ideia de uma sociedade não atribuíram imediatamente os problemas à natureza humana em geral, nem às condições inevitáveis da existência; elas observaram inicialmente as formas precisas da sociedade em que viviam e como poderiam ser modificadas, se fosse necessário. As primeiras utilizações de *socialista*, como um modo de pensamento, foram uma oposição deliberada aos significados de *individualista*: ambos como um desafio a esse outro modo de pensamento, no qual todos os comportamentos humanos são reduzidos a questões de caráter individual e, ainda mais agudamente, como um desafio à sua interpretação das intenções humanas. Seria a vida uma arena onde os indivíduos devem lutar para melhorar as próprias condições ou uma rede de relações humanas dentro da qual as pessoas encontrariam todos os valores e também os encontrariam uns através dos outros?

Por ora, é uma discussão antiga, mas, à diferença de definições mais marginais, suas posições e seus desafios ainda conservam uma relevância contemporânea surpreendente. Certamente seria possível, considerando a ideia de uma sociedade em mutação,

ligá-la à ideia de progresso: as condições poderiam ser e tornar-se-
-iam melhores. Mas vimos depois, muito claramente, que as duas
ideias não estão necessariamente relacionadas. O capitalismo,
em todos os seus estágios infatigáveis, apegou-se à ideia de progresso, naturalmente em suas próprias interpretações. Encontrar
maneiras mais modernas de elaborar e fazer coisas, para quebrar
a resistência dos velhos costumes e soluções, tem sido um tema
constante do capitalismo até os nossos dias turbulentos.

Trabalhadores e trabalhadoras experimentaram os dois lados desse processo. Maneiras mais limpas e mais fáceis de elaborar e fazer as coisas foram bem-vindas do fundo do coração
(no fim das contas, eram eles os próximos da sujeira e da ignorância). Mas o *colapso* de seus costumes e resoluções? Esse, até
hoje, é um assunto completamente diferente. Para o capitalista o progresso é mais lucrativo, em razão de uma produção mais
eficiente, pela qual indivíduos selecionados, talvez todos os indivíduos, poderiam enriquecer. E para o socialista? Durante um
longo tempo, não parecia um problema real. Ao fim da modernização, o socialismo esperava que os frutos de uma maior produção seriam, por fim, equitativamente distribuídos. Exceto
que, na linha dessa interpretação de progresso, havia uma surpresa em reserva. Seria obtido tanto progresso na maneira de
elaborar e fazer coisas que não haveria mais uma real necessidade de tantas pessoas, ou mesmo da maioria delas. E então
o que diriam os socialistas, socialistas que acreditaram que as
pessoas encontrariam todos os valores uns nos outros através
deles próprios?

O socialismo moderno passou por esse processo de choque.
Descobriu, por exemplo, que um aumento da produção nacional bruta não aboliria necessariamente a pobreza, como havia
acreditado antes. Tivemos simplesmente de olhar através do
Atlântico para a mais rica sociedade capitalista, para vermos
como a pobreza persistiu e, em alguns casos, foi mesmo causada
pelos próprios processos que enriqueciam os outros. O socialismo

descobriu, ou talvez só agora descubra, que havia ciladas à espreita, à medida que se aceitava essa realidade.

A primeira cilada era tentadora. Se os métodos de produção aperfeiçoados provocam o desemprego de muitas pessoas, não deveríamos parar de aperfeiçoar nossos métodos? É uma pergunta difícil, principalmente quando isolada dos diversos tipos reais de atividades. Mas não existe resposta socialista em termos capitalistas, que consigam abstrair a *produção* como tal. Começando e nunca se desviando de uma determinada ideia de sociedade, os socialistas não podem se dar ao luxo de uma fuga em qualquer direção. Nunca poderemos deixar de produzir o suficiente para manter nossa sociedade bem abastecida. Nem concordaremos com tipos de produção e de relações monetárias ou comerciais que tragam desemprego para grupos de nosso povo, ou regiões e comunidades. E, portanto, é inútil fingir que há respostas simples que preencham esses dois propósitos. As transformações práticas de que precisamos são imensas, e seus métodos apenas serão encontrados em uma análise plena, detalhada, informada e contemporânea. Porém, se fizermos essa análise e prosseguirmos na ação, ainda dependeriam de nossas ideias básicas e das perspectivas que as acompanhariam. Nesse ponto devemos reexaminar o que ainda chamamos, por hábito ou por convicção, de valores socialistas.

O principal valor socialista é uma ideia de participação. Ela provém da ênfase no bem-estar de toda a sociedade. Mas também aqui há uma cilada. Há uma ideia de bem-estar baseada unicamente no consumo. Ela extrai sua força da ideia de justiça, ou, de modo mais tradicional, de caridade na distribuição do que é produzido. É a justiça da refeição após o trabalho, da festa após a labuta. Portanto, temos de preservá-la, mas toda a verdadeira participação começa muito antes. Nem o chamado Estado de bem-estar social nem as chamadas ajudas e doações ao Terceiro Mundo começam a atender às expectativas do verdadeiro desafio da participação. A necessidade de participar realmente começa em uma etapa muito mais precoce, na qual a tarefa tem de ser executada de uma certa maneira específica, as responsabilidades assumidas, as precauções tomadas. Além do mais, se não cumprirmos esse verdadeiro desafio, a economia capitalista e a sociedade burguesa – os sistemas mais indiferentes e irresponsáveis da história moderna – podem facilmente nos solapar como idealistas sentimentais ou fugitivos.

Por isso, existem formas socialistas características da ideia de participação. Há duas formas interligadas – democracia popular e propriedade comum. São apenas meios práticos de uma participação social genuína. Na linguagem de uma nova ordem social, são os instrumentos do poder de participação e da prosperidade. A relação entre socialismo e democracia popular é a chave de nosso futuro. Sem ela, a prática do socialismo poderia degenerar em formas de Estado burocrático ou em monopólios políticos e econômicos de economias controladas. Porém, se o socialismo pretender seriamente levar a cabo a ideia de participação, deverá superar as formas limitadas de democracia política representativa, que foram historicamente as modificações liberais introduzidas nos Estados absolutistas e como tal devidamente apoiadas, e, quando necessário, defendidas pelos socialistas. A tarefa histórica da democracia socialista é avançar rumo a uma verdadeira participação em todas as decisões que afetam a nossa vida, não por algum mandato para todos os fins, mas por uma participação direta e por uma delegação responsável.

A democracia socialista recusa esses domínios reservados, a fim de dar a todos os membros da sociedade uma parte prática na organização de nossa vida comum. Na prática, essa participação deve começar na organização de nossas formas sociais mais fundamentais – as do trabalho e as da comunidade. Substitui-se o poder do capital privado em moldar ou influenciar essas decisões por decisões sociais ativas e frequentemente locais, que na prática são sempre a verdadeira disposição de nossas vidas. Entre todas as consequências arbitrárias do capitalismo em larga escala, e apesar dos equívocos do Estado pseudossocialista e das formas burocráticas, há um desejo imenso e disseminado desse tipo de participação no planejamento de nossas próprias vidas. Nunca foi ainda bem articulado *politicamente* e é nosso maior recurso, se aprendermos a utilizá-lo honestamente, para um futuro socialista. Muitos sinais *são* bons.

Os sistemas modernos de informação tornam os processos comuns de pesquisa e decisão mais práticos do que foram antes (mesmo as democracias de tipo face a face, em pequena escala, eram restritas no passado a grupos específicos). Um século de educação universal, que ainda precisa de aprimoramento, aperfeiçoou enormemente as indispensáveis habilidades humanas. É preciso ver para crer na energia social que floresce onde o povo sente agora que está organizando alguma coisa por si mesmo. Não teremos futuro se os socialistas, mesmo com essas vantagens históricas, fracassarem em suscitar o aparecimento de uma democracia que funcione perfeitamente na prática, por estarem presos a velhas ideias ou comprometidos com as limitações de um Estado capitalista.

São ainda as *ideias* que exigem nossa análise. É evidente que qualquer transição, ainda que restrita, de um modelo capitalista para um modelo socialista exigiria uma forte organização central – nas finanças, no comércio exterior, na política internacional e na manutenção das forças existentes do Estado. Estas foram as justificativas históricas para uma economia controlada e, em um período transicional, não poderiam ser evitadas. Ao mesmo tempo, para os propósitos básicos da transição, movimentos em direção a uma verdadeira autogestão dos locais de trabalho e das comunidades são igualmente indispensáveis. O maior desafio atual para os socialistas democratas é encontrar a ligação e as instituições intermediárias entre esses modelos, do contrário muito diferentes.

Pode-se citar um exemplo nesse ponto. Uma economia socialista precisaria de um planejamento geral, mas não há um motivo socialista para que tenha de ser monopolista. Em vez de um único grupo de planejamento do Estado, poderia haver centros alternativos de planejamento popular, oferecendo diversas análises e propostas, diferentes combinações de prioridades para discussão e decisão popular. As funções de defesa do poder centralizado deveriam ser mantidas, mas o desenvolvimento e o crescimento deveriam ser estendidos, desde o começo, a um processo de decisão mais amplo, que não fosse restrito a decisões semifechadas, mas incluísse alternativas detalhadas e orçadas. É o que participação realmente significaria. Os socialistas mais velhos têm uma equação simples para planejamento – racionalidade mais interesse público. Ela conduz geralmente à arrogância do monopólio. Pois é uma questão da experiência cotidiana que as pessoas racionais chegam a diferentes conclusões e que o interesse público não é único, mas uma rede complexa e interativa de *diferentes* interesses reais. Um planejamento participativo começa pelo reconhecimento da *diversidade* e encoraja os verdadeiros processos sociais de discussão aberta, negociação e acordo.

É bom enfrentar as dificuldades, mas apenas como um desafio. Por outro lado, o futuro que está reservado para nós, como sempre, é incerto, mas pode ser razoavelmente previsto. Há um enorme perigo se mantivermos a exploração irresponsável de nosso meio ambiente natural. Essa causa começa a ser escutada. Mas há um perigo igual e talvez maior no que se faz atualmente contra o povo: na crueldade da deslocação e do desemprego; na miséria destrutiva; na exploração e na repressão simultâneas do modo como o povo reage. As forças sociais atualmente ativas são tão dinâmicas e tão diversas que nada, literalmente, poderá controlá-las, sequiosas de destruição, a menos que se encontrem diretivas populares participativas.

Um socialismo participativo é a única direção provável e auspiciosa. Limitados e castigados por desapontamentos e fracassos, alguns socialistas, inclusive alguns dirigentes socialistas, recuam diante desse desafio. Porém, contra o imponderável, há muitos sinais de uma maior resiliência, que aprendemos sob pressão mais do que simplesmente por ideias. Nesse sentido, podemos enfrentar o futuro, como podemos conhecer a nós mesmos no presente: uma confiança em nós que sempre será nosso principal recurso.

HESITAÇÕES ANTE O SOCIALISMO
1986

Ano após ano, algumas pessoas anunciam que o socialismo finalmente morreu. Em seguida, leem o testamento e descobrem sem surpresa que são seus únicos herdeiros legais. Entrementes, os socialistas continuam. Entretanto, em um número de vezes excessivo continuamos indiferentes. Estamos tão acostumados às cenas de despedida de uma longa fila de carreiristas e condescendentes que geralmente deixamos de notar vozes muito diferentes que remetem a uma crise verdadeira: na prática, sempre uma crise de mudança. As cenas de despedida são mais brutais quando houve um fracasso notório. É assim, dizem, apontando para Stalin e o Gulag, ou para os três últimos governos trabalhistas. Como se o socialismo fosse alguma entidade imutável, um sistema rematado e intemporal, legado por seus precursores e agora, vejam só, deu errado e deve ser abandonado.

Mas o socialismo, apesar de alguns de seus propagandistas, nunca foi realmente desse tipo. Tem sido um movimento de pessoas muito diferentes, em situações históricas muito diferentes. Repetidamente, justapôs-se a outros movimentos específicos: de avanço democrático, de bem-estar social, de libertação nacional. Sua análise mais característica tem versado sobre a natureza do sistema capitalista. Sua visão mais característica tem sido uma sociedade na qual as pessoas sejam livres para identificar-se e relacionar-se em seus próprios espaços, fora dos preceitos do capital e de seus agentes. Porém, análise e visão ocorreram sob pressões históricas bem definidas e dentro de óbvios limites sociais e históricos. Assim como essas mudanças, os sucessos e fracassos precisariam se tornar parte de uma análise e de uma visão modificadas e renovadas. Nem os apologistas dos fracassos nem os torcedores dos sucessos, muito menos os guardiões de uma entidade imutável que decidiram chamar de socialismo têm algo a declarar sobre a nossa condição.

Hoje podemos ver na Europa Ocidental, e tão nitidamente na Grã-Bretanha quanto em qualquer outro lugar, uma hesitação generalizada ante o socialismo, que é diferente das rejeições de seus inimigos e das racionalizações de seus desertores. É um conjunto de ideias muito complexo, e uma estrutura de sentimentos igualmente complexa. Nenhum movimento socialista pode pagar o preço de ignorá-los, muito menos de apadrinhá-los. Milhões de pessoas ainda votam e trabalham a favor de alguma versão do socialismo, em meio a uma teia de ressalvas e dúvidas. Da mesma forma, milhões talvez escolham prioridades diferentes: contra a ordem política e social dominante, mas não a favor do socialismo.

Na prática, os inúmeros fracassos e crimes de diferentes socialismos não bastam para explicá-lo. Apesar de sombrios, foram suplantados pelas longas e persistentes infâmias dos regimes reacionários autocráticos e pela cruel e persistente indiferença dos que são moderados apenas em sua capacidade de reconhecer os perigos da guerra, a pobreza, a fome e a exploração. Entretanto, o que está realmente em pauta não é essa comparação. É saber se o socialismo, agora entendido de diversas maneiras, é ao menos parte da solução, em uma época em que muitos se perguntam se não é também parte do problema.

O desconforto é frequentemente difuso e apenas parcialmente articulado. Nas disputas políticas compete em posição de inferioridade com dogmas e preceitos ainda confiáveis. Porém, embora nunca possa ser reduzido a eles, é identificável em três tipos de movimentos populares atuais, cada um dos quais por vezes se justapõe aos movimentos socialistas formais, embora em cada um deles também haja essa hesitação expressiva e imbuída de princípios ante o socialismo. Abordarei cada um dos três separadamente.

Planejamento popular

É irônico que a aspiração democrática mais comum – que o povo deve ter o poder e os recursos para administrar seus próprios afazeres – identifique taxativamente o socialismo como um dos seus inimigos principais. É uma ironia histórica, uma vez que, em seus primórdios, a força central do movimento socialista foi esse tipo de aspiração. Suas ferramentas características foram os sindicatos e uma ordem socialista. Nesse ponto, os verdadeiros limites e coações históricos, nos quais se modelaram a análise e a visão, requerem uma identificação precisa. Os sindicatos puderam apenas se organizar contra uma resistência capitalista que utilizou todo tipo de deslocação, atraso, fraude, suborno e violência como única forma de disciplina: disciplinas coletivas, exercidas na crise por uma liderança. Os partidos socialistas, enfrentando uma resistência mais geral e certamente mais complexa, apenas puderam começar a mudar uma ordem vigente poderosa por formas de controle público, as quais foram capazes de suplantar interesses privilegiados e setoriais. Portanto, nas configurações práticas da aspiração democrática, construiu-se muito precocemente um caminho em direção a um controle centralizador.

Nenhum socialista sério poderia omitir as pressões que impeliram nossos movimentos nessa direção. Além do mais, em determinados setores, tais disciplinas e controles continuarão sendo indispensáveis a todo projeto socialista genuíno. Porém, em suas formas antigas, contradizem reiteradamente a aspiração que segue viva. A exigência social isolada mais forte, em nossas comunidades e locais de trabalho, é a autogestão: um desafio ainda radical ao capital e à autoridade privilegiada. Mas não vivemos em comunidades ou locais de trabalho segregados. Mais do que nunca, as decisões-chave que afetam nossas vidas são tomadas em vastas áreas geográficas e econômicas, frequentemente bem longe do velho Estado-nação.

Propor a autogestão como uma solução simples e direta, nessas circunstâncias, é uma fantasia. É uma democracia política ou econômica local que simplesmente afirma sua própria aspiração, sem referência aos recursos disponíveis e às consequências em outros locais. Por outro lado, deixar de propor a autogestão – retroceder, com uma convicção premeditada, aos planos e controles de dirigentes centralizados e técnicos – equivale a perder o contato com a única força atualmente capaz de mudar a sociedade. Ao deparar-se com esse dilema, a hesitação se aprofunda. Ora, essa é a nossa crise: que tenhamos de encontrar maneiras de autogerir não exatamente uma única empresa ou comunidade, mas uma sociedade. Para começar, podemos questionar um preceito antigo, mas ainda corrente: que o socialismo é a utilização racional de recursos no interesse público. Se fosse verdade, os planos dos especialistas seriam suficientes. Porém, aprendemos da forma mais penosa que "interesse público", em sua forma simples e abstrata, não existe.

O que é racional frequentemente se torna problemático. A racionalidade do Conselho do Carvão, instituído no "interesse público", é diferente da racionalidade dos mineiros. A racionalidade de uma "indústria competitiva internacionalmente" não é a racionalidade dos que são, nesses termos, não competitivos. A racionalidade do forte não é a racionalidade do fraco ou do inválido. Portanto, devemos superar o preceito de "interesse público racional" e encarar a realidade dos interesses populares diversificados e, em pontos-chave, *conflitantes*. Pode-se superá-lo por um plano central confiável ou, alternativamente, transformá-lo no conjunto de necessidades e aspirações a partir das quais os planos e as formas de autogestão são negociados e configurados.

O caso especial dos sindicatos, com responsabilidades defensivas em relação a seus membros, é crucial pelo seguinte: não como uma oposição, mas como uma fonte de reivindicações e propostas que possam legitimamente convencer muitos outros. O caso das cidades e regiões depauperadas é igualmente crucial. Em ambos, uma rebeldia defensiva é reiteradamente necessária, mas só haverá mudanças em direção ao socialismo se forem encontradas maneiras de negociar com todas essas maiorias possíveis, além de todos os casos especiais, os quais, no final, decidirão o resultado. Qualquer defesa irracional de interesses especiais como se fossem indiscutivelmente o "interesse público" apenas aprofunda as hesitações de todos os que se colocam além das formas internas e autorreferentes. Uma chave para nosso progresso é a revisão da ideia de "plano". Não se pode mais aceitar que surja da análise racional técnica de um interesse público geral, ainda menos da acomodação centralizada aos interesses especiais mais prementes.

Todo socialista dará prioridade às ações *defensivas* essenciais, em áreas como finanças e comércio internacional, sem as quais as instituições capitalistas subjugariam imediatamente todos os projetos socialistas. Mas, ao se chegar à construção, no interior dessas defesas, é preciso elaborar planos e programas a partir da estaca zero: a partir de lugares e iniciativas reais. Somente esse processo de informação e negociação compartilhadas traz a esperança de estabelecer os esboços de um interesse geral factível. Além do mais, esse tipo de planejamento popular, que inclui propostas alternativas e orçamentadas para posterior discussão e decisão, é atualmente a única força, instigando a imensa aspiração de autogestão, capaz de defender e sustentar politicamente a própria existência de um governo socialista.

Produção responsável

A hesitação organizada mais forte ante o socialismo talvez seja o movimento diversificado alternativamente identificado como "ecologia" ou "os verdes". É importante que os socialistas reconheçam como é diversificado. Engloba desde pessoas propondo a agricultura de subsistência e uma economia artesanal até pessoas repetindo, saibam elas ou não, algumas das posições clássicas da análise socialista:

> Logo, aos que clamam, como muitos o fazem atualmente, "Produzam! Produzam!", deve-se dirigir uma única pergunta: – "Produzir o quê?" Comida, vestimentas, acomodações, arte, conhecimento? Certamente. Mas se a nação estiver inadequadamente provida dessas coisas, não seria melhor deixar de produzir muitas outras coisas que se acumulam nas vitrines de Regent Street? [...] O que poderia ser mais ingênuo do que recomendar a necessidade de aumentar a força produtiva se parte do poder produtivo que já existe é mal-empregada?

Isso é R. H. Tawney, o socialista inglês, em 1921. Mas a pergunta simples e devastadora ainda pode ser dirigida a muitos que, sob todos os outros aspectos, consideram-se socialistas.

Há duas razões pelas quais esse argumento socialista contra a produção indiscriminada – parte de sua acusação principal contra o capitalismo, que não seleciona por necessidade, mas por lucro – enfraqueceu-se na teoria e na prática. Em primeiro lugar, toda produção, mesmo a produção do ócio por meio de serviços domésticos intensivos, gera emprego. Em períodos de grande desemprego, pode-se justificar dessa forma até mesmo a produção nociva ou indesejável. Esse ainda é um assunto contencioso em certas localidades e sindicatos. Porém, a reação socialista deve ser clara: é possível redirecionar esse trabalho, suplantando as prioridades do capital, às inúmeras atividades que consideramos, de comum acordo, serem úteis e necessárias e que ainda têm oferta reduzida.

Em segundo lugar, o movimento socialista e trabalhista ainda é a reação mais profunda à pobreza e parece senso comum que a única resposta à pobreza seja mais e ainda mais produção. Mas, como tivemos muitas oportunidades de aprender, essa é uma resposta capitalista e, além do mais, enganosa. Obviamente há uma diminuição da pobreza e de fato um aumento notório do padrão material de vida à medida que a economia produz mais. Porém, temos simplesmente de observar economias extraordinariamente ricas e produtivas, como os Estados Unidos, para entendermos que a produção aumentada não consegue abolir a pobreza.

Há espaço para conciliar a posição socialista e o núcleo ecológico que existe atualmente. Mas, se tiver o espírito desarmado, o socialismo pode levar a discussão mais longe. Em seu engajamento com toda a sociedade, em vez dessa sociedade que é possível como subproduto da produção capitalista, pode prontamente transformar toda a natureza do trabalho e de suas relações com o mundo físico real. Revisando seus próprios recursos, uma economia socialista pode alterar os cálculos e as relatividades de toda a produção, serviço e comércio, cuidando de toda a sua nação e *de todo o seu povo*, como a prioridade à qual respondem todas as decisões econômicas *em primeira instância*.

Internacionalismo

As causas da guerra, como se costuma dizer, foram o monopólio do capitalismo e o imperialismo, logo, o caminho para a paz passa pelo socialismo. Historicamente essa conjuntura já está errada, mas em nosso próprio mundo devemos enfrentar não apenas um socialismo militarizado, pela lógica habitual de "defesa", mas ainda verdadeiras guerras entre Estados socialistas.

Não é surpreendente que tantas pessoas desprezem os argumentos socialistas como sendo irrelevantes ou tendenciosos e consagrem toda a sua energia política em campanhas diretas pela paz e pelo desarmamento.

Pois os governos social-democratas do Ocidente, inclusive a maioria dos governos trabalhistas, escolheram participar dessa militarização geral e, pior ainda, da perspectiva de um mundo que a apoie. Se os únicos socialistas que se opuserem a isso forem os apologistas da experiência do Leste Europeu, existe um elemento grave de fragilidade, pois os fatos se desenrolam muito mais profundamente. O pior momento do governo trabalhista de 1966 foi seu apoio notório à Guerra do Vietnã: não apenas seu apoio a uma ação militar diabólica, mas a incapacidade de reconhecer a natureza de um movimento de libertação nacional e de um movimento socialista de um tipo que se tornou necessário em várias partes do mundo, por causa de um imperialismo no qual a "Grã-Bretanha" – essa abstração dominante – havia sido um participante destacado.

É útil, mas insuficiente, que os partidos socialistas ocidentais identifiquem as armas nucleares ou certas categorias de armas nucleares que devam ser reduzidas ou abolidas. As campanhas fundamentais pela paz e pelo socialismo só poderão convergir se uma visão socialista lúcida da economia política mundial incorporar formas que permitam a negociação não apenas do desarmamento em geral, mas também de uma nova ordem econômica internacional, e com ela uma nova ordem de informação, à qual aspiram os que deveriam ser nossos camaradas nos países mais pobres e mais explorados.

O empecilho, como sempre, é o que passa por "patriotismo". Um número excessivo de socialistas competiu e ainda compete com seus rivais políticos para se apoderar de um patriotismo delineado em termos imperiais remanescentes e capitalistas. O amor à pátria, que uma redefinição da produção e do comércio tornaria fácil – uma preocupação intensa e constante por todo o nosso povo em nossa terra real –, é inteiramente compatível com uma equidade negociada com outros povos que vivem com as mesmas preocupações. Uma dedicação tão específica, à qual se segue prontamente o reconhecimento da dedicação dos outros, é ou deveria ser um terreno socialista natural. Patriotismo reduzido a um único Reino, no qual efetivamente vivemos, nem sequer cidadãos, mas súditos, ou tendenciosamente identificados com uma aliança militar humilhante, não é um lugar para o socialismo.

Podem-se identificar outras áreas em que as pessoas que são atualmente atuantes, ou poderiam ser atuantes contra a ordem social dominante, hesitam ante uma filiação ao socialismo. Há toda a área contenciosa da democracia direta, que cada vez mais pessoas atualmente querem exercer, em oposição às formas limitadas (e manipuláveis) da democracia representativa, na qual os selecionados têm o privilégio de falar e todos os outros têm o dever principal de selecioná-los e elegê-los.

Há uma área muito ativa de novas práticas e definições das relações pessoais e especialmente das mudanças de relações entre homens e mulheres, em que o socialismo, mesmo na teoria e notoriamente na prática, não apenas tem pouco a declarar, mas, em função de um conceito remanescente de trabalhador homem, com frequência é manifestamente obstrucionista. Porém, respostas liberais ou psicanalíticas a esses assuntos, considerados privados, são totalmente insuficientes. Todo ato de regulamentação de emprego, toda definição de formas de benefícios sociais, todo o sistema de tributação se coadunam com as pressões econômicas capitalistas específicas para modelar os padrões sociais dentro dos quais as relações pessoais e familiares são reproduzidas ou modificadas.

Há o novo conjunto de temas atualmente simplificados como "raça", que dentro de uma perspectiva socialista são efetivamente problemas de relações sociais práticas e de cultura. Porém, alguns grupos muito antigos e alguns grupos mais novos, sob forte pressão, colocam suas necessidades específicas à frente das definições existentes de interesse geral e continuarão a fazê-lo se o socialismo for para eles apenas uma nova forma de integração Estado-nação, suplantando e nivelando diversidades e identidades culturais reais.

Ainda há outras áreas. Mas meu interesse principal é abordar o problema político implícito. O apoio ao socialismo na Grã-Bretanha, aferido por qualquer método, não apenas é baixo, é muito mais baixo do que seria razoável. Em um governo capitalista especialmente rígido, formam-se inevitavelmente alianças negativas de várias tendências e opiniões muito diferentes, com objetivos utilitários imediatos. Porém, aqueles entre nós que são socialistas devem pleitear nossa causa integral, pois sabemos que é a única alternativa geral e permanente ao capitalismo. E, para fazê-lo adequadamente, devemos continuar a responder às hesitações racionais e compreensíveis entre aqueles que esperamos ser nossos camaradas e aliados: não apenas em gritos rotineiros para unirem-se a nós e a nosso movimento, o que os tornaria, essa gente séria, afiliados. Essas hesitações significativas marcam uma crise legítima, na qual o socialismo ou descobrirá (em alguns casos, redescobrirá) essas perspectivas mais liberais ou entrará em decadência, até a acomodação ou a sobrevivência como uma mera seita.

RUMO A MUITOS SOCIALISMOS
1985

Parece razoável começar pelo que se costuma definir como "o desenvolvimento histórico-mundial do socialismo". No plano mais geral, pode-se abordá-lo com mais segurança nestas décadas finais do século XX do que em seu início. Porém, uma condição para essa segurança é incluir na abordagem mudanças na natureza do próprio desenvolvimento em certos aspectos essenciais, e não meramente no reconhecimento de alguns erros e dificuldades.

Por um lado, o século XX nos mostrou sem margem de dúvidas que devemos pensar de maneira histórica e mundial. Não só as suas duas guerras mundiais tornam inevitável essa perspectiva, mas também o aparecimento efetivo de uma economia com interação global e o desenvolvimento sem precedente de sistemas mundiais de comunicação. Porém, por outro lado, a linguagem do processo "histórico-mundial" e as formas de pensamento que se inserem nele têm sido de muitas maneiras um obstáculo à análise dos próprios processos para os quais parecem apontar.

A principal razão é o fato de "o processo histórico-mundial" e as formas de pensamento socialista que se desenvolveram sob sua influência terem sido tipicamente unilineares e singulares.

Moldado, como esse tipo de pensamento de fato o foi, no século XVIII, pelas "histórias universais" do progresso da "barbárie" à "civilização" e pelas versões pré-genéticas da evolução natural, muitas vezes foi uma história universal apenas na aparência. Esboçaram-se esquematicamente etapas de desenvolvimento mais ou menos genéricas e relativamente uniformes e atribuiu-se confiantemente o nome de "socialismo" ou "comunismo" a um estágio presumivelmente final.

Atualmente, ele paira acima de toda essa forma rígida de pensamento, que é a base do que se descreve como "a crise do socialismo". No entanto, a própria história universal, em sua complexidade e diversidade reais, demonstrou não apenas a incongruência do modelo unilinear e singular, mas ainda as verdades implícitas na análise e nas aspirações que esse modelo tentou encobrir.

Isso é claro de três maneiras. Em primeiro lugar, o modelo adotado era notoriamente eurocêntrico, como seus precursores do século XVIII. As diferenças radicais de cultura no mundo, que, no pior dos casos, foram classificadas no modelo simples pela velha escala da barbárie à civilização e, no melhor dos casos, reduzidas a elementos marginais ou superestruturais, na realidade surgiram na verdadeira história universal como fatores importantes de desenvolvimento social, sempre interligados a processos econômicos mais vastos. Em segundo lugar, a ação básica da transição para a fase socialista foi por vezes identificada de modo monopolístico com um tipo de proletariado industrial europeu em uma etapa bem definida (atualmente em franca mudança) do que na verdade eram tipos de produção industrial, baseada no imperialismo. Na história do mundo real, essas ações conscientes [*agencies*] foram mais complexas e mais diversificadas, incluindo formações nacionais e rurais. A simples extrapolação de um proletariado industrial universal mostrou-se inúmeras vezes inadequada. Em terceiro lugar, os componentes essenciais do socialismo foram esquematicamente definidos como uma combinação entre a racionalidade econômica e o interesse público da classe majoritária. Na história universal real, essa definição foi inadequada de várias maneiras. De fato há uma irracionalidade fundamental no capitalismo, mas no plano das racionalidades *instrumentais* foi e continua sendo um rival temível nesse campo restrito. Além disso, a simples ideia de um interesse público majoritário deve competir na prática não somente com a complexidade e a diversidade das classes sociais reais, mas com interesses contraditórios entre as classes restantes, assim como entre os diversos segmentos de atividades da própria classe trabalhadora, sobretudo entre os produtores industriais e agrícolas. Além do mais, o regime que deveria exprimir ou conciliar esse conjunto de interesses de classe e de populações foi inicialmente projetado conforme o modelo preexistente de desenvolvimento, com pouca análise de suas próprias possibilidades e, desde o início, com pouca referência à grande diversidade das formas herdadas de Estado e instituições, prontas para influenciar, dirigir e, em alguns casos, refreá-lo.

Consequentemente, deve-se repetir que a história real não mostrou, como alguns prefeririam, a impossibilidade ou o caráter indesejável do socialismo, mas as inadequações do que seriam algumas de suas definições diretivas. A ironia mais profunda da história desse modelo unilinear, singular e eurocêntrico é ter havido, nas últimas décadas do século XX, em toda a Europa (especialmente na Europa Ocidental capitalista, mas em parte também na Europa Central e do Leste), uma grande deserção do socialismo, expressa em termos de uma renúncia a seu próprio modelo precedente.

De fato, o que parece estar em jogo é uma batalha de ideias, intensa e às vezes desesperada. Por um lado, se o modelo se mantiver inalterado, ou simplesmente propagado de outros lugares, ou nas instituições remanescentes como uma verdade infalível e atemporal, o poder das forças socialistas na verdadeira história universal será consideravelmente reduzido. Por outro lado, se o modelo simplesmente se desintegrar, na ausência de uma argumentação teórica rigorosa dentro do movimento socialista, cada vez mais ele será substituído por acomodações aparentemente sofisticadas ao capitalismo e ao imperialismo.

Não significa que os conflitos decisivos do século XXI se passam na Europa. Seria repetir os erros do modelo. Entretanto, não se pode esquecer, em primeiro lugar, que é na Europa que se constrói atualmente a maior concentração de forças nucleares para enfrentamento mútuo: a única força ativa da história universal que poderia acabar com todo o projeto socialista. A discussão acalorada sobre a natureza e as possibilidades do socialismo na prática é um importante fator nessa confrontação e na Guerra Fria. Em segundo lugar, a Europa Ocidental compartilha com a América do Norte e o Japão uma influência desproporcional no comércio mundial, no sistema monetário internacional e em setores importantes das novas tecnologias de comunicações e nos modelos culturais. O grande recrutamento de socialistas fracassados pelas instituições e ideologias desse capitalismo internacional agressivamente dominante e ainda em expansão é mais do que poderíamos suportar.

Por isso, o dever central dos socialistas desses países de capitalismo avançado é debilitar as formas dominantes e trabalhar para destruí-las. Ninguém o fará por eles, nem nos países socialistas existentes nem no chamado Terceiro Mundo, embora tudo o que ocorre em ambos tenha consequências muito importantes. Alguns ainda interpretam esse dever conforme o modelo singular herdado. Juntam-se a outros, que, tendo reduzido o socialismo a esse modelo, são igualmente infatigáveis na propaganda em contrário. Por enquanto, a verdadeira tarefa, dentro da capacidade de um marxismo ainda intensamente ativo e excepcionalmente exploratório, consiste em separar a história universal real, e nossas diversas posições e relações em seu interior, dos modelos esquemáticos e exageradamente confiantes que estão na base de tantos problemas atuais.

Se buscamos uma posição a partir da qual já se tenha iniciado esse trabalho de luta e renovação, ela é a seguinte: *visto que há muitos povos e muitas culturas, haverá muitos socialismos*. Nesse sentido, o que ainda ocorre é um processo histórico-mundial, mas que visivelmente foge ao velho modelo singular e unilinear. Entretanto, surge um perigo complementar: que o socialismo se converta, ou que já esteja se convertendo, naquilo que um grupo temporariamente dominante ou uma tendência militante imagina que de fato seja. Na realidade, é uma fonte principal de resistência entre os partidários do modelo antigo, que estão na posição retórica de chamar todos os outros de revisionistas e que não se convencem facilmente de que suas próprias convicções herdadas possam também ser revisões e reduções de longas lutas e aspirações dos movimentos trabalhistas, democráticos e de libertação nacional na história real. E, de qualquer forma, o único componente respeitável em sua posição é a cautela ante a invenção de novos nomes e rótulos, que atualmente se proliferam.

Um debate teórico significativo teria de superar muito rapidamente essas controvérsias excessivamente disseminadas. Teria de identificar as questões centrais em torno das quais ocorrem esses insultos. A título de contribuição preliminar a essa identificação, discutirei três temas: primeiro, o problema das relações gerais entre o planejamento socialista e a autogestão; segundo, as interações entre o capitalismo avançado, por um lado, e o liberalismo e a social-democracia, por outro lado; e terceiro, a questão do anticapitalismo contemporâneo, que muitas vezes não é especificamente socialista, mas é uma força social e intelectual crescente. Por motivos de espaço e experiência, enfatizarei aqui principalmente o terceiro tema: não por considerá-lo mais importante, mas porque é menos debatido e, de todo modo, em sua forma atual é particularmente complexo e original.

Planejamento e autogestão

Sobre a questão das relações entre planejamento e autogestão, tenho três pontos a destacar: cada um deles é uma maneira de superar o modelo singular e unilinear. Esses pontos são:

1. a diversidade inerente ao planejamento racional;
2. os vários significados de "mercado";
3. as desigualdades materiais e práticas dos processos de trabalho efetivos, que causam problemas complexos de transferência, tanto dentro quanto fora da classe social.

É estranho que no final do século XX tenhamos ainda de demonstrar que todo planejamento sensato deve ser diversificado. Naturalmente, não quer dizer que se devam tomar decisões e determinar as prioridades. Mas a maior influência intelectual do modelo singular foi no projeto singular. Isso deriva de suposições não verificadas de uma evidente racionalidade do desenvolvimento e de um óbvio interesse geral. Entretanto, somos forçados a aprender a irracionalidade dessas suposições, não apenas nas experiências das economias socialistas, mas também nos relatórios das corporações capitalistas e dos governos burgueses reformistas. Pois é evidente que, mesmo quando o projeto é apresentado para discussão, o que em geral raramente acontece (e nos projetos das corporações capitalistas não acontece nunca), há pouco espaço para análise no nível mais elementar, no qual as formas desejáveis de desenvolvimento são elaboradas sem nenhuma argumentação.

Isso é aparente em alguns casos espetaculares: a decisão de dar prioridade absoluta à indústria pesada em relação à indústria de alimentos; a decisão de orientar a produção industrial para o mercado de exportação; a decisão de basear a produção de energia no petróleo, e não no carvão. Deliberadamente, procurei exemplos em sociedades e projetos diversos, porque minha tese é geral. Houve, em cada um dos casos (na União Soviética, na Itália ou na Polônia, na Grã-Bretanha), enormes pressões, necessidades e restrições à orientação dessas versões, mas em todos os casos o erro foi não ter havido debates suficientes, nem planejamento na etapa decisiva das suposições iniciais.

É mais do que coletar exemplos de projetos fracassados. As reais dificuldades sociais e materiais de todas as sociedades humanas tornam inútil, ou mesmo cínica, a mera catalogação dos erros. O ponto central é intelectual e teórico. Em todas as análises dos recursos reais e de suas possíveis utilizações, o relatório de um trabalho científico sério é um relatório de diversidade. Unicamente após as suposições intelectuais do modelo singular foi considerada a possibilidade de que o processo de planejamento pudesse ser singular. É evidente em qualquer situação, mas principalmente em uma economia socialista, que justamente nas fases mais precoces e mais fundamentais do planejamento sente--se a necessidade de projetos variados e alternativos, levados a um grau de especificidade em que possam ser racionalmente avaliados e comparados. O planejamento capitalista, embora elaborado tecnicamente por grupos relativamente similares, contém elementos de competição prática entre projetos alternativos em uma fase posterior, na qual determinadas corporações prosperam ou fracassam, muitas vezes com eventual benefício ou prejuízo para os povos e regiões que dependem dessas decisões. De forma similar, nas economias capitalistas com sistemas eleitorais competitivos, há elementos de rivalidade entre projetos alternativos e os outros tipos de projeto.

Então, é uma grande deficiência da ideia de planejamento socialista o fato de a "competição" entre os projetos ser eliminada pelo modelo singular, cujo propósito é atuar fora dos limites da negligência e da arbitrariedade, das flutuações desordenadas das economias e sociedades burguesas. Com frequência, afirma--se equivocadamente que as alternativas básicas do planejamento seriam apenas a expressão de interesses de classe conflitantes, mas embora isso seja indiscutivelmente correto, muitas vezes há variáveis materiais e sociais, que impõem a preparação de projetos genuinamente *socialistas*, em quase todas as situações. Além do mais, visto que em todas as situações previsíveis parece indispensável um efetivo planejamento centralizado, é importante transcender a crítica meramente negativa do planejamento e substituí-la por esse tipo de crítica positiva. De fato, faria uma grande diferença para as perspectivas do socialismo se em cada país e em cada partido socialista houvesse grupos alternativos de planejamento publicamente reconhecidos, capazes de apresentar suas análises e propostas em uma fase precoce do debate e da decisão democrática. Nada disso é utópico, pois afinal, no mundo real, as consequências aparecem por si mesmas, e é mais importante analisá-las em termos reais do que deixá-las à mercê das lutas de grupos intrapartidários, ou, ainda pior, mentir e continuar mentindo.

Atualmente, a importância particular dessa questão reside em seu vínculo com os vários significados de "mercado". É evidente que certas formas brutas e singulares de planejamento fracassaram em um aspecto especialmente prejudicial: o de se apresentarem sem qualquer intenção séria de descobrir o que realmente necessitavam ou desejavam as pessoas em cujos nomes foram promulgadas. Em torno desses fracassos, criou-se uma enorme quantidade de sentimento antissocialista, que de todo modo foi facilmente explorado pelos que nunca quiseram que nada desse tipo tivesse êxito. Mas há perigos teóricos em supor que a lição extraída desses fracassos seja uma atenção maior a um "mercado" não analisado. Aqueles dentre nós que realmente conheceram a versão capitalista do mercado, determinada, tal como de fato é, pelo capital preexistente e por formas altamente elaboradas de persuasão, sabem ou deveriam saber quão desastroso pode ser qualquer movimento impensado em direção às vagamente chamadas "forças de mercado". Na forma mais simples de abastecimento direto de muitos alimentos, vestuário e uma série de pequenos artigos e serviços pessoais, a sensibilidade de um mercado explícito – incluída em um mercado competitivo, mas não restrita a ele – é evidentemente um fator de eficiência: não apenas, como se afirma no capitalismo, por satisfazer essa curiosa construção, o "consumidor", mas também como fluxo--chave de informações para a produção útil. Especialmente nesses setores, percebem-se vantagens sobre os projetos impostos.

Por outro lado, mesmo nesses setores, e ainda mais seriamente no caso de bens duráveis e serviços de larga escala, a organização inerente ao capitalismo corporativo produz um mercado que só é direto por analogia e por uma coincidência ideológica de nome. A profunda distorção da publicidade, desviando a informação do produto ou do serviço para uma associação relativamente arbitrária e invariavelmente enganosa a algum outro objeto de desejo, é somente o efeito mais visível. Pois a publicidade se embasa em uma forma ideológica de pesquisa de mercado, na qual as escolhas aparentes são estruturadas por interesses e intenções corporativistas predeterminados. Nesse aspecto, é muito parecida com a pesquisa de opinião pública eleitoral, originária dela em grande parte, na qual a "opinião pública" é de fato classificada e contada, mas de acordo com uma série de perguntas e dentro de suposições e exclusões que efetivamente restringem tanto a opção quanto a opção bem informada.

É fácil entender por que os socialistas, ante os erros e indiferenças de tipos pouco elaborados de projeto, falam ingenuamente das vantagens ao menos de algumas "forças de mercado". Mas essa expressão ideológica funde e confunde uma série de práticas, desde fluxos úteis de informação direta e interação até a dominação brutal ou mesmo a destruição dos mercados por manipulação supranacional em larga escala. É característico que os ideólogos das "forças de mercado" utilizem hoje abertamente expressões significativas como "*marketing* agressivo" e "penetração no mercado", e não é apenas uma ação econômica, mas também política, dirigida a outros tipos de sociedade e aos próprios países socialistas. Entretanto, deve-se dizer que não seria possível derrotá-la por meio de uma simples adesão à rigidez do planejamento unilinear. Na verdade, é preciso atualmente transformar a pesquisa de mercado em algo de interesse popular, e não corporativista. Não apenas os resultados deveriam ser acessíveis, como elementos na decisão do planejamento, mas, principalmente no caso de um modelo superior de sociedade socialista, a informação completa seria uma entrada de dados muito importante, como em toda verdadeira pesquisa. Considere as mudanças na pesquisa de preferências alimentares se informações nutricionais verídicas fossem acessíveis simultaneamente. É apenas um exemplo relativamente simples do que uma sociedade socialista poderia viabilizar por meio de um fornecimento de informações completas e *relacionadas*. Há uma necessidade talvez maior, embora menos visível, no outro extremo da escala produtiva, relacionada às novas tecnologias de ponta dos computadores pessoais. Nesse, como em muitos outros aspectos, o socialista do século XX pode ultrapassar as vantagens aparentes do capitalismo avançado e convertê-las em vantagens reais.

Esse movimento de um projeto de presumível interesse público a um planejamento participativo real e complexo indica a mudança que se vislumbra: da ideia de socialismo como uma economia racionalmente simplificada à ideia de uma economia política mais complexa, que possa efetivamente alcançar a racionalidade. Pois a complexidade decorre inevitavelmente de condições que, por motivos históricos, o antigo modelo singular unilinear não identificou suficientemente. Abolir a exploração de uma ordem capitalista é eliminar uma causa importante de desigualdade, mas, mesmo que realizada de modo ideal, subsistiriam consideráveis desigualdades, por razões materiais intricadas. A própria Terra é diversamente aquinhoada. Além da classe, o local onde estão o petróleo e o carvão, as terras aráveis, os índices pluviométricos confiáveis, o peixe, as florestas, todos representam práticas. Além do mais, e nas complexas interações com a classe, a óbvia necessidade de certos tipos de trabalho e as remunerações a que fazem jus não correspondem forçosamente às necessidades menos óbvias ou de longo prazo, que exigiriam escalas diferentes de avaliação. Nesse contexto, o capitalismo avançado, em sua orientação irresistível para as necessidades óbvias de curto prazo, já desorganiza as sociedades mais ricas e prejudica profundamente as mais pobres.

Então, se considerarmos em conjunto esses dois fatos – as diversidades materiais e as desigualdades da Terra, e a escala complexa das necessidades humanas –, fica claro por que não é possível um encadeamento simples do plano singular, seja em direção ao "mercado", seja em direção à ideia socialista de autogestão. Os que foram materialmente aquinhoados e os que são evidentemente produtivos não veem dificuldades na ideia de autogestão: é uma alternativa imensamente atraente para o capitalismo corporativo e já aparece em pequena escala dentro das economias capitalistas, em cooperativas e empresas similares. Porém, para os socialistas, essa versão é apenas uma solução parcial. As drásticas desigualdades que poderiam persistir e mesmo ser sancionadas são perturbadoras em qualquer sociedade e são uma fonte importante de conflitos políticos e, entre sociedades, como tantas vezes na história, de guerras.

Portanto, os socialismos do século XXI terão de ser um conjunto de sistemas muito complexos que, embora embasado no maior número possível de empresas com autogestão, tenha criado instituições capazes de efetuar as indispensáveis transferências sociais e econômicas e de preservar as necessidades de longo prazo e menos evidentes. Nessas áreas, as economias socialistas já se movimentaram além das perspectivas humanas do capitalismo, mas ainda têm enormes tarefas pela frente. De fato, não seria exagerado dizer que a possibilidade de socialismos democráticos bem-sucedidos, seguidos pela criação de uma ordem internacional equitativa e pacífica, dependerá do êxito que tivermos na construção dessas instituições complexas e flexíveis. Não se trata apenas de um problema institucional enorme, dada a grande variedade de soluções específicas que seriam necessárias. Trata-se de um grave problema político, porque a criação de tais instituições é o ponto no qual a luta pelo socialismo ultrapassa os interesses nacionais, de classes e de setores e se propõe a estabelecer e a incorporar um interesse geral humano. A simples asserção de que o proletariado, ao se libertar, libertaria todos os outros ainda conserva alguma força retórica. Mas seria uma retórica ilusória e contraproducente, a menos que em muitas áreas decisivas – a desigualdade das mulheres, a miséria em regiões pouco favorecidas, as desigualdades estruturais entre economias "desenvolvidas" e "subdesenvolvidas", as desigualdades entre as regiões de um país, as diferenças entre o trabalho atraente ou lucrativo e o trabalho sujo ou entediante, mas necessário – surjam na prática instituições abertas e eficientes consagradas à transferência e à equidade. Portanto, não apenas em linhas gerais, mas para esses propósitos sociais específicos, o planejamento transformado tanto em seus métodos quanto em seus objetivos será a última condição de qualquer sociedade socialista.

Capitalismo avançado, liberalismo e social-democracia

É um dos maiores problemas de nossa época que o contraste ideológico entre o socialismo e o capitalismo, tantas vezes comentado nas sociedades capitalistas, mas também cada vez mais fora delas, não possa se reduzir apenas a seus componentes ideológicos. Certamente, há muitas respostas óbvias. O "mundo livre" inclui, na ordem dos fatos, ditaduras militares e outros sistemas repressivos não eleitorais, contanto que suas economias sejam capitalistas ou abertas ao capitalismo. Liberdade é uma dimensão capitalista e comercial, e não democrática e política, nesses lugares. Novamente, embora entrando em um terreno mais delicado, mesmo a utilização séria de "democracia" em oposição a "socialismo realmente existente" restringe-se injustificadamente a formas particulares, especialmente ao governo "representativo". É fato que a expressão e a ideia de "democracia representativa" foram introduzidas, no final do século XVIII, como uma alternativa da classe dominante à democracia popular direta. Há certamente outras instituições, além do parlamento e das assembleias nacionais, nas quais se pode praticar a democracia, e é significativo que na crise atual do capitalismo avançado haja simultaneamente tentativas de destruir ou limitar o poder de assembleias locais e de transferir o poder real de parlamentos cada vez mais nominais às administrações do Estado. Além do mais, os instrumentos da democracia – acesso à informação pública e direitos civis – sofrem ameaças pesadas, diretas e indiretas, mesmo em sociedades com longa tradição liberal.

Mas ainda são mais contestações do que respostas aos problemas reais. O fato histórico central é que a maioria das revoluções socialistas ocorreu em sociedades que não tiveram uma experiência longa e sólida de democracia burguesa. O resultado, tanto na argumentação quanto na apologia, sem falar da propaganda enganosa, foi uma simplificação da complexidade da democracia burguesa a mera aparência e engodo. Paradoxalmente, enfraquece a causa socialista contra a democracia burguesa, porque incorpora a longa experiência liberal e social-democrata, com todo o seu alcance na luta contra o Estado burguês e o poder econômico, como parte da causa não investigada em prol do capitalismo corporativista. Já é péssimo ter de ouvir um governo autoritário, eleito por uma minoria de votos, aliado a corporações supranacionais e a instituições militares estrangeiras, dizer que representa a Democracia. Mas é ainda pior quando um país sob regime de socialismo realmente existente, no qual ocorrem violações inegáveis dos direitos civis em geral, para não mencionar os casos reconhecidos do pior tipo de repressão, repete a mesma antiga equiparação da "democracia burguesa" a seus componentes e limitações capitalistas. De fato, chegou-se ao cúmulo de não haver possibilidade de socialismo em países com longas tradições liberais e social-democratas, a menos que se demonstre na prática que seria um avanço qualitativo em relação à democracia burguesa, não apenas no campo econômico, onde é relativamente mais simples, mas também em campos políticos mais vastos, onde a experiência das realizações democráticas, mesmo contestada por frases sobre seus limites ou contradições, é forte demais para ser ignorada. Enquanto o capitalismo corporativo mantiver essa clientela, continuará a dominar não apenas nossa sociedade, mas grande parte do resto do mundo.

Portanto, no movimento socialista internacional, é preciso prosseguir, e em muitos casos começar, a longa e difícil busca de uma democracia socialista prática. Ora, o que foi proposto como a lei do século XXI é especialmente relevante: visto que há muitos povos e muitas culturas, haverá muitos socialismos. Pode-se esperar que diferentes instituições e práticas específicas variem. Mas precisamos superar definitivamente os modelos herdados, nos quais, para derrotar o capitalismo e defender-se contra ele, o poder deve passar para as mãos do partido, que substituiu a classe e por sua vez é substituído pelo aparelho do Estado, ou em geral se transforma nele. São espinhosos os deveres de derrotar o capitalismo e defender um socialismo mesmo limitado. São realizados em condições extremamente difíceis. Mas mesmo no sentido estratégico mais elementar, é essencial, na perspectiva do século XXI, que se rompa a aliança entre capitalismo corporativista e democracia liberal e que ambos sejam superados. Dessa aliança erguem-se poderosos obstáculos políticos, econômicos e militares ao socialismo. Mas ela só poderá ser rompida se o que realmente existe na democracia liberal for levado a sério na teoria e na prática socialista.

A ideia de uma imprensa livre não é apenas a de uma imprensa capitalista. Nem a propriedade capitalista representa uma total impossibilidade de um debate público aberto. A democracia política não é apenas uma competição entre partidos políticos. Nem é a competição entre os partidos burgueses uma mera ilusão de escolha popular. Em centenas de casos, temos de superar essas dicotomias simplistas. É possível citar muitos exemplos, mas os mais interessantes estão relacionados ao que já foi discutido sobre a natureza do planejamento e da autogestão.

O modelo único e unilinear de socialismo, baseado em uma classe histórica específica, em um estágio específico de desenvolvimento econômico, no mínimo é deturpado na questão de informação e debate público. Mesmo se a classe não for substituída pelo partido e em seguida pela máquina do Estado, a estrutura profunda impõe apenas uma classificação: a favor ou contra a classe. Logo, na teoria, só existem a classe e seus inimigos, o que é apoiado na prática pelo fato de serem ambos ainda reais. Porém, como fundamento para uma discussão popular e tomada de decisão, é francamente insuficiente. Um grande número de pessoas está fora dessa classe, em seu sentido residual, sem ser seu inimigo em nenhum sentido predeterminado. É evidente na divisão sexual do trabalho, que atualmente é recusada e questionada. É inevitável em casos de pessoas idosas ou de meia-idade, e em casos de estagiários e estudantes. Em paralelo, há significativas divisões de interesse dentro da própria classe, mesmo em sua interpretação mais ideológica. Completamente à margem do número crescente de atividades profissionais, científicas e educacionais, cujos interesses imediatos diferem dos interesses dos produtores, há um enorme crescimento de todo tipo de serviços, ainda erroneamente classificados como terciários (erroneamente porque são por si mesmos diversificados, e o que é "produzido" em serviços como saúde e recreação, em termos socialistas, é uma produção real de seres humanos e de seu bem-estar, muito diferente da restrição capitalista à produção de mercadorias). Através e além de todas essas diversidades de condições, existem as duras desigualdades materiais da Terra, que, na ausência de uma análise socialista bem elaborada, encontram uma expressão alternativa em formas de nacionalismo e regionalismo.

Assim, deveria ser evidente que a base de uma democracia socialista é a autêntica diversidade e a complexidade de todo povo. Os vínculos e as alianças complexos propostos para negociar essa diversidade não são redutíveis a projeções simplificadas de classe, que conferem legitimidade a apenas uma versão de um setor generalizado. Certamente é preciso resolver os conflitos de interesse e, em momentos de dificuldade, deve haver prioridades. Mas não se ganha nada em insistir tanto em uma interpretação tão antiga e tão rígida do monopólio político, de modo que o único lugar para as outras interpretações sejam facções ou oposição, ou atitudes igualmente prejudiciais de apatia e cinismo.

A experiência da democracia liberal é relevante nesse aspecto. Os partidos rivais de um sistema eleitoral burguês na prática se apoiam em setores e regiões da mesma classe geral. Os partidos social-democratas, com uma base de classe inicialmente diferente, são sempre levados em parte aos termos limitados de uma contenção no interior da classe. Ainda que conseguissem superá-la em seus melhores momentos, viam-se frequentemente refreados pela relativa rigidez das estruturas oficiais do partido. Portanto, o partido caracteristicamente representa de modo relativamente estável uma simplificação de uma relativa complexidade de interesses. Além do mais, nas democracias burguesas, ele é definido cada vez mais por disputas eleitorais extremamente generalizadas, perdendo com frequência um conteúdo alternativo real, a ponto de o sistema partidário como um todo deixar de envolver e de representar os diversos grupos de pessoas e interesses que estariam efetivamente em pauta.

Mas esse é apenas o lado negativo da democracia liberal. Seu lado positivo, em muitas de suas fases iniciais e na formação permanentemente ativa de novos grupos militantes, é o fato de suas práticas criarem condições para a expressão e o entendimento de reais diversidades e de reações francamente alternativas a situações mais gerais, de uma maneira que o socialismo do século XXI poderia certamente aprender. Os autênticos herdeiros da democracia liberal têm atualmente de operar dentro de sistemas determinados pelo poder capitalista corporativo, mas esse poder tem um grau de condescendência variável e frequentemente importante e inevitável. Em suas fases mais precoces e mais defensivas, o poder socialista pode rejeitar com impaciência essa versão de democracia, mas ao longo de seu desenvolvimento terá de aprender com ela e superá-la. Nos aspectos previamente abordados de um planejamento popular participativo, fundamentado em alternativas públicas abertas e em níveis muito mais elevados de informação pública acessível e útil, o socialismo do século XXI começou a definir seus rumos.

Mas o caso ultrapassa muito o campo econômico. Em algumas questões, em alguns períodos, devem ser tomadas decisões relativamente em larga escala. Essa é a força do modelo unilinear singular. Mas em outras questões e em outros períodos, o objetivo de um processo socialista não pode nem deve ser uma solução singular. Nesse aspecto, as expressões "construindo o socialismo" e "forjando o homem socialista" frequentemente nos enganaram. Em milhares de questões cotidianas, e não meramente em alguns aspectos marginais e folclóricos, a verdadeira libertação humana requer uma grande diversidade de resoluções. Ainda não sabemos quão longe chegarão, mesmo em socialismos identificáveis. Mas o que importa agora é a ênfase. A democracia no socialismo do século XXI precisará ultrapassar o lema honorável de "Poder para o Povo" e mesmo de "Poder do Povo". Será o exercício prático de poderes pelo povo. Mesmo o antigo sonho de democracia direta face a face, supostamente restrita a comunidades muito pequenas, poderia ser alcançado em sociedades maiores, utilizando as novas tecnologias interativas de comunicação e informação, que uma ênfase socialista poderia reverter para utilizações plenamente humanas.

A questão do anticapitalismo

Nos últimos 150 anos, mesmo com dificuldades frequentes, foi preciso fazer a distinção entre socialismo e anticapitalismo, como tendências políticas e intelectuais. Para meus propósitos atuais, em uma perspectiva orientada para o futuro, apenas é preciso assinalar que o problema dessa distinção é excepcionalmente complexo. Dentro do modelo singular e unilinear de socialismo, foi costume tratar o "anticapitalismo" com condescendência, como uma fase imatura ou romântica, que precisaria se completar e endurecer pela teoria e pela prática do socialismo científico. Por vezes a crítica foi mais longe, repudiando essa tendência como uma forma de sentimentalismo pequeno-burguês. Ainda se escutam essas reações, mas agora é fato que o conteúdo do anticapitalismo, em parte um prolongamento de suas fases iniciais, é um elemento importante, ao mesmo tempo, da dificuldade e da possibilidade de renovação contemporânea das perspectivas socialistas.

O anticapitalismo é o elemento da crítica a uma ordem social industrial burguesa, que não é dirigido nem confinado à defesa de uma ordem pré-burguesa ou pré-industrial. É bem verdade que existem muitas rejeições penetrantes ao capitalismo, cuja única perspectiva social é alguma forma de regresso a uma ordem antiga idealizada: tipicamente a Grécia clássica, a Europa medieval ou pré-industrial. Mas, na melhor das hipóteses, encontrariam somente um respaldo literário e, em suas formas mais simples, são também explicitamente antissocialistas. De fato, o socialismo é visto, não apenas aqui, mas também em tendências anticapitalistas mais amplas, como simplesmente uma das formas – em algumas argumentações, uma das piores formas – de uma ordem social definida como alienada, instrumental e desumana: uma ordem industrial mecânica permeada pela degeneração cultural e pela democracia de massas manipuladas.

Então, em nossa época, é importante observar e entender a superposição entre essas antigas posições, inclusive, mas não apenas, as que são hostis ao socialismo, e certas propostas contemporâneas muito atuantes no movimento ecológico, na crítica ao trabalho industrial, nas novas noções de relações pessoais e especialmente sexuais e em certas formas de oposição aos sistemas de armamento nuclear e de guerra computadorizada. Poderia ainda ser dito que essas tendências predominam principalmente entre os jovens – em especial, jovens de classe média – do mundo capitalista, embora devesse ser acrescentado, se essa análise incompleta fosse aceita, que eles constituem, entre eles próprios, a oposição mais atuante e efetiva nas sociedades capitalistas. Mas surge em seguida não apenas o problema de saber como esses movimentos se relacionam com as bases tradicionais das organizações socialistas nos movimentos trabalhistas organizados. Surge também o problema de saber como essas tendências se relacionam com o modelo socialista subjacente, de tipo singular e unilinear, ainda dominante.

Basta considerarmos apenas o ponto mais óbvio de dificuldade. Uma grande parte da antiga crítica socialista ao capitalismo afirmava que ele seria incapaz de expandir a produção para atender a todas as necessidades humanas. De fato, em períodos de crise e recessão capitalistas, este frequentemente foi o principal teor do projeto socialista: liberar novas forças produtivas para acabar com a miséria. Seria, de qualquer modo, uma posição difícil de defender atualmente. Houve uma renovação espetacular da produção capitalista e não houve relações simples entre o socialismo e o crescimento econômico. Mas aquela primeira posição sempre foi uma redução da indispensável análise socialista. Nunca foi somente uma questão de aumento de produção em termos capitalistas usuais, mas de controles sociais, e não capitalistas, sobre o que seria produzido, e de relações sociais modificadas que alterariam a distribuição efetiva do que seria, caso contrário, meramente um produto agregado.

Ainda assim, a retórica do aumento da produção agregada, como tal, exerceu uma enorme influência no movimento socialista, que até o induziu a competir com o capitalismo nesse aspecto restrito e nesses termos. Não é surpreendente que as antigas questões socialistas – sobre o que produzir, para quais utilizações e com quais consequências, distintas de estatísticas gerais agregadas – fossem frequentemente abandonadas, para serem recuperadas por movimentos que não nasceram do socialismo, mas que puderam interpretar muitas práticas socialistas como um tipo similar de orientação equivocada. Essas questões foram então formuladas mais energicamente em função de novos efeitos objetivos mensuráveis de certos tipos de produção: poluição disseminada e, em alguns casos, destruição do meio ambiente físico; novas formas de estresse e de morbidade física dos trabalhadores e dos que vivem no interior ou nas proximidades de seus locais de produção. Tornou-se particularmente evidente em sociedades capitalistas que essa espécie de dano irresponsável, e agora objetivamente previsível, é causado pelas grandes corporações industriais e pelo agronegócio, que também se esforçaram politicamente para minimizar ou esquivar os controles sociais necessários. Nesse aspecto fundamental, as campanhas de oposição mais sérias não poderiam deixar de ser anticapitalistas. Mas tornar-se-iam socialistas? O problema é não haver aparentemente nenhuma razão sólida, nem na prática socialista nem na teoria ainda dominante, do motivo pelo qual o socialismo, nesses assuntos, seria qualitativamente diferente.

Mas encontrar boas razões socialistas significaria, mais uma vez, superar o modelo singular e unilinear. A questão da produção deve novamente se colocar entre os elementos mais importantes do projeto socialista, como uma maneira de ultrapassar suas mais recentes formulações temporárias e enganosas. Na verdade, o materialismo histórico é o caminho mais claro para a compreensão desses processos complexos e dinâmicos, pois enfatiza o conjunto das formas variáveis de trabalho em um ambiente físico inquestionável. As várias ideologias que ignoraram essa ênfase – a redução de um mundo físico e de seres humanos à tríade de matérias-primas, capital e trabalho descartável; a celebração triunfalista da exploração máxima dos três ou pelo menos de dois – são hostis ao socialismo, qualquer que seja sua forma nominal. No movimento trabalhista, próximo à base real, sempre se soube que uma exploração implacável de matérias-primas inclui também a exploração dos trabalhadores como reles matéria-prima humana. Além do mais, esse fato pode persistir por meio de mudanças nas relações de propriedade, enquanto se mantiverem os mesmos padrões de comportamento. Diante da miséria absoluta ou relativa, uma coisa é mobilizar todos os recursos humanos ou físicos para superá-la. Mas é uma coisa muito diferente reificá-los como sendo produção abstrata, ou supor que os corrigimos ao eliminar unicamente o lucro alienado. Portanto, nas novas definições e redefinições socialistas da produção, deve-se expor a perspectiva central do socialismo do século XXI.

Pois o anticapitalismo, entregue a si próprio, mesmo em suas formas mais humanas, não poderia enfrentar os desafios construtivos de acabar com a exploração e com a miséria. Certas formas da proposição de "crescimento zero" e praticamente todas as formas da proposição de acabar com a produção industrial, e retornar ao artesanato e à agricultura de subsistência, não são unicamente fantasias; no mundo tal como é hoje, podem se tornar decepções cruéis, rapidamente acomodadas em um assim chamado capitalismo "pós-industrial", que continuará a ser possível apenas pela exploração imperialista e neocolonialista do resto do mundo não socialista. Por outro lado, voltar simplesmente a enfatizar uma "produção socialista" meramente abstrata não responderá a questões essenciais implícitas e será cada vez mais vulnerável às mudanças verdadeiramente transformadoras em andamento nos próprios processos do trabalho.

Portanto, o socialismo tem de propor não apenas o fim do trabalho como uma mercadoria; tem de propor, de modo prático, o fim do uso da terra como uma reles matéria-prima para mercadorias. Isso implica a substituição da terminologia capitalista de "produtos" e "subprodutos" pelo novo enfoque, nascido no materialismo histórico, de que *ambos* são produção, em qualquer modo escolhido, e que as consequências humanas e físicas de produtos selecionados e de tipos de trabalho são uma parte inevitável de todo o processo social e material. É desse modo que o socialismo poderá redefinir o que hoje se chama abstratamente de "crise de recursos", pois essa não pode ser unicamente uma questão quantitativa; desde o começo, é uma questão qualitativa social e material. As respostas toscas de "crescimento zero" e "fim da produção industrial" podem ser substituídas pela instalação e monitoramento discriminados do que ainda é um processo de intervenção humana em um mundo físico inseparável: intervenção que simultaneamente cria mundos sociais e físicos modificados.

As formas socialistas dessa intervenção começarão evidentemente pelas necessidades humanas mais gerais, mas devemos especificar, em termos contemporâneos, os fatos que Marx enfatizou: que diferentes tipos de necessidades são em si mesmos criados social e materialmente; que respostas à necessidade criam novas situações e relações; que uma sociedade socialista, por essa razão, continuamente observa, estuda e reavalia a ordem social, diferentemente da orientação capitalista de aumentar a produção agregada lucrativa e da orientação industrialista mais geral (que incluiu muitas propostas socialistas iniciais) de produzir como se essa fosse uma atividade especializada e isolada. Será um sinal distintivo de uma sociedade socialista avançada a integração prática de duas ciências atualmente separadas, a economia e a ecologia, e será possível fazê-la dentro de uma ciência social material.

Estamos ainda longe disso, mas a perspectiva é instigante. As mudanças virão não apenas no campo da produção e dos recursos, mas na compreensão do próprio trabalho humano.

Pois na longa supremacia da versão capitalista de produção e, consequentemente, de trabalho, foram excluídas várias áreas de trabalho humano, e isso adquiriu uma forma especial na exploração das mulheres. Para as mulheres que lutam contra essa exploração fundamental e contra desigualdades mais específicas, é impossível acreditar que o modelo socialista dominante esteja a seu favor. Mas essa dificuldade surge na transformação de processos produtivos simples, nos quais a produção poderia ser aumentada, apesar de diminuições significativas de trabalho e de tempo de trabalho, tendo por resultado muito mais energia disponível para outros tipos de produção social, como o amparo à pessoa, reservado às mulheres, arrogantemente excluídas do "trabalho produtivo" e do reconhecimento e do respeito social e material.

Não será a única mudança, nem certamente uma mudança suficiente, na relação entre homens e mulheres. Nem, entretanto, uma sociedade socialista procuraria soluções simples em novas formas dessas relações. Nesse aspecto, para haver uma libertação genuína, terá de haver uma grande diversidade dentro da sociedade e entre as diversas sociedades. Mas, se os socialistas correram riscos por deixarem de lidar com questões ecológicas anticapitalistas contemporâneas, há riscos pelo menos iguais em deixar de lidar – nas velhas formas do modelo dominante, mesmo que proponham respostas aos requerentes, peticionários ou aos grupos excluídos – com as questões fundamentais sobre as relações entre homens e mulheres, que, mesmo nos melhores momentos, a tradição socialista nunca levou devidamente a sério.

Ainda uma outra perspectiva do socialismo do século XXI será uma reformulação de sua compreensão e prática da cultura e das comunicações. A tarefa mais premente é pôr um fim à ortodoxia repressiva, que continua a produzir sua definição "correta" da produção cultural e prática das comunicações. Nesse ponto, a questão do anticapitalismo é particularmente complexa, uma vez que impregnou as formas especialmente dinâmicas do próprio capitalismo, e em certos setores foi absorvido por elas. As produções culturais mais importantes do século XX originaram-se ou de forças populares reprimidas ou de pequenos grupos relativamente isolados, oposicionistas e marginalizados. O capitalismo certamente comercializou rapidamente ambos, de maneira que transformou o que antes se conhecia simplesmente como "cultura burguesa", obras dessa classe e para essa classe. Mas o socialismo ofereceu poucas alternativas. Ironicamente, tem mais sucesso do que o capitalismo em preservar e respeitar as obras tradicionais, e isso propiciou contribuições positivas, ao resistir ao que é desumano e autodestrutivo – termos mais significativos do que "decadente" – na torrente da nova produção cultural. Mas já que oferece como alternativa simplesmente suas projeções "corretas", extraídas de seu modelo unilinear ou, na melhor das hipóteses, seu apoio a antigas formas tradicionais e populares, não é apenas inadequado para a libertação; pode frequentemente ser identificado como uma força que apenas se propõe a controlá-la, em substituição à vitalidade inconsequente da exploração capitalista.

No início do século XXI, todo o conjunto das relações de cultura e comunicações terá de ser de fato transformado. Novas tecnologias fornecerão tanto um acesso mais individual e mais selecionado quanto uma transmissão mais vasta e mais amplamente diversificada, além de oportunidades para a produção. Em seus aspectos negativos, já é um momento perigoso para o socialismo. A produção capitalista internacional de todos os tipos, inclusive o amálgama competente de entretenimentos, esporte e propaganda, tenta moldar a consciência à sua própria imagem e obtém sucesso. Nenhuma política de mera exclusão defensiva pode detê-la. A nova cultura socialista só poderá ser criada pela restauração positiva, pelo desenvolvimento e pela utilização aberta e exploratória de novas formas de tecnologia nas sociedades reais, para seus próprios e diversos propósitos. Em toda a parte, o socialismo deve apoiar a exigência de uma nova ordem internacional de informação, fora do controle e das influências do capital ocidental. Mas não se alcançará essa ordem por uma simples reversão de um modelo alternativo singular. Apenas em sociedades reais, e não apenas em suas elites, surgiriam as novas formas diversificadas de produção cultural, capazes de um intercâmbio amigável, mas sem o controle da orientação do mercado internacional nem de um modelo único distribuído interna ou globalmente. Na prática, já caminhamos mais nessa nova perspectiva cultural do que na política ou na economia, embora a mudança tecnológica não crie uma direção simples de desenvolvimento, mas um complexo dinâmico de novos perigos e novas oportunidades.

Além do mais, esse não é, como no modelo antigo, um campo "superestrutural". Pelo contrário, o que acontece agora, e poderá acontecer na cultura e nas comunicações, é profundamente inseparável da economia e da política mundial, e talvez dos problemas militares em especial. Os sistemas de orientação, que já modificaram a guerra em níveis talvez mais fundamentais do que as próprias armas nucleares, têm sua contrapartida técnica na exposição, sem precedente, das sociedades mais modernas a versões do caráter e intenções de outras sociedades e povos. A luta pelo socialismo avança atualmente pelo menos com a mesma intensidade nas áreas da informação, ideias e imagens do que pelos caminhos diretamente políticos, econômicos e militares.

É uma condição para todo socialismo, e de fato para toda civilização no século XXI, evitar diretamente a guerra, que nesse nível tecnológico em rápido desenvolvimento já se converteria em um massacre generalizado, além de eliminar o imenso desperdício de recursos preparatórios. Ainda há outra interconexão com outra forma de anticapitalismo, distinta do socialismo e de fato potencialmente hostil a ele. Alguns movimentos pacifistas contemporâneos, identificando corretamente os sistemas militares modernos como fundamentalmente apartados de um efetivo controle democrático, chegaram a considerar que não existe diferença, em aspectos amplos, entre o sistema capitalista e o socialista. Mas essa posição não pode ser bruscamente rechaçada pela reafirmação do caráter essencialmente pacífico do socialismo, ou pela identificação – em si mesma perfeitamente correta – das causas de guerra dentro do sistema capitalista e da ofensiva imperialista contra as sociedades socialistas e contra os movimentos populares e revolucionários em todo o mundo. Esses tópicos modificam as afirmações mais virulentas, mas não respondem às questões implícitas: os sistemas militares avançados são eles próprios incompatíveis com qualquer tipo de democracia política plena; logo, apenas a sua abolição poderia emitir novas forças de libertação; e, em suas fases defensivas, sob vastas pressões, as sociedades socialistas realmente existentes não apenas foram vítimas de um militarismo explícito, mas em alguns casos trágicos não conseguiram manter a paz entre elas mesmas.

Portanto, a produção retórica de "socialismo" como uma maneira de revogar a ameaça de guerra não é convincente. A real posição socialista é o tipo de análise que, situando as causas complexas da guerra dentro das longas crises do sistema capitalista e imperialista, é suficientemente aberta e isenta de dogmatismo para reconhecer três importantes contradições entre o socialismo e a paz; são elas:

(i) o simples fato de uma resistência imperialista aos movimentos populares e revolucionários e as tentativas de desestabilização das sociedades socialistas induzem muitos movimentos socialistas e de libertação nacional não somente à aceitação da luta armada, mas ao início dela;

(ii) especialmente nas sociedades pós-coloniais, mas também em outros casos, a história da dominação do imperialismo e de outras nações estrangeiras deixou uma confusão de povos e fronteiras arbitrárias, propícias a gerar disputas, e que podem em alguns casos levar a guerras entre países e povos recém-libertos e/ou países e povos socialistas;

(iii) a longa postura de defesa contra a agressão e a desestabilização produziu em muitas sociedades socialistas e recém-libertas um conjunto de organizações, centradas em forças militares ou de segurança, que sempre contradizem e deturpam as organizações sociais e econômicas apropriadas para o socialismo, provocando, nos piores casos, uma frustração ou uma efetiva repressão.

É de fundamental importância que esses assuntos sejam francamente discutidos na comunidade socialista internacional: não apenas porque deve-se tentar de tudo para evitar ou diminuir qualquer risco de guerra, mas também porque, no nível da teoria, há o perigo de alguma assimilação remanescente entre socialismo e paz, que fugiria de nossa situação histórica real. Além do mais, como a questão da guerra e da paz decidirá se deve haver alguma construção social de qualquer tipo no século XXI, todas as nossas análises e lutas dependem desse esclarecimento e desse entendimento.

A PRÁTICA DA POSSIBILIDADE
1987

Terry Eagleton:[1] *O senhor aposentou-se da cadeira de Dramaturgia da Universidade de Cambridge em 1983, após uma longa carreira na esquerda política, que ainda prossegue. O senhor enfrentou o fascismo na Europa e teve um papel preponderante na criação dos primeiros anos da Nova Esquerda e da Campanha pelo Desarmamento Nuclear (CND). Desde essa época, o senhor participou de uma série de intervenções socialistas dentro e fora do Partido Trabalhista, e o seu trabalho intelectual – que o senhor veio a chamar de "materialismo cultural" – tem transformado o pensamento de gerações de estudantes e trabalhadores do campo cultural.*

Teria sido bom se pudéssemos presenteá-lo em sua aposentadoria, não com um relógio de ouro, mas com uma sociedade socialista. É provável, no entanto, que tal objetivo pareça hoje tão remoto, se não mais, quanto em qualquer outra época de sua carreira política. Em vez disso, nós testemunhamos o regime mais brutal contra a classe trabalhadora registrado na memória política da maioria das pessoas, a instituição dos fundamentos de um Estado policial e uma oposição de

---

1 Terry Eagleton é professor de Crítica Literária na Universidade de Oxford e pesquisador do Linacre College. A entrevista ocorreu em julho de 1987. (N. E. I.)

esquerda aparentemente perplexa. Utilizando uma expressão militar, nós vivemos o mais terrível perigo. Posso lhe perguntar, então, se, após uma luta tão longa, o senhor agora se sente de algum modo desiludido? Quais são seus pensamentos políticos e suas esperanças imediatamente após a eleição do terceiro governo Thatcher?

Raymond Williams: Desilusão, de forma alguma; desapontamento, com certeza. Porém, ao olhar para trás, parece-me que eu absorvi alguns desses desapontamentos muito cedo, então os mais recentes não trouxeram tanta surpresa. Com efeito, eu fui tão despojado de minhas primeiras expectativas, como um jovem e como um soldado na guerra, pelos acontecimentos de 1947 que parti para uma espécie de retiro por um ou dois anos, a fim de elaborar um tipo diferente de projeto intelectual, que também envolvesse uma ideia do que deveria ser um projeto político diferente. Era uma época, lembre-se, em que as expectativas de um governo trabalhista, que havia sido toda a expectativa de minha infância, tinham sido não apenas frustradas, mas ativamente repelidas: a prioridade da aliança militar com os EUA em relação às reais conquistas trabalhistas de bem-estar social, o uso de tropas contra grupos de trabalhadores grevistas e assim por diante. Assim, para mim, essa crise foi precoce; e talvez isso explique parcialmente por que a crise de 1956 não foi um choque para mim, como foi para outros intelectuais que permaneceram no Partido Comunista. Ademais, havia um senso de revigoramento no final dos anos 1950 que conduziu, ao longo dos anos 1960, a várias tentativas de novos agrupamentos das forças de esquerda. Quando isso desmoronou, em 1970, houve, com certeza, um sentimento de retrocesso e derrota; mas penso que toda a história havia me preparado emocional e intelectualmente para os fracassos que a esquerda em seguida enfrentaria.

Quando tudo isso se transformou no período de reação direta ao governo Thatcher, pareceu-me que a esquerda tentava repetidamente reconstituir o tipo de esperança muito limitado que eu havia visto repetidamente fracassar. A retórica da vitória, em 1945, é de certa forma muito justa, mas não convenceria ninguém se não tivesse sido imediatamente legitimada pela realidade de 1947-1948. A retórica do governo trabalhista (supostamente) bem-sucedido dos anos 1960, a meu ver, foi legitimada pelos acontecimentos de 1968 – aquele período muito confuso, em que as tentativas de alimentar novas correntes de ideias e sentimentos dentro do movimento trabalhista não foram meramente ignoradas, mas outra vez efetivamente repelidas.

Para mim hoje está mais claro do que nunca que a análise socialista é legítima e, a meu ver, sua legitimidade foi repetidamente demonstrada. Mas as perspectivas que haviam sustentado as principais organizações de esquerda simplesmente não foram adequadas à sociedade que pretendiam mudar. Sempre existe na esquerda a tentativa de reconstituir antigos modelos: a noção de "unir a Grã-Bretanha", para buscar um exemplo da retórica eleitoral recente, ou de uma economia autônoma soberana – como se o que aconteceu no capitalismo internacional durante os últimos quarenta anos simplesmente não tivesse acontecido. Quando combatem nesses termos, torna-se muito mais difícil definir o que pode e o que deve ser combatido.

Pelo que deveriam combater? O senhor sugere uma estratégia completamente diferente para a esquerda?

A estratégia ainda precisa ser encontrada, mas o que a bloqueia, como digo, é o velho modelo de criar uma Grã-Bretanha unida e relativamente poderosa, com uma economia autônoma "bem-sucedida". Aquilo, penso eu, que a história descartou. E uma consequência foi um recuo em certas regiões, baluartes trabalhistas tradicionais: Escócia, Gales, Norte da Inglaterra. Mas a configuração de uma estratégia genuína deveria ultrapassar essa ideia de modificar tais situações apenas na Grã-Bretanha. Adotar, pelo menos, uma perspectiva dentro da Europa Ocidental, onde há muitos povos e regiões em situações similares, invadidos e desfigurados pelo capitalismo internacional e pela aliança militar. Toda estratégia útil envolveria um grande fortalecimento da autonomia dessas regiões da Grã-Bretanha, mas em vez de orientá-la para o Estado britânico, procurar as conexões que pudessem ser feitas na Europa Ocidental, pelo menos em uma primeira instância.

O empecilho óbvio é o sistema eleitoral, que impõe a necessidade de um partido nacional – "nacional" nesse modelo obsoleto do Estado britânico. Segue-se a necessidade de uma coalizão das forças de esquerda, que todos sabem ser impossível sustentar honestamente. A variação de opinião da esquerda liberal à extrema esquerda é simplesmente extensa demais. Os socialistas querem participar da derrocada de algo excepcionalmente prejudicial e isso em harmonia com a direita trabalhista, ou com os liberais, social-democratas, até conservadores progressistas; mas, ao fazerem isso, simulando compartilhar de suas perspectivas, fracassam em um de seus deveres básicos: contar a verdade tal como a veem.

Entretanto, um enorme obstáculo a qualquer estratégia socialista são as tentativas repetidas feitas pela esquerda de refazer todo o Partido Trabalhista à sua própria imagem, em vez preservar, dentro das restrições atuais, um elemento socialista. Na prática, isso impediu o Partido Trabalhista de alcançar o tipo de unidade de que precisaria para as tarefas limitadas que tem de fazer. Mas isso também significa uma limitação no teor de argumento e propaganda socialistas absolutamente corretos, sob o pretexto de consenso. Quando se ouve um candidato trabalhista, como eu ouvi, falar de lealdade à Otan, de construção de uma grande frota e tudo o mais, percebe-se que simplesmente não se vive no mesmo mundo das pessoas com as quais, caso contrário, haveria predisposição de camaradagem e cooperação, em prol de objetivos específicos. Porém, embora a esquerda ainda considere como seu objetivo a conversão por atacado de um partido social-democrata em um partido socialista, há um sentido importante no qual ela se cala.

Se tivéssemos uma representação proporcional, rapidamente obteríamos um realinhamento no centro. Fala-se de um realinhamento da esquerda, mas o que já começa a acontecer é de fato um realinhamento do centro. Ora, tal realinhamento do centro, que, a meu ver, está prestes a acontecer, não é um problema da esquerda. A análise e a propaganda socialistas devem ser feitas em seus próprios termos. Se *houve* um realinhamento do centro que levou o Partido Trabalhista a um período social-democrata ambíguo, haveria, em condições eleitorais modificadas, um espaço para alguma federação nacionalista de forças socialistas, ecologistas e radicais. Não seria expressiva do ponto de vista eleitoral e, acima de tudo, poderia defender sem subterfúgios a sua visão do mundo, que atualmente não chega muito longe politicamente. Seria terrível para a esquerda do Partido Trabalhista tentar desintegrá-la, enfraquecê-la ainda mais, e não existe uma questão de simples dissidência. Mas, na situação que descrevo, haveria a possibilidade de a esquerda falar com a sua própria voz, e em uma situação política tão difícil isso não pode ser desconsiderado.

De fato; entretanto, à medida que a crise do capitalismo tem pressionado, testemunhamos uma incessante hemorragia de intelectuais da extrema-esquerda. Indivíduos, grupos, revistas, partidos inteiros deslocaram-se inexoravelmente para a direita, e isso em uma época – amarga ironia – em que despontou, com um sentido nunca visto antes de maneira tão óbvia e tão devastadora, o que poderíamos descrever como um "sistema global total", que exige uma resposta pertinentemente radical. Afirmar essa verdade em uma era de fragmentação pós-modernista, entretanto, torna-se cada vez mais antiquado. Mencionar classe social em alguns assim chamados círculos de esquerda é querer ser posto sem cerimônia porta afora. Derrotismo e adaptação, porém camuflados de forma "dinâmica" e modernista, parecem, pelo contrário, na ordem do dia. Uma vez, eu ouvi o senhor se referir, em uma frase requintadamente sardônica, aos que "fazem ajustes de longo prazo para problemas de curto prazo". *Pergunto se era essa a traição dos intelectuais que o senhor tinha em mente?*

Bem, não se deve duvidar da força dos nossos inimigos; porém, os manipuladores mais inteligentes do sistema sabem o quanto ela é profundamente instável. Todo o futuro de uma aliança anticomunista contra o Terceiro Mundo liderada pelos Estados Unidos está sob pressão, pelo menos por suas próprias divisões internas e pela crescente incapacidade dos Estados Unidos de controlá-la. O sistema financeiro internacional é uma economia em debandada, baseada em uma expansão assustadora do crédito e do risco, que aterrorizou a geração precedente de banqueiros e financistas ortodoxos. Dizer isso certamente não significa defender uma política de expectativa do desastre; por um lado, esses desastres não são automáticos; por outro, há igual probabilidade de engendrarem uma direita mais forte do que tudo o que vimos antes – os que falam de direita forte na Grã-Bretanha nunca realmente a viram. Mas se o sistema é tão instável, evidentemente esse não é um mundo ao qual se adaptar. Não é um mundo no qual se tenha de pertencer a uma minoria excêntrica, que acredita que há velhos textos e ideias socialistas a serem mantidos vivos, como um sistema poderoso e bem-sucedido. Poderoso, sim; bem-sucedido, não.

Entrementes, o que acontece no assim chamado "socialismo realmente existente" no Leste Europeu trouxe mais prejuízo à esquerda do que se pode propriamente avaliar. Tem sido um ponto-chave em muitas deserções de intelectuais, e é difícil contestá-lo, pois endossa-se certamente a denúncia do terror, embora recordando que esse terror é de fato historicamente compensado pelo terror longo e sistemático da direita. Se fosse uma razão para desertar o socialismo, porque coisas tão terríveis aconteceram em seu nome, seria uma razão para desertar qualquer sistema que conhecemos. As sociedades do Leste Europeu, entretanto, não permanecerão na condição atual; sabem que não podem se manter sem uma mudança drástica. E isso será um fator positivo para os intelectuais socialistas no Ocidente.

Pareceria hoje, às vezes, que o engajamento com a luta de classes, por um lado, e a celebração da diferença e da pluralidade, por outro lado, foram alinhados em lados opostos da trincheira política da esquerda. Porém, ambas as maneiras de pensar pareceriam coexistir sutilmente em sua obra quase desde o início. O senhor sempre desconfiou profundamente de teorias e estratégias fechadas e monolíticas e desde a origem seu socialismo enfatizou dificuldade, complexidade, variedade; porém, não sem importância em sua evolução na última década, no exato período de mareio das velas ou simplesmente de renegação de alguns outros intelectuais de esquerda, o senhor parece ater-se firmemente a uma perspectiva de classe. Como o senhor vê a relação entre essas duas ênfases?

Sempre estive muito atento às complexas relações entre classe e lugar. Fui extremamente consciente de lugar e ainda obtenho uma quantidade extraordinária de confirmação emocional vinda do senso de lugar e de seu povo. Ora, o argumento-chave do marxismo sempre atestou que o proletariado deveria ser uma classe universal – ou os vínculos que forjou a partir de uma exploração comum seriam percebidos como primordiais e no final suplantariam os vínculos locais de região, nação ou religião. Por um lado, o reconhecimento da exploração reproduz continuamente a consciência de classe e a organização sobre uma base universal. Por outro lado, não conheço nenhuma luta prolongada desse tipo na qual aqueles outros temas não tenham sido vitais e, em alguns casos, decisivos. Portanto, estou em ambos os lados da discussão, sim: reconheço as formas universais que derivam dessa exploração fundamental – o sistema, apesar de toda a sua diversidade local, é reconhecível em toda parte. Mas a prática da luta contra ele associou-se sempre, ou algumas vezes desviou-se, em função daqueles outros vínculos mais particulares.

Que obviamente incluem gênero. Em seu livro The Long Revolution, *de volta a 1961 e muito antes do ressurgimento do movimento feminista contemporâneo, o senhor identificou o que viu como quatro sistemas entrelaçados em todas as sociedades e denominou um deles "sistema de geração e criação". Porém, sua obra teórica pareceria ter guardado um relativo silêncio sobre esses assuntos; pelo contrário, eles tenderam a se aninhar em sua obra de ficção, na qual a família, descendência e suas conexões com o trabalho e com a política destacaram-se notavelmente.*

É verdade. Tudo está em meu segundo romance, Second Generation; toda a realidade está lá. Mas, mais ou menos na mesma época, eu escrevia The English Novel from Dickens to Lawrence, no qual defino as irmãs Brontë como representantes de interesses e valores marginalizados pela hegemonia masculina. Não apenas isso, mas representando também um tipo mais vasto de interesses humanos, que ressaltam os limites da noção extremamente incapacitante de masculinidade. Lembro-me de como costumava deixar os alunos encabulados em minhas conferências – sem dúvida, você se recordará disso – ao sugerir que seria interessante situar o momento histórico em que os homens pararam de chorar em público. A eliminação da ternura e da reação emotiva, a disposição em só admitir o que não for fraqueza – sentimentos em e através de outro –, tudo isso é uma repressão não apenas da experiência feminina, mas também de algo muito mais geral. E eu imagino que achei mais fácil examiná-lo em termos mais pessoais, em meus romances. Não é uma desculpa séria; eu deveria tê-lo feito em minhas outras obras também; mas de certa forma isso já era feito por muita gente boa que, sem dúvida, compreendia o que se passava melhor do que eu.

A mídia ou a comunicação, como o senhor preferir chamá-las, há muito tempo representam um ponto central de sua obra. Embora todo o conceito de "mídia" decerto seja excessivamente passivo para transmitir o enorme poder dessas instituições. Os editores do Sun, Mail e Express foram seguramente mais importantes para a reeleição de Thatcher do que os membros de seu círculo íntimo e deveriam ser enterrados na abadia de Westminster. Quero dizer, o mais cedo possível. *Como o senhor pretende combater essa tremenda fonte de poder político?*

Bem, pode-se sempre falar de educação – preparar o espírito das pessoas contra esse tipo de jornalismo. Mas existe atualmente uma tentativa cultural permanente de mostrar como funciona essa manipulação, a qual sequer abalou o seu poder real. Eu não vejo como a resposta educacional possa ser adequada. Os métodos de manipulação são demasiadamente poderosos e excessivamente sórdidos. Essa gente tem de ser expulsa. Devemos criar uma imprensa de propriedade de seus leitores, que se responsabiliza por eles. A crescente concentração do poder da mídia foi um processo que estranhamente não encontrou resistência nem entre os socialistas nem entre o movimento trabalhista como um todo, que na realidade abandonaram os setores-chave. Quando eu me concentrava nesse tipo de análise cultural, nos anos 1950, fui algumas vezes alertado por bons amigos marxistas de que era uma digressão da luta econômica fundamental. Atualmente, todos os dirigentes sindicais e políticos gritam "a mídia, a mídia". Foi corretamente previsto que, na política eleitoral, a batalha seria travada nesse terreno, mas a resposta foi muito tardia. As propostas de um controle democrático da mídia, que apresentei em meu livro *Communications*, no início dos anos 1960, ainda me parecem um programa necessário.

O senhor se voltou cada vez mais para o País de Gales, em sua obra ficcional e política; o senhor ainda conserva relações estreitas e ativas, pessoal e politicamente, com o País de Gales. Essa marginalidade é uma fonte da força de sua obra? Ou é simplesmente conveniente, por assim dizer, ter passaporte e identidade diferentes ao se aventurar entre os ingleses natos de classe média?

Penso que meus amigos galeses fariam a gentileza de dizer que, se tenho alguma importância para eles, é precisamente porque saí – porque vim entre os ingleses e consegui uma audiência, até um reconhecimento, em suas próprias instituições. Quando se faz parte de uma dessas nacionalidades desfavorecidas, pode-se guardar muita amargura contra os que saíram e tiveram sucesso em outro lugar, mas pode ser diferente quando ainda se sabe que perdura uma ligação, mesmo que se tenha cruzado a fronteira, em vez de permanecer no local. Nesse sentido, não lamento inteiramente ter cruzado a fronteira, embora o faça algumas vezes. De qualquer modo, vindo de uma região fronteiriça do País de Gales, meu problema sempre foi entender o significado de ser galês – quero dizer, no sentido profundo, não nas versões do estilo galês de tipo exportação. Creio que há alguns grupos que considero os galeses *reais*, cônscios de sua identidade, que viriam com força contra esse migrante que regressa, com todas as suas dúvidas.

A resposta que obtive, especialmente dos jovens galeses, foi justamente oposta: graças a Deus alguém saiu e perguntou quem somos, o que somos. Eles já conheciam bem todos os meus famosos e usuais critérios de qualificação e complexidade, a minha insistência em profundezas e ambiguidades. E essa experiência de ambiguidade e contradição não apenas nos preparou, no País de Gales, para entender melhor a nossa própria situação; preparou-nos também emocional e intelectualmente para entender a situação de um número crescente de povos – inclusive os outrora autoconfiantes e presunçosos ingleses. É mais fácil para nós, em outras palavras, questionar as identidades simples, confiantes, unitárias que realmente pertencem a um período histórico anterior.

Deixe-me voltar finalmente ao ponto em que começamos, com a pergunta sobre desapontamento ou desalento. O que o senhor afirma sobre a necessidade de rejeitar qualquer tipo de desilusão parece-me absolutamente correto. Sua obra sempre me pareceu notável por uma espécie de humanismo constante e profundo, que poderia muito facilmente ser descrito como otimismo. Na base de seus escritos políticos sempre houve essa fé confiante nas capacidades humanas – capacidades tão inquebrantáveis e perenes que não vê-las finalmente triunfar em algum futuro político pareceria não apenas impensável, mas, por assim dizer, blasfematório. Talvez eu compartilhe essa crença; mas deixe-me propor ao senhor, no espírito do advogado do diabo, um cenário alternativo. Os registros históricos mostram que essas capacidades até agora sempre foram derrotadas. A história, como Walter Benjamin poderia ter dito, é mais barbárie do que progresso; o que nós dois consideraríamos virtude política e moral nunca norteou a ordem social, a não ser por períodos curtos e atípicos. O registro histórico real é feito de mesquinharia e incessante labuta. E "cultura" – a sua e a minha especialidade – tem as suas raízes dúbias nesse terreno. Então, como vamos desfazer essa história com os instrumentos contaminados que ela nos passa? Em outras palavras, o socialismo seria algo além de uma ilusão que colide com a índole histórica? Para tornar a questão mais pessoal: até que ponto a sua própria crença nas capacidades humanas criativas é, em parte, o produto de uma infância incomum, em uma classe trabalhadora terna e afetuosa, da qual de certa forma é a lembrança nostálgica?

É verdade que em grande parte minha opinião política é a continuação de uma formação muito precoce. Não me recordo de um momento sequer em que não tenha sentido estar falando em termos gerais como faço agora, exceto o período de retiro que mencionei nos anos 1940, o qual, de certo modo, foi uma espécie de anulação das convicções que eu havia presumido na infância. Deixei de existir então para ser simplesmente um produto daquela cultura. Não sei de que me tornei um produto, visto que nunca pude aceitar as alternativas propostas. Passado aquele período de deslocação radical, reconstruiu-se o que foi, e acho que ainda é, uma convicção *intelectual*. Embora, com certeza, nunca possa ser apenas isso. A crise que me invadiu após a morte de meu pai, que era socialista e ferroviário – não fui capaz de explicá-la aos outros adequadamente, talvez a tenha explicado parcialmente em meu romance *Border Country* –, foi a noção de uma espécie de frustração para uma certa ideia de valor. Talvez fosse uma reação irracional. Certo, ele morreu, morreu cedo demais, mas homens e mulheres morrem. Mas foi muito difícil para mim vê-lo como vítima no final. Suponho que fosse o tipo de experiência que me conduziu afinal ao romance histórico que escrevo atualmente, *People of the Black Mountains*, sobre os movimentos da história durante um período muito longo, dentro e através de um lugar muito particular de Gales. E essa história é um registro de tudo o que você diz: de derrota, invasão, vitimização, opressão. Quando se vê o que foi feito ao povo que fisicamente são meus ancestrais, sente-se como se fosse inacreditável.

O que tirei disso? Simplesmente a confiança de sobreviver? Sim, em parte. Houve um processo muito extraordinário de autogeração e regeneração de condições que pareciam impossíveis. Certa vez, Thomas Becket interrogou um oficial perspicaz e bem-falante, nas Marchas, sobre a natureza dos galeses. "Vou lhe mostrar o temperamento curioso dos galeses", disse o oficial, "que, quando você empunha a espada, submetem-se, mas quando eles empunham a espada, afirmam-se." Gosto desse humor profundo e impávido. As derrotas ocorreram repetidamente e então meu romance tenta examinar simplesmente a condição de qualquer coisa que tenha sobrevivido de algum modo. Não é uma questão de simples resposta patriótica: somos galeses e ainda estamos aqui. É a resiliência infinita, até mesmo o desvio, que as pessoas utilizaram para subsistir em condições profundamente desfavoráveis e a notável diversidade de opiniões com as quais expressaram sua autonomia. Um sentido de valor que se impôs de diferentes formas em meio a diferentes tipos de opressão.

Se eu disser, por exemplo, como estimativa da possibilidade de se evitar uma guerra nuclear, "vejo 50-50", imediatamente mudo para 51-49, ou 60-40, no sentido errado. Por isso digo que devemos falar a favor da esperança, contanto que isso não signifique a omissão da natureza do perigo. Não acredito que meu socialismo seja simplesmente o prolongamento de uma experiência anterior. Quando vejo essa infância chegando ao fim de milênios de exploração muito mais exaustiva e brutal, posso ver que é uma época auspiciosa: uma incorporação enraizada e indestrutível, embora em constante mudança, de possibilidades de vida em comum.

RAYMOND WILLIAMS: OBRAS SELECIONADAS

Cultura, Comunicação, Política

Preface to Film. Londres: Film Drama, 1954 (escrito com Michael Orrom).
Culture and Society: 1780-1950. Londres: Chatto & Windus, 1958.
   [Ed. bras.: *Cultura e sociedade*: 1780-1950. Trad. Leônidas H. B. Hegenberg. São Paulo: Editora Nacional, 1969.]
The Long Revolution. Londres: Penguin, 1961.
Communications. Harmondsworth: Penguin, 1962 (3.ed. com apresentação, 1976).
New Left May Day Manifesto. Harmondsworth: Penguin, 1968 (organizado com Stuart Hall e E. P. Thompson).
Television: Technology and Cultural Form. Londres: Collins, 1974.
Keywords: A Vocabulary of Culture and Society. Londres: Fontana, 1976 (2. ed. ampliada em 1984).
   [Ed. bras.: *Palavras-chave*: um vocabulário de cultura e sociedade. Trad. Sandra Guardini Vasconcelos. São Paulo: Boitempo, 2007.]
Problems in Materialism and Culture: Selected Essays. Londres: Verso, 1980. Nova York: Schocken, 1981 (Reimpresso como *Culture and Materialism*. Nova York: Verso Radical Thinkers Series, 2005).

[Ed. bras.: *Cultura e materialismo*. Trad. André Glaser. São Paulo: Editora Unesp, 2011.]

Culture. Londres: Chatto & Windus, 1983.

[Ed. bras.: *Cultura*. Trad. Lólio L. Oliveira. Rio de Janeiro: Paz e Terra, 1992.]

Towards 2000. Londres: Chatto & Windus, 1983.

Raymond Williams on Television. Londres: Routledge, 1989.

Politics of Modernism: Against the New Conformists. Londres: Verso, 1989.

[Ed. bras.: *Política do modernismo*: contra os novos conformistas. Trad. André Glaser. São Paulo: Editora Unesp, 2011.]

Crítica literária e teoria

Reading and Criticism. Londres: Frederick Muller, 1950.

Drama from Ibsen to Eliot. Londres: Chatto & Windus, 1952 (edição revisada em 1968).

Drama in Performance. Chester Springs: Dufour, 1954.

Modern Tragedy. Londres: Chatto & Windus, 1966 (Ed. revisada com novo prefácio em 1976).

[Ed. bras.: *Tragédia moderna*. Trad. Betina Bischof. São Paulo: Cosac Naify, 2002.]

The Pelican Book of English Prose: From 1780 to the Present Day. Harmondsworth and Baltimore: Penguin, 1969 (organização).

The English Novel from Dickens to Lawrence. Londres: Chatto & Windus, 1970.

Orwell. Londres: Fontana, 1971 (2. ed. com apresentação em 1984).

The Country and the City. Londres: Chatto & Windus, 1973.

[Ed. bras.: *O campo e a cidade*: na história e na literatura. Trad. Paulo Henriques Britto. São Paulo: Companhia das Letras, 2011.]

Drama from Ibsen to Brecht. Londres: Chatto & Windus, 1973.

Marxism and Literature. Oxford: Oxford University Press, 1970.

[Ed. bras.: *Marxismo e literatura*. Trad. Waltensir Dutra. Rio de Janeiro: Zahar, 1979.]

Writing in Society. Londres: Verso, 1984.
    [Ed. bras.: *A produção social da escrita*. Trad. André Glaser. São Paulo: Editora Unesp, 2014.]

Ficção

Border Country. Londres: Chatto & Windus, 1960.
Second Generation. Londres: Chatto & Windus, 1964.
The Volunteers. Londres: Eyre Methuen, 1978.
The Fight for Manod. Londres: Chatto & Windus, 1979.
Loyalties. Londres: Chatto & Windus, 1985.
People of the Black Mountains. Londres: Chatto & Windus, 1989.
    [Ed. bras.: *O povo das Montanhas Negras*. Trad. Sérgio Flaksman. São Paulo: Companhias das Letras, 1991.]

Entrevistas

Politics and Letters: Interviews with *New Left Review*. Londres: NLB, 1979.
    [Ed. bras.: *A política e as letras*: entrevistas da *New Left Review*. Trad. André Glaser. São Paulo: Editora Unesp, 2013.]

ÍNDICE ONOMÁSTICO

1984 (Orwell), 281-2
A formação da classe operária inglesa (Thompson), 194
A luta pelo mundo (Burnham), 286
A política e as letras, 354
ação direta, política da, 109-10
acesso às áreas rurais, 343-6
administração, definição de, 177-80
Adorno, Theodor W., 120
agricultura e produção capitalista, 332-41, 346
agricultura na Grã-Bretanha, 339-40
alfabetização, 22
alianças, 351-2
  ver também coalizões
alinhamento por meio de relações sociais, 127-30, 135-6, 141-2
Anatomy of Britain (Sampson), 97
anticapitalismo, 452-61

aprendizado e cultura, 5
armas nucleares
  desenvolvimento de, 275-6, 278-86, 289
  e autonomia britânica, 244
  e imperialismo, 300-3
  e ordem internacional, 286-96
  produção de, e classe dominante, 298-9
arrendar os sistemas de comunicações, 45
artes, as
  controle governamental das, 64-5, 72-3
  financiamento público das, *ver* provisão pública
  redefinição das, 70, 135-9
  ver também censura
Associação dos Escritores, 81
Associações de Artes, 76

Ato de Liberdade de Informação/proposto, 234
Ato Educacional, 17
autobiografias, classe trabalhadora, 128-9
autogestão
    e a greve dos mineiros, 177-80
    e democracia, 395- 401-6, 428
    e planejamento, 446
    na Greve Geral, 159
Autoridade Independente de Radiodifusão, 72-3

Bacon, Francis, 313
Bagehot, Walter, 382
Becket, Thomas, 474
Bell, Clive *Civilization*, 7
Benjamin, Walter, 473
Blake, William, 310
bom, conceito ético de, 9
"bomba socialista", 300-1
Border Country, 155, 474
Brecht, Bertolt, XIV, 118
British Broadcasting Corporation (BBC), 37, 41-2, 72, 74, 145
Brontë, Charlotte e Emily, 470
Burke, Edmund, 390-1
Burnham, James, 281, 286
    A luta pelo mundo, 286

Câmara dos Comuns, 380-4, 387-8, 393, 395, 408
Câmara dos Lordes, 382-3, 387, 400, 407

Campanha pelo Desarmamento Nuclear, 203, 276-7, 290-1, 463
    Marchas de Páscoa, 88
"campo", ideia de, 332, 337, 342-6
capacidades humanas, fé nas, 473-5
capitalismo
    análise marxista do, 105-6
    crise internacional do, *370-1*
    disciplinas do, 250-1
    e agricultura, 331-41, 346
    e cultura de massas, 27-8
    e democracia liberal, 446-7
    e divisões entre a cidade e o campo, 331
    e relações pessoais, 432-3
    planejamento econômico no, 441
    valores associados a, 187, 313, 324, 346, 418-20
Carlyle, Thomas, 310
Carpenter, Edward, 318
censura, 126, 131
centralização e o movimento socialista, 427-8
China, República Popular da, 98, 298, 301
cidadania, 406
cinema, 134
Civilisation (Bell), 7
classe dominante britânica
    atitude em relação à ecologia, 320
    e a Greve Geral, 158-9
    e "o campo", 332
    e o complexo exército-segurança, 298-9

ÍNDICE ONOMÁSTICO 483

e os organismos intermediários, 73-4
classe trabalhadora
 e Greve Geral, 155-62
 e pertencimento, 354-5, 468
Cláusula Quatro, debate, 104
Cobbett, William, 199, 200, 310
coletivismo das instituições da classe trabalhadora, 104, 196-9
 ver também vizinhança
Collins, Norman, 30
Comissão de Subvenção Universitária, 74
Comissão do Carvão, 178-9
comissões de artes, constituição de, 66-7, 81
Communications, 471
compartilhamento como valor socialista essencial, 420-4
complexidade dos processos sociais
 e liberdade de escrever, 132
 e planejamento econômico, 443-6
complexo exército-segurança, 298-9
comunicações modernas, 29-47
 e ação industrial, 159
 e cultura comercial, 17
 e democracia, 93, 233-5, 411-3
 e marcha de protesto, 87
 e socialismo, 44, 457-8, 470-2
comunidade
 conceito de, 164-75
 e classe trabalhadora industrial, 156, 160-1
 e comunicações, 30, 33

 e cultura, 53
 e greve dos mineiros, 184-5, 188
 e socialismo, 254-5
Comunidade Econômica Europeia, 145, 232, 268, 294
comunidades relevantes, conceito de, 402-4
comunismo, 92, 98
 forma stalinista, 101, 117
 ver também stalinismo
comunista, rótulo de, 97-8, 108
conformismo, 57
conhecimento rural, 342-3
"conquista da natureza" como ética capitalista, 313, 346
Conselho da Grande Londres, 358
Conselho das Artes, 61-83, 234
Conselho das Artes escocês, 75
Conselho Nacional de Desenvolvimento Econômico, 231
conselhos nacionais de planejamento, propósito dos, 225-6
consenso administrado por cooptação, 65-9, 73-5, 79
consumo, definição de necessidades de
 e compartilhamento, 420-1
 e imperialismo, 328
 termos de, 216-7, 316
controle de câmbio e importação, 225, 229, 232
"Coroa no Parlamento", 382-3, 393
crescimento econômico, 356-7, 456
crise ecológica, 245-6, 416

ver também recursos naturais
crítica moral do capitalismo, 197-205
cruzada, fronteira, 353-4, 472
cultura alternativa, desenvolvimento de, 247-50
   ver também novos movimentos sociais
cultura burguesa, 10-1, 458
cultura comum, ideia de uma, 15, 51-7
"cultura de massa", 25-6, 31
cultura e produção cultural
   definição de, 4-27, 132-5, 145-53
   e desigualdade, 49-57
   e movimento trabalhista, 216-20
   ênfase da Nova Esquerda em, 110, 471-2
   socialista, 457-8
Cultura e sociedade, 21, 310
cultura inglesa e galesa, 145-6, 150, 152-3
cultura minoritária, 51-2
cultura popular, 17-9
culturas pós-coloniais, 151, 460

Daily Express, 471
Daily Herald, 19, 217
Daily Mail, 471
Daily Mirror, 31
Deakin, Arthur, 196
Democracia, 26
   comunicações modernas, 42-6, 93, 233-5, 411-2
   e consenso administrado por cooptação, 74
   e representação, 381-5
   e socialismo, 384-413, 421-4, 432, 446-51
   e tecnologia militar, 284-5, 459-60
   educada e participativa, 56, 141
   ideia de, 56, 141
   no movimento trabalhista, 195
      ver também democracia parlamentar; poder popular
democracia burguesa, 397-8, 447-51
democracia econômica, 384-5, 411-2
democracia parlamentar, 377-85, 396-8, 401, 413
   e a Nova Esquerda, 92
   e o Partido Trabalhista, 191-4
democracia representativa, 93, 384-96, 401, 421, 433, 447
Departamento da Indústria, 72
Departamento de Educação e Ciência, 66, 70, 74
Departamento do Interior, e transmissão, 72
Departamento do Meio Ambiente, 72
Deputados, 386-8
desarmamento nuclear, 225, 233, 289-98
   campanha pelo, 88, 90-2, 275-9, 296-7, 303-5
   e análise socialista, 295-303, 431-2
   ver também movimento pela paz
descentralização do financiamento das artes, 75-8

desemprego, 219, 242, 430
   medo do, 250
desindustrialização, 246
dever do artista, 126-7, 131-3, 135
devolução, 76, 352, 410
Dialética da natureza, 313
Dickens, Charles, 199-200, 310, 470
"direito de administrar", 179, 181-2, 185
diretriz cultural, 70-3, 79-80
diretrizes de renda, 356
Discurso da Rainha, 382
ditadura, do proletariado, 101-2
dívida, como pressão, 250-1
divisão sexual do trabalho, 449, 456-7
   ver também mulheres
drama, no século XX, 134-5
Dutschke, Rudi, 93-4

ecologia
   conceito de, 307
   e agronegócio, 333
   e economia, 456
economia
   britânica e global, 243-4, 260-1, 269, 294-5
   e educação, 21
   e sociedade, 181-2
   mundial, e distribuição de recursos, 324-9
   prioridade da, no pensamento capitalista, 200-1
   ver também produção
econômico, definição de, 180-2, 186-8, 456

educação
   e a ideia de uma cultura comum, 17-8, 21, 55
   e a imprensa, 471
   e democracia socialista, 56, 422
   e o movimento trabalhista, 212-22, 271
   e política eleitoral, 269-70
   Leavis, a respeito de, 13

eficiência, definição capitalista de, 324-5
eleição, sistema de, 378-80, 392, 406-8, 466
   e representação, 387-8
Eliot, T. S., 51-2
empregador, ideia de, 180
Empson, William, 141
engajamento, ideia de, 115-30
Engels, Friedrich, 119, 310, 313
   Dialética da natureza, 313
Enzensberger, Hans Magnus, 309
Escócia e nacionalismo, 349-50, 464-5
escrita, processo da, 132-3, 136-41
escritor e público, 49-51
escritores da classe trabalhadora, 128-9
Estado de bem-estar social, 268-9
Estado-nação, 349-50
   significado de, 163
   unidade de interesses do, 390-2
Estado
   e democracia socialista, 398-401
   e hegemonia, 111-2
   e sociedade, 164

uso dos organismos intermediários, 73-4
Estados Unidos, 324
  e dissuasão nuclear, 286-91
  e ordem pós-guerra, 102, 281-2, 468
  movimento ecológico nos, 319
estatísticas, e conceito de sociedade, 170-1
estilo literário, 129-30
eurocentrismo, 436
Europa
  como escala de organização socialista, 232-3, 294-5, 302-3, 438, 464-6
  e guerra nuclear, 290, 293
exportação, ênfase em, 232
extermínio, 279-82

fabianismo, derrocada do, 100-4, 111-2
  e ideologia trabalhista, 202
Falklands/Malvinas, 241-2, 349, 394
família e socialismo, 354-5, 433
fascismo, 120
finanças e instituições financeiras
  e planejamento público, 224, 232
  e produção agrícola, 336
  internacionais, 468
Folk Museum, galês, 146-7
frente popular, 262, 352
futuro, pensar sobre o, 415-6

Gilmour, Ian, 240
Goldwater, Barry, 91

Grã-Bretanha
  perda de autonomia nacional, 241-7, 294-6, 370-2, 464-6
  planejamento econômico da, 441
Gramsci, Antonio, 111
greve dos mineiros, 177-88
Greve Geral, 155-62, 195
grupos profissionais e o movimento trabalhista, 215
guerra, 326-9, 459-61
guerra do Vietnã, 432
  manifestações contra, 87, 92-3
Guerra Fria, 117-8
  ver também ordem internacional; hegemonia das superpotências

Haeckel, Ernst, 307
Heath, Edward, 240
Hegemonia, 111-3
hegemonia das superpotências, 281-2, 291-2, 296-7
  ver também Guerra Fria
história e identidade cultural, 150
Hobsbawm, Eric
  sobre coalizões, 257, 259, 263, 266, 352
  sobre "marcha para frente do trabalho", 364-5, 369, 373
Hoggart, Richard, 30, 80
Horner, Arthur, 356

Identidade, 148
  ver identidade cultural

ÍNDICE ONOMÁSTICO

identidade cultural, 148
   britânica, deslocamento da, 241-6
   galesa, 148-53
   ver também privatização móvel
ideologia profissional dos artistas, 122-3
igualdade, prioridade de, 324
imperialismo, 460
   e armas nucleares, 301-3
   e crise internacional, 310
   e Nova Esquerda, 92
   resíduo do, 245, 432
   ver também ordem internacional
imprensa
   controle governamental da, 72
   e democracia, 93, 471-2
   e o mercado, 37-8
   e propaganda, 24-6
   qualidade da, 17
incorporação do movimento socialista, 103, 110-1
individualismo, 197, 418
indivíduo, categorias de, 392
indústria da publicação, 42-4, 72, 125-6
indústria e cultura, 147
indústrias nacionalizadas
   democratização das, 178, 227-8
   ver também propriedade pública
informação, fornecimento de, e democracia, 421-2, 444, 448, 459
instituições
   da classe trabalhadora, 12, 104, 196-7
   de comunicação, tipos de, 35-47, 55
   de democracia socialista, 401-6, 422, 445-6
instituições intermediárias
   e a classe dominante britânica, 74-5
   na democracia socialista, 402-3, 422
   para financiamento das artes, 63-5, 76-7
intelectuais, 212-5
interesse geral, 374-5
   e greve dos mineiros, 187
   e sindicatos, 210, 366-9
"interesse público", 428-9, 437
interesses e representações, 391-6
   ver também interesse geral
investimento, controle sobre, 225-6, 229-32
Itália, 262, 441

Jenkins, Hugh, 63
Johnson, Lyndon B., 91

King, Cecil, 30
King, Martin Luther, 94
Knights, L. C., 167

Lawrence, D. H., 199-200
   O amante de Lady Chatterley, 41
Leavis, F. R., 10, 13, 21, 51-2, 167
Lei de Acesso à Informação, 234
   proposta, 235

lei e ordem, 185
Lenin, V. I., 307
Liberalismo, 446-51
liberdade
  de imprensa, ideia de, 448-9
  do artista, 121-7, 130, 131-42
  e privatização móvel, 251-2
língua
  como instrumento do escritor, 129-30, 136-7
  língua galesa e identidade cultural, 149
literatura, 52, 70, 150
Liverpool, 350
Londres, 350
  concentração da esquerda em, 357
lugar, sentido de
  e comunicações, 34
  e socialismo, 355-8, 469
Lukács, Georg, 118
luta de classes e tecnologia militar, 281

mandato, ideia de, 391
Mandel, Ernest, 300
manifestações como método político, 87-95
Marx, Karl, XIV, 51-2, 99, 105-6, 119, 279, 456
  e movimento socialista, 98, 104-5
  sobre a cultura, 50, 51, 119
  sobre a tecnologia, 280
marxismo
  análise, do britânico, 266

  e a Nova Esquerda, 110-3
  e alinhamento, 127-8
  e o movimento da classe trabalhadora, *197, 202*
  e o movimento socialista, 98, 104-8
  e teoria cultural, 10-2
marxista
  rótulo de, 97-8, 107-8, 112
masculinidade, 470
massas, pessoas comuns como, 10-2, 16-9
May Day Manifesto, 89, 112
Medievalismo, 316
meio de vida, ideia de, 346
meios de comunicação, 45, 87
  ver comunicações
mercado
  e comunicações, 38-41
  e planejamento, 443-5
  ver também mercado literário
metodismo, 105
metrópole, dominação cultural da, 78-9
milênio, 415-6
Ministério das Artes e Comunicações, necessidade de, 72, 82
mísseis, Trident, 247, 293-4
mitos e identidade cultural, 150-3
modo de vida da classe trabalhadora, 12
Montanhas Negras, 148, 341-2, 344
More, Thomas, 311, 313
Morris, William, 199-200, 310, 315-8
movimento anti-imperialista, 247, 249

movimento da classe trabalhadora, 197-205
movimento das mulheres, 247-51, 355, 457, 474
movimento ecológico, 247-51
  e socialismo, 312-30, 339-40, 346, 430-1
  fontes de, 307-12
  "não político", formas de, 318-21
movimento, ideia de um, 208-9, 365, 375
movimento pela paz, 247-51, 355, 432, 459-60
  ver também desarmamento nuclear
movimento romântico, 121-2
movimento trabalhista
  e intelectuais, 211-5
  e socialismo,104, 193 -7, 365-9
  ideias do, 197-205
  necessidade de organização cultural, 210-20, 373-4
  ver também consciência da classe trabalhadora
movimentos de libertação do Terceiro Mundo, 92, 288-90
mulheres, exploração e opressão, 433, 446, 457, 470-4
multilateralismo, 278, 289-90

nação, definição de, 163-4
não conformismo, no movimento trabalhista, 199
Nasmyth, James, 309
National Enterprise Board, 230
natureza, conceito de, 346
necessidades humanas
  para o consumo, 316
  prioridade das, e socialismo, 324, 455-6
  redução de, 316
negações, formas de, 170-1, 173-4
negociação salarial, 355-6, 367
New Left Review, 99, 309
Northcliffe, lorde, 18
Nova Atlântida (Bacon), 313
Nova Esquerda, 90-3, 100-10, 203-5
  ver também movimentos sociais
novos movimentos sociais, 247-52, 453
  ver também movimento ecológico; movimento pela paz; movimento das mulheres

O campo e a cidade, 331, 344, 346
O povo das Montanhas Negras, 474
obrigação mútua, sentido de, 168
oportunismo, 118-9
ordem, definição de, 185-6
ordem internacional
  e conflitos sobre recursos, 324-9
  e dissuasão, 286-90
  e tecnologia militar, 281-3
ordem natural, ideia de, 308-9
Organização do Tratado do Atlântico Norte (Otan), 102, 145, 225, 275, 466
Organização pela Manutenção dos Suprimentos (OMS), 159, 161

Orwell, George, 103, 140, 281-2
1984, 281
Owen, Robert, 169

pacifismo, 108, 291-2
padrão de vida e ecologia, 317, 321, 327
País de Gales, XIII, 75, 152, 161, 235
    cultura do, 145-50, 350-3, 471-2
    e comunidade, 166-9, 175
    e nacionalismo, 349-54, 465
paisagem e trabalho, 145-9
Parlamento, 378-86, 392-4, 406-10
particularismo militante, 356, 366
Partido Comunista, 191-2, 203
    RW em, 12
Partido Conservador, 193, 257-8, 356-7
    e thatcherismo, 240
Partido Liberal, 104, 97
Partido Trabalhista
    diretrizes do, 224-35, 268-71, 324
    diretrizes internas do, 195-6
    e a tradição Fabiana, 101-4
    e desarmamento nuclear, 279
    e marxismo, 106
    e nacionalismo, 349-52, 369-72
    e novos movimentos sociais, 247-8
    e política de coalizão, 257-8, 263-8, 271
    eleitoralismo do, 219, 221-4
        e ideias de representação, 392, 398-9, 408
    ideologias do, 200-5
    no governo, 23, 92, 101-2, 193, 463-4
    papel do, na esquerda britânica, 112-3, 191-5, 202-5, 210, 466
    política internacional do, 202-3, 432
    voto no, como indicativo da força da esquerda, 249, 257-8
Partido Trabalhista Independente, 191
partidos da Aliança, 257-66
partidos políticos, 448-50, 466
    ver também nomes de partidos
passado
    na cultura galesa, 151
    pensar sobre o, 415
paternalismo
    como ideologia do Partido Trabalhista, 201-2, 204
    e organização das comunicações, 36-8, 41-3
patronagem literária, 124
Pentz, Michael, 285
pertencimento e socialismo, 158-9, 255, 354-5, 468
    ver também relações sociais
pesquisa de mercado, 444
Plaid Cymru, XXVII
planejamento econômico, necessidade de novas formas de, 230-1, 422, 427-9, 440-6
pobreza, e modos de produção, 312, 324, 420, 431
poder militar
    desenvolvimento no pós-guerra, 431-2

uso do, e revolução socialista, 106-9
poder popular, a extensão do, 225-35, 405-6
  ver também democracia
poesia e mercado literário, 122-3
política alimentar, 232, 334-7
Política de Agricultura Comum, 339
política de coalizão, 259, 263-8, 271-2, 352
política de defesa, 233
política eleitoral, perspectivas de, 164-71, 207-8, 237-8, 257-62
política internacional
  e desarmamento nuclear, 292-6
  socialista, 269, 431-2
  trabalho, 55
política nacionalista, 171-5, 349-50
política convencional e a Nova Esquerda, 89
Polônia, 277, 293, 441
povo, definição de, 163-4
Prior, James, 240
"privatização móvel", 251-4
processo histórico mundial, modelo unilinear do, 436-9, 448
produção
  e cultura, 10-2
  e "natureza", 346
  limites ecológicos da, 323
  na agricultura, 333-6
  novas formas de, e socialismo, 312-7, 323-4, 327, 419, 430-1, 452-6

produção primária de artes, 70-1, 81
progresso, ideia de, 418-9
propaganda e movimento trabalhista, 215
propriedade pública
  das comunicações, 412
  formas socialistas de, 396, 404-5
  ver também indústrias nacionalizadas
provisão pública
  depreciação, 253-4
  para as artes e aprendizado, 22-3, 61, 70-1, 81, 127
  "prosperidade", classe trabalhadora e apoio trabalhista, 192-3
provincialismo metropolitano, 357
publicidade, 9, 24-6, 443
  e estudo de comunicação, 44
Pym, Francis, 240

questões, raciais, 434

rádio, 70, 134
radiodifusão e política cultural, 45, 72, 233-5, 358, 411
  ver também rádio, televisão
rearmamento pós-guerra, 102
recursos materiais
  conflito internacional sobre, 324-30
  desigualdade de, no socialismo, 186, 444-5
  limites dos, 323, 456
Redcliffe-Maud, J. P., 76, 490
reeleição, 409

Reith, J. C. W., 41
   organização cultural regional, 22-3, 78-81
relações sociais
   análise estatística das, 170
   como formadora, 127-9, 135-6, 140-1
   nas comunicações, 34-5
   no conceito de sociedade, 164
representação
   e apoio popular, 227
   e democracia socialista, 404-5, 412
   e diretriz cultural, 80
   e Partido Trabalhista, 399
   significado de, 384-96
Revolução Industrial, 14, 17, 50, 147-8, 308, 329, 337
revolução socialista, 105-9, 113
romances, escrita de, 128-9, 138
Ruskin, John, 199, 200, 310, 315

Sartre, Jean-Paul, *115-6, 120-1, 130*
Second Generation, 470
Segunda Guerra Mundial, experiência da, 108-9
serviço público, ideia de, 37, 42
significados comuns, construção de, 4, 12, 28, 52-3
simplificação como solução socialista, 318
sindicalismo
   disciplinas coletivas do, 427
   e a militância operária, 110
   e consciência de classe, 156-8
   e o interesse geral, 364-9
   e o Partido Trabalhista, 194-5, 210, 372
   e o voto em bloco, 399
   responsabilidades defensivas do, 196, 429-31
sistema autoritarista de comunicações, 35-6, 38, 40-1
sistema comercial de comunicações, 37-43, 46-7
sistema financeiro internacional, 468
Smith, Dan, 89
soberania do gabinete, 394-5
soberania, localização, 382-4, 392-3, 406-7
social-democracia, 265-6, 446-7
"socialismo realmente existente", 467-8
socialismo
   confiança no, 463-4, 473-5
   e a ideia de produção, 323-4, 420-1, 430-1, 452-6
   e atividade industrial, 366-9
   e controle das comunicações, 44, 458-9, 471-2
   e democracia, 395-413, 421-2, 425-9, 446-51
   e ecologia, 307-30, 346
   e marxismo, 98, 110-1
   e o Partido Trabalhista, 101-4, 192-3, 269-70, 463-6
   e pensamento sobre o futuro, 415-6
   e pertencimento à comunidade, 255, 354-5

e política internacional, 431-2, 459-61, 467-8
e relações entre homens e mulheres, 456-7, 470-1
ideia de, 418-22, 425-7
novas formas de, 88-90, 100, 109-13, 432-4, 436-9
sociedade
  conceito de, 164, 169-70, 418
  e ideia de uma cultura comum, 55
  e liberdade, 135
  e sistemas de comunicação, 31-5
  necessidade de um novo sentido de, 254
Sociedade dos Autores, 81
Sociedade Fabiana, 214
sociedade rural
  diversidade da, 337-42
  interpretações nostálgicas da, 331-2
solidariedade e consciência de classe, 156-8
Southey, Robert, 310
stalinismo, 91-2, 100-1, 104, 111
substituição de importação, política de, 232
Sue, Eugène, 119
sufrágio, extensão do, 379-80
sul de Gales, comunidades mineiras, 246, 321, 353, 355

Tawney, R. H., 325, 430
tecnologia
  e cultura, 459
  militar, desenvolvimento da, 280-7

tecnologia de mísseis e política, 281-2, 284
tecnologia militar, significado da política da, 279-85, 459-61
televisão, 45, 70, 93, 134-5, 358
televisão a cabo, 358, 412
teoria
  e movimento trabalhista, 104
  e prática, 89-90
  na Inglaterra, 30-1
Terceiro Mundo, relações com o, 269
  ver também imperialismo; ordem internacional
terrorismo, 109
Thatcher, Margaret, 240, 370
  governo de, 237-8, 260-1, 349, 364, 464
thatcherismo, análises do, 240-2
The English Novel from Dickens to Lawrence, 470
The Guardian, 217
The Long Revolution, 112, 394, 470, 477
The Sun, 217, 471
The Times, 20
Thompson, Edward, 194, 278-9
  A formação da classe trabalhadora inglesa, 194
Thomson, Roy, 30
Towards 2000, XXIII, 346, 352, 354
trabalho, definições de, 456-7
tratado de interdição de testes, 91
Tratado de Limitação de Armas Estratégicas (SALT), 275
Tributação, 411

União dos Trabalhadores Gerais e dos Transportes, 196
União Soviética
  autoridade sobre as artes, 117
  complexo militar-econômico na, 298
  e armas nucleares, 281-2, 286-7, 291, 300-1
  e movimento comunista, 98-101
  e planejamento, 440
  e vigilância interna, 284
unilateralismo, 278, 291-6
Universidade de Cambridge, 6
utilitarismo, 200-1, 204
Utopia (More), 313

vigilância e controle, 284
violência e manifestações, 88-9, 94-5
vizinhança, significado de, 11, 14, 167-9
  ver também coletivismo

Williams, Raymond (obras)
  A política e as letras, 354
  Border Country, 155, 474
  Communications, 471
  Cultura e sociedade, 21, 310
  O campo e a cidade, 331, 344, 346
  O povo das Montanhas Negras, 479
  Second Generation, 470
  The English Novel from Dickens to Lawrence, 470
  The Long Revolution, 112, 394, 470
  Towards 2000, 346, 352, 354
Wilson, Harold, 202, 370

SOBRE O LIVRO

Formato: 14 x 21 cm
Mancha: 25 x 40 paicas
Tipologia: GoudyOlst BT 12/14
Papel: Off-white 80 g/m² (miolo)
Cartão Supremo 250 g/m² (capa)
1ª edição: 2015

EQUIPE DE REALIZAÇÃO

Capa
Estúdio Bogari

Edição de Texto
Giuliana Gramani (copidesque)
Arthur Gomes (preparação de original)
Mariana Pires (revisão)

Editoração Eletrônica
Sergio Gzeschnik (Diagramação)

Assistência Editorial
Alberto Bononi

Rua Xavier Curado, 388 • Ipiranga - SP • 04210 100
Tel.: (11) 2063 7000
rettec@rettec.com.br • www.rettec.com.br